“十二五”规划教材

河南省高等学校特色专业建设点项目教材

INTERNATIONAL TRADE SETTLEMENT

国际贸易结算

主　编：王　菲　李庆利

副主编：杨轶雯　田贵生　孙金彦　焦　聪

经济管理出版社

ECONOMY & MANAGEMENT PUBLISHING HOUSE

图书在版编目（CIP）数据

国际贸易结算 / 王菲，李庆利主编. —北京：经济管理出版社，2013.12
ISBN 978-7-5096-2891-1

Ⅰ. ①国… Ⅱ. ①王… ②李… Ⅲ. ①国际贸易—国际结算—高等学校—教材 Ⅳ. ①F830.73

中国版本图书馆 CIP 数据核字（2013）第 315028 号

组稿编辑：申桂萍
责任编辑：申桂萍　梁植睿
责任印制：黄章平
责任校对：超　凡　王纪慧

出版发行：经济管理出版社
（北京市海淀区北蜂窝 8 号中雅大厦 A 座 11 层　100038）
网　　址：www. E-mp. com. cn
电　　话：（010）51915602
印　　刷：三河市延风印装厂
经　　销：新华书店
开　　本：720mm × 1000mm/16
印　　张：24.5
字　　数：453 千字
版　　次：2014 年 7 月第 1 版　2014 年 7 月第 1 次印刷
书　　号：ISBN 978-7-5096-2891-1
定　　价：58.00 元

前　言

“国际贸易结算”是研究不同国家当事人之间因各种往来而发生的债权债务经由银行来办理清算的一门学科。“国际贸易结算”是为适应学院培养“宽口径”、“厚基础”、“重能力”的金融学和国际贸易相关专门人才而开设的一门专业课程。本教材系统概述了国际结算中使用的票据、结算方式及结算单据，旨在使学生了解和掌握从事涉外经济以及金融工作所必需的国际间债权债务结算知识，包括国际结算中常用的支付工具、传统及新兴结算方式、单据的制作及审核、银行贸易融资、银行间索汇及偿付以及各方当事人面临的风险及防范等内容；以国际银行间通行的国际惯例为准则，借鉴国内外最新科研成果，结合相关案例以及有关单证，注重实务操作，着力培养学生独立的判断、分析及解决问题的能力。本教材可作为应用型本科院校国际贸易、金融专业学生的教材，也可作为国际贸易、国际金融领域内从业人员的参考用书。

具体来说，本教材具有以下特色：

（1）可操作性：通过各章节的案例分析、实战操练等内容的训练，加强对学生分析问题和解决问题能力的培养，通过知识拓展、知识迁移等内容的学习，培养学生综合运用知识解决问题的能力，从而突出培养应用型人才和复合型人才的双重特色。

（2）新颖性：本教材把新的国际结算惯例与规则纳入其中，如 2010 年 6 月出版的《国际保理业务通用规则》、2007 年 7 月 1 日生效的《跟单信用证统一惯例》（《UCP600》）与 2010 年《见索即付保函统一规则》等。

（3）实用性：国际贸易结算是一门理论与实务相结合的课程，尤其注重理论在实际业务中的运用。因此，本教材引入大量经典案例，并附有各种票据和单据的样例，而且在章节后面配有案例分析与实训练习题，使读者对相关理论知识加以巩固与灵活运用。

本教材共分为十一章，编写具体分工：孙金彦（郑州大学西亚斯国际学院）撰写第二章及整理附录一；李庆利（郑州大学西亚斯国际学院）撰写第三章、第四章；王菲（郑州大学西亚斯国际学院）撰写第五章、第六章；杨轶雯（郑州大学西亚斯国际学院）撰写第一章、第八章、第十一章及整理附录二；田贵生（郑州大学西亚斯国际学院）撰写第七章、第九章及整理附录三；焦聪（郑州大学西亚斯国际学院）撰写第十章。所附实训练习答案由编写教材对应章节的老师整理。

在本教材编写过程中，编者参考了有关书籍与资料，在此向其作者表示衷心的感谢！在出版过程中，本教材得到了郑州大学西亚斯国际学院领导和同人的大力支持，在此一并表示感谢！

由于时间仓促，编者水平有限，书中难免有疏漏之处，欢迎广大读者予以指正。

编　者

2013 年 9 月

目　录

第一章　导论

本章目标

◆ 掌握国际结算的含义及研究对象

◆ 了解国际结算的历史发展过程

◆ 熟悉国际结算中的几种主要支付清算体系

案例导入

中国上海 TEX 出口公司在 2004 年广州春交会上结识了俄罗斯 Ladimir 公司，该公司求购节能灯，共计数量为 3 个 40’FCL（40 尺的集装箱），总金额为 83456.79 美元。俄方客户坚持采用“100%货款在装运后 30 天内汇付”。由于是初次交易，TEX 公司不敢贸然接受 100%商业信用的结算方式，要求修改结算方式为“100%货款采用即期信用证支付”，并要求在收到信用证后合同才开始生效。经过反复磋商，双方达成了“100%货款信用证在装运后 30 天付款”的结算方式。俄方客户按期通过德意志银行莫斯科分行开来了信用证，信用证指定中国银行上海市分行为通知行。TEX 公司在收到信用证后开始组织生产。生产完毕后，俄方客户按照合同和信用证的要求，及时向中国银行上海市分行办理了交单。由于资金紧张，TEX 公司同时向银行提出了融资的要求。中国银行上海市分行审核单据后，认为“交单相符”，并在第二天接受融资要求，给其办理了出口押汇。出口公司获得总金额 70%的出口融资。35 天后，中国银行上海市分行从开证行收回了全部货款，将余额扣除汇本金后支付给了 TEX 公司，该笔出口业务顺利完结。

——引自徐进亮：《国际结算惯例与案例》，北京：对外经济贸易大学出版社，2007 年

从该案例中可以看出，国际结算是通过银行进行的，国际结算的方式不同，银行所起的作用就不同，那么银行之间如何建立代理关系，实际业务中应选择什

么样的结算方式？这些都是导论部分要学习的内容。

第一节　国际结算概述

一、国际结算概述

（一）国际结算的概念

国际结算（International Settlement）是国际金融的一个分支，是对国际间债权债务进行了结和清算的一种经济行为。具体而言，国际结算是指处于两个国家的当事人通过银行办理的两国货币收付业务。即应用一定的金融工具（汇票、本票、支票等），采用一定的方式（汇付、托收、信用证等），利用一定的渠道（通信网、电脑网等），通过一定的媒介机构（银行或其他金融机构等），进行国与国之间的货币收支行为，从而使国际间债权债务得以清偿或实现资金的转移。

但随着国际经济交往的发展，银行办理国际结算业务并不仅仅局限于货币收付，有一部分非货币收付也属于银行国际结算业务的范畴。如保函，银行在办理保函业务时并不一定有货币收付，它仅仅是银行的书面担保，只是一份文件。因此，国际结算完整的概念可表述为：通过银行办理的两国间货币收付业务或银行为国际经济交往正常进行所开具的保函。

（二）国际结算的种类

按国际结算产生的原因来划分，国际结算可分为贸易结算和非贸易结算。

凡是国际间因贸易而产生的货币收付或债权债务的清算称为贸易结算；而由其他经济活动和政治、文化交流所引起的货币收付的结算则称为非贸易结算。

从国际结算这一学科来看，主要研究的是贸易结算。这是由贸易结算在整个国际结算中所处的特殊地位决定的。国际贸易是国际结算产生和发展的重要依据，同时国际结算的发展又反过来促进国际贸易的发展；国际贸易金额巨大，在操作上比非贸易结算更为复杂；在内容上它几乎包括了国际结算的所有方式和手段；国际收支中最基本、最重要的项目是经常项目，而经常项目中最主要的项目即贸易项目。因此，国际贸易结算构成国际结算的主要内容，掌握了贸易结算，非贸易结算问题就迎刃而解了。

（三）国际结算的性质和特点

国际结算是以国际贸易、国际金融和货币银行学为基础形成的，是从微观的角度来研究国际间货币运动的实务问题。同时，还涉及进出口贸易、国际保险、国际运输、电信传递、会计、海关、商检、票据、法律等诸多方面的相关知识，具有很强的实用性和可操作性。

1. 国际结算与国际金融密切相关

国际结算属于国际金融实务的一个分支，国际结算中必然要涉及外汇转移及外汇票据的流通、货币兑换和外汇汇率、外汇进出入管制、外汇风险及其防范等问题，这些都是国际金融的实务问题。

2. 国际贸易是国际结算产生和发展的重要依据

国际结算是以国际贸易的产生和发展为前提的，没有国际贸易就没有国际结算，国际结算从其产生之日起，就以服务于国际贸易为宗旨。同时，国际贸易与国际结算是在相互促进中共同发展的，一方面，国际贸易的发展促进了国际结算的发展；另一方面，国际结算的发展又反作用于国际贸易的发展。

3. 国际结算是一项商业银行中间业务

国际结算是一项利润丰厚的中间业务。在无须运用银行资金的条件下，商业银行通过为客户提供服务、承担风险来获得可观的手续费收入；或在客户交纳保证金等情况下，甚至还可能在一段时间内无偿占用客户资金。因此，商业银行普遍重视开展国际结算业务。

4. 国际结算是有关国际惯例表现最充分的领域

国际结算中的国际惯例是指在长期的国际贸易和结算实践中逐渐形成的一些习惯做法和特定方式。按国际惯例行事是从事国际贸易活动的基本要求。目前，国际结算涉及的国际惯例很多，其中最主要的有《2010年国际贸易术语解释通则》、《跟单信用证统一惯例》、《托收统一规则》、《银行间偿付办法》、《见索即付保函统一规则》和《备用信用证统一惯例》等。

5. 国际结算业务难度较高，风险较大

国际结算业务具有涉外性，活动范围大于国内结算，还涉及不同货币的兑换、不同的文化背景以及法律环境复杂等，国际结算不仅比国内结算要复杂得多，而且操作的难度也更大。同时，受国际上政治、经济及其他不稳定因素的影响与制约，国际结算业务中的当事人面临着各种各样的风险，例如信用风险、汇率风险、利率风险等，以及近年来国际贸易与结算的欺诈犯罪、滥用职权现象的日益猖獗，导致国际结算中的所有当事人和跨国银行业都普遍重视国际结算业务风险的防范。

二、国际结算的产生与发展

国际结算是随着国际贸易的发展而产生和发展的。纵观国际结算的发展过程，共经历了四大变革，即现金结算变为非现金结算、直接结算变为银行结算、货物买卖变为单据买卖、人工结算变为电子结算。

（一）现金结算发展到非现金结算

早期的国际结算是现金交易。如我国古代对日本及南洋各国的海上贸易，除了直接的以货易货交易外，都是长期使用金银等贵金属进行交换和清算的。但这种现金结算具有很大的局限性：①风险大，如自然灾害、劫持、盗窃等带来的损失。②费用高。③运期长，造成资金长期占压，不利于资金周转。到了十四五世纪，资本主义开始萌芽。到了 15 世纪末 16 世纪初，随着资本主义的发展、国际贸易的扩大，逐渐形成了区域性的国际商品市场。而早期那种通过运送金银来偿债的方式就不能适应当时贸易发展的需要，于是就出现了以商业票据来结算债权债务的方式。例如过去以现金结算的做法（见图 1–1）。

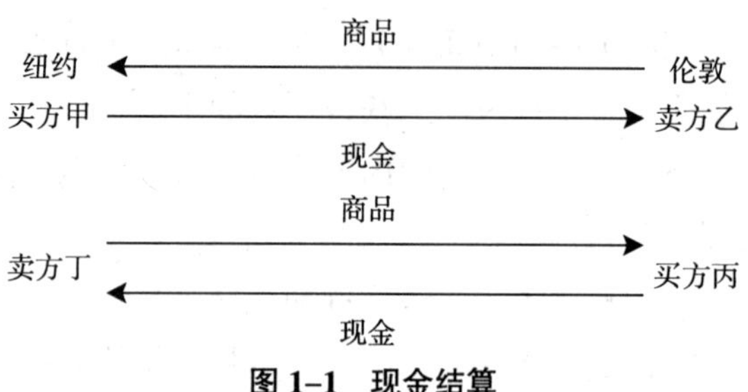

图 1–1　现金结算

现在则用商业票据代替现金（见图 1–2）。

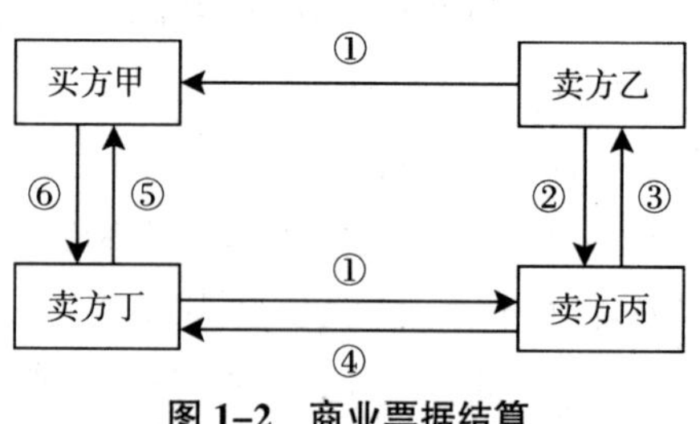

图 1–2　商业票据结算

商业票据结算的运作方式为：①乙向甲、丁向丙出口商品；②乙开立一张以甲为付款人的汇票，转让给丙；③丙买入汇票，付款给乙（有前提）；④丙将汇票寄给丁；⑤丁向甲提示；⑥甲付款。

转让中，付款人不变，收款人改变了。这样，通过一张汇票使异国间的两笔债权债务得以了结。既销售了商品，又避免了运送现金所带来的风险，节约了时间、费用，有利于当时经济的发展。但这种汇票在商人间自行结算有其局限性：①两笔交易的金额和付款期限必须完全一致，在大量复杂的交易中，是有局限的；②即使存在上述条件，他们之间还要有密切的业务联系和相互了解的信用基础，否则，合作是困难的；③任何一方都要有垫付资金的能力。要同时具备以上三个条件十分困难。这些局限性使商人间的直接结算发生了变化。

（二）从商人间的直接结算发展到以银行为中介的转账结算

由于买卖双方位于两个不同国家，使用不同币种，处在不同的贸易和外管制度下，因此双方间面对面的直接结算不适合客观情况。到了18世纪60年代，银行从国内遍设机构扩展到国外设点，使银行网络覆盖全球，银行成了国内外结算的中心。因此，此时买卖双方间债权债务的清偿只有委托银行办理结算。从而使买卖双方集中精力开展贸易，货款结算则完全通过银行办理。银行办理结算业务有其有利条件：①网络遍及全球，用其独特的条件、先进的手段开展业务，为进出口双方服务；②资金雄厚，信用卓著，这是进出口商无法比拟的；③所有不同种货币、不同期限外汇票据，都通过银行买卖转让，可使大量的债权债务关系在最大限度内加以抵消，这样大大地节省了费用和利息的支出，进出口商就不必自找对象来清算，而把所有的信用工具通过银行代为办理。

（三）从“凭货付款”到“凭单付款”

原始的结算，卖方一手交货，买方一手交钱，钱货两清，通常称为“现金交货”（Cash on Delivery）方式。当贸易商与运输商有了分工以后，卖方将货物交给运输商承运至买方，运输商将货物收据交给卖方转寄给买方向运输商取货，海上运输继续扩大，简单的货物收据发展成为比较完善的海运提单（具有货物收据、运输契约和物权单据三方面的作用）。由于提单有物权单据的性质，它把货物单据化了。交单等于交货，持单等于持有货物的所有权。海运提单因此成为可以流通转让的单据（Negotiable Documents），便于转让给银行持有，让银行凭此向买方索取货款，或当作质押品，获得银行资金融通。

在商品买卖合同中，卖方履行合同的义务，即按期、按质、按量的发运货物；买方履行合同的义务，即接收货物，按期如数支付货款。卖方通过海上运输提单表明其履约的状况，以其签发日期来证明按期发货；提交商检局签发的品质证书来证明按质发货；提交商检局签发的数量证书来证明按量发货。

由于货物单据化，履约证书化为银行办理国际结算创造了一个良好条件，只需凭审核相符的单据付款，不凭货物或设备付款，这就给不熟悉商品专门知识的银行提供了便利，使它们能够介入买卖交易中，凭单垫款给卖方，再凭单向买方索取货款。

（四）从人工结算到电子结算

电子信息技术的飞速发展和计算机的广泛使用，使银行可以采用新技术，如环球银行金融电信协会（SWIFT）系统和电子数据交换（EDT），实现了单据标准化、业务电脑化，使之快速、安全、高效地完成国际间收付，并出现了建立在计算机和计算机网络基础上的为客户提供新的金融服务的电子银行。

三、国际结算的主要研究内容

国际结算主要包括三个方面的内容，即国际结算工具、国际结算方式和国际结算单据，如表 1–1 所示。

表 1–1 国际结算主要研究内容

<table>
<tr><td>国际结算工具</td><td colspan="3">票据：汇、本、支</td></tr>
<tr><td rowspan="3">国际结算方式</td><td rowspan="2">国际贸易方式</td><td>基本结算方式</td><td>汇收、托收、信用证</td></tr>
<tr><td>派生结算方式</td><td>银行保函、备用信用证、国际保理服务等</td></tr>
<tr><td>非贸易结算方式</td><td colspan="2">侨汇、外币兑换、信用卡、光票信用证</td></tr>
<tr><td rowspan="2">国际结算单据</td><td>基本单据</td><td colspan="2">商业发票、运输单据、保险单据、跟单汇票等</td></tr>
<tr><td>附属单据</td><td colspan="2">海关/领事发票、装箱/重量单、商检证书、产地证明书等</td></tr>
</table>

（一）国际结算工具

国际结算具体包括各种支付凭证（如支付授权书、托收委托书等）和信用工具。信用工具也称金融工具，它是以书面形式发行和流通，用以证明债权人权利和债务人义务的契约证书。国际结算中使用的信用工具或金融工具主要是票据，包括汇票、本票和支票三种，其主要功能是收付一定的货币金额。

（二）国际结算方式

国际结算方式是指按一定条件、采取一定形式、使用相应的信用工具，进行货币收付的程序和方法。

国际结算方式是指收付货币的手段和渠道，它是国际结算最主要的内容。国际贸易方式具体包括汇付、托收、信用证、银行保函、备用信用证、国际保理服务和协定贸易结算等，前三种是基本的国际结算方式，其他几种则为派生的结算方式。汇付方式和托收方式都是建立在商业信用基础上的；信用证方式则建立在银行信用基础上。非贸易结算方式具体包括侨汇、外币兑换、信用卡和光票信用证。

（三）国际结算单据

国际结算单据是指国际结算中涉及的、反映货物特征、说明交易情况的一系列证明文件或商业凭证，主要包括商业发票、运输单据、保险单据等基本单据。此外，还有众多的附属单据，如海关发票、装箱单、商检证书、产地证明书等。

四、办理现汇结算的基本条件

由于国际经济、政治、文化关系的广泛发展，形成了各种错综复杂的多边债权债务关系，不论是个人间的、企业间的或政府间的债权债务或货币收付都要通过在各金融中心的大商业银行的存款账户上集中进行转账冲销而得到清算，这种清算制度通常称为现汇结算。

办理现汇结算必须具备三个条件：

（一）自由兑换货币

现汇结算方式盛行于第一个统一的国际货币制度——国际金本位时期。金本位时期最典型的形态是金币本位制，黄金具有自由流通、自由兑换、自由铸造、熔毁和自由输出入国境四大特点，由于"黄金输送点"的制约，各国货币之间的汇率稳定，资金调拨自由，为现汇结算创造了顺利开展的条件。但是在 1973 年以后的纸币本位制下，黄金与纸币已不发生直接联系，各国对本国货币的可兑换性和资金移动施加不同程度的限制，于是在现汇结算方式下所使用的货币必须是可自由兑换的货币。目前，世界上属于可自由兑换的货币有 70 多种，其中在现汇结算中常用的有 USD、DEM、JPY、CHF、FRF 和 GBP 等。

（二）建立可自由调拨的账户

一国的现汇结算要顺利进行，除了必须使用可自由兑换货币外，还需要本国的商业银行在世界各国际金融中心的商业银行开立各种货币的存款账户，使各种货币之间能相互兑换，并且本国商业银行与他国商业银行在同一国家商业银行账户上的头寸彼此可以相互调拨，以抵消或清偿各种债权债务。

（三）建立代理关系

所谓的代理关系是指两家不同国籍的银行，相互承做国际结算业务所发生的往来关系。建立代理关系的双方即互为双方的代理行。建立代理行的标志是：掌握对方的控制文件（Control Documents），它包括：有权签字人的印鉴（Specimen Signatures）、密押（Test Key）、费率表（Terms and Condition）。一般选择业务往来多、信誉卓著、作风正派、态度好、互为信赖、地理位置优越的以及世界主要货币国家的银行作为代理行。代理关系中有账户行与非账户行的区别，账户行即两行之间单方或双方互在对方行开立账户。账户行间的支付大都通过在其所开立的账户上进行划拨结算。而非账户行则没有这种账户关系，它们之间所代理的货币收付需要通过第三家银行办理。代理关系中账户行的建立，除了信誉卓著、地理位置优越、业务往来多外，还应选择经常使用的自由兑换货币的发行国，资力雄厚、关系密切的大银行的设立条件更进一步。

五、国际结算中的惯例

（一）国际惯例

国际惯例是指在世界范围内被人们反复运用与普遍承认的习惯做法和特定方式。它是在国际范围内日积月累、逐渐形成的。例如：

（1）《2010年国际贸易术语解释通则》，简称《INCOTERMS 2010》(International Commerical Terms)。此“通则”现已成为当前国际贸易中应用最广、最具影响力的国际惯例。

（2）《托收统一规则》（Uniform Rules for Collection，URC）（国际商会第522号出版物），于1996年1月1日开始生效。

（3）《跟单信用证统一惯例》（Uniform Customs and Practice for Commercial Documentary Credit，UCP）（国际商会第600号出版物），2007年7月1日开始生效。

（4）《国际银行标准实务》，简称ISBP。

（5）《见索即付保函统一规则》（URDG758）。

（6）《国际备用信用证惯例》（ISP98）。

（7）《国际保理惯例》（IFC）。

（二）国际惯例与法律、合同的关系

国际惯例本身并不是法律，而是人们共信共守的规则。它本身不具有法律效力。因此。合同的一方不能强迫对方使用某惯例，也不能自己主动地去执行某惯例，除非在合同上引用了某惯例，则此惯例对有关各方均具有约束力。所以在合同里要载明：“This is subject to UCP600”或类似的字样。

当国际惯例与合同的规定相违背时，以合同为准；合同中没有规定的，又与现行的法律法规不违背的，国际惯例则起到补充的作用。

六、国际结算的现代特征

（一）国际结算的规模和范围越来越大

随着世界经济一体化的发展，国际商品贸易和服务贸易量不断扩大，从而国

际结算的业务量也随着不断扩大。

（二）国际结算与信贷融资密不可分

在当代国际间进出口贸易日趋激烈的竞争中，企业迫切需要金融业提供贸易融资和风险控制方面的业务，进出口贸易融资业务就是顺应了这种时代的潮流而迅速发展起来的。且与国际结算相融合，使得银行更好地发挥信用保证和资金融通的作用，同时也创造出更多更新的国际融资结算方式。国际保理就是其中之一，目前这一结算方式已经在英国、法国、意大利、日本等国普遍盛行。

（三）国际担保融入国际结算

20 世纪 60~70 年代以来，由于国际贸易内容发生变化，国际担保被普遍用于国际结算，成为一种非常灵活的国际结算方式，如保函、备用信用证等。

（四）政策性金融手段支持伴随着国际结算

在世界市场和国际贸易的激烈竞争中，各国政府纷纷利用政策性金融手段支持本国出口商开拓国际市场，除了传统的优惠贷款方式等，其中最典型的是出口信贷和出口信贷担保以及出口信用保险。目前世界上大多数国家都成立了自己的出口信贷机构，在信贷方式上也出现了卖方信贷、买方信贷、福费廷等出口信贷新方式。

（五）国际结算方式不断创新

在过去卖方市场条件下，信用证结算方式很盛行，是国际贸易中最主要的结算方式，这种情形一直持续到 20 世纪 70 年代初期。之后，卖方市场向买方市场转变，非信用证等传统的融资结算方式所占比重越来越大，估计约占国际年进出口总额的 60%以上。而且越是发达国家，这个比例就越高。如在欧共体各成员国之间的贸易中，这个比例就高达 80%以上。

（六）国际结算中商业信用的比重加大

目前，采用记账赊销方式的交易在全部国际商品贸易结算中的比例逐渐增大，随着汇付方式越来越多，在传统结算方式中，商业信用开始占主导地位。

特别提示

国际贸易结算占主导地位。国际结算有的以贸易为基础，有的与贸易无直接联系。

第二节 国际结算中的往来银行

国际结算已经发展成为全球性的银行网络清算活动，没有哪一家银行能够独立完成国际结算业务，而是众多银行在跨国货币的收付中相互合作，携手组织成一个纵横交错的全球银行间网络，形成了无可替代的国际结算中介服务体系。也就是说，银行开展国际结算业务，必须有海外分支机构和代理行的合作。否则，国际结算就不能顺利进行。在国际结算业务中，每笔业务都至少要涉及两家以上的银行机构。根据与本行的关系，可将往来银行分为两种类型。

一、商业银行分支机构与联行

（一）商业银行分支机构

一般来说，经营外汇和国际结算业务的商业银行都在海外设有分支机构。商业银行在国内外设置的分支机构一般有以下几种形式：

1. 代表处

代表处（Representative Office）是商业银行设立的非营业性机构。它不能经营真正的银行业务，其主要职能是探询新的业务前景，寻找新的盈利机会，开辟当地信息新来源。代表处是分支机构最低级和最简单的形式，它通常是设立更高形式机构的一种过渡形式。

2. 代理处

代理处（办事处、经理处）（Agency Office）是商业银行设立的能够转移资金和发放贷款，但不能在东道国吸收当地存款的金融机构。代理处是母行的一个组成部分，不具备法人资格，它是介于代表处和分行之间的机构。代理处可以从事一系列非存款银行业务，如发放工商贷款、提供贸易融资、签发信用证、办理承兑、票据买卖和票据交换等业务。代理处由于不能吸引当地居民存款，所以其资金主要来源于总行和其他有关机构，或从东道国银行同业（Inter-bank）市场拆入。

3. 分行

分行（Branch）是商业银行设立的营业性机构，无论是在法律上还是在业务上，它都是母行的有机组成部分。它不是独立的法律实体，没有独立的法人地位，它要同时受到总行所在国与东道国双方的法律及规章的制约；其业务范围及经营政策要与总行保持完全一致，并且分行的业务活动限制以总行的资本、资产及负债为基础来衡量。与此相适应，总行对分行的活动负有完全的责任。一般来说，分行可以经营完全的银行业务，但不能经营非银行业务。分行下设的营业机构即支行。支行的地位类似于分行，只是它直接属分行管辖，规模比分行小，层次比分行低。

4. 子银行

子银行（附属银行）（Subsidiary）是商业银行设立的间接营业机构，是在东道国登记注册而成立的公司性质的银行机构，在法律上是一个完全独立的经营实体，它对自身的债务仅以其注册资本为限负有限责任。子银行是所属总行拥有的合法注册公司，其股权的全部或大部分为总行所控制。子银行的经营范围较广，通常它能从事东道国国内银行所能经营的全部银行业务活动，在某些情况下，还能经营东道国银行不能经营的某些银行业务，如证券、投资、信托、保险业务等。

5. 联营银行

联营银行（Affiliate）在法律地位、性质和经营特点上同子银行类似，其区别是在联营银行中，任何一家外国投资者拥有的股权都在50%以下，即拥有少数股权，其余股权可以为东道国所有，或由几家外国投资者共有。联营银行可以是两国或多国投资者合资所建的，也可以是外国投资者通过购买当地银行部分股权而形成的，其业务依注册规定或由被参股银行的性质而定。联营银行的最大优势是可以集中两家或多家参股者的优势。

6. 银团银行

银团银行（Consortium Bank）通常是由两个以上不同国籍的跨国银行共同投资注册而组成的公司性质的合营银行。任何一个投资者所持有的股份都不超过50%。

作为一个法律实体，银团银行有自己的名称和特殊功能。它既接受母行委托的业务，也开展自己的活动。其业务范围一般包括：对超过母行能力或意愿发放的大额、长期贷款做出全球性辛迪加安排，承销公司证券，经营欧洲货币市场业务，安排国际间的企业合并和兼并，提供项目融资和公司财务咨询等。与其他形式的银行相比，银团银行具有以下特点：①组成银团银行的母行大多是世界著名的跨国银行；②银团银行的注册地多为一些国际金融中心或离岸金融中心；③它所经营的业务大多是单个银行不能或不愿经营的成本高、风险大、专业技术性强、规模和难度较大的业务；④其业务对象主要是各国政府和跨国公司，它很少向消费者提供小额零售业务。

在以上六种形式中，代表处、代理处和分行不是独立的法人，母行完全可以对其进行控制；子银行、联营银行、银团银行是独立的法人，母行只能根据控股的多少对其产生不同程度的影响。从业务范围来看，代表处、代理处的业务有限，银团银行一般不经营小额零售业务，只有分（支）行、子银行、联营银行的经营范围较广。

（二）联行

联行（Sister Bank）是指银行根据业务发展的需要，在国内、国外设置的分、支行。总行与分、支行之间，分行与支行之间及其相互间都是联行关系。

根据设立的地点不同，联行可分为国内联行和海外联行。

1. 国内联行

国内联行（Domestic Sister Bank）是指设立在国内不同城市和地区的分、支行。国内联行往来是国际结算中不可缺少的组成部分。总行在国外开立了账户，分、支行办理国际结算时即可通过国内联行与总行办理资金的划拨；异地办理国际结算需要在国内异地划拨资金时，也可通过国内联行在分、支行之间办理。

2. 海外联行

海外联行（Overseas Sister Bank）是指设置在海外的分、支行。设立海外联行的目的是为了开拓海外市场，方便国际结算，扩大银行业务范围。但设立海外联行必须具备一定条件。首先是拟设立联行的城市或地区要具备良好的自然地理、政治经济条件；其次关键是要看该地业务量的多寡，若业务量充足，其盈利足以维持分支机构的开支，则可设立分支机构，否则，就不需设立分支机构。

中国银行曾是我国的外汇专业银行，在海外联行的设立方面处于领先地位，中国银行先后在伦敦、纽约、巴黎、东京、卢森堡、法兰克福、新加坡、巴拿马、多伦多、大阪等地设立了分行和代表处；在我国港澳地区设有中银集团。中国银行在海外设置的各类分支机构累计超过 500 家。

二、代理行

在办理国际结算业务时，银行除了在国外设置分支机构外，还需要外国银行的业务合作与支持。因为一家或一国的银行不可能在发生债权债务关系的所有国家或地区都建立分支机构，这样做既无必要，也无可能。以中国银行为例，虽然它已在海外设立了数百家分支机构，但这些分支机构的数目与中国银行所承担的国际结算任务相比，还是不相适应的。于是，中国银行根据业务发展的需要，与外国银行广泛建立了代理关系。目前，中国银行已与世界上近 200 个国家和地区的1500多家银行的5000家左右的分支机构建立了代理关系。

（一）代理关系和代理行

代理关系是指两家不同国籍的银行通过相互委托办理业务而建立的往来关系。建立了代理关系的银行互称代理行（Correspondent Bank or Correspondents, CORRES）。

（二）代理关系的建立

代理关系即代理行关系，一般由双方银行的总行直接建立。分、支行不能独立对外建立代理关系。代理行关系的建立一般要经过三个步骤：

1. 考察了解对方银行的资信

代理行关系是建立在一定资信基础上的。因此，在建立代理关系前，应对对方银行的基本情况有所了解，以便决定是否同对方银行建立代理关系。一般而言，银行只同那些资信良好、经营作风正派的海外银行建立代理关系。

2. 签订代理协议并互换控制文件

如果双方银行同意相互建立代理关系，则应签订代理协议。代理协议一般包括双方银行名称、地址、代理范围、协议生效日期、代理期限、适用分（支）行等。为使代理业务真实、准确、快捷、保密，代理行之间还要相互发送控制文件（Control Documents）。控制文件包括：

（1）密押（Test Key）。密押是银行之间事先约定的，在发送电报时，由发电行在电文中加注密码。密押具有很强的机密性，使用一段时间后，应予以更换。

（2）印鉴（Specimen Signatures）。印鉴是银行有权签字人的签字式样。银行之间的信函、凭证、票据等，经有权签字人签字后，寄至收件银行，由收件银行将签名与所留印鉴进行核对，如果相符，即可确认其真实性。代理行印鉴由总行互换，包括总行及所属建立了代理关系的分行的有权签字人的签字式样。

（3）费率表（Terms and Conditions）。它是银行在办理代理业务时收费的依据。一般由总行制定并对外发布，各分（支）行据此执行。对方银行委托我方银行办理业务，按照我方银行费率表收取费用；我方银行委托国外银行办理业务，则按对方银行费率表收费。费率表应定得适当、合理，过高会削弱我方竞争力，过低则影响经济效益。

3. 双方银行确认控制文件

收到对方银行发来的控制文件后，如无异议，即可确认，此后便照此执行。

（三）代理行的种类

代理行又可分为账户行和非账户行。

1. 账户行

账户行（Depository Bank）是指代理行之间单方或双方相互在对方银行开立了账户的银行。账户行是在建立代理行关系的基础上，为了解决双方在结算过程中的收付而建立的特殊关系。账户行间的支付，大都通过开立的账户进行结算。选择建立账户行，一般应是业务往来多、资金实力雄厚、支付能力强、经营作风好、信誉卓著、地理位置优越以及世界主要货币国家的银行。账户行必然是代理行，而代理行并不一定是账户行。

（1）账户行可以是单方开立账户和双方互开账户。单方开立账户是指一方银行在对方银行开立的对方国家货币或第三国货币账户。如中国银行在美国纽约的若干家银行（美国或外国）开设有美元现汇账户。

双方互开账户是指代理行双方相互在对方国家开立对方国家的货币账户。如中国银行在美国纽约花旗银行开立美元账户；花旗银行在北京中国银行开立人民币账户。

（2）账户根据开立性质可分为往户账、来户账、清算账户。往户账（Nostro Account）指存放国外同业，即国内银行在国外同业开立的账户。如我国国际结算货币主要是美元，而美元清算中心在美国纽约，为便利结算，我国银行在纽约许多大银行都开立了美元账户。出口货款的收回采取请账户行贷记我账，进口货款的支付请账户行借记我账的方式。

来户账（Vostro Account）指国外同业存款，即外国银行将账户开在我国国内。如其他国家银行在我国开立外汇人民币账户。由于人民币尚不可自由兑换，我国的来户账还不普遍。

清算账户（Clearing Account）是两国政府间为办理进出口贸易和其他经济往来所发生债权债务清算而开设的不必使用现汇的记账账户。

2. 非账户行

非账户行（Not-depository Correspondent）是指除账户行以外的其他代理银行，或者说是没有建立账户行关系的代理行。非账户行之间的货币收付需要通过第三家银行办理。

三、往来银行的选择

虽然联行与代理行、账户行与非账户行都可办理国际结算的有关业务，但它们对己方银行的影响是不同的。在办理结算和外汇业务时，联行是最优选择。这是因为本行与联行是一个不可分割的整体，同在一个总行的领导下，不仅相互之间非常熟悉和了解，而且从根本上说是利益共享、风险共担的。因此让海外联行开展有关业务，海外联行必然会尽最大努力圆满地完成所委托的业务，保证服务质量，减少风险，而且能使“肥水不流外人田”，将业务留在本行系统。

但联行数量毕竟有限，因此在绝大多数没有联行的地区还得依靠代理行来进行。与建立联行关系相比，代理行关系的建立成本更低、更灵活、更普遍，在国际结算中具有相当重要的地位。在代理关系中，账户行的关系更密切、更方便。因此，账户行选择的优先地位仅次于联行。与账户行之间的业务委托也十分方便，只要通过账务往来即可完成委托。在同一城市或地区有多个账户行的情况下，要选择资信最佳的银行办理业务。

在没有联行和账户行的少数地区，要开展业务只能委托非账户行的代理行。因为建立了代理关系的银行还是相互比较了解的，只不过资金的收付不太方便，需要通过其他银行办理，手续复杂些，所需时间也要相对延长。

如果以上关系行都没有，将很难开展国际结算业务。

特别提示

国际结算中往来银行的优先选择顺序是：联行、账户行、非账户行。

第三节　国际结算中的支付系统

支付系统（Payment System）是由提供支付清算服务的中介机构和实现支付指令传送及资金清算的专业技术手段共同组成，用以实现债权债务清偿及资金转移的一种金融安排，有时亦称清算系统（Clearing System）。由于经济活动所产生的债权债务须通过货币所有权的转移加以清偿，支付系统的任务即是快速、有序、安全地实现货币所有权在经济活动参与者间的转移。支付系统对于一国而言具有特殊的重要意义。

随着国际经济、贸易往来的不断发展，国际主要货币的跨国清算和支付日益增多。为此，如何快速、高效地清算客户在途资金成为衡量一个银行服务质量和水平的重要标志，也是其竞争力的充分体现。各国中央银行都在开发本国的支付清算系统，并积极了解和参与国际支付清算体系。世界上被广为接受的主要国际支付清算系统有：环球银行金融电信协会 SWIFT 系统、美元支付清算系统 CHIPS 和 FEDWIRE、欧元跨国清算系统 TARGET、伦敦自动清算支付系统 CHAPS、日本银行金融网络系统 BOJ-NET。

一、环球银行金融电信协会

环球银行金融电信协会（Society For Worldwide Interbank Financial Telecommunication，SWIFT）是一个国际银行间非营利性的国际合作组织。该系统电信的线路速度为普通电传的48~192倍。在正常情况下，每笔交易从发出电信到收到对方确认只需1~2分钟。

1973年5月，来自美国、加拿大和欧洲15个国家的239家银行宣布正式成立SWIFT，其总部设在比利时的布鲁塞尔，它是为了解决各国金融通信不能适应国际间支付清算的快速增长而设立的非营利性组织，负责设计、建立和管理SWIFT国际网络，以便在该组织成员间进行国际金融信息的传输和确定路由。从1974年开始设计计算机网络系统，于1977年夏完成了环球同业金融电信网络（SWIFT网络）系统的各项建设和开发工作，并正式投入运营。

该组织创立之后，其成员银行数逐年迅速增加。从1987年开始，非银行的金融机构，包括经纪人、投资公司、证券公司和证券交易所等，都开始使用SWIFT。目前该网络已遍布全球206个国家和地区的8000多家金融机构，提供金融行业安全报文传输服务与相关接口软件，支援80多个国家和地区的实时支付清算系统。

1980年SWIFT联结到香港。我国的中国银行于1983年加入SWIFT，是SWIFT组织的第1034家成员行，并于1985年5月正式开通使用，成为我国与国际金融标准接轨的重要里程碑。之后，我国的各国有商业银行及上海和深圳的证券交易所也先后加入SWIFT。

二、美元支付清算系统

（一）纽约清算所同业支付清算系统（CHIPS）

清算所同业支付系统（Clearing House Interbank Payment System，CHIPS）是一个著名的私营跨国大额美元支付系统，于1970年建立，是跨国美元交易的主要结算渠道。通过CHIPS处理的美元交易额约占全球美元总交易额的95%。因此，该系统对维护美元的国际地位和国际资本流动的效率及安全十分重要。CHIPS成员有纽约清算所协会会员、纽约市商业银行、外国银行在纽约的分支机构等。CHIPS是一个净额支付清算系统，它租用了高速传输线路，有一个主处理中心和一个备份处理中心。每日营业终止后，进行收付差额清算，每日下午6时（纽约时间）完成资金转账。

CHIPS归纽约清算所协会所有并经营。会员有140个国家，外国银行占

60%。成员主要有：纽约清算协会成员、国外银行在纽约的分支机构、纽约商业银行、美国银行在纽约的子公司、纽约州银行法规定的投资公司。

CHIPS 的特点有：①实时的、大额的、多边的、终局性支付；②具有最大的流动性，1 美元日周转 500 次；③免除了日透支费；④可以提供在线现金管理工具；⑤给公司客户传输汇款相关信息；⑥服务于国内和国际市场，可处理超过 95%的美元跨境支付；⑦每日日终进行净额清算的资金转账。

（二）联邦资金周转系统（FEDWIRE）

联邦资金周转系统（FEDWIRE）是美国联邦储备银行拥有并运行的全美范围内的大额资金转账系统。于 1913 年建立，FEDWIRE 将全美划分为 12 个联邦储备区、25 个分行和 11 个专门的支付处理中心，它将美国联储总部、所有的联储银行、美国财政部及其他联邦政府机构连接在一起，提供实时全额结算服务，主要用于金融机构之间的隔夜拆借、银行间清算、公司之间的大额交易结算、美国政府与国际组织的记账债券转移业务等。个人和非金融机构可以通过金融机构间接使用 FEDWIRE，由于该系统有专用的实现资金转移的电码通信网络，权威性、安全性较高。此外它还承担着美联储货币政策操作及政府债券买卖的重要任务。它每日运行 18 个小时，每笔大额的资金转账从发起、处理到完成，运行全部自动化。FEDWIRE 还有一个簿记证券系统，其运行始于 1960 年，该系统运行的主要目的是降低证券交易成本，提高交割与结算效率以及安全系数。

三、欧元跨国清算系统

（一）泛欧实时全额自动清算系统（TARGET）

The Trans-European Automated Real-time Gross Settlement Express Transfer (TARGET)，即“泛欧实时全额自动清算系统”。1995 年 3 月，欧洲货币研究所为保证未来欧元结算的顺利进行及货币政策的顺利实施建立的欧元资金划转系统。

该系统架构于欧元区成员国原有的 RTGS（实时全额清算系统）之上，由 15 国的 RTGS 系统、欧洲中央银行的支付机构和相互间的连接系统构成。通过 SWIFT 网络通信设施将各国中央银行的实时清算系统连接起来的泛欧实时全额自动清算系统。

TARGET 创建的目的：①建立统一的欧洲货币市场，以利于单一货币政策的实施；②促进欧元支付体系的稳定性，提高支付效率；③为各国间的清算提供一个安全可靠的机制，使支付的风险降到最低。

TARGET 的特点：①款项必须是大额，且每笔要有即时的头寸，不能透支；

②清算效率高，几分钟内可完成一笔；③清算时间从上午 7 : 00 到下午 18 : 00，款项当天支付，当天最终交收，当天起息；④清算是无条件的，不可改变及撤销，款项是每笔分开清算，一天内系统可完成 10 万笔；⑤由于清算时必须经过 5 家银行，清算成本较高，每笔花费 1.5~3 欧元。

（二）欧洲银行协会（EBA）

欧洲银行协会（European Bank Association，EBA）的欧元清算系统（以下简称 EBA 清算系统）以前专为欧洲货币单位（ECU）支付提供服务，该系统有 49 家清算银行。1999 年后，ECU 以 1:1 汇价转为欧元，EBA 清算系统改为以欧元清算。

该系统的特点：①可以即时支付，亦可非即时支付；②款项可以多笔打包清算；③清算行之间款项交付可当天起息；④效率高，一天可达 30 万笔；⑤清算款项可撤销及更改；⑥成本低，每笔花费 0.25 欧元；⑦为避免风险，会员需缴保证金；⑧每日营业终了，需做日终净额清算。

（三）区域性支付系统

区域性支付系统主要有法兰克福的欧元支付系统（Euro Access Frankfurt，EAF）和银行网络清算。

1. 法兰克福的欧元支付系统

该系统采用 SWIFT 格式，以大额且大宗方式交易，包括外汇、货币市场及国内商品交易的资金移转，移转成本低，但处理速度不及 TARGET 快，是欧元区内仅次于 TARGET 的极具竞争力的支付系统。

2. 银行网络清算

欧元的推出及固定汇率制的采用，使少数欧洲大银行能充分利用自身在欧洲的分支行网络系统为客户服务。它们以总部为龙头，下属分支机构可直接进入当地的清算系统将款项支付出去。

该方式的优点是：①只需在该大银行总部开立一个账户，即可通过该行网络系统与欧洲各地进行资金往来；②由于是同一家银行的网络，服务质量有保证，查询相对简单；③通过欧洲网络银行，在欧盟各成员国总、分行利用既有的银行网络与地方网络联机，实现地方性资金的转移。该方式的缺点是：①这种以现金为支付手段、银行为支付中介的支付方式，仍然没有改变付款人在支付过程中的主动地位；②在企业之间的交易支付过程中，付款方不主动支付货币资金，收款方资金就不能回笼，因而债务衍生机制依然存在；③除了法律手段外，没有其他机制能抑制债务关系的衍生和发展。

四、伦敦自动清算支付系统

伦敦自动清算支付系统（Clearing House Automatic Payment System，CHAPS）是指有关银行进行英镑支付时采用的电子清算系统。

该系统的特点是可用高度自动电脑化的信息传递，部分地取代了依靠票据交换的方式，使以伦敦城外的交换银行为付款人部分交易（1 万英镑以上）也可实现当天结算。

五、日本的清算系统

日本的银行间支付系统由四个主要系统组成：汇票和支票清算系统（BCCS）、全银数据通信系统（Zengin System）、外汇日元清算系统（FXYCS）和 BOJ-NET 资金转账系统。前三个系统的运营和管理由私营部门负责，参与机构在日本银行开设往来账户，用以结算彼此之间支付的净头寸。BCCS 和 Zengin System 主要用于小额转账，而 FXYCS 和 BOJ-NET 资金转账系统主要用于大额转账。

（一）汇票和支票清算系统

汇票和支票清算系统（BCCS）主要为同一地区的金融机构提供汇票和支票的交换清算服务。截至 2001 年，日本共有 540 家汇票和支票清算所，其中，东京清算所的票据交换清算金额占日本全国清算所的 70%以上。

大中型金融机构，包括银行和外国银行在日本的分支机构，都是 BCCS 的直接参与机构。小型金融机构通过直接参与机构间接地加入系统进行清算。到 2001 年 12 月，加入东京清算所进行清算的金融机构为 421 家，其中 121 家为直接参与机构。日本主要的清算所由各地银行家协会负责管理，例如，东京清算所由东京银行家协会（Tokyo Bankers Association，TBA）负责运营。BCCS 的结算量从 2001 年到 2006 年有明显的下降，原因是近年来传统的汇票和支票融资正被银行信贷所取代，这类资金的支付结算因而也转向 Zengin System。

（二）全银数据通信系统

全银数据通信系统（Zengin System）是一个国内银行间资金转账的小额清算系统，于 1973 年开始运行。另外，很多小型金融机构，如信用金库、信用合作社、劳工信用协会、农村信用合作社以及区域性银行团体都有它们自己的银行间清算系统。这些清算系统的结构都与 Zengin System 相似。

银行以及外国银行在日本的分支机构等金融机构直接参与 Zengin System 的清算。小型金融机构参加 Zengin System 则是分别通过它们各自与 Zengin System

连接的清算系统来实现。到 2001 年 12 月，加入 Zengin System 的金融机构共有 2021 家，其中 154 家是直接参与机构，最终用户还包括企业和个人。

Zengin System 同 BCCS 一样，由东京银行家协会（TBA）负责运营。2006 年 Zengin System 的日均清算量超过了 10 万亿日元。

（三）外汇日元清算系统

外汇日元清算系统（FXYCS）是于 1980 年建成的大额支付系统，以简化跨境金融交易日元支付的清算过程。最初，系统的运转是建立在处理纸质单据的基础上。为了适应外汇交易量的快速增长，1989 年 TBA 对该系统进行了改造，实现了系统的自动化，并把经营权委托给日本银行。从此，外汇交易的日元清算就通过日本银行 BOJ-NET 系统进行。

FXYCS 处理跨境金融交易所产生的日元支付，这些跨境金融交易包括外汇交易、日元证券交易和进出口贸易的支付。

FXYCS 由 TBA 拥有，它的自动化系统是 BOJ-NET 的一部分。到 2001 年底，参加 FXYCS 的金融机构共有 244 家，包括 73 家外国银行在日本的分支机构，其中有 40 家是 BOJ-NET 的直接参与者，其余的 204 家是间接参与者，它们要通过直接参与者加入 FXYCS。

另外，持续联结清算（Continuous Link Settlement，CLS）银行于 2002 年进入日本，在日元外汇结算中也起到重要作用。目前 FXYCS 主要承担外汇交易中日元的结算功能，而 CLS 负责多边货币的支付清算功能。2006 年 FXYCS 的日均交易额达到 18 万亿日元，CLS 的日均交易额达到 30 万亿日元。

（四）日本银行金融网络系统

BOJ-NET 资金转账系统于 1988 年建成，它是一个联机的电子大额资金转账系统，也是日本支付结算系统的核心。BOJ-NET 由两个子系统组成：一个是用于资金转账的 BOJ-NET 资金转账系统；一个是用于日本政府债券（Japan Government Bond，JGB）结算的 BOJ-NET JGB 服务系统。虽然 BOJ-NET 资金转账系统从建成起就为资金的结算提供了两种结算方式，即定时净额结算和实时全额结算（RTGS），但在 2001 年初日本银行废除了定时净额结算这种结算方式，使得 RTGS 成为 BOJ-NET 系统唯一可用的结算模式。

日本银行提供的大多数支付服务都可以通过 BOJ-NET 资金转账系统处理，它们包括：①同业拆借市场和证券交易所引起的金融机构之间的资金转账；②在同一金融机构不同账户之间的资金转账；③私营清算系统产生净头寸的结算；④金融机构和日本银行之间的资金转账，包括在公开市场操作的交易。通过 BOJ-NET 资金转账系统进行的大多数资金转账都是贷记转账，但机构内的资金划拨，也可以通过借记转账来进行。

BOJ-NET 资金转账系统为日本银行所有，并由日本银行负责运营。到 2001 年底加入 BOJ-NET 资金转账系统的金融机构共有 383 家，其中包括 162 家银行，72 家外国银行在日本的分支机构、83 家信用金库、5 家合作社的中央机构、46 家证券公司、3 家货币市场经纪商和其他一些金融机构，如证券交易所。2006 年，BOJ-NET 资金日均清算交易额达到 102 万亿日元。快速、安全、高效地实现国际清算已成为当代国际结算的重要课题。

特别提示

环球银行金融电信协会（Society for Worldwide Interbank Financial Telecommunication，SWIFT）是国际上最重要的金融通信网络之一。通过该系统，可在全球范围内把原本互不往来的金融机构全部串联起来，进行信息交换。该系统主要提供通信服务，专为其成员金融机构传送同汇兑有关的各种信息。成员行接收到这种信息后，将其转送到相应的资金调拨系统或清算系统内，再由后者进行各种必要的资金转账处理。

案例分析

电子数据交换（Electronic Data Intercharge，EDI），是一种主要应用于国际贸易领域的电子商务技术，是伴随着现代信息技术的发展而产生和发展的。EDI 就是运用一定标准将数据和信息规范化与格式化，通过计算机网络将文件从一个企业传输到另一个企业，以实现无纸贸易。

EDI 是在 EDIFACT 标准下以计算机网络为依托，通过 EDI 网络中心，将与国贸有关的工厂、公司、海关、航运、商检、银行和保险等单位连成一个 EDI 网络，用方可以通过公用数据网连接到 EDI 中心，然后把要传送的单证，如产地证申报单，进出口报检单、进口报关单等传到 EDI 服务中心，EDI 就会把这些单证相应地传到商检、海关等相关单位，还可以将银行审单的结果传送给客户，从而大大加速了贸易的全过程。

EDI 为国际贸易和国际结算带来了巨大的经济效益和社会效益，美国在 20 世纪 60 年代末期开始应用 EDI。时至今日，欧洲大部分国家都认定 EDI 是经商的唯一途径。澳大利亚、日本和新加坡等国也纷纷在 20 世纪

90 年代初期宣布，所有的商户首选交易方式为 EDI，不采用 EDI 的商户将推迟或不予办理。EDI 的应用使国际市场上形成了一个新的贸易壁垒，不采用 EDI 技术的国家无疑意味着被排斥在这壁垒之外，必将失去贸易机会和客户。

目前有关 EDI 的法律问题正在探讨之中，如果能在世界范围内形成 EDI 的法律法规，国际贸易与结算的无纸化和一体化最终将会实现。在我国，许多工商企业仍不熟识 EDI。

我国发展 EDI 的障碍：①EDI 的相关法规不健全，无法为 EDI 的发展和应用保驾护航；②在推广普及 EDI 的过程中，协调的力度不够，问题在于缺乏统一的技术标准，兼容性很差，大大降低了 EDI 的效率；③EDI 是高科技、商贸结合的最新产物，对人员素质要求较高，需要复合型人才。

小　结

国际结算是指处于两个国家的当事人通过银行办理的两国货币收付业务。

国际结算分为贸易结算与非贸易结算，贸易结算占主导地位。

国际结算研究对象是结算工具与结算方式。

以银行为中心的现代电子转账划拨支付体系是国际间金融得以安全有效结算的基础设施。只有通过各国货币清算中心支付体系的良好运行，才能保证国际结算的及时和可靠。目前，世界上被广为接受的主要国际支付清算系统有：环球银行金融电信协会 SWIFT 系统、美元支付清算系统 CHIPS 和 FEDWIRE、欧元跨国清算系统 TARGET、伦敦自动清算支付系统 CHAPS、日本银行金融网络系统 BOJ-NET。

实训练习

【核心概念】

国际结算

【问答题】

1. 国际结算经历了哪几个历史发展过程?
2. 国际结算的现代特征是什么?
3. 世界范围内有哪些国际支付清算系统?

第二章　国际结算中的票据

本章目标

◆ 掌握票据的概念、基本特征和功能
◆ 了解票据权利和票据义务及票据的法律体系
◆ 掌握汇票的含义、必要记载项目
◆ 了解汇票的当事人及汇票的分类
◆ 理解汇票的票据行为
◆ 掌握本票的含义、必要记载项目及本票与汇票的异同
◆ 掌握支票的含义及其基本内容

案例导入

2007 年 8 月，某市 A 公司与新加坡 B 商签订了一份进口胶合板的合同。合同总金额为 700 万美元，支付方式为付款交单，允许分批装运。第一批价值为 60 万美元的胶合板准时到货，质量良好，双方对合作很满意。就在第二批交货期来临之际，B 商向 A 公司提出：鉴于贵公司资金周转困难，为了帮助贵方，我方允许贵公司采取远期付款。贵公司作为买方，可以给我方开出一张见票后一年付款 700 万美元的汇票，请中国建设银行某市分行承兑。承兑后，我方保证将 700 万美元的胶合板在一年内交货。贵方全部收货后，再付给我方 700 万美元的货款。A 公司以为现在不付款，只开张远期票据就可得到货物并在国内市场销售，于是欣然接受了 B 商的建议，给 B 商签发了一张见票后一年付款 700 万美元的汇票。但令 A 公司始料不及的是，B 商将这张承兑了的远期票据在新加坡的美国银行贴现 600 万美元。从此连一张胶合板都不交给 A 公司。事实上，B 商将这笔巨款骗到手后便无影无踪了。

一年后，新加坡的美国银行持这张承兑了的远期票据请建设银行某市分行付款。尽管B商没有交货，某市分行却不得以此为理由拒绝向善意持票人美国银行支付票据金额。最后，由于本案金额巨大，报请国务院批准，由建设银行某市分行付给美国银行600万美元而结案。

——引自梁琦：《国际结算与融资》，南京：南京大学出版社，2000年

此案例中，主要涉及国际结算工具——汇票。什么是汇票？如何对汇票进行承兑？承兑前后，汇票当事人的责任有何变化？票据的原因关系与票据的法律关系有何区别？本章将就以上问题做出清晰的解答。

第一节　票据概述

非现金结算是当代国际结算的基本方式，它是以票据这一信用工具为媒介进行结算的方式。国际结算工具主要包括汇票、本票和支票。

一、票据的含义

票据有广义和狭义之分。广义的票据是指商业上的权利单据，是记载一定文字、代表一定权利的书面凭证，包括汇票、本票、支票、股票、发票、提单、债券等。狭义的票据是指由出票人签发的，承诺自己或委托他人在见票时或指定日期向收款人或持票人无条件支付一定金额、可以流通转让的一种有价证券，包括汇票、本票、支票。本章所讲的票据即指狭义的票据。

二、票据的特征

票据作为一种广为流通的支付工具，具有不同于其他商业文件、契约与单据的特征。票据的特征既反映了法律对票据的规范，又体现了票据自身具有的鲜明特点。

（一）设权性

票据的设权性是指持票人的票据权利随票据的设立而产生，离开了票据，就不能证明其票据权利。当然，票据权利的产生是基于当事人经济交易的权利与义务，即经济交易中的权利产生在先，票据权利产生在后。但票据一经设立并交付

出去，票据的权利义务随之确立，并与原有经济交易关系相脱离而独立存在，即使原有经济交易关系存在缺陷，也不影响票据的权利。票据权利的产生必须作成票据，票据权利的转让必须交付票据，票据权利的行使必须提示票据。

（二）无因性

票据的无因性是指债权人持票行使票据权利时，可以不明示其原因。票据的出具和转让都会存在一定的基础原因（如商品交易、金融交易、资金借贷等），但票据关系一旦成立，即独立于票据的基础原因。只要票据具备法定要式，票据债务人无权了解持票人取得票据的手段，应无条件地支付（除非其明确知道持票人取得票据的手段是不正当的），持票人也无须说明其取得票据的原因。票据的无因性特征为票据的广泛流通和转让提供了保证。

案例 2–1

永固房地产有限责任公司从丽德贸易进出口公司购进 2000 吨水泥，总价款 50 万元。水泥运抵后，永固房地产有限责任公司为丽德贸易进出口公司签发一张以永固房地产有限责任公司为出票人和付款人，以丽德贸易进出口公司为收款人的，三月后到期的商业承兑汇票。

一个月后，丽德贸易进出口公司从吉祥有限责任公司购进木材一批，总价款 45.5 万元。丽德贸易进出口公司就把永固房地产有限责任公司开的汇票背书转让给吉祥有限责任公司，余下的 4.5 万元用支票方式支付完毕后，永固房地产有限责任公司发现 2000 吨水泥中有一半质量不合格，双方发生纠纷。汇票到期时，吉祥有限责任公司把汇票提交永固房地产有限责任公司要求付款，永固房地产有限责任公司拒绝付款，理由是丽德贸易进出口公司供给的水泥不合格，不同意付款。永固房地产有限责任公司是否可以拒绝付款?

分析：票据行为无因性原则的实质内容就是票据基础关系与票据法律关系的分离。只有因票据权利的产生、取得和转让而形成的票据债权和票据债务之间的关系（即票据法律关系），与票据基础关系（票据原因关系、票据资金关系和票据预约关系等）相互独立，形成两类相互分离的法律关系，作为基础关系的交易关系和债权债务关系才能不影响独立存在的票据关系的效力。也只有票据关系与基础关系相互分离，才能够在票据的转让中，使票据持有人的交易风险大大降低，并减轻持票人的审查责任，从而能够保障持票人，特别是保障善意持票人的合法权益。通过确立票据无因性原则，可以使人们乐于接受票据；人们乐于接受票据，就会利用票据的种种功效，加速物资有序流动，促进贸易发展，也就助长了票据的流通；助长票据流通，发挥票据的效用，最终达到实现经济高度发达的社会目标。这也是票据法理论确立票据无因性原则的最终目的。[①]

（三）要式性

票据的要式性是指票据的形式必须符合法律规定，票据上的记载项目必须齐全并符合规定。票据的存在不重视其原因，但却非常强调其形式和内容。只有形式和内容都符合法律规定的票据，才是合格的票据，才会受到法律保护，持票人的票据权利才会得到保障。

（四）文义性

票据的文义性是指票据上的一切权利和义务都必须以票据上的文义记载为准。只要票据上的文义记载符合法律规定，债权人和债务人就受文义的约束，债权人不得以票据上未记载的事项向债务人主张其他权利，债务人也不能用票据上未记载的事项对债权人提出抗辩。

（五）提示性

票据的提示性是指票据上的债权人请求债务人履行票据义务时，必须向付款人提示票据，才能请求给付票款。如果持票人不提示票据，付款人就没有履行付款的义务。各国票据法都规定了票据的提示期限，超过期限则丧失票据权利。

（六）可追索性

票据的可追索性是指票据的付款人或承兑人如果对合格票据拒付时，正当持票人可以向票据债务人追索，要求取得票据权利。

（七）返还性

票据的返还性是指票据的持票人在得到付款人支付的票款时，应将签收的票据交还付款人。由于票据的返还性，所以它不能无限期的流通，而是在到期日被付款后结束其流通。

（八）流通转让性

票据的流通转让性是指持票人以正当手段取得票据后有权将其转让给其他人，且不必通知原债务人，原债务人不能以没有收到通知为由拒绝承担义务。受让人取得票据后即获得票据上的全部权利。

受让人要想成为票据权利的拥有者，通常要符合下列条件：①受让人支付了

---

① 刘卫红、尹晓波主编：《国际结算》，大连：东北财经大学出版社，2012年2月，第23页。

对价；②受让人必须是善意取得票据。

三、票据的功能

（一）支付功能

支付功能是票据的基本功能。票据最简单、最基本的作用就是作为支付手段，代替现金的使用。用票据代替现金作为支付工具，既可以避免携带大量现金的不安全性，又可以避免清点现钞可能产生的错误和所花费的时间。以票据作为商品交换活动中的主要支付手段，既是商品经济发展的需要，也是商品经济发展到较高阶段的表现。

（二）信用功能

信用功能是票据的核心功能。在现代商品交易中，信用交易是大量存在的。卖方通常不能在交付货物的同时，获得价金的支付。如果这时买方向卖方签发票据，就可以将挂账信用转化为票据信用，把一般债权转化为票据债权，使得权利外观明确、清偿时间确定、转让手续简便，以获得更大的资金效益。同时，贴现制度的存在又使得持票人可以提前将票据转化为现金，将商业信用进一步转化为银行信用。票据的信用功能，已成为票据最主要的功能，在商品经济发展中发挥着巨大的作用。

（三）流通功能

最初的票据仅限于一次付款，不存在流通问题。但自从背书转让制度出现之后，票据就具有流通功能，得以背书方式进行转让。按照背书制度，背书人对票据的付款负有担保义务，因此，背书的次数越多，对票据负责的人数也越多，该票据的可靠性也越高。在当代西方社会，票据的流通日益频繁和广泛，仅次于货币的流通。

票据虽然可以代替现金流通，但票据本身并不是货币，票据与货币的主要区别在于：它不具有法定货币的强制通用效力。因此，当债务人以法定货币清偿债务时，债权人不能不接受；但如果债务人准备以票据清偿其债务时，则必须征得债权人的同意，否则债权人可以拒绝接受。

（四）融资功能

票据的融资功能就是票据筹集资金的功能，主要通过票据贴现来实现。所谓票据贴现，是指对未到期票据的买卖行为，也就是说在汇票、本票的付款日期未到之前，持票人可能会发生资金运用困难的情况，为了调动资金，持票人可寻求将手中未到期的票据以买卖方式转让给他人。收买未到期的票据，再将其卖给需用票据进行支付或结算的人，可以从买卖票据的差价中获利，这样买卖票据的业务发展起来。

（五）汇兑功能

汇兑功能是票据的传统功能。在商业交易中，交易双方往往分处两地或远居异国，经常会发生在异地之间兑换或转移金钱的需要。因为一旦成交，就要向外地或外国输送款项供清偿之用。在这种情况下，如果输送大量现金，不仅十分麻烦，而且途中风险很大。但是，如果通过在甲地将现金转化为票据，再在乙地将票据转化为现金的办法，以票据的转移代替实际金钱的转移，则可以大大减少上述麻烦或风险。

四、票据权利和票据义务

（一）票据权利

票据权利是指持票人依据票据上所记载的事项，以取得票据金额为目的，向票据债务人请求支付票据金额的权利，它包括付款请求权和追索权。付款请求权又称第一次请求权，是指持票人对票据主债务人（如汇票的承兑人、本票的发票人、支票的保付人等）行使请求其支付票据金额的权利。追索权是指因持票人在第一次请求权没有或者无法实现的情况下，对票据的其他付款义务人（如汇票、支票的发票人，汇票、本票的保证人，票据的背书人等）行使请求偿还票款的权利。票据权利是金钱债权。票据权利是基于票据行为人的票据行为而产生的，与票据义务相对存在。

1. 票据权利的特征

票据权利的性质是债权，但又不同于一般民事债权，它具有以下特征：

（1）票据权利的证券性。票据权利是债权和证券所有权的统一，是债权的物权化，它将无形的债权转化为有形的票据所有权，并通过票据所有权来实现票据上的债权。因此，要享有票据权利，必先取得票据；失去了票据，也就失去了票据权利。

（2）票据权利的单一性。票据权利不能共享，其所有者只能有一人。对于同一票据权利不可能有两个或两个以上不同的所有者。但是，同一票据在不同时期可能有多个所有者（持票人）。

（3）票据权利的二次性。一般债权只有一个债务人，债权人只有一次请求权。票据债权可能有多个债务人，债权人可行使两次请求权。票据债权人（持票人）首先向主债务人行使付款请求权，如果未能实现，则可向次债务人行使追索权。

（4）票据权利的无因性。票据权利是一种单纯的金钱债权，票据的权利人享有的票据权利只以持有票据为必要条件，至于权利人取得票据的原因、票据权利发生的原因，权利人既无说明的义务，义务人也无审查的权利。

2. 票据权利的种类

票据权利按照其行使的顺序不同，可分为以下三种类型。

(1) 主票据权利。主票据权利是指持票人对主债务人所享有的、依票据而请求支付票据所载金额的权利。主票据权利一般包括对本票出票人、汇票付款人、支票付款行的请求权。票据的持票人必须首先向主债务人行使第一次请求权，而不能越过它直接行使追索权。

(2) 副票据权利。副票据权利是指在主票据权利未能实现时，发生的由持票人对从债务人所享有的、请求偿还票据所载金额及其他有关金额的权利。副票据权利是第二次请求权，副票据权利一般包括追索权和再追索权。

(3) 辅助票据权利。辅助票据权利是指与支付票据金额的目的直接有关的权利，一般包括：持票人对参加承兑的参加承兑人的付款请求权和对参加付款保证人的付款请求权。辅助票据权利虽然与请求支付票据金额有直接联系，但是其目的在于维持票据的信用，所以它并不是票据上固有的权利。需要指出的是，我国《票据法》只规定了主票据权利与副票据权利，而未规定辅助票据权利。

(二) 票据义务

票据义务是一种金钱给付的义务，它是票据权利的相对物。

1. 票据义务的特征

(1) 单向性。从履行票据义务的角度看，票据义务人必须对正当持票人承担无条件支付票款的义务，而不能以此为条件对票据权利人主张一定的权利。

(2) 连带性。通常情况下，票据权利人只有一个，而票据义务人可能有多个。凡在票据上进行必要事项的记载并完成签名者，都是票据义务人。票据义务人主要有出票人、背书人、承兑人、保证人等。票据义务人之间对票据债务负有连带责任，在某一票据债务人无力偿还时，其他票据义务人都有代其偿还的责任。

(3) 双重性。票据义务具有金钱给付和担保双重义务性。付款义务是主要义务，担保义务是从属义务。票据义务人要向收款人、持票人担保票据真实、有效，以及付款人能按规定履行票据义务，否则应直接承担付款义务。

2. 票据义务的种类

票据义务的种类与票据权利的种类是一一对应的。

(1) 主票据义务。主票据义务是主债务人或其委托人（付款人）依票据记载所承担的付款义务。一般认为，本票的出票人、汇票的承兑人、支票的保付行是主债务人，对票据承担直接和绝对的付款责任；承兑前的汇票付款人和未进行保付的支票付款行虽不是主债务人，但他们作为出票人的委托者应首先接受持票人的提示，因此，也可以认为他们所承兑的是主票据义务。不过，他们所承担的并不是绝对的付款责任，这就意味着他们可以拒付。

（2）副票据义务。副票据义务是指背书人作为被追索人所承担的付款义务，在主票据义务未履行时，副票据义务人应履行付款义务。

（3）辅助票据义务。辅助票据义务是指参加承兑人或保证人作为特定债务人所承担的付款义务。它具有代位责任的性质，即参加承兑人或保证人在特定情况下可以代替先前的被参加人或被保证人履行相应的票据义务。

（三）票据抗辩

票据抗辩是指票据义务人对票据债权人的请求，提出一定的合法理由予以对抗，并依此而拒绝履行票据义务的行为。票据抗辩是票据义务人的自我保护方式，是票据义务人所拥有的权利。

1. 对物抗辩

对物抗辩是指基于票据本身的内容（票据上记载的事项以及票据的性质）发生的事由而为的抗辩。对物抗辩是一种效力较强的抗辩。对物抗辩又可分为三类：

（1）有关票据记载的抗辩。有关票据记载的抗辩是指因票据上所存在的记载内容而发生的对物抗辩，包括票据绝对必要事项记载欠缺抗辩、票据未到期抗辩、背书不连续抗辩等。

（2）有关票据效力的抗辩。有关票据效力的抗辩是指因票据义务赖以成立的实质性要件无相应效力而发生的对物抗辩，包括票据伪造或变造的抗辩、票据行为人无行为能力的抗辩、票据无权代理抗辩。

（3）有关票据义务灭失的抗辩。有关票据义务灭失的抗辩是指因票据义务虽曾存在，但基于某种情况已归于消灭而发生的对物抗辩，包括票据义务因时效届满而消灭的抗辩、票据债务因保全手续欠缺而消灭的抗辩。

2. 对人抗辩

对人抗辩是指基于票据义务人与特定权利人之间的法律关系，对抗特定债权人的行为。例如，票据的持票人以欺诈、偷盗或者胁迫等手段取得票据以及恶意或者存在重大过失取得票据时，票据义务人可对这些无权利人主张抗辩。

需要提醒的是，为了保障票据持票人的权利，加速票据的流通性，各国票据法均对票据抗辩加以限制。

案例 2-2

某年 10 月 8 日，武汉市丰实粮油公司（以下简称丰实公司）业务员刘某要到吉林省吉林市采购大米，遂申请其开户银行签发银行汇票，以持往异地办理转账结算。其开户行签发了一张金额为 150 万元，收款人为刘某，兑付行为农业银行吉林市某区支行的汇票。刘某带着这张汇票到吉林后，购粮中间介绍人陈某以发运粮食需要抵押为由，将刘某携带的汇票要到手，交给了吉林市天龙粮油公司经理张某作抵押。张某拿到汇票后因购买该市某粮油站的大米，于是将这张已经承兑了的汇票背书转让给了某粮油站。该票据到期后，某粮油站持票向承兑行农业银行吉林市某区支行要求付款时，因背书不连续遭到拒绝。请问：本案付款人的抗辩事由是否成立?

分析：本案中付款人的抗辩事由是成立的。吉林市天龙粮油公司没有给付丰实粮油公司相应的对价，而是以抵押为名占有该汇票。该汇票没有经过丰实粮油公司收款人刘某的背书转让，所以背书不连续，吉林市天龙粮油公司不是正当持票人。后来天龙粮油公司又以背书转让的方式将这张背书不连续的汇票转让给某粮油站，而该粮油站明知或应知该汇票背书不连续而取得票据，也非善意持票人。而付款人在付款时，除应审查提示付款人的合法身份证明或者有效证件外，还应审查背书的连续，即审查转让汇票的背书人与受让汇票的被背书人在汇票上的签章是否依次前后衔接，如果不衔接，即背书不连续，付款人可以拒绝付款。因此，本案中付款人的抗辩事由即汇票背书不连续是成立的。[①]

五、票据的法律体系

广义的票据法是指涉及票据关系调整的各种法律规范，既包括专门的票据法律、法规，也包括其他法律、法规中有关票据的规范。一般意义上的票据法是指狭义的票据法，即专门的票据法规范，它是规定票据的种类、形式和内容，明确票据当事人之间的权利义务，调整因票据而发生的各种社会关系的法律规范。票据法是调整票据关系的法律规范的总称。

一般认为，目前国际上的票据法系分为两类：一是以《日内瓦统一票据法》

① 刘卫红、尹晓波主编：《国际结算》，大连：东北财经大学出版社，2012 年 2 月，第 29 页。

为代表的大陆发系；另一类是以英国《票据法》为代表的英美法系。我国属于大陆法系。

（一）大陆法系

大陆法系以成文法、法典作为法院判案依据，包括法国、德国、意大利等，我国也属大陆法系。

1. 法国法系

法国是近代票据制度发展中最早推行成文法化的国家。1673 年，法国国王路易十四颁布的《陆上商事条例》是法国票据法的基础，也是近代票据制度成文化的典范。1807 年，法国又颁布了《拿破仑商法典》，在旧商法的基础上，系统规定了汇票和本票规则。1865 年，法国又专门制定了《支票法》。可见，法国票据法所称的票据仅指汇票和本票，支票属于另外一种有价证券。法国票据法的影响波及了意大利、西班牙、比利时、希腊、土耳其等国。

2. 德国法系

从 17 世纪起，德意志各邦相继颁布了票据法规，但由于内容抵触致使应用起来多有不便。直到 1847 年，德国以普鲁士邦法案为基础，制定了《普通票据条例》。1871 年，德国在原有立法的基础上几经修订颁布了《德国票据法》，其内容仅限于汇票和本票。1908 年，德国又另行制定了《支票法》。德国现行的票据法是于 1933 年在参考了《日内瓦统一汇票本票法》和《日内瓦统一支票法》的基础上制定公布的《票据法》和《支票法》。受德国票据法影响的国家有奥地利、瑞士、丹麦、瑞典、匈牙利、日本等国。

（二）英美法系

英美法系国家由于其政治经济背景不同、科学文化发展程度不一，因此在票据立法上也是基于独特的法理采取了成文法形式。

1882 年，英国国会通过并颁布了成文的《票据法》，这部法律是集多年的习惯法、特别法及判例法而成。规定的内容包括汇票、本票和支票（支票只是作为汇票的一种来规定的）。1957 年，英国又颁布了《支票法》作为补充，它并不具有独立的支票立法意义。英国票据法的影响主要涉及加拿大、美国、澳大利亚以及某些英属各殖民地等。

在殖民地时期，美国大部分法律都沿袭英国法，关于票据，在 19 世纪末以前只在普通法和各州法律中有一些规定。1896 年，美国仿效英国的票据法，制定了《统一流通证券法》。1897 年，该法首先为纽约州所采用，以后为其他各州相继采用，对汇票、本票、支票作了规定。但是，在美国法中，没有与其他国家的“票据”一词完全相同的概念，而另有“流通证券”（Negotiable Instruments）

一词。“流通证券”是指可以背书或交付而转让的证券，包括汇票、本票、支票、无记名股票、无记名公司债券等，其范围较“票据”要广。1945 年起美国法律协会和全国专员会议开始合作起草《统一商法典》(*Uniform Commercial Code*)，1952 年公布。该法典的第三编为“商业证券”(Commercial Paper)，它以汇票、本票、支票和存单为主要规范对象，完全取代了早先的《统一流通证券法》。《统一商法典》由宾夕法尼亚州于 1953 年 4 月率先以立法承认，其他各州亦陆续采用。

（三）《日内瓦统一票据法》

第一次世界大战后，国际联盟开始着手推行国际票据法的统一工作。1930 年，国际联盟在日内瓦召开了统一票据法国际会议，分别有 30 多个国家的代表参加了会议，在这次会议上形成了关于汇票、本票的三个公约，即《统一汇票本票法公约》、《解决汇票本票法律冲突公约》和《汇票本票印花税公约》。1931 年又召开了第二次会议，37 个国家与会并在会议上签署了关于支票的三个公约，即《统一支票法公约》、《解决支票法律冲突条约》和《支票印花税公约》。以这两次会议上的六个公约为核心形成了日内瓦统一票据法体系，英美两国仍未签署其中的一些主要公约，于是此公约签署后世界上形成了两个独立的票据法体系，即日内瓦统一票据法体系和英美票据法体系。

（四）我国的票据法

我国历史上首个票据法于 1929 年出台，该票据法施行至 1949 年中华人民共和国成立。从 1949 年开始到 1980 年的 30 多年里，我国国内取消了汇票和本票，只允许使用支票，从 1983 年中国人民银行制定了《票汇结算办法》开始，至 1988 年《银行结算办法》出台，新中国才逐渐形成了自己的票据制度，至 1995 年我国终于有了自己的票据法，应该说我国的票据法与英美票据法体系和德国票据法体系均有不同，是比较独特的票据法，这是因为我国的经济发展刚刚进入快车道，票据的运用刚刚兴起不长时间，许多制度和我国的金融系统一样正在建设中，还没有完全达到现代化，这也是正常的。

特别提示

票据既是反映现代化经济生活中债权债务关系的重要凭证，也是促进市场经济高度高效运行的信用工具、支付工具和流通手段。因此，在现代国际结算中占有核心地位。

第二节 汇票

在三种狭义票据中，汇票（Bill of Exchange）最具典型意义。它所包含的内容及涉及的票据行为最为全面，各国票据法对汇票的规定也最为详尽、具体。在国际结算中，汇票的使用也最为广泛。

一、汇票的含义

我国《票据法》第十九条规定：“汇票是指由出票人签发的，委托付款人在见票时或在指定日期无条件支付确定的金额给收款人或持票人的票据。”

1882 年，《英国票据法》对汇票的定义是：“A bill of exchange is an unconditional order in writing, addressed by one person to another signed by the person giving it, requiring the person to whom it is addressed to pay on demand or at a fixed or determinable future time a sum certain in money to or to the order of a specified person, or to bearer.”（汇票是一人向另一人签发的，要求即期或定期或在可以确定的将来时间，对某人或其指定人或持票人支付一定金额的无条件的书面支付命令。）汇票样本如图 2-1 所示。

关于汇票的定义，需要注意以下两点：①汇票是出票人的书面命令。汇票的基本关系人有三个，即出票人（Drawer）、付款人（Drawee）和收款人（Payee）。开立、签字并交付汇票的人称为出票人，汇票的付款命令所指向的人称为付款人。汇票是出票人命令他人付款，而不是自己付款。汇票必须是书面的，而不是口头的，否则将无法签字。②汇票的付款命令是无条件的。无条件意味着付款不能有限制或者附带条件，即不能有先决条件。如果付款命令附加了先决条件，则这张汇票就是无效汇票，不具备法律效力。

BILL OF EXCHANGE

No.________________________________

For________________________ ______________________

(Amount in figure) (Place and date of issue)

At________sight of this FIRST Bill of Exchange (SECOND being unpaid)

pay to________________________________or order the sum of

____

(Amount in words)

Value received for________________of ________________

(Quantity) (Name of commodity)

Drawn under ________________________________

L/C No.________________________ dated ________________________

To: ____________________For and on behalf of __________

(Signature)

Draft No. 00002

Exchange for US$60,530.50 Taipei June 27, 2001

At ***** sight of this

First of Exchange (Second being unpaid) Pay to the Order of

THE SHANGHAI COMMERCIAL & SAVINGS BANK, LTD.

The Sum of U. S. Dollars Sixty Thousand Five Hundred and Thirty & 50/100 Only

Value received

Drawn under Letter of Credit No 20010512001 dated May 01, 2001 issued

by Bank of America

To The Chemical Bank
New York

Torus Systems, Inc.

Authorized Signature

图 2–1 汇票样本

二、汇票的内容

汇票的内容是指汇票上记载的事项。根据其性质和重要性的不同，汇票的内容可以分为绝对必要记载事项、相对必要记载事项和任意记载事项三类。

（一）绝对必要记载事项

绝对必要记载事项是汇票必须记载的内容，也是汇票的法定要素，这些事项记载齐全并符合票据法的规定，汇票才是有效的。根据我国《票据法》规定，汇票的绝对必要记载事项有：

1. "汇票"字样

汇票在英语中的正式用词为 Bill of Exchange，函电文件中通常使用 Draft 或 Exchange。我国《票据法》和《日内瓦统一票据法》均规定为汇票字样为绝对必要记载事项，以区别于其他票据。英国《票据法》则无此要求。

2. 无条件支付命令

无条件支付命令体现在汇票里就是：必须用英语的祈使句，以动词开头，且不能附加支付条件。

因为汇票要表明的是一项付款委托，或书面命令（Order in Writing），而不是请求。无条件支付命令并不是要求在汇票上必须标明"无条件"字样，而是不允许在汇票上记载付款条件。例如：

Pay to A Co. or order the sum of ten thousand dollars.（有效汇票）

Pay to B Co. the sum of ten thousand dollars providing the goods in compliance with sales contract No. 123.（无效汇票）

Pay to A Co. the sum of five thousand pounds on condition that goods have been shipped on board before 23，December.（无效汇票）

但在国际贸易中，往往加注出票条款（Drawn Clause），表明汇票的起源，这是允许的。例如：

Drawn under documentary credit No.1357 issued by M bank dated 20th Nov. 2012.

3. 确定的金额

确定的金额是指票据上的权利必须以一定的货币表示，且金额必须确定，不能模棱两可。如"大约付 1000 美元"、"付 2000 欧元左右"等都是错误的。另外，在实际业务中，为防止数字被篡改，我国《票据法》规定，票据金额大小写金额必须同时记载并且要一致，若大小写金额不符，则视为无效票据。而《日内瓦统一票据法》和英国《票据法》则规定，票据大小写不一致时，应以大写为准。

（1）利息条款（Interest Terms）。如果汇票中规定有利息条款，则必须明确记载计算利息所需的利息率和起止时间。例如：Pay to the order of A Co. the sum of two thousand US dollars plus interest calculated at the rate of 5% per annum from the date hereof to the date of payment.（支付给 A 公司的指定人 2000 美元，从汇票的出票日起算至付款日为止，按年利率 5%计息。）

（2）分期付款（Stated Installment）。英国《票据法》允许汇票分期付款，但其记载内容必须具体、可操作；而《日内瓦统一票据法》则不允许汇票分期付款。例如：

Pay to the order of B Co. the sum of two thousand US dollars by installments.

（没有明确记载分期付款的具体方式，因此该汇票无效。）

At 30 days after date pay to the order of C Co. the sum of one thousand US dollars by ten equal consecutive monthly installments.（分期付款方式明确具体，汇票有效。）

4. 付款人名称

付款人又称受票人（Drawee），是接受出票人发出的支付命令的人。但受票人不一定付款，因为他可以拒付，也可以指定担当付款人。汇票上付款人的记载要有一定的确定性，以便持票人能顺利地向其提示付款。实际中一般都注明付款人的详细地址，特别是以同一城市有许多机构的银行为付款人时，一定要仔细注明。

5. 收款人名称

汇票中记载的付款对象称为收款人，又称"抬头"。实务中一般只记载收款人的完整名称，不强求写明地址。按照收款人记载方式的不同，可分为限制性抬头、指示性抬头和来人抬头。

（1）限制性抬头（Restrictive Order），是指汇票的收款人只能是汇票上记载的某个特定人，此种汇票不可流通转让。实务中有三种写法：①Pay to John Smith only；②Pay to John Smith Not Transferable；③Pay to John Smith，然后在汇票正面加注"Not Transferable"字样。

由于这种抬头的汇票不能流通转让，在一定程度上限制了汇票支付功能的发挥，因此这种汇票在实务中的使用并不普遍。

（2）指示性抬头（Demonstrative Order），是指汇票的收款人为汇票上记载的特定人的指定人。这种抬头的汇票并不强调一定要收款人本人亲自收款，收款人可以通过背书将汇票转让给他人，由受让人以持票人身份取得票款。实务中有三种写法：①Pay to the order of A Co.；②Pay to A Co. or order；③Pay to A Co.，这种抬头虽然没有指定人字样，但收款人仍有权将票据背书转让。根据英国《票据法》，这种写法可看作"Pay to A Co. or order"。

指示性抬头汇票既可以流通转让，又要求背书才可以转让，因此在使用中安全可靠，使用广泛。

（3）来人抬头（Bearer Order），是指汇票中并不载明具体的收款人，任何持有汇票的人都能获得汇票下的款项。这种抬头的汇票无须背书仅凭交付就可实现转让。实务中有两种写法：①Pay to bearer；②Pay to A Co. or bearer。

由于来人抬头汇票容易因丢失而被他人冒领，收款人的权利缺乏保障，实际中较少使用。而《日内瓦统一票据法》则规定，不允许汇票作成"来人抬头"的方式。

6. 出票日期（Date of Issue）

出票日期是指汇票上记载的签发日期。除英国《票据法》外，大多数国家都规定其为绝对必要记载事项。出票日期有三个重要作用：

（1）决定汇票的有效期。持票人如不能在规定时间内出示汇票，请求付款或承兑，则票据权利自动消失。《日内瓦统一票据法》规定，即期汇票的有效期是从出票日起的1年时间；我国《票据法》规定，见票即付的汇票有效期为2年。

（2）决定到期日。对于出票后一段时间付款的汇票来说，其到期日的计算是以出票日为基础计算的。

（3）决定出票人的行为能力。若出票时，出票人已宣告破产或清理，丧失行为能力，则汇票不能成立。

7. 出票人签字（Signature of Drawer）

出票人开出汇票即成为汇票的主债务人，其需要在汇票上签字以表明其承担付款责任。如果汇票上没有出票人签字，或签字是伪造的，票据都不能成立。出票人如果代理他的委托人签字，应在签字前加上文字说明。如 For，On behalf of，Per pro.等。

案例 2–3

某年4月3日，百花商店与兴达公司订立了联营合同，其中约定：兴达公司在通化设立分公司，与百花商店联营家用电器，兴达公司给百花商店的商品按进价供应，货款结算办法采用银行承兑汇票，结算承兑期为6个月，按实销售额结算货款。合同有效期从签发汇票之日起至2000年7月10日止。1998年9月18日，百花商店经理持“联营合同书”至其开户银行通化信用社，请求办理银行承兑汇票。通化信用社遂与百花商店签订了承兑协议，内容为：银行承兑汇票收款人为兴达公司，付款人为百花商店，汇票金额为120万元，承兑银行为通化信用社，汇票申请人为百花商店。嗣后，百花商店签发了X11623567号汇票，因通化信用社不具有银行承兑资格，该社主任李某持X11623567号汇票到通化建设银行找到该行会计科长陈某，要求其代盖通化建设银行的公章。陈某就在该汇票签发栏内盖上通化建设银行公章，未在承兑银行栏内盖章，该栏空白。后交给李某，李某转给百花商店经理。同年9月28日，百花商店经理将汇票送交兴达公司。请问：该汇票是否为有效票据？

分析：该汇票为无效汇票。根据我国《票据法》规定，汇票必须记载下列事项：表明“汇票”的字样、无条件支付的委托、确定的金额、付款人的名称、收款人的名称、出票日期、出票人签章。未记载其中之一的，汇票无效。本案中的银行汇票承兑栏内无承兑人签名或盖章，无承兑人即无付款人，欠缺法定绝对必要记载事项。从申请承兑时当事人意思表示来看，通化建设银行经办人并没有承兑的意思表示，也未在承兑栏内盖章。从票据实质要件而言，通化信用社不具有银行承兑汇票承兑之权利能力和行为能力。所以，其与百花商店所订银行承兑协议是无效的。由此可见，该汇票是欠缺付款人、出票人不合格的无效银行汇票，不能产生票据法上的权利义务关系。

（二）相对必要记载事项

相对必要记载事项是指这些事项虽然十分重要，但如果不记载也不会影响汇票的法律效力。相对必要记载事项包括付款日期、出票地点、付款地点。

1. 付款日期

付款日期是指付款人履行付款义务的日期。汇票的付款期限分为即期和远期。

（1）即期付款。即期付款也叫见票即付（Payable at Sight/on Demand/on Presentation），是指持票人向付款人提示票据请求付款时，付款人立即付款。即期汇票无须承兑。汇票上没有注明到期日的，可视为即期汇票。

（2）远期付款。要求若干时间后付款额汇票即为远期付款（Payable at a Future Time）汇票，这种汇票必须提示承兑。远期汇票的到期日有三种确定方法：①定日付款（Payable at a Fixed Date），这种汇票上规定了确切的付款日，仍需提示承兑。例如：On 30 Nov.2012，fixed pay to...②出票后定期付款（At ×× Days/Months after Date），这种汇票以出票日为基础，一段时期后付款。需先承兑，以明确承兑人的付款责任。例如：At 30 days after date of this First of Exchange，pay to...③见票日后定期付款（At ×× Days/Months after Sight），这种汇票须由持票人在规定时间内向付款人提示承兑，然后从承兑日起算，确定到期日。例如：At 30 days after sight pay to the order of...

远期汇票到期日的算法是：算尾不算头，即起算日不包括在内，而最后一天则是付款到期日。通过上述计算确定到期日，若恰逢节假日等银行正常的非营业日，则顺延至其后的第一个营业日。以月计算的不考虑每月的具体天数，一律以相应月份中的同一日期为到期日，若无同一日期，则为该月最后一天。

2. 出票地点

出票地点是指出票人签发汇票的地点。该事项对国际汇票有重要意义，因为票据是否成立是以出票地法律来衡量的，但是不注明出票地不会影响其生效。我国《票据法》规定，汇票上未记载出票地的，则以出票人的营业场所、住所或经营居住地为出票地。

3. 付款地点

付款地点是指持票人提示票据、请求付款的地点。到期日的计算、在付款地发生的“承兑”、“付款”等行为都要适用于付款地法律。但是，不注明付款地的票据仍然成立。我国《票据法》规定，汇票上未记载付款地的，则以付款人的营业场所、住所或经营居住地为付款地。

（三）任意记载事项

任意记载事项是指票据法未加规定，由出票人等根据需要记载的限制或免除责任的内容，这些事项一旦被接受即产生约束力。

1. “付一不付二”及“付二不付一”

商业汇票往往一套两张，但只代表一笔债务，故而需在两张汇票上分别注明“付一不付二”（Pay to the FIRST of Exchange，Second being unpaid）及“付二不付一”（Pay to the Second of Exchange，FIRST being unpaid）。以表明付款人只承兑其中一张汇票，并只对其付款。

2. 担当付款人

在汇票载明付款人后，再说明由第三者执行付款，该第三者成为担当付款人（Person Designed as Payer）。其作用是为了付款人支付方便。若汇票上有此记载，持票人应当向担当付款人作付款提示；若远期汇票需作承兑，则仍应向付款人提示承兑。

3. 免作拒绝证书和拒付通知

票据上记载免作拒绝证书（Protest Waived）的持票人在遭到拒付时无须作拒绝证书，从而追索时也无须出示拒绝证书。如果票据上记载有“Notice of Dishonor Excused”，持票人在票据拒付时无须作拒付通知。

4. 免予追索（Without Recourse）

英国《票据法》规定，汇票的债务人（出票人或背书人）均可在其签名上记载此文句，以免除其在汇票被拒付时受追索的责任。但《日内瓦统一票据法》规定，该记载只能解除其保证承兑的责任，而不能解除其保证付款的责任。

5. 出票条款

信用证项下的汇票常规定汇票上须写明出票条款，用以表明汇票的出票原因，以便核对。例如：Drawn under L/C No. 123 issued by Europe Bank dated 6th Nov.，2012。

三、汇票的当事人

汇票有三个基本当事人，即出票人、付款人和收款人，它们都是因汇票而设立产生的。汇票在进入流通领域后，还可能产生背书人、被背书人、保证人和正当持票人等其他当事人。

（一）基本当事人

1. 出票人

出票人是开立汇票、签发和交付汇票的人。出票人在承兑前是主债务人，承兑后是次债务人。出票人承担的责任为：

（1）保证汇票凭提示，即将按其文义被承兑和付款。

（2）并保证如果汇票遭到退票，将偿付票款给持票人。

2. 付款人

付款人是指接受无条件支付命令的当事人，又称为受票人。

承兑前，因为付款人未在汇票上签名，他不是汇票的债务人，不承担汇票一定付款的责任。承兑后，当付款人对汇票承兑和签名以后，就成为承兑人，是汇票的主债务人。此时他应承担的责任是：按照他的承兑文义保证到期日自己付款。

3. 收款人

收款人是指收取汇票票款的当事人，是汇票的债权人。收款人可以根据自己所持票据向付款人主张付款请求权和追索权，也可以将票据的权利通过背书转让给他人。

（二）进入流通领域后的当事人

1. 背书人（Endorser）

背书人是指汇票的持票人拟转让汇票，须背书后将汇票交付给受让人，原持票人即为背书人。由债权人变成债务人，是票据的次债务人。

随着汇票的转让，还会有第二背书人、第三背书人等，他们都是汇票的债务人。对于汇票付款承担的责任是：保证汇票凭提示，即将按文义承兑和付款，并保证如果汇票遭到退票，将偿付票款给持票人或被迫付款的后手背书人。

2. 被背书人（Endorsee）

被背书人是接受票据背书转让的受让人，是汇票的债权人。被背书人有权持票向付款人或其他债务人主张付款请求权和追索权，也可以将汇票转让给他人。

3. 保证人（Guarantor）

保证人是指对汇票的出票人、背书人、承兑人等作成保证行为的人。保证人必须在汇票上或汇票粘单上记载相应的保证事项。保证人与被保证人负有相同的责任。

4. 正当持票人（Holder in Due Course）

正当持票人是指经过转让而持有汇票的人。须满足以下条件：汇票票面完整；取得汇票时没有过期；不知道转让人的权利有任何缺陷；自己支付对价，善意地取得汇票。

四、汇票的票据行为

汇票的票据行为有广义和狭义之分，狭义的票据行为是以负担票据上的债务为目的所作的必要形式的法律行为，如出票、背书、承兑、保证等。其中，出票是主票据行为，其他行为则为附属票据行为。

广义的票据行为除上述狭义票据行为外，还包括票据处理中有专门规定的行为，如提示、付款、拒付、追索等行为。票据行为也是要式的，必须符合票据法规定。

（一）出票

出票（Issue）是指出票人签发汇票并将汇票交给收款人的行为。汇票的出票行为是各项票据行为的开端，是主票据行为。相对地，其余则称为附属票据行为。

出票包括两个动作：一是出票人写成汇票并加以签章；二是将汇票交给收款人。出票后，票据关系成立，出票人成为汇票的主债务人，收款人成为汇票的债权人，即持票人。出票人对收款人或持票人担保汇票将得到付款人的承兑和付款，如果汇票得不到承兑或付款，出票人应接受持票人的追索，清偿票款。付款人在未签署承兑前对汇票不承担法律责任。付款人依据他和出票人之间的资金或委托关系自行决定是否付款或承兑。一旦付款人在汇票上承兑，即成为承兑人，是汇票的主债务人，出票人成为从债务人。

（二）提示

提示（Presentment/Presentation）是指持票人向付款人出示汇票要求其付款或承兑的行为。提示分为承兑提示（Presentation for Acceptance）和付款提示（Presentation for Payment）。即期汇票只需一次提示，即付款提示；远期汇票需要两次提示，即承兑提示和付款提示。各国票据法都规定，持票人应在规定时间内，在规定地点提示汇票要求承兑或付款，否则持票人将丧失对其前手及出票人的追索权。

1. 承兑提示

承兑提示是指持票人向付款人出示汇票并要求付款人承诺付款的行为。我国《票据法》规定：“见票即付的汇票无须提示承兑。定日付款或者出票后定期付款的汇票，持票人应当在汇票到期日前向付款人提示承兑。见票后定期付款的汇票，持票人应当自出票日起1个月内向付款人提示承兑。”

2. 付款提示

付款提示是指持票人在即期或远期票据到期日向付款人出示票据要求其付款的行为。

我国《票据法》规定："见票即付的汇票，持票人应在出票日起 1 个月内向付款人提示付款。定日付款、出票后定期付款或已承兑的见票后定期付款的汇票，持票人应当在到期日起 10 日内向付款人提示付款。"

汇票、本票、支票均须做出付款提示。

(三) 承兑

1. 承兑的含义

承兑（Acceptance）即承诺兑付，是指远期汇票的付款人在汇票上签章表示承诺将来在汇票到期时承担付款义务的一种行为。承兑行为是针对汇票而言的，并且只是远期汇票才可能承兑。本票、支票和即期汇票都不可能发生承兑。远期票据规定承兑的，在付款前，必须由持票人向付款人要求承兑，即付款人在票据上批注"承兑"字样，后加签名承兑日期。付款人一经承兑，就叫做承兑人，是汇票的主债务人。承兑是一种附属的法律行为，目的在于使付款人到期负担票面金额的支付义务。因此，付款人在承兑后，必须依照票据上的记载内容，到期向持票人支付票据金额，即使发票人未向付款人供应资金，也不能成为向持票人抗辩的理由。如果承兑人在到期日不作付款，持票人应向原发票人就票据金额直接请求支付。承兑需作提示，由承兑人依法定的方式记载有关内容。大多数国家的票据法要求既要注明"承兑"字样，又要签署付款人的姓名。英国 1882 年《票据法》第十七条规定："承兑必须书写在汇票上，并经付款人签名。仅有付款人的签名而无其文句的，足以构成承兑。"

我国《票据法》对承兑日期所做的规定如下：①定日付款或出票后定期付款的汇票，持票人应在到期日前提示承兑；②见票后定期付款的汇票，在出票后 1 个月内提示承兑；③付款人在收到提示的汇票后 3 日内承兑或拒绝承兑。

2. 承兑的种类

(1) 普通承兑（General Acceptance）。普通承兑也称一般承兑，是指付款人在作承兑时，没有加注任何条件或保留。实践中此类承兑最普遍。例如：

ACCEPTED（承兑字样）

April 21，2012（承兑日期）

For ABC Co.（承兑人名称）

Signed（签章）

(2) 限制承兑（Qualified Acceptance）。限制承兑也称保留承兑，是指付款人在承兑时附加了一定的限制性文句或附带条件。具体分为：

①有条件承兑（Conditional Acceptance）。有条件承兑是指承兑人的付款依赖于承兑时所规定条件的满足。例如：

ACCEPTED

Sep. 20，2012

Payable on delivery of B/L No.123

For ABC Co.

Signature

②部分承兑（Partial Acceptance）。部分承兑是指付款人仅对汇票的部分金额承兑。例如：汇票的金额是 10000 美元，而承兑时表示承诺支付 8000 美元，如下所示：

ACCEPTED

Sep. 20，2012

Payable for amount of USD 8000 only

For ABC Co.

Signature

③限定地点承兑（Local Acceptance）。限定地点承兑是指在承兑时表示在某个特定地点付款，而不在别处支付。例如：

ACCEPTED

Sep. 20，2012

Payable at the M Bank only

For ABC Co.

Signature

承兑应当是无条件的，因此，持票人可以视限制条件的承兑为拒绝承兑。假如持票人愿意接受限制承兑，则必须征得出票人和前手的同意，否则，出票人和前手即可以解除对汇票所承担的义务。我国《票据法》规定，付款人承兑汇票，不得附有条件。承兑附有条件的，视为拒绝承兑。

（四）背书

1. 背书的含义

背书（Endorsement）是指收款人在汇票的背面签名和记载有关事项，并把汇票交付给被背书人的行为。背书的目的是为了转让票据及票据权利。

背书包括两项必要行为：①在票据背面或者粘单上记载有关事项并签名。根据我国《票据法》规定，背书必须记载以下事项：签章、背书日期、被背书人名称等。②将汇票交付给被背书人。

2. 背书的效力

背书行为一完成，对背书双方即产生不同影响。对背书人来说，票据权利转让给被背书人，背书人承担担保承兑和付款的责任。如果被背书人持有的票据在向付款人提示时被拒付，那么他应当接受被背书人的追索。对被背书人来说，接受票据后即成为持票人，享有票据的全部权利，包括付款请求权和追索权。背书前手越多，表明被背书人的债权担保人越多。

3. 背书的种类

（1）限制性背书（Restrictive Endorsement）。限制性背书即指定某个特定的人为被背书人或记载有“不得转让”字样的背书。例如：

Pay to B Company only

For D Company

(Signed)

（2）特别背书（Special Endorsement）。特别背书又称记名背书、完全背书、正式背书，是指记载了背书人和被背书人双方名称的背书。

特别背书的特点是：内容背书完整，记载支付给被背书人的名称，并经背书人签字。记名背书的票据，可以继续背书转让。例如：

Pay to the order of A Bank

For B Company，Shanghai

(Signed)

如果汇票经过连续多次特别背书，则背书必须连续，以证明持票人取得票据权利的合法性。所谓背书连续是指第一次背书的背书人应当是汇票的收款人，前一次背书的被背书人是下一次背书的背书人，如表 2-1 所示。

表 2-1　背书人与被背书人

	第一次	第二次	第三次	…
背书人	A	B	C	…
被背书人	B	C	D	…

（3）空白背书（Endorsement in Blank）。空白背书又称无记名背书、略式背书，指背书人仅在票据背面签名而不记载被背书人的名称的背书。作这种背书后的汇票不但可以自由流通，而且仅凭交付即可转让。例如：

For A Co.，Beijing

(Signature)

我国《票据法》禁止使用空白背书，该种背书行为无效。

（4）有条件背书（Conditional Endorsement）。有条件背书是指被背书人享受票据权利时是有条件的背书。例如：

Pay to the order of D company

On delivery of B/L No.125

For C company

(Signed)

我国《票据法》第三十三条规定："背书不得附有条件。背书附有条件的，所附条件不具有汇票上的效力，但背书行为有效。"

(5) 委托收款背书（Endorsement for Collection）。委托收款背书是指持票人以委托收款为目的，记载有"委托收款"字样的背书。这种背书目的不是转让票据及票据权利，而是委托被背书人代为行使票据权利。因此，被背书人不能再转让票据。实务中的常用写法：Pay to B Bank for Collection。

案例 2-4

有一张汇票，A 公司是出票人，B 公司是付款人，C 公司是收款人，以下列三种情况做背书转让，而且背书是真实有效的：第一种：C、D、E、F，最终 F 为持票人；第二种：C、D、E、F、G，最终 G 为持票人；第三种：C、D、E、C、F、H，最终 H 为持票人。请问：在上面三个持票人 F、G 和 H 中，谁手里的汇票安全系数最高，付款最有保障？

分析：从票据流通作用来看，可以确定第二种即持票人 G 手里的汇票的安全系数最高。因为除了 A 和 B 外，在第二种情况里，有 C、D、E 和 F 四个人构成了对 G 的付款保证；除了 A 和 B 外，第一种里只有 C、D、E 三个人是票据付款的负责人，第三种里只有 C、F 对票据负责。①

（五）付款

付款（Payment）是指即期票据或到期的远期票据的持票人向付款人或承兑人提示付款，经后者正当付款后，这张汇票的债权债务关系随之解除的票据行为。在汇票、本票、支票的使用过程中，都有付款行为。对于付款，应从以下四个方面理解：

1. 对票据权利所有人付款

付款人必须是出于善意，即不知道持票人权利的缺陷，实务中无相反证明都算善意；付款人要鉴定票据的合格性。

① 刘卫红、尹晓波主编：《国际结算》，大连：东北财经大学出版社，2012 年。

2. 付款应在汇票到期时或到期后做出

在汇票到期前付款的行为仅仅是汇票的贴现，而不能解除汇票债务。如果付款在汇票到期前做出，而汇票仍保留在持票人手中，持票人可能继续转让汇票。因此，我国《票据法》规定："持票人获得付款的，应当在汇票上签收，并将汇票交给付款人。"也就是说，付款人做出付款后，应要求收款人在票据背面签字作为收款证明并收回票据，注上"付讫"字样，此时票据就"注销"。

3. 支付金钱

票据权利是一种金钱权利，付款人必须支付金钱。付款人一般应支付本国货币，除非持票人同意以物抵款或汇票注明必须以某种外币支付。

4. 足额付款

我国《票据法》规定，付款人必须足额支付票款，不能部分付款。《日内瓦统一票据法》规定，持票人不得拒绝部分付款。英国《票据法》规定，持票人可以接受部分付款，也可以拒绝。在接受部分付款时，债务并不能完全了结，因此持票人仍需保留票据。

案例 2-5

甲公司向某银行申请一张银行承兑汇票，该银行做了必要的审查后受理了这份申请，并依法在票据上签章。甲公司得到这张票据后没有在票据上签章便将该票据直接交付给乙公司作为购货款。乙公司又将此票据背书转让给丙公司以偿债。到了票据上记载的付款日期，丙公司持票向承兑银行请求付款时，该银行以票据无效为理由拒绝付款。请问银行可以拒绝付款吗?

分析：承兑银行可以拒绝付款。因为根据票据行为的一般原理，出票行为属于主票据行为，承兑行为属于附属票据行为。如果主票据行为无效，附属票据行为也随之无效。该案中出票人甲公司没有在票据上盖章，所以出票行为无效。

（六）拒付

拒付（Dishonor）又称退票，是指持票人在有效期内持有合格票据向付款人提示而不获结果。拒付的情形包括：拒绝承兑；拒绝付款；汇票到期日前承兑人或付款人死亡或逃匿；承兑人或付款人被依法宣告破产或因违法被责令终止业务活动等。一旦发生拒付，持票人应在规定时效内作成拒绝证书，并发出拒付通知，否则将丧失对前手的追索权。

1. 拒付通知（Notice of Dishonor）

拒付通知是指汇票遭拒付时，持票人将拒付事实及时通知其前手背书人，前手背书人再通知其前手，一直通知到出票人。

对于拒付通知的发出时间，《日内瓦统一票据法》规定：持票人必须在拒绝证书作成后 4 个工作日内通知前手，而前手背书人应在接到通知后 2 个工作日内通知前手，直至所有票据债务人都了解被拒付的事实。英国《票据法》规定：对与持票人居住在同一地的前手，持票人应在退票当日通知到前手；若为异地，则最迟应在第二天发出通知。收到通知的前手也必须根据以上原则通知前手。我国《票据法》规定：持票人或其他接到退票通知者应在 3 日内向其前手发出退票通知。

2. 拒绝证书（Protest）

拒绝证书是指持票人在遭拒付时，由拒付地的法定公证人、银行工会或法院做出的证明持票人依法行使票据权利时遭拒付或持票人无法行使票据权利的书面公证文件。拒绝证书的目的在于保全持票人的票据权利。

对于拒绝证书的作成时限，《日内瓦统一票据法》规定：即期汇票的拒绝付款证书及远期汇票的拒绝承兑证书应在拒付日的下一个营业日内完成；远期汇票的拒绝付款证书应在汇票应付款到期日后的 2 个工作日内作成。英国《票据法》规定：必须在拒付日后的下一个工作日内做成拒绝证书。我国《票据法》对此无规定。但规定持票人在行使追索权时必须提供有关证明，否则，持票人将丧失对所有前手的追索权。

因作成拒绝证书的费用很高，为免除费用，有些跟单汇票的面函上注有“免作拒绝证书”字样。

（七）追索

追索（Recourse）是指汇票遭拒付时，持票人向其前手背书人或出票人要求偿还汇票金额及费用的行为。

1. 行使追索权的条件

①要有拒付事实；②必须在法定期限内提示汇票；③必须在法定期限内作成拒绝证书；④必须在法定期限内作成拒付通知，将拒付事实通知直接前手或全体前手。

2. 追索金额

持票人行使追索权，可以请求被追索人支付以下金额和费用：①被拒绝付款的汇票金额；②汇票金额自到期日或提示付款日起到清偿日为止的利息；③取得拒绝通知和发出拒付通知的费用。

3. 追索时效

追索时效是指持票人保留追索权的期限，适用于被追索人所在地法律。我国

《票据法》规定：持票人对出票人和承兑人的权利，即期汇票自出票日起2年内，远期汇票自付款到期日起2年内；持票人对前手的追索权，自被拒付之日起6个月内，清偿持票人对前手的再追索权，自清偿日或被提起诉讼日起3个月内。《日内瓦统一票据法》规定：持票人向前手追索时效是从拒绝证书作成日起1年；免作拒绝证书的，则从到期日起1年内。背书人向前手追索的时效，是从其清偿日起6个月内。承兑人作为票据主债务人，对票据的责任是从到期日起3年内。英国《票据法》规定：保留追索权的期限是自债权成立之日起6年，过期后，出票人、承兑人的债务都归于消灭。

4. 追索顺序

持票人可以按顺序向自己的前手追索，也可以直接向出票人追索。实践中，持票人一般都是向出票人追索。这是因为，出票人是票据的原始义务人和基本义务人，而且按顺序逐一追索不仅手续繁杂，而且相应费用也会增加。

（八）保证

保证（Guarantee）是指非票据债务人对于出票、背书、承兑、等行为所发生的债务予以担保偿付的票据行为。保证行为增强了汇票的信誉，便于其流通。保证这一票据行为的特点有：

（1）保证不得附有条件，附有条件的保证条件无效，保证行为有效。

（2）保证人必须由债务人以外的第三者担当。

具体做法是，保证人在票据正面或粘单上记载“保证”(Payment Guarantee) 字样、保证人名称和住所、被保证人名称、保证日期，并由保证人签字。

保证人签字后即承担与被保证人同样的责任；保证人未在汇票上记载被保证人的，以汇票的主债务人为被保证人。即对于未承兑的汇票，出票人为主债务人；对于已承兑汇票，承兑人为被保证人。

（九）参加承兑

参加承兑（Acceptance for Honor）是指汇票遭到拒绝承兑而退票时，非汇票债务人在得到持票人的同意后，对已遭拒绝承兑的汇票进行承兑的一种附属票据行为。其目的是阻止持票人在票据到期前追索，维护票据债务人的信誉。

参加承兑行为的人，称为参加承兑人。按《日内瓦统一票据法》，参加承兑人可以是除付款人及担当付款人以外的任何人包括已经是票据债务人的出票人、背书人或保证人。参加承兑人做参加承兑后，并不是像承兑人那样成为主债务人，持票人在到期日仍应先向付款人提示付款，遭拒付时，才向参加承兑人要求付款，参加承兑人则应明付票款。

参加承兑应该记载的事项有：“参加承兑”字样、被承兑人名称、参加承兑日期及参加承兑人签字。

五、汇票的种类

（一）按出票人不同，汇票可分为银行汇票和商业汇票

1. 银行汇票（Banker's Bill）

银行汇票是一家银行向另一家银行签发的书面支付命令，其出票人和付款人都是银行。银行汇票通常用于汇款业务中的票汇，汇票由银行签发后，交给汇款人，由汇款人寄给或交给收款人，然后由收款人向付款人请求付款。另外，在信用证业务中，议付行议付单据后，有时也出具由指定银行（偿付银行或付款行）为受票人的银行汇票，索取有关款项。

2. 商业汇票（Trader's Bill）

商业汇票是指由企业、公司或个人签发的，付款人可以是企业、个人或银行的汇票。商业汇票的信用基础是商业信用，其收款人或持票人承担的风险较大，对商业汇票进行承兑后，可在一定程度上降低收款人的风险。

（二）按有无附属单据，汇票可分为光票和跟单汇票

1. 光票（Clean Bill）

光票是指无须附带任何票据即可收付票款的汇票。银行汇票多为光票，这类汇票全凭票面信用在市面上流通而无物权作保证。国际贸易中支付佣金、代垫费用、收取货款尾数时常常使用光票。

2. 跟单汇票（Documentary Bill）

跟单汇票是指附带有关单据的汇票。商业汇票多数是跟单汇票，这类汇票体现了钱款与单据对流的原则，对进出口双方提供了一定的安全保障。因此，这种汇票多用于贸易结算领域。

（三）按付款时间不同，汇票可分为即期汇票和远期汇票

1. 即期汇票（Sight Bill）

即期汇票是指注明付款人在见票或持票人提示时，立即付款的汇票。未载明具体付款日期的汇票也是即期汇票。

2. 远期汇票（Time Bill）

远期汇票是指在一定期间或特定日期付款的汇票。远期汇票有定日付款汇票、出票后定期付款汇票、见票后定期付款汇票三种形式。

（四）按承兑人不同，汇票可分为银行承兑汇票和商业承兑汇票

1. 银行承兑汇票（Bank's Acceptance Bill）

银行承兑汇票是指由公司、企业或个人签发的，经付款银行承兑的远期汇

票。银行对商业汇票加以承兑后就把该汇票的信用基础由商业信用改变成银行信用，以便于流通转让。

2. 商业承兑汇票（Trader's Acceptance Bill）

商业承兑汇票是指由公司、企业或个人为付款人，并由公司、企业或个人进行承兑的远期汇票。商业承兑汇票的信用基础仍是商业信用，信用等级较低。若承兑人拒付，持票人的权利难以得到保障。

案例 2-6

中国香港 K 公司与大陆 D 公司达成买卖镀锌铁皮交易，并同意 2 个月付款。K 公司开立了一张期限为 2 个月的汇票，其付款人是 D 公司，但受款人是大陆 C 公司。该汇票经 D 公司承兑，C 公司于汇票到期时向 D 公司要求支付款项，但 D 公司以 K 公司没有向其发货为由拒付汇票金额。请问：本案中，汇票的主债务人是谁？C 公司应不应该获得汇票款项？为什么？

分析：主债务人应是 D 公司；C 公司应该获得汇票款项。因为远期汇票一旦做了承兑，则主债务人发生了变化，即承兑人就是 D 公司而不是香港 K 公司，又因为远期汇票做了承兑即不可撤销，则需要对其汇票进行承兑，所以 C 公司应该获得汇票款项。

六、汇票贴现

汇票贴现（Discount）是指持票人将已承兑但尚未到期的远期汇票转让给银行或贴现公司，后者从票面金额中扣减按照一定贴现率计算的贴现息后，将余款付给持票人的行为。汇票贴现实际上是一种票据买卖业务和资金融通业务。银行或贴现公司贴现汇票后，享有追索权。

贴现息是汇票贴现所需支付的一种最重要的成本，计算公式为：

贴现息 = 票面金额 * （贴现天数/360）* 贴现率

汇票净款 = 票面金额 - 贴现息

世界上大多数国家在计算贴现息时都是按一年 360 天计算，只有少数国家（如英国）按一年 365 天计算。

例如：一张面值为 10000 美元的见票后 90 天付款的汇票于 6 月 20 日得到付款人承兑，该汇票的持票人于 6 月 30 日持汇票去某银行要求贴现，如果贴现率为 10%，一年为 360 天，则贴现利息和净款各为多少？

解析：该汇票的到期日为9月18日，持票人于6月30日持汇票去某银行要求贴现，银行需计算天数，7月和8月各31天，9月18天，共计80天。则：

贴现利息为：$D = 10000 \times 10\% \times 80/360 = 222.22$（美元）

银行向持票人支付的净款为：$P = 10000 - 222.22 = 9777.78$（美元）

特别提示

汇票可分为商业汇票和银行汇票两种，而使用最普遍的、信誉最有保障的是银行汇票。由于汇票具有要式性、无因性、文义性、可追索性等特性，使得银行在出具汇票时必须注意票据的无因性对出票行的影响，特别应注意规范票据记载事项。

第三节　本票

一、本票的含义

我国《票据法》规定：本票（Promissory Note）是出票人签发的，承诺自己在见票时无条件支付确定金额给收款人或者持票人的票据。

英国《票据法》规定：本票是一人向另一人签发的，保证即期或在可以确定的将来时间，对某人或其指定人无条件支付一定金额的书面付款承诺。（A promissory note is an unconditional promise in writing made by one person to another signed by the maker engaging to pay on demand or at a fixed or determinable future time a sum certain in money to or to the order of a specified person or to bearer.）

从本票的定义中，可以看出一张完整的本票应具有以下性质：①本票是无条件支付承诺；②本票的出票人和付款人是同一个人，因此，本票不需要办理承兑；③本票必须是支付一笔确定金额；④本票只有一张。本票式样如图2-2所示：

①Promissory Note for ③ USD12，345.00 ⑤Tianjin，12 Nov.2001

At 60 days after sight，we ②promise to pay ④the order of ABC Trade Co. the sum of ③ US Dollars Twelve Thousand Three Hundred and Forty Five only.

For⑥ Tianjin Textile Co.

Signature

图2-2　本票式样

二、本票的必要记载事项

我国《票据法》规定，本票的绝对必要记载事项有六个方面：①“本票”（Promissory Note）字样；②无条件支付承诺；③确定金额；④收款人名称；⑤出票日期；⑥出票人签章。以上条款，缺一不可。

三、本票的种类

（一）按出票人的不同，本票可分为商业本票和银行本票

1. 商业本票（Trade's Note）

商业本票是指由公司、企业或个人签发的本票。国际结算中，开立本票的目的是为了清偿国际贸易所产生的债权债务关系。但因其建立在商业信用基础上，所以实务中用得很少。

2. 银行本票（Bank's Note）

银行本票是指由银行签发的本票。因其是建立在银行信用基础之上的，所以可以当作现金，随时到银行提款。同时，银行本票多为即期本票，远期本票则严格限制其期限。如我国《票据法》规定，本票自出票日起，付款期限最长不超过2个月。另外，我国《票据法》还规定，在中国境内流通的本票只能是银行本票。

案例 2–7

2006年6月12日，A企业与B企业签订购销合同，双方约定货款以本票支付。合同生效后，B企业按时向A企业发货，A企业向其开户银行申请开立了银行本票，并转交B企业作为货款。由于B企业先期拖欠C企业的款项，其与该本票金额相当，于是B企业将该本票背书转让给了C企业。但C企业没有按时向银行支取该本票款项，直到9月才向银行请求支付本票金额。但银行以该本票已经过期为由拒付。于是C企业转向B企业要求支付款项，但遭到拒绝。多次交涉无果后，C企业向法院起诉B企业和银行，要求它们共同承担赔偿责任。法院应如何处理C企业的起诉？

分析：法院应支持C企业对银行的起诉，而对B企业不进行起诉，因为B企业已经将本票背书转让给C企业，而本票的基本当事人只有制票人和受款人，所以B企业对银行已经没有责任，由于C企业本票合法，法院要求银行进行付款，但是C企业没有按时向银行支取该本票款项，所以有一部分的损失由C企业自行承担，银行将会扣除由于耽误时间而导致的损失价值。

（二）按付款时间不同，本票可分为即期本票和远期本票

1. 即期本票（Demand Promissory Note）

即期本票是指见票后即期付款的本票。

2. 远期本票（Time Promissory Note）

远期本票是指在未来的某个特定时间或出票后一段时间付款的本票。由于本票不需要承兑，因此不存在承兑后一段时间付款的本票。

我国《票据法》规定：在中国境内，即期本票应在 2 个月内提示付款，远期本票的付款期限不能超过 2 个月。

四、本票与汇票的区别

（1）本票是无条件的支付承诺；而汇票则是无条件的支付命令。

（2）本票的基本当事人有两个，即出票人与收款人；汇票的基本当事人有三个，即出票人、付款人和收款人。

（3）本票的出票人即是付款人，因此不需提示承兑和承兑，但是，见票后定期付款的本票应由持票人向出票人提示见票，并在本票上载明见票日期；而远期汇票则须办理提示承兑和承兑手续。

（4）本票的出票人在任何情况下都是主债务人；汇票的出票人在承兑前是主债务人，承兑后，承兑人是主债务人。

（5）本票只能开出一张；而商业汇票则可以开出一套，即一式两份或数份。

（6）外国本票退票时，不需做成拒付证书；而外国汇票退票时，必须作成拒绝证书（英国《票据法》规定）。

特别提示

银行本票是申请人将款项交存银行，由银行签发以办理转账结算或支取现金的票据，适用于同城办理转账结算或支取现金。我国普遍开展银行本票的时间并不长，银行本票还是一种较新的票据结算方式，银行本票对于企事业单位和个人在同城范围办理转账结算具有明显的优点，对于促进我国经济的发展将起到重要的作用。

第四节 支票

一、支票（Check）的含义

我国《票据法》第八十二条规定："支票是出票人签发的，委托办理支票存款业务的银行或者其他金融机构在见票时无条件支付确定金额给收款人或持票人的票据。"

英国《票据法》规定："支票是以银行为付款人的即期汇票，具体来说，支票是银行存款户对银行签发的授权银行对某人或其指定人或持票人见票支付一定金额的无条件书面支付命令。"（A check is a bill of exchange drawn on a bank payable on demand. Detailed speaking，a check is an unconditional order in writing addressed by the customer to a bank signed by that customer authorizing the bank to pay on demand a sum certain in money to or to the order of a specified person or to bearer.）

支票的出票人必须是银行的存款客户，即在银行要有存款；支票的出票人必须使用存款银行统一印制的支票。支票不能像汇票和本票一样由出票人自制。

二、支票的必要记载事项

我国《票据法》第八十五条规定，支票必须记载下列事项：表明"支票"字样；无条件的支付委托；确定的金额；付款人名称；出票日期；出票人签章。支票上未记载规定事项之一的，支票无效。支票式样如图 2-3 所示：

Check for US$2，658.00　　London，20 Nov.，2012

Pay to the order of China National Textile Corp. the sum of US Dollars two thousand six hundred and fifty eight only.

To National Westminster Bank，　　For ABC Trade Co.

London，England　　Signature

图 2-3 支票式样

三、支票的种类

（一）根据收款人抬头的不同，支票可分为记名支票和不记名支票

1. 记名支票（Check Payable to Order）

记名支票是指注明收款人名称或其指定人的支票。持记名支票取款时必须由收款人签名方可支取。记名支票只有通过背书才能转让。

2. 不记名支票（Check Payable to Bearer）

不记名支票又称空白支票，是指支票上不写明收款人名称，只写明支付来人。不记名支票取款时不需要收取人签章即可支取。转让时也不需要背书，仅凭交付即可转让。

（二）根据支票的用途不同，支票可分为普通支票和划线支票

1. 普通支票（Open Check）

普通支票又称非划线支票，这种支票的持票人既可以凭此向付款银行提取现金，也可通过往来银行代收转账。

2. 划线支票（Crossed Check）

划线支票是指由出票人或持票人在普通支票上正面划有两条平行线的支票。这种支票只能用于转账，不能直接提取现金。

（1）普通划线支票。普通划线支票是指支票正面有两道平行线，但没有记载特定的银行或其他金融机构名称的支票。记载方法有以下几种：①仅有两道平行线，平行线内无文字；②在两道平行线中间加“××Company”字样；③在两道平行线中间加“Not Negotiable”（不得流通转让）字样；④在两道平行线中间加“Account Payee”（请入收款人账户）字样。

（2）特殊划线支票。特殊划线支票是指平行线中注明具体收款银行的支票，付款行只能向划线中指定的银行付款。在特殊划线支票中只能指定一家银行，不得指定两家以上银行。

（三）根据支票对付款有无特殊限制，在我国支票可分为现金支票和转账支票

1. 现金支票（Cash Check）

我国的现金支票相当于国外的普通支票，持票人可以提取现金也可以作成转账收款。

2. 转账支票（Check for Transfer）

转账支票是指由发票人或在普通支票上载明“转账支付”的支票。这种支票的付款银行只能通过银行转账收款，不能提取现金。

（四）保付支票（Certified Check）

保付支票是指为了避免出票人开出空头支票，保证支票提示时付款，支票的收款人或持票人可要求银行对支票进行保付的支票。保付是由银行在支票上加盖“保付”戳记并签字，以表明在支票提示时一定付款。

美国和日本有关于支票保付的规定。我国《票据法》、英国《票据法》、《日内瓦统一票据法》均无支票保付的规定。

（五）旅行支票（Traveler's Check）

旅行支票是一种定额本票，其作用是专供旅客购买和支付旅途费用，它与一般银行汇票、支票的不同之处在于旅行支票没有指定的付款地点和银行，一般也不受日期限制，能在全世界通用，客户可以随时在国外的各大银行、国际酒店、餐厅及其他消费场所兑换现金或直接使用，是国际旅行中常用的支付凭证之一。

1. 旅行支票的特点

（1）面额较小，便于旅行者随时零星支取。

（2）兑取方便。发行旅行支票的机构为了扩大其支票流通范围，在国内外各主要城市都设立有许多代付机构，如银行、大型旅行社、高级饭店等，以便旅客可以到处随时提取票款。

（3）安全性高。旅行支票需要旅行者在兑取时当面签字，所以即使支票在第二次复签以前遗失，被他人拾得也不易冒领。

（4）流通期限长。旅行支票多数不规定流通期限，因此可以长期使用，只有少数规定期限为 1 年。过期的旅行支票虽不能在代付机构取款，但仍可向原发票机构注销，退还原款。

旅行支票的发行，实际上是购票人在发票机构的无息存款。发票机构不仅可以收取大量手续费，而且还可以无息占用从发票到付款或注销这一段时间的巨额资金，所以国外许多大银行、大旅行社都争相发行旅行支票来吸纳资金。

2. 旅行支票的必要记载事项

（1）“旅行支票”字样。

（2）出票机构名称和地点。旅行支票的出票人是签发旅行支票的银行或旅行社，出票人名称和地点一般印在票面正上方，另在票面右下方印有出票机构负责人的签字。出票人自己出售旅行支票时，出票人、付款人、售票人三者均为一个机构。如出票机构的联行或代理行代为出售，则该联行或代理行即为售票人。售票人仅代出票机构推行旅行支票，付款责任仍由出票人承担。

（3）固定金额。旅行支票有不同的固定票面金额，面额一般较小。

（4）购票人初签。购票人是旅行支票的购买者。购买旅行支票时，购票人须向出票机构或售票机构支付票款和一定手续费，并当面在支票上签字，此种签字称为初签。购票人购得支票后即成为持票人。“初签”字样是为了供兑付银行核对“复签”之用。

（5）兑付时复签。持票人到国外旅行，向当地银行兑现时，须当面在支票上再次签字，此次签字为复签。兑付银行须将复签的字样与初签的字样核对相符后，即可兑付票款。兑付旅行支票的银行称为兑付人，兑付人买入旅行支票后，将支票寄往发票机构索取票款。旅行支票票样如图 2–4 所示。

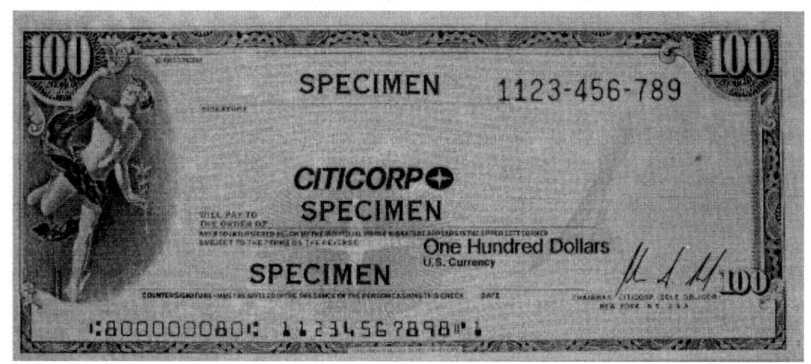

图 2–4　旅行支票票样

四、支票各当事人的主要责任

（一）出票人的责任

支票的出票人必须对所出支票担保付款，其责任主要有：

1. 不得开立空头支票

空头支票是指支票金额超过支票账户存款余额，或超过付款行所允许的透支额度，或者在银行无存款而签发的支票。各国票据法都对签发空头支票者的制裁做出规定。因此，支票的出票人必须做到以下两点：

（1）支票的出票人必须在银行有足够存款。支票的出票人所签发的支票金额不能超过其在付款时在付款行实有的金额。

（2）支票出票人的透支额不得超过银行允许的范围。通常情况下，银行往往允许信用较好的支票户在一定限度内透支。如果支票的出票人在存款不足时，签发的支票不超过银行允许的透支范围，也是可以的，但要求其在规定的时间内偿还透支金额并承担相应的利息费用。

2. 如果付款行拒付，出票人应负偿还之责

如果支票付款行由于某些原因拒付，支票的出票人仍应承担票款的交付责任。

3. 支票的提示期过后，出票人仍应承担票据责任

《日内瓦统一票据法》规定支票的提示期限是：国内支票为出票日起 8 天；出票和付款不在同一国家的为 20 天；不同洲的为 70 天。如果超过提示期限，支票过期作废，但出票人仍应对持票人承兑票据责任。我国《票据法》规定，持票人对支票出票人的权利，自出票日起 6 个月内有效；如果过期仍不行使票据权利，则票据权利自动消失。

（二）付款行的责任

付款行的责任是审查支票是否合格，特别是要核对出票人签字的真实性。只有支票上的出票人签字与支票开户人留在银行的印鉴相符时，付款行才付款。另外，付款行在付款时还应要求持票人作收款背书。

（三）收款人的责任

支票收款人的主要责任是在规定时间和地点提示合格支票，否则可能会发生票据抗辩。

案例 2–8

甲公司在银行的支票存款共有 100 万元人民币，该公司签发了一张面额为 200 万元的转账支票给乙公司。之后，甲公司再没有向开户银行存款。请问：①乙公司所持的支票是否为空头支票？如何判断空头支票？②空头支票的付款人是否为票据债务人？为什么？③甲公司对空头支票的持票人应负什么责任？

分析：①本案中乙公司所持的支票为空头支票。②根据我国《票据法》关于汇票出票行为的规定，出票人必须在票据上记载："汇票"字样；无条件支付的委托；确定的金额；付款人名称；收款人名称；出票日期；出票人签章。以上事项缺一票据无效。③本案例中，承兑银行可以拒绝付款。因为根据票据行为的一般原理，出票行为属于基本的票据行为，承兑行为属于附属的票据行为。如果基本的票据行为无效，附属的票据行为也随之无效。

五、支票的止付

支票的付款行在下列三种情况下可以止付（Countermand）：

（1）出票人开出支票后，由于交易上的原因要停止付款，即可通知银行对特定的支票（号码、日期、金额、收款人姓名）停止付款。当该支票提示时，付款行在支票上注明"奉命止付"（Orders Not to Pay）字样后退票给持票人。

(2) 存款银行获得有关付款人死亡、破产的通知后，即止付存款人以前开出的支票，听候合法继承人、破产清理人的处理。

(3) 此外，当付款人签发空头支票时，受票银行会在支票上注明"请洽出票人"(Refer to Drawer)，这是银行为开空头支票的客户进行演示的委婉退票用语。

六、汇票与支票的不同

(1) 种类不同。汇票有即期汇票和远期汇票之分；支票一般为见票即付、无须提示承兑。

(2) 主债务人不同。远期汇票承兑前的主债务人是出票人，承兑后的主债务人是承兑人；支票的主债务人是出票人。

(3) 份数不同。汇票可以开出一式两份或一式多份；而支票只能开出一张。

(4) 付款人不同。汇票的付款人可以是公司、企业、个人或银行；而支票的付款人则一定是银行或其他金融机构。

(5) 工具性质不同。汇票是支付和信用工具；而支票仅仅是支付工具。

(6) 出票人承担的责任不同。汇票的出票人责任是担保付款人承兑和付款；支票的出票人责任是担保银行一定付款。

特别提示

签发空头支票是一种用商业信用套用银行信用的违法行为，具有严重的危害性，如损害了持票人的利益，影响了金融结算秩序的稳定，还破坏了票据的信用，而且也阻碍了票据市场和金融的发展。

第五节　票据风险、票据诈骗及其防范

一、票据风险

票据风险是指由于诸如票据的伪造、变造；票据的取得不当，是出于恶意或重大过失取得；票据行为无效或缺陷；有关人员工作上的经验不足或能力不够等原因引起的，给有关当事人造成利益损失。

（一）票据风险的种类

票据业务的风险是错综复杂的，归纳起来主要有以下几种分类。[①]

1. 融资风险

即商业银行签发或贴现无真实交易背景或不能确定有真实交易背景的银行承兑汇票而形成的风险。主要表现为：无交易合同或使用虚假、无效合同；超过合同金额或期限签发、贴现银行承兑汇票；无增值税发票复印件、重复使用或伪造增值税发票复印件办理贴现业务。有的商业银行假借企业名义违规开立账户，借用这些账户自行签发银行承兑汇票，到其他商业银行贴现，贴现资金回流该行后，增加其存款，自称为“融资性存款”。签发、贴现无真实交易背景的银行承兑汇票违反了《支付结算办法》和《商业汇票承兑、贴现与再贴现管理暂行办法》的有关规定，因此，银行不仅存在融资性风险，同时还承担着潜在的法律风险。

2. 信用风险

即在没有缴纳保证金或保证金不足的情况下签发、贴现银行承兑汇票导致大量银行垫款而产生的信用敞口风险。主要表现为：一是未按规定比例收取保证金或保证金偏低；二是对保证金不足额部分担保不足或担保无效，如担保合同金额小于保证金不足额部分、担保企业担保能力不足、质押物不符合相关规定、质押手续办理不及时不规范、由关联企业担保或企业相互担保、担保合同无董事会同意的决议等；三是以本行贷款作为签发银行承兑汇票的保证金，或将贷款转为定期存款，作为申请承兑的质物。银行的上述做法实际上是把承兑风险转化为信贷风险，并没有真正落实偿还来源，同时还虚增了存贷款规模。银行通过这样一种非正常方式扩大存贷款和票据业务的规模，形成了“企业用贷款资金作保证金→银行签发承兑汇票→企业到银行贴现→企业用贴现得到的资金再作保证金→银行再签发承兑汇票→企业再贴现……”的怪圈，在循环往复的过程中，信用徒然膨胀，货币信贷成倍数地虚增扩大，从而形成了信贷泡沫。

3. 道德风险

一是关联企业、关联交易方相互串通，套取银行资金。主要方式为：出票人与收款人为关联企业或关联交易方，出票人以一定比例保证金申请承兑，不足部分由收款人提供保证担保，最后资金由收款人账户流向出票人账户，实现了资金的逆向回流。二是社会上的一些不法人员利用伪造变造票据、“克隆”票据或票据“调包”等欺诈手段，有意识地骗取银行资金而使银行面临资金损失的风险。三是银行内部人员在办理票据业务时不认真把“三关”，即票据记载事项合法合

① 李静：《我国商业银行风险业务管理与防范》，《当代经济》，2009 年第 8 期。

规审查关、背书核实关、票据真伪核实关，或是违法违规，盗用银行票据，而使银行蒙受资金损失。

4. 操作风险

一是先贴后查，逆向操作。有的银行为了争揽业务，增强市场竞争力，要求企业采取出具承诺书的方式先行贴现，而查复日期比贴现出账日期晚几天甚至半个月之久。这种查复未明即办理银行承兑汇票贴现或质押的做法存在一定的操作风险，银行资金的安全性难以保障。二是办理贴现和质押取得的票据背书不合法、不完整。主要表现为票据贴现时空白背书、多次背书时背书不连续等。这不仅违反了《票据法》的规定，在发生法律纠纷或出现票据流失等情况的时候无法主张票据权利，而且容易引发道德风险。

5. 内部管理风险

一些银行票据业务的基础工作较薄弱，票据保管和使用存在较大的安全隐患，内部控制不力，导致票据案件屡屡发生，风险损失不断产生。目前大部分中小银行不同程度地存在档案资料不完整、不规范的问题，如承兑协议、商品交易合同等要素不全，承兑申请人的基础资料不全，业务会办记录不详等。还有些银行存在账实、账账不符，未真正落实印、证、押“三分管”，印章交接无监交人，保证金记账串户，银行承兑汇票委托收款时以盖行政公章代替结算专用章等问题。

（二）票据风险形成的原因

1. 社会信用体系不健全

企业恶意套取银行资金，导致银行信用风险加大。社会信用体系不健全，无法对企业进行信用考核，守信得不到尊重，失信得不到惩罚。信用评级的缺失使得企业利用法律法规的空白进行票据欺诈，加大了票据业务风险。特别是提供虚假的交易合同、增值税发票，通过贴现或质押方式轻易套取银行资金。

2. 资金供求矛盾与严格的信贷管制

在我国利率管制的宏观背景下，除了少数的强势企业外，大多数企业在从银行获得贷款时，必须要接受刚性的利率和期限。这使得大量中小企业寻找多种融资渠道。票据本身所具有的短期性、流动性和融资性恰好满足了企业的需求。但由于国家严格控制信贷投放，使得中小企业为获取资金，不惜虚构交易违规开出汇票。这种纯粹的融资性票据的发行，由于没有真实的贸易背景，在缺乏有效信用监督的情况下，必然加大银行的隐性风险。

3. 信息不对称

票据业务市场还没有统一的票据信息查询系统，票据市场的信息传递、披露及共享机制非常滞后。一是有些商业银行是在签发人资信状况、商品交易情况、承兑人的资产负债情况一无所知的情况下就办理了票据贴现或转贴现业务；二是对票据本身的信息披露不健全；三是票据贸易背景的信息披露不健全，甚至对非常严肃的增值税发票也难以辨明真伪。市场信息建设落后，风险揭示不充分，缺乏公开、公平、公正的风险揭示和信息披露机制。

4. 商业银行间的过度竞争

票据业务不列入银行的资产负债表内管理，而是作为表外业务管理，所以票据业务可以降低不良资产比率。目前，我国商业银行在不断地追求业务扩张，票据业务由于手续简单，可稳定赚取利息，收入有保证，规模容易增加，便成为银行扩大资产规模、稀释不良贷款的重要手段，被各银行视为立竿见影的可行方法。银行为了争夺票据业务，放松了对票据出票人的信用、能力等的审查。

5. 商业银行内控机制不健全

一些商业银行将关注的重点放在票据业务的市场拓展上，对票据业务的操作和管理、票据风险的识别和防范缺乏一整套切实可行的管理制度和风险防范控制体系。在开展票据业务的过程中，对票据的签发、审核把关不严，忽视对票据记载事项合法合规性、背书和票据真伪的严格审查和核实。对企业的业务经营、发展前景、财务收支状况、信用状况和担保实力没有进行充分的调研和深入的分析，从而导致了票据风险的产生。

（三）票据风险的防范

1. 加强内部控制，健全风险防范机制

商业银行应坚持“内控优先”原则，以风险管理为重点，加强票据业务内控制度建设，制定规范、操作性强的出票、登记、查询规程和制度，强化对票据真实性的审查和检查，确保票据交易的真实性和资金的安全性。同时对票据业务环节中的各个风险点进行认真的预测和剖析，对每个风险环节设置“防火墙”，并定期对风险管理程序进行评估。中小商业银行还应加强对专业人员的业务培训，提高对票据业务风险的认识与把握能力，提高从业人员的防范技能，树立良好的职业道德，严格执行操作、检查和监督制度。

2. 修订完善制度，规范票据市场

现行的《票据法》、《支付结算办法》、《商业银行汇票承兑、贴现与再贴现管理暂行办法》等法规的有些条款已不适用于当前票据业务的发展状况，票据业务中企业当事人的准入退出制度、票据融资的管理、各种票据交易行为管理、票据信用评估、票据交易的价格约定、资金清算、票据业务的风险准备等制度都应尽快纳入规范化轨道。从监管的角度来讲，应对商业银行票据业务风险控制做出具体规定：一是将票据融资全部纳入信贷授权和客户授信范围，以便于外部监管和内部监控；二是对票据业务制定指导性的承兑总量、单户或最大十户的承兑比例监控指标、向异地企业出票的控制制度等，以剔除票据市场中的泡沫；三是实行保证金等级管理或规定保证金最低限额，将票据风险敞口与资本金规模挂钩，降低银行承兑风险；四是对以贷款作保证金、关联企业套取银行信用等行为制定明确的界定标准和处罚规定；五是规定所有金融机构对已办理贴现的增值税票原件加盖戳记，注明贴现金额和贴现机构名称，从源头上堵住重复使用同一增值税票办理贴现的问题。

3. 加强合规性监管，促进票据业务健康发展

监管部门应充分认识票据业务中潜在的风险，加大现场检查的力度，重点检查票据承兑和贴现业务的贸易背景的真实性、贴现资金流向、发放贷款作为保证金、票据业务的内控机制和存在的风险等问题，注重对内控的有效性、操作行为及各个风险点的监管，进一步加大对票据业务中违规违法的处罚力度，加强检查监督，及时纠正和处理违法违规行为，最大限度地防范控制风险。

4. 完善信贷登记咨询系统，解决信息不对称的问题

央行和监管当局应尽快建立银行承兑汇票签发和贴现业务的数据库，实现票据在全国范围内的统一网络查询功能，提高业务效率，实现与税务部门的联网，及时识别企业提供的增值税票复印件或原件的真伪，加强真实贸易背景审查，防范和化解票据风险。

二、票据诈骗

票据诈骗是指以票据为载体，以非法占有为目的，采用伪造、变造，或者故意使用伪造、变造的票据等欺骗手段，骗取他人财物的行为。这种行为一方面严重侵犯了票据当事人的合法财产权利，另一方面侵犯了国家的金融票据管理制度。

（一）票据诈骗的种类①

1. 伪造票据

伪造票据是指犯罪分子模拟真实票据的格式和记载事项，利用现代化工具和高科技手段，采用描绘、复制、印刷等方法，冒用银行名义或虚构一家根本不存在的银行，以伪造银行票据凭证或经银行承兑的商业票据，也就是所谓的“克隆票”。由于商业票据具有承付期限长、金额大和反复多次转让等特点，先签发真汇票，根据真汇票伪造内容完全相同的假汇票用于诈骗。

①卜强：《票据市场发展中票据诈骗的成因及其防范对策》，《甘肃金融》，2008年第3期。

案例 2–9

A 公司与 B 公司进行贸易合作，A 公司伪造一张 100 万元的银行承兑汇票用以付款，该银行承兑汇票以 B 公司为收款人，以乙银行为付款人，汇票的“交易合同号码”栏未填。A 公司将这张伪造的银行承兑汇票交付给 B 公司，B 公司持这张伪造的银行承兑汇票到甲银行申请贴现，甲银行未审查出银行承兑汇票的真假，予以贴现 97 万元。甲银行通过联行往来向乙银行提示承兑。乙银行从未办理过银行承兑业务，在收到汇票后，立即向公安局报案。后查明该汇票系伪造的汇票。因此乙银行将汇票退给甲银行，拒绝付款。

分析：本案例中的银行承兑汇票系伪造汇票。A 公司伪造汇票，违反了国家法律规定，应追究其刑事责任；该汇票是非法的、无效的，乙有权拒绝付款；汇票被拒绝付款的，持票人可以对汇票的背书人、出票人及其他债务人行使追索权，因此甲银行可向 B 公司行使追索权；B 公司的损失应由提供伪造银行承兑汇票的 A 公司承担，乙银行不承担任何责任。

2. 变造票据

变造票据就是指犯罪分子在原票据的基础上，采用涂改、消退、刮擦、添加、剪贴、挖补等方法对原票据上的金额、到期日、付款日、付款地等进行变更，使其成为虚假的票据。

案例 2–10

某年初，石家庄一家股份制商业银行（A 银行）内部员工将本行已自开自贴的 8000 万元银行承兑汇票盗出，将汇票上的背书粘单撕下，重新进行虚假背书，然后将票据卖给省内一家以倒手票据盈利的企业。

该企业又将这 8000 万元银行承兑汇票拿到省内一家商业银行（B 银行）进行贴现。B 银行验票后进行了贴现（忽视了几个细节：票据背书粘单上变造的痕迹、查复书中“已有他查”的回复、交易合同发票涉嫌伪造、企业提供的基础资料是否有效）并将这些票据送到北京某银行（C 银行）要求办理转贴现卖断。经 C 银行审查后发现，这 8000 万元的汇票中，有 4000 万元的承兑汇票的粘单存在明显的撕过后重贴的痕迹，于是，对其余 4000 万元瑕疵不明显的银行承兑汇票办理了转贴现买断入账手续，对存在明显瑕疵的

4000 万元汇票办理了转贴现回购手续。

在票据到期后，C 银行向 A 银行办理 4000 万元的票据托收，A 银行拒绝付款，A 银行复称，该批银行承兑汇票，早已经在该行办理贴现手续，C 银行办理托收的票据属伪造背书的票据，已被司法机关公告支付。C 银行于是找到其上手 B 银行，B 银行称其也是虚假汇票的受害人，既然承兑汇票的背书是虚假的，那 B 银行的背书转让也不具备法律效力，因此，拒绝 C 银行对于票据责任的追索。无奈，B 银行和 C 银行一起将 A 银行告上法庭，A 银行承认其自身内控不严，但强调 B 银行和 C 银行都有审查不严的责任，该案件涉及 A 银行内部人员作案，本着先刑事后民事的执法程序，进入了漫长的协调和审理过程。

分析： 由案件陈述可以看出，在这个案例中，从流程上看，B 银行、C 银行虽然都是按照正常程序办理了日常业务，归根结底都是 A 银行内控管理疏松的受害者，但实际上三个银行都对这个案件负有不同的责任。

A 银行内控管理混乱：一是票据保管不严，出现监守自盗的情况；二是内部监督检查机制不力；三是人员道德风险完全失控。

B 银行放松了应有的警惕，忽视了风险。一是对票据审查放松，未能及时识别贴现票据本身瑕疵。B 银行业务人员在办理业务过程中，只对票面和背书进行了简单审核，就认定背书连续，票据真实。直到收到法院的公示催告后才识别到该批票据的背书粘单中的瑕疵，即第一粘单衔接处有对接迹象。二是未对贴现申请人及其所获票据的真实贸易背景进行严格审查。按照有关规定，贴现行应对票据的真实交易关系和债权债务关系进行审核。而案发后发现，到 B 银行办理贴现的企业跟其直接前手根本不存在真实商品交易关系，其提供的合同发票都是伪造的。三是查询查复未发挥作用。对承兑行回复的有他查的回复，没有引起足够重视，未按审慎经营的原则，与承兑行进行沟通确认，了解详情，错过了发现问题的机会。四是未对贴现企业贷款卡等基本信息进行核对。事后发现贴现企业营业执照没有进行年检，组织机构代码证已经吊销，所持组织机构代码证复印件系伪造，企业已经停止经营。

C 银行假小心，真大意。在办理买断贴现时，已经审查出银行承兑汇票粘单有问题，但风险意识淡薄，没有进行深究，使审查形同虚设，减少了风险，但没有规避风险。

3. 填写空白票据

犯罪分子通过收买银行内部职工或者盗取获得真实的空白票据，然后随意填写，到银行贴现，以达到骗取资金的目的。

4. 骗取票据

犯罪分子故意编造虚假的事实或隐瞒事实真相，利用人们对资金的需要、轻信、疏忽大意等麻痹思想，设下陷阱、圈套，用偷换、调包等方法骗取他人票据，实施其诈骗行为。

5. 盗取票据

票据经过签发后在流通转让的过程中，会被犯罪分子盗取，然后犯罪分子将盗取的票据异地进行诈骗。

6. 套取票据

最常见的是犯罪分子在同一银行机构开出号码相连、金额一大一小的两张票据，然后以大额票据作为造假的样本，将小额票据的各项要素，比照大额票据的内容进行涂改（涂改金额），然后向银行贴现，诈骗得逞后，再对大额票据提出挂失或退票。

7. 逃债票据

欠息企业采用弄虚作假的手段，采用承兑汇票结算方式，将销货回笼的承兑汇票未存入其开户银行，而是背书转让，购进原材料或转让给其他关联的企业，向银行申请贴现，从而逃避银行的收贷收息，悬空银行的债权。

8. 空头支票

空头支票是指支票金额超出其银行存款账户余额或超过付款行允许的透支额度。

案例 2–11

某进出口公司委派采购员刘某到某棉区采购棉花，签发支票一张，其金额和收款人处授权刘某根据棉区采购的实际情况填写，但明确告知支票的金额最多可以填写 30 万元，否则将超出公司目前在银行的存款额。支票的用途栏写明“采购棉花”。该公司给刘某出具了明确的法定代表人授权委托书和公司营业执照副本。然而，刘某听信个体户叶某之言，企图利用短短的时间差，先做一笔彩电批发生意，赚取相当利润后再赴棉区采购棉花，于是，该二人将支票金额填写为 183 万元，收款人栏写上叶某的商号，再由叶某以商号名义背书给“某五金交电批发公司”。所购买的彩电转手成功后，全部款项被刘某和叶某卷逃。当“某五金交电批发公司”将叶某提交的支票送银行结算时，因进出口公司账户上存款额不足而被退票。

分析： 本案例中的空头支票出票时虽欠缺必要记载事项，但后来经补记，已经具备有效票据的外观，故应属有效支票。但刘某故意签发空头支票，骗取资金，应当依法承担刑事责任。叶某作为同犯应一并追究刑事责任。另外，他们对某进出口公司应承担赔偿责任。

（二）票据诈骗形成的原因

1. 市场体系不统一

一是由于缺乏全国统一的票据印制、登记、查询、鉴证等机构，缺少二级市场的公开报价系统，使票据市场的信息量很少。二是各地票据专营机构虽多，但真正制度健全、业务规范、风险控制完善的较少，给犯罪分子提供了可乘之机。三是缺乏全国统一的票据查询体系，不能有效堵塞票据流转过程中出现的漏洞，不能及时制止票据流转不规范行为。目前，由于票据电子化程度低，票据要素基本上都由手工填制，票据真伪仅由金融机构承担查询事宜，且查询方式都采用传统的电话、传真、电报和实地查询等方式，同时查询格式、规定不统一。票据几经背书转让后，票据行为权利人不能及时得知所持票据是否存在瑕疵，等到银行解付或贴现时，已经迟了。

2. 区域经济发展存在差异，观念落后

票据发展区域之间不均衡，有些地区由于受经济发展因素的影响，局部带动了票据市场业务的迅速开展；而有些区域经济发展落后，票据市场培育、发展十分缓慢，对票据具有汇兑、支付、结算、信用和融资等多种作用认识不足，认为使用票据再有多少好处，也没有现金交易结算方便。犯罪分子正是抓住区域经济发展缓慢的特点，充分利用这一薄弱环节，伺机造假诈骗资金。

3. 票据真伪鉴别手段落后，范围过窄

目前，市场上流通票据主要靠在开户银行预留印鉴进行真伪鉴别，受票人员在办理贴现业务时，往往依靠肉眼目测，凭经验和感觉，依靠技术设备的也大多是仅仅使用普通的辨别仪器进行鉴别。对票据中间环节的转让，没有有效渠道进行真伪审验，在多次转让中，最容易产生瑕疵票据。

4. 票据反假打击力度不够

票据诈骗之所以力绝不止，是因为立法缺位、制度漏洞、观念认识不到位、学习宣传面过窄等，使犯罪分子有机可乘，屡屡作案；而执法环境"弱化"、打击力度"软化"，是造成票据诈骗势头高涨的重要根源。

（三）票据诈骗的防范措施

1. 建立全国统一的票据查询体系

分散、不统一的票据查询手段使造假者赢得了更加充分的时间和机会，有些票据不能通过电话查询草草了事，但发出书面查询通知书后，又迟迟得不到答复，既影响了票据资金的及时兑付，又无法提防利用假票进行资金诈骗的可能性，即使查知票据有问题，但由于查询时间过长，使犯罪分子早有防范准备，闻风逃遁。因此，建立全国统一的票据查询体系，有效解决票据查询不及时而导致无效票据的问题，对维护票据市场流通、有效防范票据流转环节作假的隐患，具有非常重要的意义。

2. 把好贴现关、提示付款关、退票关和背书转让关

对于对方邮寄的到期银行承兑汇票、客户提交的未用退回票据等应视同正式付款，抽出留底联仔细核对各项要素，严格审查票据的真伪，防止克隆票据欺诈。在收到客户未用退回的银行汇票、银行承兑汇票时，应视同解付银行汇票或贴现严格审查，鉴别真伪。在办理票据解付、贴现业务时，除了进行常规审查外，还要注意票据背书前后手之间商品交易或劳务供应的合理性，以及审查持票人与其前手的增值税发票或免税证明和持票人合法的身份证件。

3. 增强意识，加强票据使用制度建设，堵塞隐患漏洞

尤其要对票据市场不发达的区域进行全方位的规范和改善，增强使用票据观念，使造假者无隙可入。票据使用部门要建立一套科学的运作约束机制，从各类票据的印制、管理、投放、登记等环节严格把关，强化票据管理意识，防患于未然。银行作为票据资金的流转部门，首当其冲要强化内部控制，严格支付结算操作规程，加强空白重要凭证管理，将空白汇兑凭证、汇票申请书等纳入重要空白凭证管理。要建立银行票据审核责任制，固定专人审核票据；建立银行防伪、防诈骗的激励机制，设立银行票据防伪、防诈骗专项基金，专门用于奖励在银行票据防伪、防诈骗工作中有功的人员，充分调动其防范票据诈骗的积极性；建立银企联防制度，对大额款项的支付或受理中有疑问的票据和银行汇票申请书等结算凭证，主动与相关人员沟通，做好查询查复工作。申请使用票据的企业或个人也要严格按照《财务制度》、《会计制度》及《票据法》等有关规定正确使用票据，既要严防内部人员作假，又要杜绝假票入内的漏洞。

4. 重视技术防范，要多管齐下

一是采用先进的防伪技术和高科技印刷手段，对银行票据统一制版、统一编号，使各种票据既利于识别，又难以伪造。二是配备先进防假、辨假、识假的专用设备，改善依人识假、辨假的现状。目前，票据检测设备陈旧滞后，银行对印

鉴的识别技术是传统的“折角验印”，大大落后于时代的发展，而且仿真印鉴已构成了对预留银行印鉴的极大威胁。为此，积极推广和应用支付密码及客户约定在支票、汇兑凭证和汇票申请书上添加支付密码，作为支付款项的条件。三是积极探索现有网络技术在票据审核、辨认中的运用。切实加大防范票据诈骗的力度，将“克隆”票据带来的风险降到最低程度。四是要开辟票据中间转让环节中的防假、反假“绿色通道”，通过网络体系或其他有效渠道查询票据的真伪，从而降低票据诈骗的可能性，使票据流通市场健康发展。

案例 2–12

2000 年 12 月 25 日，A 市甲公司财务人员到乙银行 A 分行营业部要求兑付 9 张每张价值 1000 美元的由美国丙公司发行的旅行支票。该银行业务人员审核后发现，这些旅行支票与运通公司的票样相比，支票的印刷粗糙，估计是彩色复印机所制；票面金额、徽标等没有凹凸感；复签底线也非由小字母组成，而是一条直线，估计是复印机无法分辨原票样的细微字母；票面在紫光灯灯光下泛白色，没有水印。经仔细查询审核，该行确认这些旅行支票为伪造票据，予以没收。经查，这些伪造的旅行支票是丁公司出具给甲公司抵债用的，甲公司准备兑付后还贷款。

分析：本案例是利用伪造旅行支票进行诈骗的。从该案的发生可以看出，境外不法分子常常利用内地银行外汇票据业务经验少的弱点，进行诈骗。启示：①银行业务人员要加强对外汇票据业务的学习，掌握外汇票据的识别技术，辨真伪、明是非。②要有高度的责任感和认真的态度，谨慎细致地处理每一笔业务，不能有半点马虎。③要向企业宣传外汇票据知识，使企业能够掌握一般的外汇票据鉴别技术。企业遇有难以识别的外汇票据要通过银行进行查询，以免误收假票据而遭受损失。

5. 加强案例分析，建立案情报告和通报制度[①]

商业银行要加强对典型案例的分析、研究，研究票据诈骗的手段、方法、特点及趋势，查找管理漏洞；要强化案情报告制度，发生票据诈骗案件应及时向公安部门报案，并报告上级管辖行、当地人民银行。当地人民银行、公安部门应定期对典型案例进行分析、研究，通过媒体向社会通报，动员全社会力量防范和打

---

① 刘天威：《浅议银行票据诈骗与风险防范》，《全国商情》，2011 年第 4 期。

击票据诈骗犯罪。

6. 广泛宣传票据知识

利用报纸、电视、网络等媒体广泛宣传票据结算知识，报道、剖析典型案例，直接向广大公众宣传票据知识，提高全社会防范票据诈骗犯罪的意识和水平；人民银行也应定期或不定期地举办多种形式的通报会、培训班，介绍风险易发环节、传授如何鉴别真假票据等技巧，提高全民防范意识。

特别提示

由于银行票据是一种广泛使用的支付工具，牵涉面广，特别是我国加入世界贸易组织后，对外贸易扩大，票据支付范围和使用频率均有所提高，对票据风险的认识和防范更应引起社会各界的高度重视。防范票据风险，减少票据所引发的不必要的损失。

案例分析

本章"案例导入"中，对于这张由新加坡B商作为出票人和收款人的汇票，经中国某国有商业银行的某市分行承兑后成为汇票的付款人。A公司与B商之间的胶合板买卖合同是该票据的原因关系。因此B商向A公司开出远期付款命令，而A公司在某国有商业银行某市分行有账户往来关系，即存款于该银行。

它们之间的这种资金关系使得该行某市分行愿意向A公司提供信用，承兑了这张远期汇票。美国银行与B商之间有对价关系，美国银行善意地付了600万美元的对价而成为受让，从而成为这张汇票的善意持票人。但票据的最大特点就是，票据法律关系一经形成，即与基础关系相分离。票据基础关系的存在和有效与否并不对善意持票人的票据权利产生影响。所以，B商实际上没有交货，或者A公司没有足够的美元存在银行，都不影响美国银行对承兑人的付款请求权。对美国银行来说，这张票据上并没有写什么胶合板，只有一句话："见票后一年付700万美元。"票据法律关系应依票据法的规定加以解决，票据基础关系则应以民法规定加以解决。B商正是利用了票据的特性才行骗得逞的。如果这张票据没有在市场流通，那么情况就不一样了。因为各国票据法都认为，票据在未流通前，票据的基础关系与由此而产生的法律关系没有分离，两者是有联系的。也就是说，当票据的原因关系与票据法律关系存在于同一当事人之间时，债务人可以利用原因关系对抗法律关系。在该案中，如果是B商来中国某国有商业银行某市分行要求付款，某分行可提出：既然卖方不交货，买方也拒绝付款。这就是买方可向卖方提出同时履约的抗辩理由。

小 结

目前，各国国际贸易中债权债务关系的清算大都是通过票据来实现的。我国《票据法》规定，票据是指由出票人签发的，承诺自己或委托他人在见票时或指定日期向收款人或持票人无条件支付一定金额、可以流通转让的一种有价证券，包括汇票、本票和支票。

在这三种票据中，汇票最具典型意义。我国《票据法》规定："汇票是指由出票人签发的，委托付款人在见票时或在指定日期无条件支付确定的金额给收款人或持票人的票据。"汇票的绝对必要记载事项有："汇票"字样、无条件支付命令、确定金额、付款人名称、收款人名称、出票日期和出票人签字。汇票的票据行为有广义和狭义之分，狭义的票据行为是以负担票据上的债务为目的所作的必要形式的法律行为，如出票、背书、承兑、保证等。其中，出票是主票据行为，其他行为则为附属票据行为。广义的票据行为除上述狭义票据行为外，还包括票据处理中有专门规定的行为，如提示、付款、拒付、追索等行为。按出票人不同，汇票可分为银行汇票和商业汇票；按有无附属单据，汇票可分为光票和跟单汇票；按付款时间不同，汇票可分为即期汇票和远期汇票；按承兑人不同，汇票可分为银行承兑汇票和商业承兑汇票。

本票是出票人向收款人开出的付款保证，按出票人不同分为商业本票和银行本票；按付款时间不同分为即期本票和远期本票等几种类型。支票是以银行为付款人的即期汇票，常见的有现金支票和转账支票等几种类型。另外，世界各国的票据立法都是以英美法系和大陆法系为主要参照，多数基本原则都是相同的，但也有一些差异和冲突。随着我国银行业金融机构票据业务的迅速发展，其在经济发展中所扮演的角色越来越重要。然而，由于票据业务潜在的各种风险层出不穷，票据类案件也呈逐年递增趋势。因此，熟悉票据诈骗的手段及防范票据诈骗尤为重要。

实训练习

【核心概念】

票据　汇票　本票　支票　票据权利　票据义务　票据抗辩

【问答题】

1. 票据的功能有哪些?
2. 票据有哪些特性?
3. 汇票的绝对必要记载事项有哪些?
4. 简述汇票的票据行为。
5. 比较汇票、本票和支票的异同。

第三章　汇付

本章目标

◆ 掌握汇付的概念、性质和特点

◆ 掌握汇付的种类和业务流程

◆ 掌握在国际贸易实践中运用汇付方式进行结算存在的风险以及如何防范

案例导入

我国某出口企业 A 与另一国的进口企业 B 签订了一份进出口贸易合同，合同规定：支付条款为装运前 15 天电汇付款。但是在后来的履约过程中，B 方延至装运月中才从邮局寄来银行汇票一张，并声称货款已汇出。为保证按期交货，我出口企业于收到汇票次日即将货物托运，同时委托 C 银行代收票据。1 个月后接到 C 银行通知，因该汇票是伪造，已被退票。此时，货物已抵达目的港，并已被进口方凭出口企业自行寄去的单据提走。事后，我出口企业 A 进行了追偿，但进口企业 B 早已人去楼空，我出口企业 A 钱、货两空。

——摘自百度文库《国际结算案例》

此案例中，主要涉及国际贸易支付方式之一——汇付（电汇）。你认为我出口企业 A 在履约过程中存在哪些失误？什么是汇付，汇付有哪些种类？汇付的业务流程是什么？汇付存在哪些风险，应该如何防范？通过学习本章我们将有一个清晰的答案。

第一节 汇付的概念及当事人

一、汇付的概念

汇付（Remittance）即汇款，是付款人通过银行将款项汇交收款人的结算方式。在国际贸易中，如果采用汇付，通常是由买方按合同规定的条件和时间（如预付货款、货到付款或凭单付款）通过银行将货款汇交卖方。

二、汇付方式有四方当事人

（1）汇款人（Remitter），即汇出款项的人。在进出口贸易中，汇款人通常是进口商。

（2）收款人（Payee or Beneficiary），即收取款项的人。在进出口贸易中，收款人通常是出口商。

（3）汇出行（Remitting Bank），即受汇款人的委托，汇出款项的银行。在进出口贸易中，汇出行通常是进口地的银行。

（4）汇入行（Paying Bank），即受汇出行委托解付汇款的银行，又称解付行。在进出口贸易中，汇入行通常是出口地的银行。

第二节 汇付的种类及操作程序

根据汇出行向汇入行发出汇款委托的方式，汇付可分为电汇、信汇和票汇三种形式。

一、电汇方式及操作程序

（一）电汇

电汇（Telegraphic Transfer，T/T）是指汇出行应汇款人的委托和申请，以拍发加押电报或电传方式将付款委托通知其在收款人当地的分行或代理行（汇入行），委托它将一定金额的款项解付给指定的收款人。

（二）电汇方式的基本程序

电汇方式的基本程序如下：①买卖双方订立合同并规定采用电汇方式付款；②汇款人填写电汇申请书，委托汇出行使用电汇方式汇款，同时向汇出行交付金额款项，并支付一定的汇费和使用国际电信工具的费用；③汇出行交汇款人回单；④汇出行根据电汇申请书的指示，向汇入行发出电汇通知单，委托汇入行向指定收款人解付汇款。汇出行在使用电报电传时，要注意加注与汇入行事先约定的密押（Test Key）；⑤汇入行在收到电报电传并核对密押无误后，向收款人发出汇款通知；⑥收款人出示收据和适当的证明文件向汇入行取款；⑦汇入行付款；⑧汇入行向汇出行收回垫款或邮寄付讫借记通知进行转账，并将收据交汇出行或转交汇款人，作为款项已付的凭证（见图 3-1）。

（三）电汇方式的特点

电汇方式采用加注密押的电传电报发出电信指示，具有收款快捷、资金安全的特点。尽管汇款人将因此承担较高的国际电信费，但在电汇方式下，资金的在途时间极短，如果汇款数额较大，则节约的在途资金利息足以弥补所支付的国际电信费用。所以，电汇方式适用于金额大、需求急的汇款。

二、信汇方式及操作程序

（一）信汇

信汇（Mail Transfer，M/T）是指汇出行应汇款人的委托和申请，采用航寄付款委托书的方式，委托汇入行解付一定金额给指定的收款人。

（二）信汇方式的操作程序

信汇方式的操作程序与电汇方式相同。区别在于：信汇方式是将付款委托书通过邮局以航邮方式寄给汇入行，委托银行解付汇款的，而电汇是采用电信方式。而且，信汇委托不必加注密押但须有汇出行有权签字人员的签名或印鉴，汇入行经核对证实无误后，解付汇款（见图 3-1）。

（三）信汇方式的特点

由于信汇是以航邮方式将委托书寄交汇入行，因此，费用较电汇低廉；但是，邮寄速度慢，收款较迟。

电汇和信汇方式的收付程序如图 3-1 所示。

三、票汇方式及操作程序

（一）票汇

票汇（Remittance by Banker’s Demand Draft，D/D）是指汇出行应汇款人的

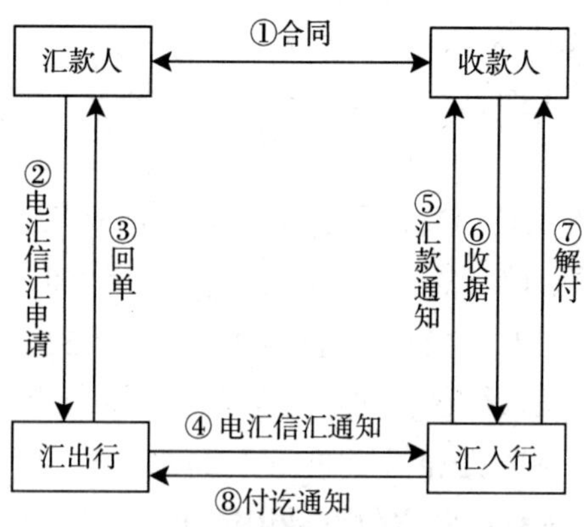

图 3–1　电汇与信汇方式的收付程序

申请，开立以其海外分行或代理行为付款人，列明汇款人所指定的收款人名称的银行即期汇票，交由汇款人自行寄交给收款人，由收款人凭票向付款人（汇入行）取款的一种汇付方式。

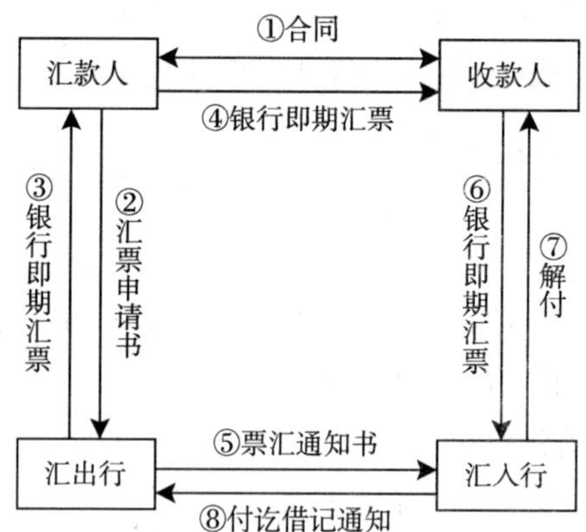

图 3–2　票汇方式的收付程序

注：①买卖双方订立合同，并规定采用票汇方式付款。②汇款人填写票汇申请书后，向汇出行交付金额款项及支付一定的费用。③汇出行向汇款人开出以其分行或代理行为付款人的银行即期汇票，列明收款人名称、汇款金额等。④汇款人自行将银行即期汇票寄交收款人。⑤汇出行在开出汇票的同时，要向付款行邮寄一份票汇通知书（通常称为票根），以供付款行核对。⑥收款人收到汇票后，必须在汇票上背书，然后向汇入行提示汇票，要求付款。⑦汇入行核验收款人身份后，对其付款。⑧汇入行向汇出行邮寄付讫借记通知进行转账。

（二）票汇的操作程序

票汇的操作程序如图 3–2 所示。

票汇、电汇、信汇有以下两点不同：①支付工具。票汇的传递不通过银行，汇入行即票汇的付款行无须通知收款人取款，而由收款人自行持票向汇入行提示，请求解付要款；而电汇、信汇的汇入行在收到汇出行的委托支付通知后，必须通知收款取款。②票汇的收款人可以通过背书转让汇票，到银行领取汇款的，很可能不是票汇上的收款人本人或其委托代收的往来银行，而是其他人。因此，票汇方式可能涉及较多的当事人；而电汇、信汇的收款人不能将其收款权利转让，所以，它们涉及的当事人较少。

（三）票汇的特点

采用票汇方式时，银行利用汇款资金的平均时间较电汇、信汇长。因为汇票在到达付款行时，可能经过了许多人的转让，所以，票汇为银行提供了更多的利润。

特别提示

特别注意票汇、电汇和信汇方式的不同点。

第三节　汇付的特点及其在国际贸易中的使用

一、汇付的特点

（一）汇付的优点在于手续简便、费用低廉

汇款支付方式的手续是最简便的，如同一笔单纯的汇款业务，银行只负责汇款。因此，银行的手续费也最少。

（二）汇付的缺点是风险大，资金负担不平衡

在国际贸易支付中，无论是电汇、信汇还是票汇，银行都不经手货运单据，而由出口商自行寄交进口商。所以，这种支付方式又称为单纯支付。由于银行只提供服务而不提供信用，使用汇付完全决定于买卖双方中一方对另一方的信任，并在此基础上向对方提供信用和进行资金融通，因此，汇付属商业信用性质，风险较大。再者，以汇付方式支付时，可以是预付货款，也可以是货到付款。如果是预付货款，买方向卖方提供信用并融通资金；而如果是货到付款，则由卖方向买方提供信用并融通资金。不论采用哪一种方式，风险和资金负担都集中在其中一方。

汇付结算方式完全是建立在商业信用基础上的结算方式。交易双方根据合同或经济事项预付货款或货到付款。预付货款进口商有收不到商品的风险；而货到付款出口商有收不到货款的风险。由于汇付结算方式的风险较大，这种结算方式只有在进出口双方高度信任的基础上才适用。汇付结算的付款银行不需另行通知收款人，其传递方向与资金流向一致，即顺汇。此外，结算货款尾差、支付佣金、归还垫款、索赔理赔、出售少量样品等也可以采用。

二、汇付在国际贸易中的使用

在国际贸易中，以汇付方式结算买卖双方的债权债务时，根据货款汇付和货物运送时间顺序的不同，汇付可分为先付款后交货和先交货后付款两种。前者称为预付货款，后者称为货到付款。

（一）预付货款（Payment in Advance）

预付货款是指买方（进口商）先将货款的全部或一部分通过银行汇交卖方，卖方（出口商）收到货款后，再行发货的支付方式。这种方式对出口商极为有利，但对进口商来说，预付货款不但积压了资金，而且要承担出口商可能不按合同规定交货的风险。

（二）货到付款（Payment after Arrival of Goods）

货到付款是指在签订合同后，出口商先发货，进口商收到货后立即或在一定时期内将货款汇给出口商的一种支付方式。这种支付方式对进口商极为有利；而对出口商来说，不仅要占用资金，还要承担货物已发出而货款不能收回或按时收回的风险。

在我国的对外贸易中，汇付一般只用来支付定金、货款尾数、佣金等费用，不是一种主要的支付方式。在发达国家之间，由于大量的贸易是跨国公司的内部贸易，而且企业在国外有可靠的贸易伙伴和销售网络，因此，汇付是主要的支付方式。

第四节　汇付的风险及防范

一、汇付方式存在的风险

（一）国家信用风险

国家信用风险来源于不可抗拒的国外因素，可以分为政治风险和宏观经济风险，它是由进口国的法律和法规所产生的，并不是合同条款所能免除和改变的。在国际贸易中，如果进口国经济衰退、外汇匮乏、无力对外支付、国内货币大幅度贬值、战争内乱导致经济停滞等都可能使买方不能履行对外付款的责任。

（二）商业信用风险

汇付方式是商业信用。对于先出后结的卖方和预付货款的买方，能否按时收款或按时收货，完全取决于对方的信用。如果卖方收款后不发货或者买方收取货物后不付款，都可使对方“钱货两空”，这种信用风险与买卖双方的信用有很大的关系。另外，经营不善、企业破产，市场行情发生变化，进口商品在进口后价格剧降，进口商亏本等都会导致商业信用风险。

（三）结算风险

出口企业面临的结算风险主要是外汇风险。结算风险主要是指企业以外币作为交易结算货币进行贸易活动时产生的风险，是由于对外交易的时间和结算时间不一致而形成的。结算时间往往滞后于合同签订时间，两者之间有一定的时间间隔，导致结算时的汇率可能不同于合同签订时的汇率而产生的外汇风险。

采用汇付方式出口的结算风险具体表现在出口合同生效后，出口收汇的结算外汇汇率下降，出口方到期收回的外币不足以买回签约时的本币金额，从而导致少收本币的风险。

二、采用汇付方式出口的风险防范

（一）风险回避

风险回避是企业对付风险最彻底的方法。它可以完全避免某一种风险可能造成的损失，而其他方法只能减少风险的损失程度。

出口商准备与一家外国公司发生贸易业务往来，必须先对其资信进行调查，在确定其资信良好的情况下再与其进行交易。只有资信优良的客户才可以选用汇付方式。

结算风险会使买卖双方蒙受损失，买卖双方应当采取一定的措施来防范风险。在签订合同时，首先，要选择好结算货币。若以本币结算，不存在外汇风险；若必须以外汇结算，在交易磋商中应当尽量争取选择出口用硬币、进口付汇用软币的原则。其次，企业也可以通过套期保值，进行与贸易结算外汇流向相反的远期外汇交易来消除结算风险。

与巴基斯坦、俄罗斯、南美等国家或地区交易尤其要注意这些国家特定的海关政策。如对巴基斯坦、南美销售货物，一旦进口商拒付货款或拒收单据，出口商如想要运回货物或转卖，必须征得原进口商同意后才可办理。如果进口商不愿意合作，货物将长期滞留在目的港（地），造成大量的滞港费用，直至货物被进口国海关没收，进口商有可能以此相要挟，逼迫出口方大幅降价。因此，对这些国家的出口应尽量避免接受100%货款采用先出后结的方法。

FCA、FOB 贸易合同由买方负责运输并支付运费。为了避免货运代理“无单放货”的风险，在采用 FCA、FOB 贸易术语时，应在合同中规定买方指定的货运代理必须事先征得卖方的同意。卖方应对货运代理的资信进行调查后决定是否予以接受。同时，出口方应在托运合同中注明不允许无单放货，否则引起的一切风险与责任由货运代理承担。卖方应尽量不要接受货代提单，因为货代提单不是物权凭证。

（二）风险转嫁

在采用先出后结的情况下，出口商可以采用福费廷或保理等方式来转嫁风险。如采用福费廷方式，出口商不仅能转嫁商业风险、国家风险、利率风险和外汇风险给进口商，还可以获得无追索权的出口贸易融资以减轻资金负担。

另外，先出后结可与银行保函配合使用，要求进口商开具银行保函。如果进口商到期拒付，由银行保函的开证银行承担付款责任，从而降低卖方收汇的风险。

（三）风险控制

风险控制就是企业在损失发生前采取各种具体措施消除或减少可能引起损失的各种因素，以降低风险发生的可能性。如果企业风险控制未能达到预期的目的，没有避免风险的发生，企业应当在风险发生后及时采取行动控制损失程度，使损失降到最低点。

1. 争取预付或降低先出后结的比例

选择哪种结算方式不是出口商所能控制的，它往往受贸易习惯、货物特征、谈判力、买方市场、卖方市场等因素的影响。

（1）如果是为买方需要而特殊加工或定制的特殊商品，或者是市场畅销而又稀缺的商品，或者是特别贵重的商品，卖方应要求汇付方式采用“随订单付现”。

（2）如果是对某些地区常年供应的鲜活商品，而客户信用可靠的，可以采用货到付款的方式。

（3）对于初次交易，出口商应尽量不要接受进口商货到付款的要求，否则对出口商今后的长远贸易不利。随着双方贸易的开展，贸易条件一般是越来越有利于进口商的。可以说，客户下一步的谈判目标可能是赊销，这不利于出口商贸易的发展。

（4）对于样品款等小额交易，一般均应争取款到发货。如某个国家的客户，对某公司生产的小型摩托车非常感兴趣，希望订购一台样品，价值 320 美元。经过双方讨价还价，客户最终同意样品款和邮寄由客户承担，但必须货到付款。出口公司发送样品后，把邮寄单据传真给进口商要求付款，客人一直不予理睬。因为货物已送达客户手中，出口商难以追回。由于金额太小，卖方实施追讨的成本大，只能自认倒霉。采用空运或快邮方式，货物在途时间非常短。如以 DHL 方式从中国快递样品过去，最多只需 7 天时间。款到发货与货到付款，对准备付款的进口商来说只是延期 7 天付款，而出口商却要面临收不到货款的风险，不如争取款到发货。

（5）卖方应尽量避免 100%货款采用先出后结的方式，特别是针对大额贸易。为降低先出后结的比例，卖方可以要求买方预付一定比例的货款（如 30%），一旦客户拒收货物，卖方也不用归还预付款；或者采取汇付与托收、信用证结合使用的方法，以降低部分风险。

2. 不同运输方式下的风险控制

按照不同的运输方式，卖方装运货物后所取得的运输单据的性质不同。采用空运方式，卖方装运货物后，买方凭到货通知单提货。因此，合同约定卖方必须在空运货物后收款的风险过大。卖方应该采用空运前凭发货通知收款，买方汇付货款后，卖方才可空运货物，以减少收汇风险。如果空运公司可以代为收款，卖方可以采用交货付款（Cash on Delivery，COD）方式，待货物到达目的地机场后，买方付款后才能提取货物。这种做法有很大的局限性，一旦买方拒付货款，卖方必须运回货物，承担空运费。

海上运输，卖方可以争取凭提单付款（Cash Against Bill of Lading）的方式在交出提单前收款，以平衡“单、款”，因为海运提单是物权凭证，买方只有在获得海运提单后才能提取货物。

一般情况下，还应该注意提单抬头的做法。海运提单的抬头有三种做法：指示抬头、记名抬头和空白抬头。空白抬头的提单由于不安全，国际上很少使用；记名抬头的提单，只能由提单上记载的收货人提取货物。如果进口商拒收单据，出口商不能在目的港将货物进行转卖。特别是对美销售，如果提单作成记名提单，那么该提单丧失了“物权凭证”的性质。因此，除非卖方能在装运前全额收取货款，否则千万别作记名提单，为了方便出口商及时转卖货物，提单抬头最好作成“凭发货人指示”（To Order），一旦进口商拒收单据，出口商可以将提单背书转让给第三方，由其办理货物在目的港转运或变卖。

3. 预付货款应注意的事项

预付货款的方式对出口方比较有利，但也不能大意。卖方应待货款收妥后再将货物装运出去，千万不要担忧因为装运期限已到而急忙装运货物。如果装运期限已近，买方仍未付款。卖方应在合理期限内催促对方付款，超出装运期限未收款的则要求修改合同的装运期限。

4. 其他控制风险因素

出口企业应在平时加强对员工的思想教育，防止内部员工与国外客户勾结，损害企业的利益。

(四) 风险保险

对出口企业来讲，风险保险主要涉及国际货物运输保险、信用保险等。企业可以根据实际情况，有选择地加以投保，一旦发生风险，能够获得一定的赔偿。

国际贸易常用贸易术语有六个：FOB、CFR、CIF、FCA、CPT、CIP。按照INCOTERMS 2010，买方负责货物自装运港船上或在指定的交货地点卖方将货物交付第一承运人开始货物在运输途中发生的一切风险或损失。由于自然灾害和意外事故，货物在运输途中很有可能遭受损失。一旦货物在运输途中发生损失，出口方如果采用先出后结，买方很有可能拒收单据或受损货物，产生拒付，从而将风险和损失转嫁给出口商。因此，汇付方式下的卖方应尽量争取以 CIF（或 CIP）价格条件成交。因为，这两个贸易术语是由卖方负责办理货物的运输保险的。如果在运输途中货物发生保险责任范围内的损失，买方可以凭保险单向保险公司理赔。卖方最好在投保货运险时选择保险责任范围比较大的险别，并在对外报价时把该因素事先考虑进去；如果采用 FOB、CFR、FCA、CPT 贸易术语，出口商最好投保卖方利益险或出口信用险。一旦货物在运输途中发生风险造成客户拒付，出口商可以获得相应的赔偿。

(五) 风险承担策略

有些风险是不能避免的，企业可以采取风险承担的方法进行风险管理。如果风险收入大于风险损失，能获得较大的收益，对于这类风险，企业可以采取风险承担的策略。如外商资信很差，可以不与其发生业务往来，从而避免信用风险的发生。但是，风险回避有不利的一面，因为如果放弃某项经营或业务活动，实际上也就放弃了与这项业务活动相伴随的利益。同时，也有可能回避了某一风险，又导致了另一风险的产生。如一家外国公司尽管信用很差，但与其进行业务活动利润率较高，并且一时难以找到其他合适的对象。当然，风险承担是有一定条件的：第一，某一风险发生后可能造成的最大损失，企业本身可以安全承担；第二，采取措施回避风险所付出的成本大于承担风险所付出的代价；第三，不可能转移的风险，即使企业采取措施，企业也无法避免。

由于客户的资信不是一成不变的，企业与老客户之间的交易可以采取风险承担策略。出口商在操作时应注意以下事宜：①尽量避免接受全额赊销或寄售。②空运方式出口，卖方必须在装运前凭发货通知收取全额货款；海运方式出口，应争取在交出全套海运提单前收回全部货款。③注意装运时间的间隔。最好是前一批装运货物的货款收回后，再装运第二批货物，一方面减轻资金负担，另一方面防止进口商拒收货物而造成因商品退运或转卖带来的风险或损失。④销售信用额度。根据进口商的资信核定销售信用额度。在该额度内的出口，可以接受到付的方式，超过信用额度的销售必须采用即期信用证等较好的结算方式以防范进口商欺诈出口商的风险。⑤密切关注进口商资信变化的信号，如进口商是否存在延期付款的情况，其订单是否稳定，一旦发生不良情况，需要特别注意：严格控制或缩小交货金额；货款未收到不能继续发货；更改结算方式，出口商应立即拒绝进口商装运后付款的要求，要求其在装运前全额付款或改用信用证和银行保函等对出口商比较有利的货款结算方式。

案例分析

国内某出口商 A 与国外某进口商 B 签订了一份贸易合同，合同规定：由B通过银行开出即期不可撤销的信用证向 A 付款。但过了合同约定的开证日期后仍未见到 B 开来信用证。于是 A 向 B 催问，B 称："证已开出，请速备货。"然而，临近约定装货期的前一周，A 还未收到信用证。A 再次查询，B 才告知"因开证行与 A 所在地银行并无业务代理关系，故此证已开往有代理关系的某地银行转交"。此时船期已到，因合同规定货物需直接运抵加拿大，而此航线每月只有一班船，若错过这班船，A 将遭受重大损失。这时 B 提出使用电汇的方式支付货款，鉴于以上情况，A 只好同意，但要求 B 提供汇款凭证传真件，确认后马上发货。第二天，B 传真来银行的汇款凭证，A 持汇款凭证到银行核对无误后，认为款项已汇出，便安排装船。但装船数天后，A 发现货款根本没有到账。原来 B 的资信极差，瞄准 A 急于销货的心理，先购买一张小额汇票，涂改后再传真过来，冒充电汇凭证使 A 遭受重大损失。

请问：是什么原因导致 A 遭受损失？

分析：国际结算中经常因为种种原因，出口商不得不采用电汇方式取代原有的结算方式。在本案中就是取代原有的信用证结算改用电汇。由于两种结算方式所依存的信用基础不同，因此风险也就不同。在信用证结算中，由于是银行信用，因此出口商收款较有保障；但在电汇中，由于是商业信用，因此出口商的风险较大，极有可能出现钱货两空的后果。在本案例中，出口商之所以受骗原因是多方面的：首先，在不知进口商资信的前提下，就贸然采用电汇支付方式；其次，出口商没有仔细甄别进口商传来的汇款凭证。所谓“汇款凭证”其实只是一些加盖银行假印章的进账单，或者经过涂改、变造的汇票和汇款委托书的传真件。出口商应仔细鉴别，除到银行核对外，还应该自己掌握一些真假汇款凭证的鉴别方法，最好能够先收款后发货。当然不到万不得已的情况下最好不要取代原有的结算方式，以便防患于未然。

小　结

汇付即汇款，是付款人通过银行将款项汇交收款人的结算方式。汇付方式涉及四个当事人，分别是汇款人、汇出行、汇入行和收款人。根据汇出行向汇入行发出汇款委托的方式，汇付可分为电汇、信汇和票汇三种形式。

汇付结算方式完全是建立在商业信用基础上的结算方式。交易双方根据合同或经济事项预付货款或货到付款。预付货款进口商有收不到商品的风险；而货到付款出口商有收不到货款的风险。由于汇付结算方式的风险较大，这种结算方式只有在进出口双方高度信任的基础上才适用。汇付结算的付款银行不需另行通知收款人，其传递方向与资金流向一致，即顺汇。

在国际贸易中，以汇付方式结算买卖双方的债权债务时，根据货款汇付和货物运送时间顺序的不同，汇付可分为先付款后交货和先交货后付款两种。前者称为预付货款，后者称为货到付款。

汇付结算存在的风险主要有国家信用风险、商业信用风险和结算风险；其防范措施主要有风险回避、风险转嫁、风险控制、风险保险和风险承担策略。

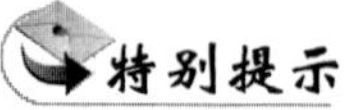
特别提示

采用汇付方式付款对于买方来说风险很大，在实际业务中应谨慎对待。

实训练习

【核心概念】

汇付

【问答题】

1. 汇付方式的特点是什么？

2. 汇付方式的种类有哪些？

3. 采用汇付方式结算存在哪些风险，应该如何防范？

第四章　托收

本章目标

- ◆ 掌握托收的概念、性质和特点
- ◆ 掌握托收的种类和业务流程
- ◆ 掌握在国际贸易实践中运用托收方式进行结算存在的风险以及如何防范

案例导入

某年国内A公司向南美B公司出口部分茶叶。合同规定的支付条款为“凭见票30天到期的汇票付款，承兑交单”。按期办理好装运后，在其年7月2日，向托收行办理D/A30天托收。8月2日A公司收到托收行来电：“你第×××号托收单据于7月13日收到，我行当天已经向付款人提示，付款人承兑后并于当时收到全套单据。我行于8月12日提示要求付款，但8月13日付款人提出拒付，其理由是：商业发票不符合我当局有关规定，无法通关。”同一天A公司也收到了买方类似的通知。由于B公司未在来电中说明合格的商业发票格式，A公司不得不查找该地区过去的合同当中要求的发票格式，缮制新的发票补寄。8月26日买方B公司又来电：“你方补寄的发票我方已经收到，但海关仍然不接受，因为发票上没有注明原产地。据了解该货物在保税仓库期间的高昂保管费，已经接近货值的四分之一。如果你方不能弥补我方损失，我方将不能接受货物。”A公司经研究，为了避免更大的损失，只好愿意就降价问题与买方谈判，损失了20%的货款。最后通过其他途径才知道货物早就被买方提走，只因该公司近期亏损严重，无力付款，才采取这种办法抵赖货款。

——摘自百度文库《国际结算案例》

此案例中，主要涉及国际贸易支付方式——托收。你认为我出口企业A在履约过程中存在哪些失误？什么是托收，托收有哪些种类？托收的业务流程是什么？托收存在哪些风险，应该如何防范？通过学习本章我们将有一个清晰的答案。

第一节　托收的概念及当事人

一、托收的概念

托收（Collection）是指债权人（一般为出口商）开具汇票，委托当地银行通过它在进口地的分行或代理行向债务人（一般为进口商）收取货款的一种支付方式。

二、托收方式涉及的当事人

托收方式涉及的基本当事人有以下四个：

（一）委托人（Principals）

委托人是委托银行办理托收业务的人。委托人为债权人。由于委托人通常开具汇票委托银行向国外债务人收款，所以也称为出票人。

（二）委托行（Remitting Bank）

委托行又称托收行，是受委托人委托办理托收的银行，通常是出口地银行。

（三）代收行（Collecting Bank）

代收行是指接受托收行的委托向付款人收取票款的银行，通常是进口地银行，并且多数是委托行在进口地的分行或代理行。

（四）付款人（Payer）

付款人是指汇票中指定的付款人，也就是代收银行向之提示汇票和单据的债务人，通常是进口商。

除了上述基本当事人外，采用托收方式还可能有提示银行和需要时的代理两个当事人。

提示银行（Presenting Bank）是指向付款人提示汇票和单据请求其付款的银行。通常，代收行兼有提示的责任，但有时代收行可以委托与付款人有往来账户关系的银行作为提示行。

需要时的代理（Customer's Representative in Case of Need）是委托人为了防止因为付款人拒付而发生无人照料货物情形而在付款地事先指定的代理人。这种代理人通常只被授权当发生拒付时代为料理货物存仓、转售或运回等事宜。

第二节 托收的种类及操作程序

在托收业务中，银行处理的单据有两类：一类是资金单据，另一类是商业单据。前者指的是汇票、支票或其他取得付款的类似凭证，后者指的是发票、货运单据、所有权凭证或其他类似的单据。

根据资金单据是否随附商业单据，托收可分为光票托收和跟单托收。

一、光票托收（Clean Collection）

光票托收是指不附有商业单据的资金单据或仅附有发票等不包括货运单据的一般商业单据的托收。在国际贸易中，光票托收主要用于小额交易付款、部分预付货款、分期支付货款以及贸易从属费用的收取。

二、跟单托收（Documentary Collection）

跟单托收是指附有包括货运单据在内的商业单据的托收。跟单托收可以是带有资金单据（汇票）的跟单托收，也可以是不带有资金单据的跟单托收，连同有关的货运单据交给银行托收，以避免印花税的负担。

在国际贸易支付中使用的通常都是跟单托收，其中货运单据代表了货物的所有权，交单即等于交货，因此，对于交单的规定非常重要。根据代收行向进口商交付货运单据的条件不同，跟单托收的交单方式可分为付款交单和承兑交单。

（一）付款交单（Documents against Payment，D/P）

付款交单是指出口商在托收委托书中指示银行，只有在付款人（进口商）付清货款时，才能向其交出货运单据。即出口商的交单以进口商付款为条件。按照付款时间的不同，付款交单又可分为即期付款交单和远期付款交单。

1. 即期付款交单（Documents against Payment at Sight，D/P at Sight）

即期付款交单是指出口商按合同规定发运货物后，开具即期汇票（或不开汇票），连同全套货运单据，委托银行向进口商提示，进口商见票（和单据）审核无误后立即付款，银行在其付清货款后交出货运单据。

即期付款交单的收付程序如图 4-1 所示。

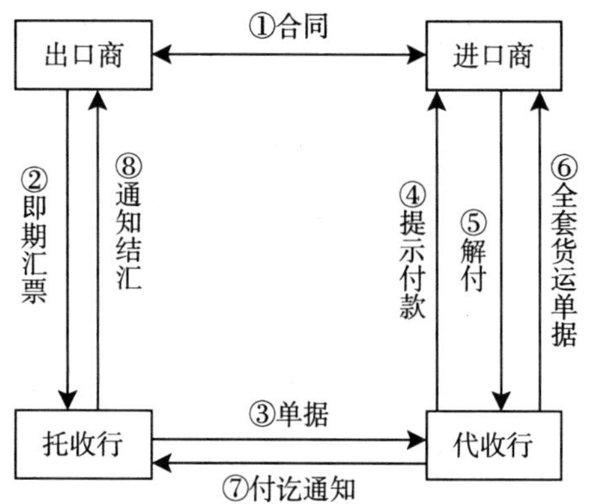

图 4–1　即期付款交单的收付程序

注：①进出口商在贸易合同中，规定采用即期付款交单方式支付。②出口商按照合同规定装货并取得货运单据后，填写托收申请书，开具即期汇票，连同全套货运单据交托收银行，委托代收货款。③托收行按照托收委托书中的规定核实所收到的单据；确定单据表面与托收委托书所列一致时，寄送进口地代收行。④代收行收到全套单据后，按托收委托书的指示立即向进口商提示付款。⑤进口商见票后立即付清全部货款。⑥代收行将全套货运单据交进口商。⑦代收行电告或邮告托收行，款已收妥并转账。⑧托收行收到全部货款，通知出口商结汇。

2. 远期付款交单（Documents against Payment after Sight，D/P after Sight）

远期付款交单是指出口商按合同规定发货后，开具远期汇票，连同全套货运单据，委托银行向进口商提示，进口商审单无误后在汇票上承兑，于汇票到期日付清货款后，再从银行领取货运单据。

远期付款交单的收付程序如图 4–2 所示。

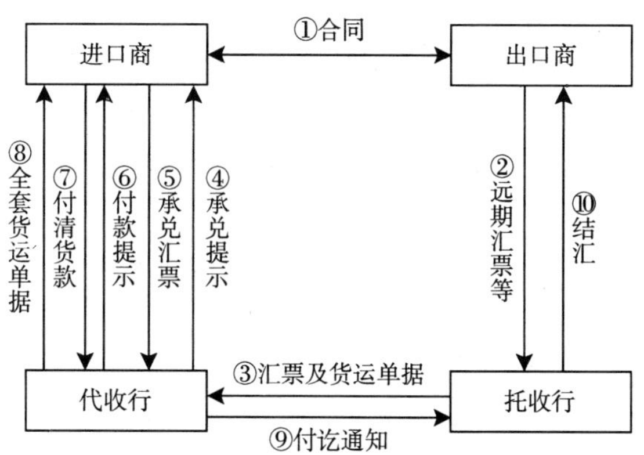

图 4–2　远期付款交单的收付程序

注：①进出口商在贸易合同中，规定用远期付款交单方式支付。②出口商按照合同规定装运并取得货运单据后，填写托收委托书，声明“付款交单”并开出远期汇票，连同全套货运单据送交托收行代收货款。③托收行将远期汇票连同货运单据，根据委托书的指示，寄交代收行。④代收行收到汇票和货运单据后，向进口商提示承兑。⑤进口商验单无误后承兑汇票，代收行保留汇票及全套货运单据。⑥在汇票到期日，代收行提示付款。⑦进口商付清货款。⑧代收行将全套货运单据交进口商。⑨代收行通知（电告或函告）托收行，款已收妥并转账。⑩托收行将货款交给出口商。

远期付款交单和即期付款交单的交单条件是相同的：进口商必须在付清货款之后，才能取得代表货物所有权的单据。远期付款交单是出口商给予进口商的资金融通，融通时间的长短取决于汇票的付款期限。付款期限通常有两种规定方式：一种是付款日期和到货日期基本一致，进口商付款后即可提货；另一种是付款日期比到货日期要推迟许多，进口商必须请求代收行同意其凭信托收据借取货运单据，以先行提货。所谓“信托收据”（Trust Receipt，T/R），是进口商借单时提供的一种书面信用担保文件，表示愿意以代收行的受托人身份代为提货、报关、存仓、保险、出售，并承认货物的所有权仍属于银行，保证货物售出后所得货款应于汇票到期日交银行。代收行若同意进口商借单，是代收行自己给予进口商的一种资金融通方式，与出口商无关。因此，若汇票到期不能收到货款，则代收行应承担偿还货款的责任。在实际操作中，也有出口商在委托时主动授权代收行凭信托收据借单给进口商，即“付款交单，凭信托收据借单”（D/P，T/R），这种做法将由出口商自行承担汇票到期拒付的风险，与代收行无关。这种方式只有在出口商对进口商的资信、偿款能力等情况十分了解并确信能如期付款时才采用。

（二）承兑交单（Documents against Acceptance，D/A）

承兑交单是指出口商在按照合同规定发运货物后开具远期汇票，连同货运单据委托银行办理托收，并明确指示银行，进口商在汇票上承兑后即可向银行领取全套货运单据，待汇票到期日再付清货款，即出口商的交单以进口商在汇票上承兑为条件。

因为只有远期汇票才需要办理承兑手续，所以承兑交单仅限于远期汇票的托收。这种方式对进口商极为有利，进口商只要承兑汇票，即可取得货运单据，凭以提取货物。进口商往往不必自备资金，而以出售货物所得的货款，到期履行付款。但是，这种方式对出口商来说风险很大，一旦付款人在汇票到期时拒付，出口商很可能会钱货两空。即使出口商凭付款人承兑的汇票依法起诉，但如遇付款人确实无实际偿付能力，货款仍无法追回。因此，出口商对使用这种支付方式都持严格控制的态度。

承兑交单的具体业务程序如图 4–3 所示。

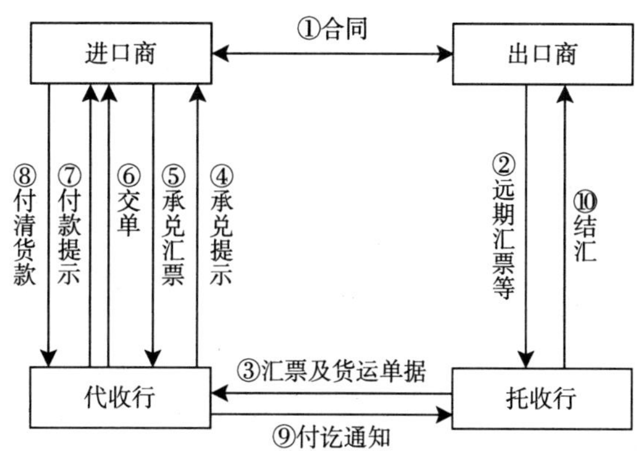

图 4–3　承兑交单的具体业务程序

注：①进出口商在贸易合同中，规定用承兑交单方式支付。②出口商按合同规定装货并取得货运单据后，填写托收委托书声明“承兑交单”，开出远期汇票，连同全套货运单据，送交托收行代收货款。③托收行将汇票及货运单据根据委托书的指示寄交代收行。④代收行收到汇票及货运单据，即向进口商提示承兑。⑤进口商承兑汇票。⑥代收行交单，并保留汇票。⑦在汇票到期日，代收行再进行付款提示。⑧进口商付清货款。⑨代收行电告或邮告托收行，款已收妥并转账。⑩托收行将货款交给出口商。

第三节　托收的特点及其在国际贸易中的使用

托收按其性质讲，是一种商业信用。在跟单托收中，银行在办理托收业务时，只提供代收货款、代为交单的服务，并无承担付款人必然付款的责任。而且，对于单据，根据国际商会《托收统一规则》的解释，银行只需核实所收到的单据在表面上与托收委托书所列内容一致，除此之外，银行没有进一步检查单据的义务。所以，在托收方式下，银行只是作为代理人按委托书的指示办事，对于出口商所交单据的真伪、货款能否收回等问题概不负责。出口商能否安全、及时地收回货款，完全取决于进口商的信用。

托收结算方式具有以下几个特点：

1. 托收方式对出口商风险较大

在托收方式中，出口商在发运货物以后，要依赖进口商的信用才能收到货款，所以，在一定程度上失去了货物和资金两方面的主动权。在付款交单方式中，进口商不付款，即不能取得货物，因而对出口商有一定的保障，但由于货物已发至国外，出口商将不得不承担货物存仓保险、转收和运输费用的损失。在承兑交单下，由于在进口商付款前已交出货物，故出口商的风险更大，一旦进口商到期不付款，出口商很可能会钱货两空。

2. 出口商有一定的资金负担

在托收方式中，出口商先行发货，然后委托银行收取货款，因此，出口商有一定的资金负担，其大小视汇票付款期限而定：对于即期付款，出口商从发货到收回货款一般在 10~15 天；对于远期汇票，则还需加上从承兑到付款的时间。

3. 托收是出口商给予进口商资金融通的一种支付方式

在托收方式下，进口商付款后能否取得合格的货物取决于出口商的商业信用，因此也有一定的风险。但是，由于托收时出口商先行发货，因此免去了进口商收货的风险，而且不需垫付资金。如果采用承兑交单，还可以不必占用自有资金，有利于资金周转。此外，使用托收方式，进口商可免去开立信用证的手续，不必支付银行押金，因而减少了资金支出。所以，总的来说，托收方式对进口商比较有利，在出口业务中使用托收实质上是出口商对进口商融通资金用作竞争的一种手段。

第四节　托收的适用及风险防范

一、托收结算方式的适用

托收结算方式因其本身存在风险，具有一定局限性。但在以下几种情况中，恰当使用托收结算方式能增强出口商在国际市场中的竞争力：

(1) 如果卖方销售滞销货物或市场竞争激烈的货物，除了采取降低价格的手段外，还可以采用托收结算方式，减轻进口商的资金负担，从而具备出口优势。

(2) 对于实力和资信状况良好的买家，可以适当使用托收结算方式。当然并不是说老客户就是信誉好，决定付款能力和意愿的是买方的经营历史和资产实力。

(3) 风险偏好较高的出口企业也可适当使用托收结算方式。风险与收益是并存的，如果企业的出口战略是迅速占领某国外市场，那只要公司或专业机构风险评估通过，即可使用托收结算方式。

(4) 对于数额不大的货款也可使用托收方式。例如出口货款的尾数、样品费、佣金、代垫费用、其他贸易小额费用、进口索赔款以及非贸易等各个项目的收款，即使最后买方拒付，也不会造成出口商损失惨重。

(5) 如果可以投保出口信用险，企业可以适度使用托收方式。投保出口信用险，企业就将风险转嫁给了保险公司，即使出现买方拒付，出口商也可以从保险公司得到货款。

二、托收结算方式对出口商造成的风险

托收属于商业信用，银行在托收过程中仅负责催要货款、放单等事宜，并不承担付款义务，所以出口商在使用托收结算方式时，面临的风险较大，具体风险可以分为以下几种情况：

1. 出口商未对进口商进行资信调查导致货物损失

托收方式仅仅是商业信用，一般远低于银行信用，出口商能否安全迅速收汇完全取决于进口商的信用。托收方式的特点是：先发货，后付款，因此出口商能否安全迅速收汇很大程度上取决于进口商的信誉。如果出口商在决定采取托收结算方式前，未对进口商资信进行充分的调查，就可能付出惨重的代价。

2. 托收方式下贸易术语把握不当导致出口商受损

国际商会在 2000 年出版的《国际贸易术语解释通则》中，介绍了 13 种价格术语，分为 E、F、C、D 四组。其中 E 组和 D 组术语，进口商只有在收到货物后才有付款义务，如果进口商收到货物后拒付货款，出口商就会承担巨大的损失，因此不宜采用托收方式。

3. 对进口国银行托收的惯例不熟悉造成的收汇风险

各国银行对于托收惯例的规定不尽相同，尤其对于远期付款交单的规定存在较大分歧。例如拉美地区的银行习惯上将远期付款交单当作承兑交单来处理，使得进口商可以无须付款就可以提货，然后隐匿。若通过诉讼以挽回损失会发现，拉美地区的代收银行会以惯例为由，拒绝承担责任。

4. 对代收行的选择不当造成延期收汇

在国际结算中，出口商有时急于售货，往往同意由进口商指定代收行，这会带来很大的潜在风险。在远期付款交单中进口商承兑汇票后，可以凭信托收据向代收行借单提货，如果货物被提走而到期进口商又拒付，则所有后果由代收行承担，若此时代收行资信较差，则会给出口商收汇带来风险。

5. 其他风险

出口商如果不能树立正确的风险防范意识，还会造成其他风险。例如出口企业不注重企业的规范化管理，导致在从事国际贸易时出现一些不规范操作。

三、托收结算方式下出口商规避风险的措施

1. 加强对进口商资信的调查

出口商为了减少风险，应该有计划的或不定期的对进口商的资信状况及其在

经营管理的作风方面做进一步的调查，并且可以通过国内外有关咨询机构和我国驻国外的有关商务机构来获得一些关于客户在原国家或地区的一些风险评估资料，以便了解客户在所在地区的经营情况和财务状况，并且通过有效的评估审核对不同客户划分不同的信用等级，及时调整信用额度。

2. 谨慎选择代收行

托收虽属商业信誉，但如能选择信誉良好的代收行，也能对货款起到促收作用，同时避免银行操作失误、信誉欠佳造成的风险。所以在采用托收结算方式时，不能同意由进口商指定托收行，要对托收行的资信有一定了解后才能决定是否用之。

3. 完善出口商企业的管理体制

在实际工作中，我们发现很多都是由于出口商本身的企业在管理上存在着不完善的地方，导致明明面临着很好的出口形势却转化为失利的局面，因此完善出口企业经营管理体制，建立健全风险责任制，同时有效地建立外贸工作人员人才培养体制，都会降低托收结算方式的风险。

四、托收结算方式下政府可以采取的措施

1. 制定相关法律法规，明确本国的托收方式所适用规则

世界各国对于托收方式的规定有所不同，这是造成托收纠纷的一个重要原因。相关机构可以统计本国主要贸易伙伴的托收规则，然后采用法律法规的方式明文标注两国托收规则的不同之处，然后针对不同的情况给出建议。

2. 提倡本国信用评级机构的发展

虽然企业可以通过银行、商会等途径来了解进口商的资信状况，但是这些机构提供数据的完整性得不到保障，而且出口商还会在查找有关银行、商会资料上浪费很长时间。如果说能有专业的信用评级机构来帮助企业完成这些工作，不仅节省了时间，也降低了成本，所以政府可以制定一些优惠措施鼓励信用评级行业的发展，从而促进本国对外贸易的发展。

3. 培养更多的国际贸易和金融专业人才

我国目前针对国际贸易也设定了一些门槛，例如报关员从事报关工作必须获得报关从业资格证等。但是如果考试只是流于形式，也就失去了它原有的意义。所以政府应加大监管力度，保证从事国际贸易和金融行业人员的质量，这样才能保证国际贸易向良性方向发展。

五、托收结算方式下应注意的问题

在出口贸易中，为了防范和避免风险或者尽量减少风险，确保安全收汇，充分发挥托收方式，促进进出口规模扩大的作用，应当特别注意以下几个问题：

（1）事先做好客户的资信调查，掌握适当的授信额度。

（2）了解进口国的有关政策、法令和商业惯例，以防发生货到后不准进口或不能及时收汇等问题。

（3）在一般情况下，应当争取按 CIF 价格条件成交，以防在进口商未付款前万一货物在途中受损，可向保险公司索赔。

（4）严格按照合同规定办理出口和制作单据，以免授人以柄，借口拖延付款或拒付货款。

（5）为了避免风险和损失，出口商应当投保卖方利益险或出口信用险。

六、《托收统一规则》

在各国银行的托收业务中，往往由于各方当事人对各自的权利、义务和责任的解释不同，加之各个银行的具体做法也不统一，因此，很容易导致纠纷和争议的产生。国际商会为了调和各有关当事人之间的矛盾，促进和保护贸易活动的开展，曾于 1958 年草拟了一套《商业单据托收统一规则》（即国际商会第 192 号出版物），建议各国银行使用，并于 1967 年公布、1978 年修改，定名为《托收统一规则》第 322 号出版物（*Uniform Rules for Collection Publication* No.322）。1996 年 1 月 1 日，再次修订实施最新的《托收统一规则》（第 522 号出版物）。《托收统一规则》是现在各个银行和委托人在办理托收时应遵循和参考的国际惯例。

《托收统一规则》共分 7 个部分、26 条，主要内容简述如下：

（1）委托人应受国外法律和惯例规定的义务和责任约束，并对银行承担该项义务和责任，承担赔偿责任。

（2）银行必须核实所收到的单据在表面上与托收委托书所列一致，如果发现不一致，应立即通知委托人。除此之外，银行对单据没有其他义务，银行对单据的形式、完整性、准确性、真实性或法律效力及单据上规定的或附加的一般和（或）特殊条件概不负责。

（3）除非事先征得银行同意，货物不能直接发给银行或以银行为收货人。如果未经同意就将货物发给银行或以银行为收货人，银行无义务提取货物，货物的风险和责任仍由发货人承担。

（4）跟单托收使用远期汇票时，在托收委托书中必须指明单据是凭承兑还是凭付款交付。如无此项指明，银行按付款交单处理。

(5) 货到拒付时，代收行应及时通知托收行转告委托人，而托收行应在合理时间内做出进一步处理单据的指示。如代理行发出拒付通知 90 天内未接到任何指示，可将单据退回托收行。

《托收统一规则》自公布实施以来，被各国银行所采纳和使用。但是应当指出的是，作为国际惯例，《托收统一规则》并不是国际上公认的法律，只有有关当事人事先约定，才受该惯例的约束。我国银行在进出口业务中，在使用托收方式时，也参照这个规则的解释办理。

案例分析

国内出口商 A 公司与美国进口商 B 公司签订了一笔丝绸的贸易合同，付款条件是 D/P 50DAYS，但由买方指定代收行。A 公司将有关单据交至国内甲银行（托收行）。甲银行当日将单据（包括全套正本提单）寄往其指定的代收行——乙银行。当甲银行发电催收时，乙银行回电称尚未收到 B 公司的付款指示。最终经调查，甲银行得知 B 公司已凭正本提单将货物提走，于是甲银行向乙银行提起诉讼，并最终收到乙银行的付款通知。

本案例中，进口商串通代收行，千方百计拖延和拒付出口商货款，最终造成出口商延期收汇。因此，在出口商采用托收结算方式时，应尽量选择声誉良好的代收行。

小　结

托收是指债权人（一般为出口商）开具汇票，委托当地银行通过它在进口地的分行或代理行向债务人（一般为进口商）收取货款的一种支付方式。托收有四个基本当事人，分别是委托人、委托行、代收行和付款人。托收按其性质讲，是一种商业信用。

在跟单托收中，银行在办理托收业务时，只提供代收货款、代为交单的服务，并无承担付款人必然付款的责任。在托收业务中，银行处理的单据有两类：一类是资金单据，另一类是商业单据。根据资金单据是否随附商业单据，托收可分为光票托收和跟单托收。在国际贸易支付中使用的通常都是跟单托收，其中的货运单据代表了货物的所有权，交单即等于交货，因此，对于交单的规定非常重要。根据代收行向进口商交付货运单据的条件不同，跟单托收的交单方式可分为付款交单和承兑交单。付款交单可分为即期付款交单和远期付款交单。

托收属于商业信用，银行在托收过程中仅负责催要货款、放单等事宜，并不承担付款义务，所以出口商在使用托收结算方式时，面临的风险较大。针对托收存在的风险，出口商应该如何规避，政府应该采取什么措施防范风险。

特别提示

在国际贸易结算方式中，汇付属于顺汇，托收和信用证属于逆汇；汇付和托收属于商业信用，信用证属于银行信用。

实训练习

【核心概念】

托收　即期付款交单　远期付款交单　承兑交单

【问答题】

1. 托收方式的特点是什么？
2. 托收方式的种类有哪些？
3. 采用托收方式结算存在哪些风险，应该如何防范？

第五章　信用证业务

本章目标

◆ 理解信用证的含义及特征

◆ 了解信用证开立的形式

◆ 掌握信用证种类的具体运用

◆ 了解电子信用证的有关内容

案例导入

在国际贸易业务中，签订合同的两个基本当事人——出口方与进口方，它们有着各自的顾虑。出口商担心的是货物出运后，进口方能否按时付款。而进口商担心的是以下两个问题：①出口方能否按时交货？②货物是否符合合同规定？

于是，国际贸易中就形成了一种独特的做法：买卖双方磋商交易以后，由买方出面，把交易的内容和要求，比如品名、数量、品质要求、金额、交货期等条款开列清单，交给某一家银行（通常就是买方的开户行），请银行做中间担保人，根据这些条款开立一份证明给卖方。只要卖方按时、按质、按量交货，银行就监督买方付款。

因为买方本身在此银行开户，或交纳了一定的保证金，所以这种银行监督下的收款是很有保障的。反过来对于买方而言，在卖方交货之前不需要支付任何预付款，卖方交货不及时或者不合格，就可以拒绝付款，也很稳妥，双方皆大欢喜。这样一来，国际贸易商之间的商业信用就得到了银行的担保证明。这份证明"信用"的文件，就是传说中的"信用证"，英文全称为Letter of Credit，L/C。对于信用证来说，单证是最核心部分。一份信用证的主要内容也正是细致入微地规定单证的，包括需要哪些单证，每种单证需要几份，单证由谁出具，何时出具，甚至详细到单据上的字句如何表述。这样谨慎的做法，就是为了能够使这套单证最大程度地准确反映货物本身和交付过程的情况，制约卖方造假的可能。简单地说，信用证就是列明了交易事项条款要求，由银行居中做担保，卖方拿到信用证以后，只要按照信用证的要求交货并准备好信用证上规定的所有单证，交给银行，就能安全顺利拿到货款。

——引自新浪网，http：//finance.sina.com.cn/roll/20050926/1020328943.shtml，2005-09-26.

从该案例中可以看出，信用证可以解决买卖双方在交易过程中的顾虑，其业务体现的是一种银行信用。那么信用证的含义和特征是什么？其涉及哪些当事人？信用证的种类又有哪些？以上问题在本章都会得到解答。

第一节　信用证概述

信用证结算方式是以银行信用为基础的结算方式，其产生与运用解决了贸易双方互相不信任的问题。对出口商而言，采用信用证结算方式对安全收汇有保障；对进口商而言，由于支付货款是以取得符合信用证规定的单据为条件，避免了预付货款所需承担的风险，从而大大拓展了贸易的范围，促进了国际贸易的发展。因此，信用证成为国际商品贸易中经常被交易双方选用的结算方式。

一、信用证的概念

（一）定义

国际商会（International Chamber of Commerce，ICC）第600号出版物《跟单信用证统一惯例》（*Uniform Customs and Practice for Commercial Documentary Credits*，UCP600）第二条规定，“信用证指一项不可撤销的安排，无论其名称或描述如何，该项安排构成开证行对相符交单予以承付的确定承诺。承付指：

（1）如果信用证为即期付款信用证，则即期付款；

（2）如果信用证为延期付款信用证，则承诺延期付款，并在承诺到期日付款；

（3）如果信用证为承兑信用证，则承兑受益人开出的汇票，并在汇票到期日付款。”

这一定义的表述比较复杂，主要是考虑法律上的严谨和完整。国际商会在《跟单信用证业务指南》中解释了这一定义："信用证是银行有条件的付款承诺。"这里的"银行"指开立信用证的银行，"条件"是指受益人交来的单据与开证行开出的信用证中所要求的内容相一致，即"相符交单"，"付款承诺"就是开证行自己或授权另一家银行对受益人进行付款、承兑、保证、议付。

简言之，信用证就是开证银行应申请人要求，向受益人开立的有条件的付款承诺。在信用证业务中，开证行将开证申请人（进口商）根据其与出口商（受益人）商务合同的规定，对出口商提出以提交相关的单据形式，证实其严格履行合同的各项要求，从而保证了开证申请人的利益；而出口商则在提交全套符合信用证规定单据的条件下，得到开证行确定的付款承诺。这样，开证银行就成了交易双方很好的中介：以信用证条款体现进口商的要求和利益，又以出口商满足信用证要求为条件，使出口商的利益也得到保障。因此，跟单信用证方式，是在商品交易双方商业信用的基础上，加上了开证银行的信用。在保兑信用证业务中，则还加上了保兑银行的信用，从而增强了这一结算方式的可靠性。当然，真正落实还需要验证信用证的真实性和开证银行的支付能力，以及出口商的资信。

在跟单信用证业务中，代表资金收付关系的结算工具的流动方向，与资金的流动方向相反。因此，信用证结算是逆汇方式。

（二）信用证的基本特点

1. 信用证是一项自足文件

《UCP600》第四条规定："就性质而言，信用证与可能作为其开立基础的销售合同或其他合同是相互独立的交易，即使信用证中含有对此类合同的任何援引，银行也与该合同无关，且不受其约束。因此，银行关于承付、议付或履行信用证项下其他义务的承诺，不受申请人基于其与开证行或与受益人之间的关系而产生的任何请求或抗辩的影响。""受益人在任何情况下，不得利用银行之间或申请人与开证行之间的合同关系。""开证行应劝阻申请人试图将基础合同、形式发票等文件作为信用证组成部分的做法。"

简言之，在信用证业务中，当事人只受信用证条款的约束，不受贸易合同条款或开证申请书的约束。

2. 开证行负第一性付款责任

开证行负第一性付款责任是指出口商交来的单据要符合信用证条款，开证行不管进口商是否能够付款，在相符交单的条件下都必须付款给受益人或被指定银行。开证行承担了第一性的、首要的付款责任，而不能以开证申请人的情况为由，拒绝付款；而且，开证行对受益人的付款是终局性的，没有追索权，从而体现了信用证的银行信用。《UCP600》第七条b款规定："开证行自开立信用证之时起，即不可撤销地承担承付责任。"

《UCP600》第八条规定："保兑行自对信用证加具保兑之时起，即不可撤销地承担承付或议付的责任。""只要规定的单据提交给保兑行，或提交给其他任何指定银行，并且构成相符交单，保兑行就必须承付或无追索权地议付。"在保兑信用证业务中，则由保兑银行承担第一性付款责任。

因此，信用证结算方式是以开证行（保兑行——如有）的银行信用增强交易双方的商业信用。

3. 信用证是一种单据买卖

《UCP600》第五条规定："银行处理的是单据，而不是单据可能涉及的货物、服务或履约行为。"只要受益人交来单据符合信用证条款，指定的银行就必须付款。因此，信用证交易把合同的货物交易转变成只管单据是否相符的单据交易。在保兑信用证业务中，保兑银行向受益人的付款依据，也能是信用证和信用证项下的单据，不能是开证行或开证申请人或其他任何的情况。

正是由于信用证的这一性质，《UCP600》第十四条g款规定："提交的非信用证所要求的单据将不予理会，并可被退还交单人。"同条h款规定："如果信用证含有一项条件，但未规定用以表明该条件得到满足的单据，银行视为未作规定并不予理会。"如果一份信用证上出现上述h款所指出的条款，则该条款就被称为"非单据条款"。通知行、议付行以至受益人可以不理会这样的非单据条款。

（三）信用证的作用

信用证是国际结算的重要组成部分，信用证业务集结算和融资于一体。为国际贸易提供综合服务，对进出口商及银行都有积极作用。

1. 对进口商的作用

（1）保证取得代表货物的单据。在信用证方式下，开证行、付款行、保兑行的付款及议付行的议付货款都要求做到单证相符。都要对单据表面的真伪进行审核。因此，可以保证进口商收到的是代表货物的单据，特别是提单，它是货物所有权的凭证。

（2）保证按时、按质、按量收到货物。进口商申请开证时可以通过控制信用证条款来约束出口交货的时间、交货的品质和数量，如在信用证中规定最迟的装运期限以及要求出口商提交由信誉良好的公证机构出具的品质、数量或重量证书等，以保证进口商按时、按质、按量收到货物。

（3）提供资金融通。进口商在申请开证时，通常要交纳一定的押金，如开证行认为进口商资信较好，进口商就有可能在少交或免交部分押金的情况下履行开证义务。如采用远期信用证，进口商还可以凭信托收据向银行借单，先行提货、转售，到期再付款。这就为进口商提供了资金融通的便利。

2. 对出口商的作用

（1）凭单取款。信用证支付的原则是单证严格相符，出口商交货后提交的单据，只要做到与信用证规定相符，“单证一致、单单一致”，银行就保证支付货款。信用证支付为出口商收取货款提供了较为安全的保障。

（2）外汇保证。在进口管制和外汇管制严格的国家，进口商要向本国申请外汇得到批准后，方能向银行申请开证，出口商如能按时收到信用证，说明进口商已得到本国外汇管理当局使用外汇的批准，因而可以保证出口商履约交货后，按时收取外汇。

（3）资金融通。出口商在交货前，可凭进口商开来的信用证作抵押，向出口地银行借取打包贷款，用以收购、加工、生产出口货物和打包装船；或出口商在收到信用证后，按规定办理货物出运，并提交汇票和信用证规定的各种单据，叙做押汇取得货款。这是出口地银行对出口商提供的资金融通，从而有利于资金周转，扩大出口。

3. 对银行（进口地银行）的作用

开证行接受进口商的开证申请，即承担开立信用证和付款的责任。这是银行以自己的信用做出的保证。所以，进口商在申请开证时要向银行交付一定的押金或担保品，为银行利用资金提供便利。此外，在信用证业务中，银行每做一项服务均可取得各种收益，如开证费、通知费、议付费、保兑费、修改费等各种费用。因此，承办信用证业务是各银行的业务项目之一。

二、信用证业务的当事人及其权责

（一）信用证业务中的三组合同关系

跟单信用证业务的基础是进出口双方签订贸易合同。随着信用证的开立，形成了三组合同关系：进出口商双方的商品贸易合同关系，进口商（开证申请人）与开证银行的以开证申请书为标志的开立信用证的合同关系和开证银行与出口商（受益人）之间的以信用证为标志的合同关系。信用证一经开立，这三组关系就各自独立。

（二）信用证业务的主要当事人及其主要权责

鉴于上述信用证业务中的三组合同关系，信用证业务的当事人应分为主要当事人和其他当事人两类。主要当事人是开证银行和受益人，在保兑信用证业务中还有保兑银行。

1. 开证银行（Issuing Bank）

指接受开证申请人的要求和指示或根据其自身的需要，开立信用证的银行。开证行一般是进口商所在地银行。开证行是以自己的名义对信用证下的义务负责的。

开证行的权利是：①向开证申请人收取开证手续费和开证保证金；②对不符合信用证条款规定的单据，有权拒绝付款；③在受益人提交了符合信用证条款规定的单据情况下，若开证申请人未交或者未交足开证保证金却破产或进入破产程序，则开证行在向受益人付款后，有权处理该信用证项下的单据，以补偿自己对受益人的付款。

开证行的责任是：①按照开证申请书的内容，开立信用证；②受益人提交符合信用证规定的单据，由自己或者指定银行履行付款、承兑及/或延期付款；③在开证申请人或受益人提出修改信用证的要求，并认为其要求可接受的情况下，出具信用证修改书，并自修改书出具之时起，就受修改书的约束，除非受益人拒绝了修改书；④其他银行办理了议付、付款之后，向这些银行偿付。

2. 受益人（Beneficiary）

信用证上所指定的有权使用该证的人，即出口人或实际供货人。

受益人的权利是：①有权审查信用证及信用证修改书的内容，并对其中认为不可接受的条款向开证行要求修改或删除；②有权依照信用证条款和条件提交汇票及/或单据要求取得信用证的款项；③受益人交单后，如遇到开证行倒闭，信用证无法兑现，则受益人有权向进口商提出付款要求，进口商仍应负责付款。

受益人的责任是：必须提交符合信用证条款规定的全套单据。

3. 保兑银行（Confirming Bank）

通常称为保兑行，《UCP600》第二条规定："保兑行指根据开证行的授权或要求对信用证加具保兑的银行。""保兑指保兑行在开证行承诺之外做出的承付或议付相符交单的确定承诺。"未接受开证行对其开立的信用证加具保兑请求的银行，不能称为保兑行。

保兑行的权利是：①向开证行收取保兑费；②决定是否将自己的保兑责任扩展到开证行出具的修改书的条款，但必须把自己的决定通知开证行和受益人；③审查受益人提交的单据是否符合信用证的要求；④在单据符合信用证规定，并向受益人支付了款项后，有权向开证行要求偿付所付款项以及有关的利息。

保兑行的责任是：①接受受益人提交的符合信用证条款规定单据，并向受益人终局性地支付信用证所承诺的款项；②通过通知行向受益人传递信用证修改书，若在通知修改书时，未特别声明其保兑责任仅限于信用证原条款范围，则表明其保兑责任已延展到所通知的修改书条款。

（三）信用证的其他当事人

在信用证的开立和随后的业务办理过程中，还有以下一些当事人：

1. 开证申请人（Applicant）

简称为申请人，指向银行申请开立信用证的人，即进口人或实际买方。

开证申请人的权利是：①要求开证行严格按照信用证要求审查受益人提交的单据，并仅对符合信用证规定的单据付款；②在有关情况发生较大变化时，可以要求开证行向受益人发出信用证修改书。

开证申请人的责任是：①完整、明确地填写开证申请书，即向开证行明确地指示所要开立的信用证的条款内容；②按照开证行的要求缴纳开证手续费和开证保证金；③若未交足开证保证金，则在开证行依全套符合信用证规定的单据向受益人付款后，向开证行补足所差款项，并赎得全套单据。

2. 通知银行（Advising Bank）

受开证行的委托将信用证通知受益人的银行，是受益人所在地的银行。

通知行的权利是：①向受益人收取通知费；②开证行在信用证或其面函中要求通知行对信用证加具保兑时，可根据自己的考虑，决定是否接受该项要求，并将决定告知开证行。

通知行的责任是：①核验信用证的真实性并及时澄清疑点。②及时向受益人通知或转递信用证。如通知行不能确定信用证的表面真实性，即无法核对信用证的签署或密押，则应毫不延误地告知从其收到指示的银行，说明其不能确定信用证的真实性。如通知行仍决定通知该信用证，则必须告知受益人它不能核对信用证的真实性。③若决定不通知信用证，则必须毫不延误地将该决定告知开证行。

3. 议付银行（Negotiating Bank）

议付银行是指根据开证行的授权买入或贴现受益人提交的符合信用证规定的汇票及/或单据的银行。

议付行的权利是：①向受益人收取议付费；②如果开证行发现单据不符信用证要求的情况存在，而拒绝偿付时，议付行可向受益人行使追索权。

议付行的责任是：①按照信用证条款的规定，审查受益人提交的全套单据；②在确认受益人提交的单据符合信用证条款规定后，向受益人办理议付；③在办理议付后，向开证行、保兑行或信用证指定的银行寄单索偿。

4. 付款银行（Paying Bank）

付款银行是开证行授权进行信用证项下付款或承兑并支付受益人出具汇票的银行。通常，付款银行就是开证行，也可以是开证行指定的另一家银行。如果开证行资信不佳，付款行有权拒绝代为付款。但是，付款行一旦付款，即不得向受益人追索，而只能向开证行索偿。

5. 偿付银行（Reimbursing Bank）

偿付银行是开证行指定的对议付行或付款行、承兑行进行偿付的代理人。为了方便结算，开证行有时委托另一家有账户关系的银行代其向议付行、付款行或承兑行偿付，偿付银行偿付后再向开证行索偿，偿付银行的费用以及利息损失一般由开证行承担。偿付银行不接受和审查单据，因此如事后开证行发现单证不符，只能向索偿行追索，而不能向偿付银行追索。如果偿付银行没有对索偿行履行付款义务，开证行有责任向索偿行支付款项及有关的利息。

6. 承兑银行（Accepting Bank）

远期信用证如要求受益人出具远期汇票的，会指定一家银行作为受票行，由它对远期汇票做出承兑，这就是承兑银行。如果承兑行不是开证行，承兑后最后又不能履行付款，开证行应负最后付款的责任。若单证相符，而承兑行不承兑汇票，开证行可指示受益人另开具以开证行为受票人的远期汇票，由开证行承兑并到期付款。承兑行付款后向开证行要求偿付。

（四）信用证有关当事人之间的相互关系

开证申请人与受益人之间受买卖合同约束，申请人有义务按合同要求按时向受益人开出信用证；开证行与开证申请人之间受开证申请书约束，根据《跟单信用证统一惯例》第十八条规定，开证行开立信用证和委托其他银行协助完成此项业务，都是为了执行开证申请人的指示，是代申请人办理的，申请人应支付所有的银行费用，并承担银行为他提供服务时所承担的风险；开证行与受益人之间受信用证的约束，开证行在受益人交来的单据与信用证要求一致时，承担付款责任，而受益人必须严格按信用证的要求来交单；通知行与开证行之间是银行业务上的代理关系，通知行只负责传递信用证及辨认真伪的责任；通知行与受益人只是通知关系，通知行负责核对信用证的印鉴或密押以判定真伪；议付行与开证行之间是独立的，议付行只是受到开证行开出信用证的邀请，没有必须义务的责任，而且开证行议付邀请也可能是不向特定人发出的。受益人与议付行是简单的业务关系，议付行有权决定是否对受益人进行议付；议付行与付款行是索偿关系；保兑行与开证行的关系就是一种担保关系，保兑行有权决定是否按开证行要求加保兑，但保兑行一旦对其他银行开立的信用证加具保兑，便对该信用证承担第一性付款的责任。

三、国际商会《跟单信用证统一惯例》简介

国际商会编写的《跟单信用证统一惯例》（*Uniform Customs and Practice for*

Commercial Documentary Credits，UCP）已经被世界各国广泛接受。这项惯例是在长期的国际结算实践中，不断修订完善的。早在 1929 年，国际商会就曾制定了编号为 UCP74 号的《跟单信用证统一惯例》。由于这一版本由法国人执笔，基本上是依据法国的做法制定的，在国际商会公布后，只有法国和比利时采用。鉴于此，国际商会自 1931 年着手修订，并于 1933 年公布了第二版的《跟单信用证统一惯例》，编号为 UCP82。随后多次修订，依次是 1951 年版，编号 UCP151；1962 年版，编号 UCP222；1974 年版，编号 UCP290；1983 年版，编号 UCP400；1993 年版，编号 UCP500。现行被各国采用的，是国际商会银行技术与惯例委员会于 2006 年 10 月 25 日通过的版本，编号为 UCP600。这是《跟单信用证统一惯例》的第八个版本。这一版本自 2007 年 7 月 1 日起正式施行。

《UCP600》大幅度调整《UCP500》的 49 个条款，定为 39 条。其中第 1~5 条为总则部分，规定了 UCP 的适用范围、定义、解释规则、信用证的独立性等；第 6~13 条规定了信用证的开立、修改、各当事人之间关系与各自责任等；第 14~16 条规定了审单标准、单证相符或不符的处理办法；第 17~28 条规定了对商业发票、运输单据、保险单据等商品单据的要求及掌握的原则；第 29~32 条规定了款项支取办法；第 33~37 条规定了银行免责条款；第 38 条规定了可转让信用证；第 39 条规定了款项让渡办法。

与《UCP500》相比，《UCP600》对跟单信用证的业务处理做了一系列重大改变或调整，也使得其他相关的规则有了相应的改变。

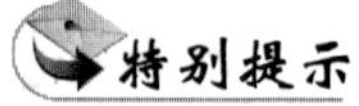

信用证是一种银行有条件的书面付款承诺。

第二节　信用证的开证形式与内容

一、信用证的开证形式

根据信用证开立方式不同，可将信用证分为信开信用证和电开信用证。

（一）信开信用证

信开信用证就是开证行缮制成信函格式，并通过邮寄方式送达通知行的信用证。信开信用证是开证的通常形式。信用证的英文名称为“Letter of Credit”，就是因为信用证初创时采用信函形式开立的。信开信用证一般是开立正本一份，副本数份，其中正本和一份副本以邮寄方式寄给通知行，经通知行审证后，其中正本交付给受益人，供其办理随后各项手续所用，副本供通知行存档备查。另一份副本交申请人供其核对，以便发现有与开证申请书不符或其他问题时，可及时修改。

（二）电开信用证

电开信用证就是用电信方式开立和通知的信用证，电开信用证所用电信方法一般可以是电报、电传或 SWIFT 方式。通知行收到电开信用证，需复制一份作为副本存档备查。电开信用证可分为简电开本和全电开本。

1. 简电开立信用证（Brief Cable）

即将信用证金额、有效期等主要内容用电文预先通知出口商，目的是使出口商早日备货。

传统的电开信用证发出后，开证行往往还通过通知行，向受益人发出一份“电报证实书”(Cable Confirmation)，供受益人核对原先的简电开证。通知行应在收到的电报证实书上显眼处加盖“电报证实书”的印戳，提醒受益人不能将电报证实书错当又一份信用证，而重复出运货物。

由于通信技术的发展和电信费用的降低，一般电开信用证记载的内容也日趋完整全面。因此，《UCP600》第十一条 a 款规定：“以经证实的电信方式发出的信用证或信用证修改即被视为有效的信用证或修改文据，任何后续的邮寄确认书应被不予理会。如电信声明‘详情后告’（若类似用语）或声明以邮寄确认书为有效的信用证或修改，则该电信不被视为有效的信用证或修改。开证行必须随即不迟延地开立有效的信用证或修改，其条款不得与该电信矛盾。”

2. 全电开立信用证（Full Cable）

开证行以电文形式开出的内容完整的信用证。开证行一般会在电文中注明“This is an Operative Instrument no Airmail Confirmation to Follow”。后面不注有“随寄证实书”字样。这样的信用证有效，可以凭以交单议付。由于电信技术的发展，特别是各国从事国际结算的中等以上的商业银行基本上都参加了 SWIFT，全电开证已经成为普遍使用的方式。

二、信用证的内容

信用证上记载的事项必须明确、完整，否则会导致当事人之间的纠纷。现在各开证行的开证格式，基本参照 ICC516“最新标准跟单信用证格式”。跟单信用证的样本如附式 5–1。

附式 5–1

```
2001 JAN31 15:23:46                                          LOGICAL TERMINAL    E102
MT S700                                         ISSUE OF A DOCUMENTARY CREDIT
                                                                PAGE   00001
                                                                FUNC   MSG700
                                                                UMR 06607642
MSGACK  DWS765I AUTH OK, KEY B110106173BAOC53B, BKCHCNBJ BNPA**** RECORO
BASIC HEADER              F  01  BKCHCNBJA940 0542 725524
APPLICATION HEADER        0 700  1122 010129 BNPACAMMAXXX 4968  839712 010130 0028 N
                                 *BNP PARIBAS  (CANADA)
                                 *MONTREAL
USER HEADER               SERVICE CODE   103:
                          BANK. PRIORITY 113:
                          MSG USER REF.  108:            (银行盖信用证通知专用章)
                          INFO. FROM CI  115:
SEQUENCE OF TOTAL  *    27  : 1 / 1
FORM OF DOC. CREDIT*    40 A: IRREVOCABLE
DOC. CREDIT NUMBER *    20  : 63211020049
DATE OF ISSUE           31 C: 010129
EXPIRY             *    31 D: DATE 010410 PLACE IN BENEFICIARY'S COUNTRY
APPLICANT          *    50  : FASHION FORCE CO., LTD
                              P.O.BOX 8935 NEW TERMINAL, ALTA, VISTA OTTAWA, CANADA
BENEFICIARY        *    59  : NANJING TANG TEXTILE GARMENT CO., LTD.
                              HUARONG  MANSION  RM2901  NO.85  GUANJIAQIAO,  NANJING
                              210005, CHINA
AMOUNT             *    32 B: CURRENCY USD AMOUNT 32640,
AVAILABLE WITH/BY  *    41 D: ANY BANK
                        BY NEGOTIATION
DRAFTS AT ...           42 C: SIGHT
DRAWEE                  42 A: BNPACAMMXXX
                   *    BNP PARIBAS  (CANADA)
                   *    MONTREAL
PARTIAL SHIPMTS         43 P: NOT ALLOWED
TRANSSHIPMENT           43 T: ALLOWED
LOADING ON CHARGE       44 A:
    CHINA
FOR TRANSPORT TO...     44 B:
    MONTREAL
LATEST DATE OF SHIP.    44 C: 010325
DESCRIPT OF GOODS       45 A:
    SALES CONDITIONS: CIF MONTREAL/CANADA
    SALES CONTRACT NO. F01LCB05127
    LADIES COTTON BLAZER  (100% COTTON, 40SX20/140X60)
    STYLE NO.     PO NO.     QTY/PCS        USD/PC
    46-301A       10337      2550           12.80
DOCUMENTS REQUIRED      46 A:
    +    COMMERCIAL INVOICES IN 3 COPIES SIGNED BY BENEFICIARY'S REPRESENTATIVE.
    +    CANADA CUSTOMS INVOICES IN 4 COPIES.
    +    FULL SET OF ORIGINAL MARINE BILLS OF LADING CLEAN ON BOARD
         FLUS 2 NON NEGOTIABLE COPIES MADE OUT OR ENDORSED TO ORDER
```

续表

OF BNP PARIBAS (CANADA) MARKED FREIGHT PREPAID AND NOTIFY APPLICANT'S FULL NAME AND ADDRESS.

\+ DETAILED PACKING LISTS IN 3 COPIES.

\+ COPY OF CERTIFICATE OF ORIGIN FORM A.

\+ COPY OF EXPORT LICENCE.

\+ BENEFICIARY'S LETTER STATING THAT ORIGINAL CERTIFICATE OF ORIGIN FORM A, ORIGINAL EXPORT LICENCE, COPY OF COMMERCIAL INVOICE, DETAILED PACKING LISTS AND A COPY OF BILL OF LADING WERE SENT DIRECT TO APPLICANT BY COURIER WITHIN 5 DAYS AFTER SHIPMENT. THE RELEATIVE COURIER RECEIPT IS ALSO REQUIRED FOR PRESENTATION.

\+ COPY OF APPLICANT'S FAX APPROVING PRODUCTION SAMPLES BEFORE SHIPMENT.

\+ LETTER FROM SHIPPER ON THEIR LETTERHEAD INDICATING THEIR NAME OF COMPANY AND ADDRESS, BILL OF LADING NUMBER, CONTAINER NUMBER AND THAT THIS SHIPMENT, INCLUDING ITS CONTAINER, DOES NOT CONTAIN ANY NON-MANUFACTURED WOODEN MATERIAL, DUNNAGE, BRACING MATERIAL, PALLETS, CRATING OR OTHER NON-MANUFACTURED WOODEN PACKING MATERIAL.

\+ INSPECTION CERTIFICATE ORIGINAL SINGED AND ISSUED BY FASHION FORCE CO., LTD STATING THE SAMPLES OF FOUR STYLE GARMENTS HAS BEEN APPROVED, WHICH SEND THROUGH DHL BEFORE 15DAYS OF SHIPMENT.

\+ INSURANCE POLICY OR CERTIFICATE IN 1 ORIGINAL AND 1 COPY ISSUED OR ENDORSED TO THE ORDER OF BNP PARIBAS (CANADA) FOR THE CIF INVOICE PLUS 10 PERCENT COVERING ALL RISKS, INSTITUTE STRIKES, INSTITUTE WAR CLAUSES AND CIVIL COMMOTIONS CLAUSES.

ADDITIONAL COND.　　47 A:

\+ IF DOCUMENTS PRESENTED ARE FOUND BY US NOT TO BE UN FULL COMPLIANCE WITH CREDIT TERMS. WE WILL ASSESS A CHARGE OF USD 55.00 PER SET OF DOCUMENTS.

\+ ALL CHARGES IF ANY RELATED TO SETTLEMENTS ARE FOR ACCOUNT OF BENEFICIARY.

\+ 3 PCT MORE OR LESS IN AMOUNT AND QUANTITY IS ALLOWED.

\+ ALL CERTIFICATES/LETTERS/STATEMENTS MUST BE SIGNED AND DATED

\+ FOR INFORMATION ONLY, PLEASE NOTE AS OF JANUARY 4, 1999 THAT ALL SHIPMENTS FROM CHINA THAT ARE PACKED WITH UNTREATED WOOD WILL BE BANNED FROM CANADA DUE TO THE THREAT POSED BY THE ASIAN LONGNORNED BEETLE.

\+ THE CANADIAN GOVERNMENT NOW INSIST THAT EVERY SHIPMENT ENTERING CANADA MUST HAVE THE ABOVE DOCUMENTATION WITH THE SHIPMENT.

\+ BILL OF LADING AND COMMERCIAL INVOICE MUST CERTIFY THE FOLLOWING: THIS SHIPMENT, INCLUDING ITS CONTAINER DOES NOT CONTAIN ANY NON-MANUFACTURED WOODEN MATERIAL, DUNNAGE, BRACING MATERIAL PALLETS, CRATING OR OTHER NON MANUFACTURED WOODEN PACKING MATERIAL.

\+ BENEFICIARY'S BANK ACCOUNT NO. 07773108201140121

CHARGES　　71 B: OUTSIDE COUNTRY BANK CHARGES TO BE BORNE BY THE BENEFICIARY
OPENING BANK CHARGES TO BE BORNE BY THE APPLICANT

续表

CONFIRMATION *	49 :	WITHOUT
INSTRUCTIONS	78 :	
+		WE SHALL COVER THE NEGOTIATING BANK AS PER THEIR INSTRUCTIONS
+		FORWARD DOCUMENTS IN ONE LOT BY SPECIAL COURIER PREPAID TO BNP PARIBAS (CANADA) 1981 MCGILL COLLECE AVE.MONTREAL QC H3A 2W8 CANADA.
SEND. TO REC. INFO.	72 :	THIS CREDIT IS SUBJECT TO UCP FOR DOCUMENTARY CREDIT 1993 REVISION ICC PUBLICATION 500 AND IS THE OPERATIVE INSTRUMENT
TRAILER		ORDER IS <MAC:><PAC:><ENC:><CHK:><TNG:><PDE:> MAC:F344CA36 CHK:AA6204FFDFC2

信用证内容主要包括：

（1）开证行名称。

（2）信用证类型。《UCP600》第七条规定，从 2007 年 7 月 1 日《UCP600》实施起，从形式上讲，不能再有可撤销信用证。

（3）开证行的信用证编号。凡随后有关该信用证的文件、单据等，都应加注信用证的号码，以便于查对和办理相关手续。

（4）开证地点和日期。开证地点是指开证行所在地；开证日期是指信用证开立的日期。

（5）有效日期和地点。①有效日期。即受益人提交单据的最后期限，超过这一期限开证行就不再承担付款责任，也称为到期日，所有信用证都应规定到期日。信用证若未规定其有效期限，则该信用证无效。此外，信用证还应规定最迟装运日和最迟交单。若信用证中未规定最迟交单日，可默认为装运（以运输单据签发日为凭）后 21 天内交单，但必须是在信用证有效期内。国际商会认为，一份信用证规定的最迟装运日期到信用证有效到期日之间的天数，正好是该信用证规定的最迟交单期，则该信用证是好的信用证。②有效地点。即交单地点，也称到期地，它是单据必须在到期日或之前进行提示的地点。一般为开证行指定的银行所在地。最好是出口地银行，以便受益人掌握交单取款的时间。如果有效地点是开证行，受益人应考虑能否接受该规定，因为受益人必须在到期日前，使单据到达开证行，但受益人很难控制单据的邮寄时间，也就有可能造成信用证过期失效。

（6）申请人。申请人的名称和地址。

（7）受益人。可使用信用证出口商品并提交相关单据向开证行要求付款的当事人的名称和地址。

（8）通知行。此处填写将信用证通知给受益人的银行名称和地址，参考编号下面不应填写任何其他内容（此处仅供通知行使用）。

（9）金额。包括货币名称和具体金额。金额应分别用大写和小写表示，在整数大写金额后面，要加“only”，以防涂改。货币名称使用标准化国际三字符代码，如 USD、GBP、JPY 等。若金额前有 About、Approximately、Circa 等词语，表示允许有 10%的增减幅度。

（10）指定银行及信用证的可用性。信用证在此处要表明指定银行及其可用性的细节。①指定银行。指定银行可以是保兑行、付款行、承兑行或议付行。②信用证类型。信用证类型是按信用证的使用方式，即受益人兑现信用证的方式划分的。所有的信用证必须清楚地表明，该证适用于即期付款、延期付款、承兑或议付的其中一种。方法是在所选中项目的小方格加注“×”来表示。③受益人的汇票。如果信用证的条款明确要求出具汇票，在此小方格标上“×”，同时表明汇票的受票人和汇票的到期日。其中，汇票的受票人不应是开证申请人。

（11）分批装运。可以在允许或不允许的方格内标上“×”，以表明申请人对受益人装运货物时的要求。

（12）转运。《UCP600》第十九条“涵盖至少两种不同运输方式的运输单据”的 b 款规定：“转运指在从信用证规定的发送、接管或发运地点至最终目的地的运输过程中，从某一运输工具上卸下货物，并装上另一运输工具的行为（无论其是否为不同的运输方式）。”c 款规定：“ⅰ.运输单据可以表明货物将要或可能被转运，只要全程运输由同一运输单据涵盖；ⅱ.即使信用证禁止转运，注明将要或者可能发生转运的运输单据仍可接受。”《UCP600》第二十三条 b、c 款和第二十四条 d、e 款也分别对空运单据和公路、铁路或内河水运单据有相同意思的条款。

《UCP600》从第十九条到第二十七条用了大量的篇幅规定了各种运输单据及对运输单据内容的处理规范。特别应注意有关转运和分期装运的定义及其应用的条文。

（13）买方投保。仅在信用证不要求提交保险单据，而且申请人表示他已经或将要为货物投保时，方可在此方格内标上“×”。根据国际商会的《2000 年国际贸易术语解释通则》的解释，在交易采用海洋运输方式时双方选择 FAS、FOB 或 CFR 价格，或采用其他运输方式时双方选择 EXW、FCA 或 CPT 价格情况下，都应该由进口商自行办理货物运输的投保手续。在这些情况下，信用证的这一栏目中，就应该在方格内标上“×”。

（14）信用证中的装运条款通常是：

(From) ...

运至 (For Transportation to) ...

不得迟于 (Not Later than) ...

起运地指发货人将货物交给承运人或其代理人的地方。当货物从一个内陆国家运出或起运地为内陆时，以及货物采用联合运输、空运、陆运和邮包形式运送时，起运地不应规定一个海港装运，而要根据《UCP600》的条款处理。目的地必须清楚、避免缩写、避免模糊用语。要求起运地和目的地必须使用全称，因为不是每个人都知道“P.R.C.”(中国) 的含义。也不能使用诸如 main ports、west European ports 等表达不具体的港口。“Not Later than” 的意思是 “on or before”，即包括所指定的日期在内；若信用证用“from”、“before” 或 “after”，按《UCP600》第三条的解释，分别表示“从……开始”、“在……之前” 或 “在……之后”，则都不包括所提到的日期。而根据《UCP600》第三条的解释，“to”、“until”、“till”、“from” 及 “between” 等词语用于确定发运日期时包含所提及的日期；“on or about” 或类似用语则应视为规定的事件发生在指定日期的前后五个日历日之间，起讫日期计算在内。

对于实际装运日期的认定，《UCP600》第十九条 a 款第 2 项规定“运输单据的出具日期将被视为发运、接管或装船的日期”；《UCP600》第二十条 a 款第 2 项也规定“提单的出具日期将被视为发运日期”；随后的第二十一条关于不可转让的海运单，第二十二条关于租船合同提单，第二十三条关于空运单据，第二十四条关于公路、铁路或内陆水运单据和第二十五条关于快递收据、邮政收据或投邮证明，都有相应的规定：相关的单据签发日期将被视为发运日期。

下述 (15) ~ (21) 中间的空白处用来填写信用证要求受益人提交的各种单据的具体内容。

(15) 货物描述。①货物描述应尽可能地简洁明了，货物描述不应罗列过多细节。应避免在信用证中所要求的单据无法获得，或规定的细节不能在一种或几种单据中实现。②数量和价格。货物数量前面有 About、Approximately、Circa 或类似词语，则数量有 10%的增减幅度，如以重量、长度、容积作为数量，则有 5%的增减幅度。相关的贸易术语，例如：CIF Rotterdam，CFR New York，FOB Hamburg 应作为信用证条款和条件的一部分加以规定，且最好包括在货物描述中。

(16) 规定的单据。信用证一般列明需要提交的单据，分别说明单据的名称、份数和具体要求（正本还是副本、出单人、有关内容等)。单据应按下述顺序列出：商业发票、运输单据、保险单据、其他单据（如产地证明书、分析证明书、装箱单、重量单等)。

(17) 商业发票。除非信用证另有规定，必须表面看来系由信用证指定的受益人出具，必须以申请人的名称为抬头，且无须签字；必须表明货物描述与信用证的描述相符。

(18) 运输单据。《UCP600》第十九条至第二十七条明确了对各种运输单据的要求，以及可接受或拒受何种运输单据的理由。

(19) 保险单据。①保险单据种类。《UCP600》第二十八条规定，保险单据，例如保险单或预约保险项下的保险证明书或者声明书，必须由保险公司或承保人或其代理人或代表出具并签署的。如果保险单据表明其以多份正本出具，所有正本均须提交。从长期的业务中看，凡信用证要求提交保险单，受益人就不能以保险凭证替代；如果要求提交保险凭证，受益人则可以提交保险单或保险凭证两者中的任何一种。但暂保单将不被接受。保险金额，除非信用证另有规定，保险单据必须使用与信用证同样的货币，其最低投保金额是：货物的 CIF 价（成本、保险加和运费）或 CIP 价（运费和保险费付至指定目的地）的金额加 10%，但这仅限于能从单据表面确定 CIF 或 CIP 价值的情况。否则，银行将接受的最低投保金额为信用证要求付款、承兑或议付金额的 110%，或发票金额的 110%，两者之中取金额较大者。申请人可有理由另行规定，例如，他可以希望：要求不同的最低百分比，确立一个固定的百分比，确立一个最低和最高的百分比。②险别。按照《UCP600》第二十八条规定，如果规定保险单据，信用证应规定所投保的险别及附加险。如果信用证使用诸如“通常险别”或“惯常险别”以及类似的不明确的用语，则无论是否有漏保的风险，保险单据将被照样接受。信用证规定“投保一切险”时，开证行就应知道，按《UCP600》第三十六条规定，银行将接受下列保险单据：含有任何“一切险”的批注或条文，无论是否带有“一切险”的标题，即使保险单据表明不包括某种险别，银行对于没有投保的任何险别概不负责。

(20) 其他单据。对上述单据之外的其他单据的要求，如商品检验证书、产地证、装箱单、重量单、已装运通知等。

(21) 特别条件。在实务中开证行使用特别条款说明与《UCP600》精神相悖的一些特别要求，信用证特别条款通常表示：银行费用由谁承担条款、有关装运的特别规定，如限制某国籍船只装运、装运船只不允许在某港口停靠或不允许采取某航线、佣金条款等。但这些条件应当是要求受益人提交相应单据或者在某特定单据上必须对这样的特别条件有所说明。否则，这样的条款将被视为“非单据条款”而不被理会。

(22) 交单期限。《UCP600》第六条 d 款第 1 项规定：信用证必须规定一个交单的截止日。规定的承付或议付的截止日将被视为交单的截止日。《UCP600》第十四条 c 款规定："如果单据中包含一份或多份受第十九、二十、二十一、二十二、二十三、二十四或二十五条规定的正本运输单据，则须由受益人或其代表在不迟于本惯例所指的发运日之后的 21 个日历日内交单，但是在任何情况下都不得迟于信用证的截止日。"

（23）通知指示（仅用于"致通知行的通知书"）。"×"标注将放在三个小方格中的一个，表示通知行是否被要求在通知信用证时：①不要加上它的保兑；②加上它的保兑；③如受益人要求时，它被授权加上其保兑。《UCP600》第八条 d 款规定："如果开证行授权或要求另一银行对信用证加具保兑，而其并不准备照办，则其必须毫不延误地通知开证行，并可通知此信用证而不加保兑。"

银行间的指示（仅用于"致通知行的通知书"）。①开证行应在此处表明，依照《UCP600》第 13 条 a、b 及 c 款的规定，信用证所指定的付款、承兑或议付的银行为何处、如何及何时获得偿付，例如：a.借记我行开设在你行的账户；b.我行将贷记你行开设在我行的账户；c.向某某行索偿（开证行的代理行，即偿付银行）。②如果付款、承兑或议付银行为另一家银行索偿时，应注意《UCP600》第十三条的规定。

（24）页数。开证行必须注明所开出信用证的页数。

（25）签字。开证行在"致通知行的通知书"和"致受益人的通知书"上都要签字。

在实务操作中，信用证大多都是采取 Telex、SWIFT 等形式开具。Telex（电传）开具的信用证费用较高，手续烦琐，条款文句缺乏统一性，容易造成误解。SWIFT 信用证内容具有方便、迅速、安全、格式统一、条款明确的特点，而在实务中被广泛使用。

特别提示

信用证的开立形式有信开本和电开本两种，电开本又分为全电本与简电本。目前信用证多是通过 SWIFT 系统开立，《UCP600》规定按其开立的信用证必须明确表明受其约束，即使通过 SWIFT 系统开立的信用证也是如此。

第三节 信用证的种类

信用证种类很多，从不同的角度可划分不同的种类。一份信用证可以具有多种信用证的特征。如一份信用证可以同时具备即期的、不可撤销的、加具保兑的、可转让的、可循环的特征。每一种信用证都是与进出口业务的实际需要紧密联系在一起的，在实际应用中注意选择适用。

一、按用途及是否随附物权单据，可分为光票信用证和跟单信用证

（一）光票信用证（Cash/Clean Credit）

光票信用证是指不随附单据的信用证，其主要用于非贸易项下，随着国际结算方式的不断演变和发展，其功能已被旅行支票和信用卡取代，现在已经很少见到。光票信用证的主要内容是：申请人向银行申请开立信用证，并交受益人，受益人可在信用证有效期内，在信用证总额的范围内，一次或数次向指定银行凭汇票或支取收据支取现金。

（二）跟单信用证（Documentary Letter of Credit）

在付款、承兑和议付时，需要随附商业发票、商品检验证书、产地证、装箱单、保险单（若交易双方以 CIF、CIP 等由出口方办理货物运输保险手续）、运输单据等商业单据，并视情况决定是否需要汇票的信用证。国际贸易结算中使用的信用证绝大多数是跟单信用证。跟单信用证的核心是单据，银行通过掌握物权单据来掌握货权，通过转移物权单据转移物权，根据单据提供贸易信贷，保证付款，促进国际贸易的发展。

二、不可撤销信用证（Irrevocable L/C）

不可撤销信用证，是指信用证一经开出，即使开证申请人提出修改或撤销的要求，如果未征得开证行、保兑行（如有）以及受益人同意，信用证既不得修改也不能撤销。对不可撤销的信用证而言，在其规定的单据全部提交指定银行或开证行，并符合信用证条款的条件下，便构成开证行一项确定的付款保证，即只要受益人提供与信用条款相符的单据，开证行必须履行其付款责任。因此，不可撤销信用证较好地体现了跟单信用证作为一项合同，其当事双方——开证行与受益人的平等地位，对受益人收取货款较有保障。在国际贸易中，当选择信用证结算方式时，普遍要求使用不可撤销信用证。

但要注意信用证业务的实践，确实有一些信用证在形式上是“不可撤销”的，但却包含了软条款，或使信用证生效受限，或使开证行不承担本应由其承担的信用证责任。

对于信用证中所有的软条款，受益人都必须要求开证行删除或修改，以确认信用证的不可撤销性。

三、按信用证是否有另一家银行加以保证兑付，可以分为保兑信用证和不保兑信用证

（一）保兑信用证（Confirmed L/C）

保兑信用证，是指开证行开出的信用证，由另一家银行保证对符合信用证条款规定的单据履行付款义务。换句话说，一份信用证上除了有开证银行确定的付款保证外，还有另一家银行确定的付款保证。这家参加保兑、承担保兑责任的银行称为保兑行，保兑行通常是通知行，但也可以是其他银行。

保兑信用证的产生，主要是由于受益人一般对开证行的资信不够了解或不信任，或对进口国家的政治或经济形势有所顾虑，很可能提出保兑要求；另外，有的开证行，由于自身实力有限，担心自己所开出的信用证不被受益人接受或不易被其他行议付，可能主动要求另一家银行对该信用证加具保兑。被授权对信用证加具保兑的银行可以不保兑该信用证，但必须将自己的决定及时告知开证行。信用证经另一家银行保兑后，对出口方受益人而言，就取得了两家银行的付款保证。按《UCP600》第八条 b 款规定，信用证一经保兑，即构成保兑行在开证行以外的一项确定承诺。《UCP600》第八条 a 款规定，保兑行对信用证所负担的责任与信用证开证行所负担的责任相当。即当信用证所规定的单据提交到保兑行或任何一家指定银行时，在完全符合信用证规定的情况下则构成保兑行在开证行之外的确定承诺。保兑行在付款后，即使开证行倒闭或无理拒付，保兑行对受益人也没有追索权。《UCP600》第八条 c 款规定："其他指定银行承付或议付相符交单，并将单据转往保兑行之后，保兑行即承担偿付该指定银行的责任。无论另一家被指定银行是否于到期日前，已经对相符提示予以预付或者购买，对于承兑或延期付款信用证项下相符交单金额的偿付在到期日办理。保兑行偿付另一家被指定银行的承诺独立于保兑行对于受益人的承诺。"

信用证加保兑的做法：①开证行在给通知行的信用证通知书中授权另一家（通知行）在信用证上加保。例如：Adding your confirmation。②通知行以加批注等方法列入信用证条款，以示该信用证具有保兑功能。例如：This Credit is Confirmed by Us。

银行只能对不可撤销信用证加具自己的保兑。

保兑行有权决定是否将自己的保兑责任延展到信用证的修改书条款，并将自己的决定在传递修改书的同时，通知开证行和受益人。因此，受益人要注意保兑行的保兑责任是否延展到修改书的条款。

若保兑行是出口地银行，则受益人必须向保兑行交单；若保兑行不是出口地

银行，则受益人在向出口地银行交单时应提请接受交单的银行，必须向保兑行寄单索偿或索汇，而不能绕开保兑行径向开证行寄单索汇或索偿。

（二）不保兑信用证（Unconfirmed L/C）

不保兑信用证，是指没有另外一家银行加以保证兑付的信用证，即仅由开证行承担付款责任。在国际上使用的信用证中绝大多数是不保兑信用证，因为只要开证行信誉好，付款是有保证的。加保兑只是非正常情况下的变通做法。

四、即期付款信用证、延期付款信用证、承兑信用证和议付信用证

（一）即期付款信用证（Sight Payment Credit）

即期付款信用证是指定一家银行凭受益人提交的单证相符的单据立即付款的信用证。这种信用证一般有“L/C is Available by Payment at Sight”等类似词句，或者开证行在信用证上表明支付方式的栏目“by Payment at Sight”前的框格中打上“×”号。即期付款信用证的受益人将单据交给指定付款行，经审核单据相符付款。

由开证行充当付款银行的即期付款信用证被称为“直接付款信用证”(Straight Credit)。这种信用证所使用的货币通常是开证行所在国的货币。当信用证使用货币并非开证行所在国货币时，开证行就需要指定其本身在该货币结算中心的账户行作为被指定的付款银行。如果付款行不是开证行时，付款行在付款后寄单给开证行索偿或按规定方式索偿款项，该付款的银行也可称为代付行。即期付款信用证可以规定需要或不需要汇票。如需要提供汇票，则汇票付款人应是开证行或被指定的付款行。开证行验单后对受益人的付款是无追索权的。被指定的付款行凭受益人的汇票付款后，也没有追索权，但可以用快捷的办法向开证行索偿，且应于索偿同日起息。

（二）延期付款信用证（Deferred Payment Credit）

延期付款信用证，是指开证行在信用证上规定货物装运后若干天付款或交单后若干天付款的信用证。这种信用证一般有“L/C is Available by Deferred Payment at ×× Days after Date of or Sight...”等类似词句，或者开证行在信用证上表明支付方式的栏目“by Deferred Payment at...”前的框格内打上“×”号。

使用这种信用证是基于买卖双方签订的远期合同。延期付款信用证不要求受益人开立汇票。这是开证申请人为了避免承担其国内印花税的负担而提出的。但因此，受益人就不可能利用远期票据贴现市场的资金，如需资金只能自行垫款或向银行借款。由于银行贷款利息高于贴现利率，这种信用证的货物成交价要比银行承兑远期信用证方式的货价略有提高。

为了预防可能的被欺诈风险，未经开证行授权，在延期付款信用证项下，被

指定银行不宜对受益人提供融资。而受益人则可通过要求开证行提供另一家银行（如在不由开证行担任付款行时的付款行或偿付行）对该延期付款信用证加具保兑，来降低风险。

（三）承兑信用证（Acceptance Credit）

承兑信用证是指规定出具远期汇票，受益人将远期跟单汇票提交给汇票付款行，经审单相符，该行在汇票上履行承兑行为，并在确定的到期日付款的信用证。开证行在信用证上表明支付方式的栏目“by Acceptance of Draft at...”前的框格内打上“×”号，就表明该信用证为承兑信用证。承兑信用证项下，受益人必须签发汇票，信用证应在随后条款中明确汇票的受票人和付款时间等内容，而受票人不能是开证申请人。

承兑信用证的特点是在承兑前，银行对受益人的权利与义务是以信用证为依据，承兑后单据与汇票脱离。承兑银行成为汇票的承兑人，按票据法的规定，应对出票人、背书人、持票人承担付款的责任。如果承兑行不是开证行，承兑行则单寄开证行索偿，说明汇票承兑及到期日，于到期日付款。如果受益人急需要资金，可以提前要求承兑行贴现取得货款，但要扣除贴现息。承兑信用证的开出往往是基于买卖双方的远期付款合同。

在实务中，信用证所指定的付款行在承兑该信用证所要求的汇票后，并不将已承兑的汇票通过寄单行寄还出票的受益人，而是向受益人发出承兑通知书或承兑通知电，并自行保存汇票于承兑到期日付款，以避免已承兑汇票的寄送过程中可能发生的遗失等事故给最终付款造成困难。受益人收到承兑电或承兑书后，如欲加速资金周转，可以凭承兑电或承兑书向商业银行或贴现公司办理贴现，但相关的商业银行或贴现公司却无法利用这样的承兑电或承兑书办理再贴现。

（四）议付信用证（Negotiable Credit）

1. 议付的概念

《UCP600》第二条规定：“议付意指被指定银行在相符交单下，在其应偿付的银行工作日当日或之前，通过向受益人垫付或者同意垫付款项的方式，购买相符交单项下的汇票（其付款人为被指定银行之外的银行）及/或单据的行为。”开证行在信用证上表明支付方式的栏目“by Negotiation”前的框格内打上“×”号，即表明该信用证为议付信用证。议付信用证项下，若开证申请人要规避其国内印花税的需求，则要求受益人不签发汇票。

议付信用证是指受益人在发运货物后可将跟单汇票或不带汇票的全套单据交给银行，请求其垫付票款的信用证。出口地银行经审单确认受益人已满足相符交单的要求，即可根据受益人的申请购买汇票、单据，垫款扣除从议付日到预计收款日的利息、议付费、单据邮寄及电信等费用（若该信用证在此前也由议付行通知受益人，而暂未向受益人收取信用证通知费，则此时应一并收取）后将净款付给受益人，并背批信用证，然后按信用证规定单寄开证行，向开证行或偿付行索偿。银行这种付出对价的行为就是议付（Negotiation），在我国俗称“出口押汇”。当开证行以确凿的理由说明受益人提交的单据存在不符点时，议付银行对受益人的议付有追索权。但如果保兑行议付，则对受益人无追索权。议付后，银行根据信用证规定寄出汇票、单据索偿。

2. 议付信用证的种类

（1）按是否限定由某一家被指定的银行议付，议付信用证可分为限制议付信用证和自由议付信用证。

限制议付信用证（Restricted Negotiable L/C），是指只能由开证行在信用证中指定的银行进行议付的信用证。限制议付信用证通常有如下类似文句：“This credit is restricted with ××× bank by negotiation”。产生限制议付信用证的原因可能是多方面的，其中最主要一点是开证行为了给自己在受益人所在国家的分支机构、联行或代理行带来业务收入。限制议付信用证使受益人丧失了自由选择议付行的权利，对受益人不利；不仅如此，若开证行指定的限制议付的银行远离受益人所在地，将给受益人带来许多不便，增加受益人的成本和费用，还可能延误交单。一家银行经常开立限制议付信用证，也可能导致未被其选择为议付行的代理行采取报复性措施，结果将影响与代理行正常的业务往来。因此，实务中，限制议付信用证使用有限。

自由议付信用证（Freely Negotiable L/C），是指可以在任何银行议付的信用证，也被称为公开议付信用证（Open Negotiable L/C）。信用证中通常有如下文句：“This credit is available with any bank by negotiation”。根据自由议付信用证，受益人可持其相关单据就近向任何办理国际结算的商业银行提交，委托其办理结算。这对受益人很方便，因此，在贸易洽商时，若双方选择以信用证方式办理结算，出口商可要求进口商申请开立自由议付信用证。

（2）按议付行向受益人实际预付信用证规定款项的时间，议付信用证可分为即期议付信用证和远期议付信用证。

根据《UCP600》第二条中对“议付”所下的定义，包括了“向受益人垫付或者同意垫付款项，购买相符交单项下的汇票及/或单据的行为”两种情况，则议付信用证可分为即期议付信用证和远期议付信用证。这是《UCP600》对《UCP500》相关规定的一项变动，《UCP600》不再像《UCP500》那样强调“仅审核单据而未付给对价并不构成议付”。

五、假远期信用证（Usance Credit Payable at Sight）

假远期信用证，是指在买卖双方商定以即期信用证付款的交易中，开证申请人出于某种需要，要求受益人开具远期汇票，但受益人可以即期收到足额款项，由开证申请人承担贴现利息和有关费用的信用证。因此，假远期信用证也被称为买方远期信用证（Buyer's Usance L/C）。判断一个信用证是否为假远期信用证，通常是根据信用证是否具有“远期信用证可即期议付”等内容的条款来确定，信用证中通常有以下类似内容的条款：

“Usance Draft Can be Negotiated at Sight，Discount and Acceptance Fee will for Account of the Applicant”；

“Usance Draft Can be Negotiated at Sight，Interest will be Bore by the Buyer”；

“Usance Draft under this Credit Can be Negotiated at Sight”；

“Draft at 180 Days after Sight ...This Credit Must be Negotiated at Sight Basis.”

（一）假远期信用证与普通远期信用证和即期信用证、远期信用证的区别

（1）假远期信用证项下的买卖合同规定的支付条件一般为即期信用证付款。远期信用证的买卖合同的支付条件则明确规定以远期信用证方式付款。

（2）假远期信用证和远期信用证均要求开立远期汇票，即期信用证则规定开立即期汇票或不使用汇票。

（3）假远期信用证规定汇票的贴现利息及承兑手续费等费用，概由开证申请人负担。远期信用证的远期汇票由于收汇而产生利息、贴现息等一般由受益人负担，即期信用证没有贴现利息等问题。

（4）假远期信用证和即期信用证能即期收汇，而远期信用证不能即期收汇。

（5）即期信用证项下，申请人即期付款赎单；远期信用证和假远期信用证项下，申请人在到期日付款。

（二）使用假远期信用证的原因

（1）一些国家的银行利息一般较商人之间的借贷利息低，进口商使用假远期信用证，就是充分利用银行信用和较低的贴现息来融通资金，减轻费用负担，降低进口成本。

（2）一些国家由于外汇较紧张，外汇管理条例规定进口交易一律须远期付款。因此，银行只能对外开立远期信用证。在即期付款的交易中，进口商就采用远期信用证，而愿意承担贴现息、利息和费用的假远期做法。

（三）使用假远期信用证应注意的问题

（1）要审核来证中假远期条款。如来证明确规定开证银行负责即期付款或远期汇票可以在国外贴现，所有贴现利息及费用均由开证申请人或开证银行负担的，一般可以接受。

（2）有的来证虽规定开证申请人负担利息及有关费用，但远期汇票不能贴现，待汇票到期一并收取本息，由于这种信用证实质是“远期加利息”而非“假远期”，特别是利息率不明确的，应该慎重考虑。

（3）如来证仅规定受益人可以即期收汇而没有明确何方负担有关费用，应要求开证申请人明确责任后，再给予考虑。

六、根据受益人对信用证的权利是否可转让，可分为可转让信用证和不可转让信用证

（一）可转让信用证（Transferable L/C）

可转让信用证是指信用证的受益人（第一受益人）可以要求授权付款、承担延期付款责任、承兑的银行（统称“转让行”），或当信用证是自由议付时，可以要求信用证中特别授权的转让行，将该信用证全部或部分转让给一个或数个受益人（第二受益人）使用的信用证。

在国际贸易实务中，可转让信用证的第一受益人通常是中间商，他们利用其国际交往关系向国外进口商出售商品，自己并非实际供货人。中间商与国外进口商成交后，将信用证转让给实际供货人办理装运交货，以便从中赚取差价利润。中间商要求国外进口商开立可转让信用证，是为了转让给实际供货人。但是，信用证的此类转让并不等于销售合同的转让，倘若信用证的受让人（第二受益人）不能按时交货，或提交的单据有不符点，第一受益人仍应对销售合同规定的卖方义务负连带责任。

1.《UCP600》第三十八条对可转让信用证的规定

（1）银行无办理信用证转让的义务，除非其明确同意。

（2）只在开证行在其开立的信用证中明确注明可转让（“Transferable”）的信用证才能转让，类似文句有“This Credit is Transferable 或 Transfer to be Allowed”；可转让信用证可应受益人（第一受益人）的要求，通过银行办理转让，转为全部或部分由另一受益人（第二受益人）兑用。

（3）信用证中若使用诸如“Divisible”、“Fractionable”、“Assignable”、“Transmissible”等用语，并不能使信用证可转让，因此银行可不予理会。

（4）信用证通常只能转让一次，即由第一受益人转让给第二受益人；已转让信用证不得应第二受益人的要求转让给任何其后受益人。第一受益人不视为其后受益人。而且，只要信用证不禁止分批装运或分批支款，可转让信用证可以分为

若干部分分别转让，这些转让的总和将被视为只构成信用证的一次转让。

（5）可转让信用证必须通过银行办理，而不能由第一受益人自行转让给第二受益人。应第一受益人要求办理可转让信用证转让手续的银行被称为转让行。开证行可以特别授权某银行为办理信用证转让，也可以由自己担任转让行。既非开证行也非保兑行的转让行不对该信用证承担付款或议付责任。

（6）信用证只能按原证中规定的条款转让，但对于信用证金额、货物单价、信用证的到期日、最后交单日、装运期限这五项中的任何一项或全部均可以减少或提前；而对于必须投保的保险金额比例可以增加。此外，还可以用第一受益人名称代替原证中的开证申请人名称，但若原证中明确要求原申请人的名称在除发票以外的单据上出现时，必须要求照办。

（7）若信用证允许部分支款或部分发运，该信用证可以部分地转让给数名第二受益人。

在信用证转让后，第一受益人有权以自己的发票替换第二受益人的发票，其金额不得超过信用证规定的原金额；若信用证规定了单价，应按原单价开具发票。经替换发票后第一受益人可以在信用证项支取其自己的发票与第二受益人之间的可能差价。第二受益人或代表第二受益人的交单必须交给转让行。

（8）如果第一受益人应提交其自己的发票和汇票（若有的话），但未能在第一次要求时照办，或第一受益人提交的发票导致了第二受益人的交单中本不存在的不符点，而其未能在第一次要求时修正，转让行有权将从第二受益人处收到的单据照交开证行，并不再对第一受益人承担责任。

（9）除非另有约定，第一受益人必须承担转让信用证的有关各项费用，并且在第一受益人未付清这些费用之前，转让行没有办理转让的义务。

（10）可转让信用证转让给多个第二受益人之后，如有修改，则一个或多个第二受益人接受或拒绝对信用证的修改，不影响其他第二受益人拒绝或接受对信用证的修改；换言之，若某一已转让信用证有两个或多个第二受益人，则允许这些第二受益人对该信用证的修改持有不同的态度：接受或拒绝。

在实务中，可转让信用证上一定要加“THIRD PARTY DOCUMENTS ACCEPTABLE”，这样受让人（第二受益人）的名称、地址就可以出现在单据里。如果受让人是国内的一家出口商，提单上也可以作为 SHIPPER，在产地证上也可以作为 SHIPPER，就可以办理产地证。

可转让信用证业务处理中，涉及的当事人及业务流程相对复杂。基于转让行就是通知行或议付行，并且由转让行兼作第二受益人的通知行或议付行的情况，可转让信用证的业务流程大致有以下几个环节：

①中间商分别与进口商和实际供货人签订贸易合同；②进口商根据合同规定，申请开立可转让信用证；③开证行开出可转让信用证；④通知行将可转让信用证通知中间商（第一受益人）；⑤中间商（第一受益人）向转让行提出转让信用证；⑥转让行将信用证转让并通知实际供货人（第二受益人）；⑦实际供货人（第二受益人）将货物出运后，备齐单据向议付行交单；⑧议付行通知中间商（第一受益人）替换发票和汇票；⑨中间商（第一受益人）替换发票和汇票要求议付；⑩议付行向开证行交单索汇；⑪开证行对单证审核无误后付款或偿付；⑫开证行通知进口商付款赎单。

（二）不可转让信用证（Non-Transferable L/C）

不可转让信用证是指信用证项下的权利只能是受益人本人享有，不能以转让形式给他人使用。若受益人不能执行信用证条件，信用证只能作废。凡未注明“可转让”(Transferable) 字样的信用证都是不可转让信用证。

七、背对背信用证（Back to Back L/C）

背对背信用证，又称为对应信用证（Counter L/C），是指由中间商收到进口方开来的、以其为受益人的原始信用证（Original L/C，又称为主要信用证 Master L/C）后，要求原通知行或其他银行以原始信用证为基础，另外开立一张内容相似的、以其为开证申请人、开给另一受益人的新的信用证。在国际贸易中，主要是在信用证不允许转让的情况下，或者实际供货人不接受买方国家银行信用证作为收款保障时，出口中间商凭以他为受益人的、国外开立的信用证作为抵押品，要求他的往来银行开立以实际供货人为受益人的信用证。例如，香港地区中间商收到了一张出口孟加拉国的纺织面料的信用证，但真正的供货商在内地，于是，香港中间商以该孟加拉国的信用证作抵押，向香港某银行申请要求开立以自己为开证申请人、内地的供货商为受益人的信用证，新证的内容与孟加拉国的来证内容相似，该新证就是背对背信用证。

对应信用证与原始信用证相比较，所要求的商品是同样的，一般都要求使用中性包装，以便中间商做必要改装或再加工；若该商品属于易损商品，则数量上可能略多，以备若有损耗，可以满足原始信用证的要求。就两证本身比较，对应信用证金额和商品单价均应低于原始信用证，以便中间商有利可图；对应信用证有效期、最迟装运期和最迟交单期都应早于原始信用证，以便中间商的再加工和办理商品转口手续。

可转让信用证与背对背信用证的区别：

（1）可转让信用证是将以出口商为受益人的信用证全部或一部分转让给供货

人，允许供货人使用。可转让信用证是一份信用证。而背对背信用证则与原始信用证完全是两个独立的信用证，两者同时存在。

(2) 可转让信用证的权利转让要以开证申请人及开证银行准许为前提；而背对背信用证的开立则与原始信用证开证申请人及开证银行无关。可转让信用证的受让人，即第二受益人，与第一受益人居于同等地位，均可获得开证银行的付款保证；而背对背信用证的受益人不能获得原始信用证开证行的付款保证，只能得到背对背信用证开证银行的付款保证。

(3) 可使用可转让信用证的银行如果开出新证，不因信用证转让而改变该行的地位或增加其责任；而背对背信用证如果经通知行开立，则其地位即改变为背对背信用证的开证行。

(4) 国际商会的《UCP600》第三十八条对可转让信用证的限制，对背对背信用证就起不了作用。背对背信用证一般用于由于某些限制而不能开立可转让信用证的情况，或者是用于当开证申请人不打算开立可转让信用证的情况。

(5) 可转让信用证的转让条款内容受到原信用证的一定约束，而背对背信用证的条款可变动的幅度则大得多。

八、对开信用证（Reciprocal L/C）

对开信用证是指两张信用证的开证申请人互以对方为受益人而开立的信用证。开立这种信用证是为了达到贸易平衡，以防止对方只出不进或只进不出。第一张信用证的受益人就是第二张信用证（也称回头证）的开证申请人；同时，第一张信用证的开证申请人就是回头证的受益人。其信用证的通知行也往往就是回头证的开证行。

这种信用证一般用于来料加工、补偿贸易和易货交易。当对开信用证用于易货贸易时，两张信用证的金额相等或大体相等，而且两证的种类一样，两份信用证的有效期、最迟装运期和最迟交单期一样或相近，以督促双方同时或在相近时间内出运货物和向银行交单，通过相互对抵，完成结算。若对开信用证用于加工贸易，则两证金额必然有一定的差距，这差距就是受委托加工方的加工费的毛收入。两证要求规定对方受益人出运商品的最迟装运期和交单期必然有先有后，而信用证本身又要同时到期，以便对抵后由委托方向加工方支付加工费，即两份信用证金额的差额。因此，这两份信用证规定的期限种类必然不同，如加工方通过银行向委托方开出的是远期信用证，而委托方开出的则是即期信用证。对开信用证两证可同时互开，也可先后开立。

对开信用证的生效方法是：①两张信用证同时生效。第一证先开出暂不生效，待对方开来回头证，经受益人接受后，通知对方银行，两证同时生效。②两张信用证分别生效。第一证开立后立即生效，回头证以后另开，或第一证的受益人，在交单议付时，附有一份担保书，保证在若干时间内开出以第一证开证申请人为受益人的回头证。分别生效的对开信用证只有在易货双方互相信任的情况下才会开立，否则先开证的一方要承担对方不开证的风险。

对开信用证与背对背信用证有某些类似之处：各有两份信用证。其中，某一份信用证的受益人又是另一份信用证的开证申请人。但两者的区别也是显而易见的：

（1）贸易背景不同。背对背信用证通常在中间商参与的转口贸易下使用；而对开信用证通常在易货贸易或者加工贸易中使用，并且一般不存在中间商的参与，是进出口双方的直接贸易。

（2）信用证中货物的名称不同。背对背信用证中，前后两个信用证的货物名称相同，只是装运期、有效期等与货物本身无关的条款，以及货物的单价、总价格等不同；而对开信用证前后两个信用证的货物不同。

（3）信用证生效的要求不同。背对背信用证，前后两个信用证的生效时间是确定的，只要开立信用证，就已生效；而对开信用证的生效时间是不确定的，开立了信用证，未必一定生效，需要根据信用证的条款规定来判断生效时间。换言之，背对背信用证是彼此相关但又互相独立的两份信用证，而对开信用证则是彼此互相依存的两份信用证。

（4）对开的两份信用证申请人分别是对方申请开立的信用证的受益人，而背对背信用证只有中间商才既是原始信用证的受益人，又是对应信用证的申请人，最初的出口商和最终的进口商则分别只是对应信用证的受益人和原始信用证的申请人。

九、循环信用证（Revolving L/C）

循环信用证，是指信用证的全部或部分金额使用后，仍可恢复原金额继续多次使用的信用证。国际贸易中买卖双方订立长期合同，分批交货，进口商为节省开证费用和减少手续，常利用循环信用证方式结算。它对出口商来说，也可以减少逐笔催证和审证手续，保证收回全部货款。循环信用证的特点是：信用证被出口商全部或部分利用后，能够重新恢复原信用证的金额而再次使用，周而复始，一直到规定的循环次数或规定的总金额达到为止。

循环信用证有按时间循环和按金额循环两种：

按时间循环的信用证是受益人在一定时间内（如一个月）可支取信用证规定

的金额，支取后在下次的一定时间内仍可再次支取。

按金额循环的信用证是受益人在一定的金额使用完毕后，仍可在信用证规定的条件下，恢复支取一定的金额。

此外，循环信用证还可分为积累循环信用证和非积累循环信用证。即上次未用完的余额可以移至下次合并使用的信用证为积累循环信用证（Cumulative Revolving L/C）；上次余额不能移至下次合并使用的信用证为非积累循环信用证（Non-Cumulative Revolving L/C）。其具体的循环方式有三种：

（1）自动循环使用：出口商可按月（或按一定时期）支取一定金额，不必等待开证行的通知，信用证就可在每次支款后自动恢复到原金额。

（2）非自动循环使用：出口商每次支取货款后，必须等待开证行的通知，才能使信用证恢复到原金额，再加以利用。

（3）半自动式循环使用：出口商每一次支取货款后，经过若干天，如果开证行未提出不能恢复原金额的通知，信用证即自动恢复原金额。

十、预支信用证（Anticipatory Credit）

预支信用证允许出口商在装货交单前可以支取部分或全部货款。由于预支款是出口商收购及包装货物所用，预支信用证又叫打包放款信用证（Packing L/C）。申请开立预支信用证的进口商往往需要开证行在信用证中加列预支条款。根据允许预支货款条件的不同，部分预支信用证可分为红条款信用证（Red Clause L/C）和绿条款信用证（Green Clause L/C）。其有关允许受益人预支信用证部分金额的条款分别以红色或绿色书写或打印，使之更醒目。红条款信用证提供预支款项的方式可以是以货款垫付或以议付方式预先购买受益人的单据。待受益人向垫款的银行提交信用证规定的单据时，垫款的银行可从正式议付金额中扣回原先垫款及垫款期间的利息，将所余的净额付给受益人。若受益人届时不能向垫款的银行提交信用证规定的单据，垫款的银行可向开证银行追索垫付的款项。绿条款信用证要求受益人在货物装运前以提供预支款项银行的名义，将货物存入仓库，并将存仓单据交给垫款银行，以支取预支款项。银行则凭受益人开立的汇票（或收据）及货物存仓单，向受益人垫款。若受益人届时不能向垫款的银行交单，则银行可以通过处理上述的存仓单，收回所垫付的款项。

银行按信用证规定应受益人请求预支款项后，往往要求受益人把正本信用证交出，以控制受益人向该行交单。如果受益人预支了款项却未发货交单，预支行可以要求开证行偿付。开证行偿付后再向开证申请人追索。由于有这种风险，进口商只有对出口商资信十分了解或在出口商是可靠、稳定的贸易伙伴时，才会向开证行提出开立预支信用证的要求。

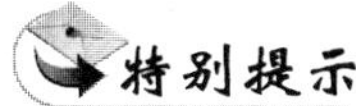

特别提示

信用证的分类方法有很多，从性质、适用方式、转让方式等不同角度可以得出不同的分类结果。研究信用证的分类方法，有助于更好地理解信用证的性质，并灵活应用。

第四节　电子信用证①

信用证是国际贸易的主要支付手段。信用证在运作过程中，其形式也随着贸易的电子化发生着变化：由传统的纸质信用证到网上信用证再到电子信用证。

一、电子信用证的定义及作用

电子信用证是利用电子手段开展的信用证业务，集电子开证、电子通知、电子交单、电子审单、电子支付全过程的电子化运作，是信用证运作全过程、各环节的电子化。电子信用证因其方便、快捷、准确等优点，正逐步成为国际贸易结算的新工具。

（1）有助于缩短贸易结算时间。相对于传统的信用证，电子信用证在审单等环节相对较短的处理时间，可以大大缩短贸易结算整个流程的时间，同时也可基本避免以往可能出现的“货比单早到”的尴尬情况，使买方可以在目的地及时提货，从而可以降低风险、节省费用，这在一定程度上解决了提单危机。

（2）有助于简化单据处理、减少操作差错。电子信用证借助网络平台进行信用证结算各环节的运作，可以简化操作手续、减少操作差错，同时也降低了结算成本。

（3）有助于电子商务的快速发展。从整个电子商务的角度来说，电子信用证借助银行的支付功能和信誉保障解除了人们对网上交易真实性和安全性的担忧，保障了 B2B 电子商务的顺利实现，为在现有条件下开展电子商务排除了信用障碍。

（4）有助于商业银行业务创新、提升银行竞争力。从银行的角度来说，发展网上银行是商业银行参与未来竞争的必然选择。开展电子信用证业务是一项重大

① 肖海霞：《浅析电子信用证的发展方向和前景》，《企业家天地》，2011 年第 1 期。

的业务创新，将来商业银行之间在国际结算业务上的竞争，仍将以风险小、利润高的结算业务为重点，电子信用证将成为未来银行不容忽视的一项主要业务。

二、电子信用证的分类

电子信用证业务的实践已在全球国际贸易结算实践中蓬勃开展，目前电子信用证的主体在国际上主要有商业银行和电子商务公司这两类。

（一）以商业银行为主体的电子信用证

以商业银行系统主导的电子信用证业务的一般程序与传统的信用证使用程序类似，主要差别是整个程序的电子化，也就是说，买卖双方的业务谈判、订单、买卖合同的签署等，一般先通过网络 EDI 系统，结算时由进口商通过网络将电子开征申请书递交开证行，开证行根据客户的授信额度，按申请书内容，向出口商（即受益人）开出信用证，并通过银行内部作业系统与外部网络系统的接口，将信用证发送给出口商所在地分行或代理行（即通知行）。通知行核对印鉴无误后，将电子信用证转发到出口商的电子邮箱。出口商用 EDI 系统自动生成全套单据并通过通信网络传送至运输、保险、海关及商检机构等有关部门，并要求这些机构根据信用证的内容和实际货物的情况出具诸如发票、提单、保险单等电子单据。出口商按照信用证规定装运货物后，备齐各类电子单据，开出电子汇票，通过通信网络提示议付行付款。议付行 EDI 系统按照信用证条款审核单据无误后将货款垫付给出口商，将电子汇票、货运单据通过电子邮件转发给开证行或指定的付款行索偿。开证行核对单据无误后，付款给议付行。开证行通知进口商付款赎单，进口商付款后，开证行将各类电子单据转发给进口商，进口商再将电子单据通过网络转发承运商换取货物。

（二）以电子商务公司为主体的电子信用证

目前，准电子信用证的实践已蓬勃开展。其中有较大影响的是西方国家三大电子商务公司推出的电子信用证服务：一是美国纽约市电子商务公司的 Tradecard 系统；二是以伦敦作为主营业所所在地的电子商务公司的 Bolero 系统；三是加拿大电子商务公司的 CCEWeb 系统。三个公司代表了三种模式，而这些不同模式的运作，会对信用证的发展产生不同的影响。

三、电子信用证的业务流程及其优势

（一）电子信用证的业务流程

1. 电子信用证的申请、开立

国际货物买卖双方当事人在合同中明确同意用电子信用证方式付款的前提

下，开证申请人在自己的计算机系统上生成开证申请书或者登录开证申请行的网页下载银行提供的通用格式，通过互联网将电子信用证申请书发送到开证银行的计算机系统，开证行根据客户核定的授信额度，开出信用证。

2. 电子信用证的通知

开证行依照客户的授信额度通过内部作业系统和外部网络的接口将信用证直接发送到受益人的计算机接收系统，或者通知受益人所在地的往来行通知受益人。在后一种情况下，开证行可以通过银行之间的内部作业系统将信用证发送到通知行的计算机信息系统。通知行核对印鉴无误后，将该电子信用证转发到受益人的电子信箱，即完成了信用证的通知步骤。

3. 电子化制单、交单

出口商用 EDI 系统自动审核信用证后，再由 EDI 系统自动生成全套单据并通过通信网络传送至运输、保险、海关及商检机构等有关部门，并要求这些机构根据电子信用证的内容和实际货物的情况出具诸如发票、提单、保险单等电子单据。出口商按照电子信用证的规定转运货物以后，备齐各类电子单据，开出电子汇票，通过通信网络提示议付行付款。

4. 电子化审单、支付

议付行 EDI 系统按照信用证条款审核单据无误后将货款垫付给出口商，将电子汇票、货运单据通过电子邮件转发给开证行或指定的付款行索偿。开证行核对单据无误后，付款给议付行，开证行通知进口商付款赎单，进口商付款后，开证行将各类电子单据转发给进口商，进口商将电子单据通过网络转发承运商换取货物。

（二）电子信用证的优势

1. 提高交易效率，降低交易风险

信用证电子化后该业务可以缩短到一天甚至一个小时，由于所有的单证均以电子形式保存和流转，可以明确缩短贸易双方的交易周期，节省交单结汇时间，加快了资金周转时间，从而使整个交易非常便捷。在电子提单下，基本上可以避免可能出现“单等证”的尴尬，使进口方可以在目的地及时提货，从而降低风险、节省费用，同时给出口方提供了更多贴现、背书、打包放款等融通周转资金的机会。

2. 单据处理方式的革命

信用证结算中涉及大量单据的处理，使得传统信用证交易过程长，费时耗力，费用高昂，而电子信用证只要点击鼠标，交易双方即可通过网络点对点地接触，开证、通知、交单、审单等业务大多可以借助计算机网络。数据信息被输入计算机系统后，不仅进行自动化的信息传递与审核，并可于随后进行修改，有利于减少不符点，降低拒付率。

四、电子信用证使用过程中存在的问题

电子信用证与传统的纸质单证相比有着巨大的优势，在电子贸易环境下，单据的审核更多地借助电子计算机，提高了信用证处理及传输速度，加快了信用证业务处理流程的效率。信用证到达受益人手中的速度也提高了，对出口商而言，国际结算时间由原来的10~15天缩短到3~4天甚至半天，给出口方提供了更多贴现、背书、打包放款等方式的融通周转资金的机会。在电子贸易中，数据信息被一次性地输入计算机系统，进行自动审核、处理，增强了单证的准确性，降低了错误率，信息传递更规范，减少了单证不符点，确保了交易安全。

当前国内外的电子信用证主要应用于B2B商务结算，在国际贸易结算实践中本质是一致的，只是在推广应用程度上有所不同。

虽然我国电子化贸易发展迅猛，电子信用证所带来的仍然只是信用证形式上的变化，电子信用证业务仍局限于开证和通知阶段，对信用证核心环节——交单及审单没有产生实质性影响。由于电子化本身带来的问题，例如安全性、法律效力等可能会对信用证业务的内容带来实质的影响。

（一）导致信用证业务的异化

国内外银行在电子信用证业务中的主导性不够，步子迈得比较谨慎。与此相反，很多电子商务企业已纷纷涉足电子信用证业务。它们或是提供全面的信用证服务，或是针对信用证业务中的单证部分提供服务。例如，依据上述贸易担保网开出的信用证，已没有银行担保的因素，改变了传统信用证银行信用的界定，这就成了名不副实的信用证了。

（二）无法回避的法律问题留待解决

这类问题的出现大都是电子信用证的后台基础问题，例如，诸如电子提单等电子议付文件的法律效力，电子签名、电子证据的法律效力等。SWIFT等机构的努力，促进了电子贸易的开展和电子支付手段的应用，但这些机构的加入也引发了一些法律问题。如果EUCP信用证中开证行指定所提交电子记录的格式是某一机构或组织（如SWIFT）提供的格式，而受益人与开证行就这一指定格式理解不一致时，应该如何处理?

按照民法上的归责原则，如果造成理解有误的责任在开证行，则应视为开证行未指定格式，根据EUCP规定，受益人可提交任何格式的电子记录，且受益人提交的电子记录不构成不符点；如果责任在受益人，则开证行可以拒收并拒付。如果造成理解不一致的责任在提供标准格式的第三方，则问题将变得更为复杂。

（三）电子信用证实践有待规范化

纸质国际结算方式在一段时间内特别是在发展中国家将保持不变，电子网络化国际结算的实务性操作统一规范有待进一步推广和完善，即使是在目前的国际电子信用证实践中，也只有 Bolero 系统由于一直与 SWIFT 密切合作，因此明确声明采用 EUCP 规则。而其他的电子信用证实践都是自成一家，国际商会统一电子信用证运用规则的努力遇到了挑战。另外，国际商会推出的 EUCP1.0 目前仍是采用准立法的方式完成的，从这个意义上说，《UCP600》加上 EUCP1.0 仍不能完全解决电子信用证的规则之需。因此，电子信用证的实践对于完善电子信用证的规则有着至关重要的作用。同时，也只有建立在丰富的实践基础之上的 EUCP 规则，才是名副其实的电子信用证的业务惯例。

（四）电子信用证的安全问题

由于所有单据的制作、传递都是靠电子信息工具，各种单据的伪造变得非常容易，如果银行仍像在传统信用证环境下一样，仅审查单单相符、单证相符即支付信用证下的款项，则安全性成为亟待解决的问题。因此，当信用证电子化后，银行付款之前应增加一项重要义务，即向认证机构确认单据的数字签名的真伪。即使某信用证的受益人在认证机构开立了虚假的账号，银行信任此认证机构提供的虚假账号并据此所做出的付款，其损失最终也可向该认证机构进行索赔。

此外，完全意义上的电子信用证运作还需假以时日。实践中完全意义上的电子信用证仍是遥不可及，因为电子信用证的成功运作，需要物流、海关、商检等系统进行全方位的电子化协同运作。

五、电子信用证的发展方向和前景展望

（一）电子信用证的发展方向

西方国家三大电子商务公司推出的电子信用证服务各有特色，代表了不同的运作模式，对信用证的发展带来了不同的影响。

中国电子信用证的实践中典型的是贸易担保网（www.1001yes.net）。使用该网站进行交易的程序，可参考该网站的说明。参与中国电子信用证实践的另一类重要主体就是商业银行。招商银行网上信用证业务是一项基于网上银行科技的创新型金融业务，在国内金融界至今处于领先地位，它的推广将对企业的资金周转、贸易结算和企业经营的现代化产生巨大的推动作用。

至于具体应用，亦可参考该网站的说明。以上实践导致信用证向三个不同方向变化：一是电子信用证与纸质信用证并行不悖。这对于电子信用证实践阶段的应用比较有利。但这只能是一个过渡，而非最终结果。二是信用证的彻底电子

化。但这在推行上会有障碍，并且在电子提单的法律效力没有明确之前，法律层面上还有待突破。三是信用证的涅槃。互联网的应用，加速了信息的沟通和传递，使信息不对称问题得到了一定程度的解决。因此，信用证向直通信用证的方向发展具备了条件。

（二）电子信用证的前景展望

电子信用证被认为是挽救信用证的良方，但其能否承担起如此重任，要看它在运作过程中以下几个方面的表现：

1. 单据处理方式的革命

对信用证来说，其兴也单据，其衰也单据。单据审查使银行能以独特的方式为国际贸易提供结算服务，但只审查单据的做法又使信用证业务与基础贸易存在严重的脱节。同时，大量的单据需要审查，使银行的工作效率无法提高。电子信用证的使用，可望从根本上解决该问题。如果单据以银行指定的格式提交，银行参照标准格式进行审核，绝大部分手工劳动将能够被电脑所代替，整个审单工作速度将大大提高。由此，银行的服务费也有望降低，信用证的吸引力将再度焕发。

2. 对欺诈防范的加强

信用证并不能从根本上防止欺诈，贸易安全的基本保证仍然只能建立在交易双方互相信任的基础上。也正是由于这个原因，引入银行对企业信用进行调查服务的国际保理业务，现在深受企业欢迎。

信用证业务如何弥补这个不足，目前的实践已给出了答案。上面提及的Tradecard公司、Bolero公司和CCEWeb公司都是采用会员制，“内部人”进行交易的方式，最大限度地防止了欺诈。但是，这种封闭式的运作模式对电子信用证的推广十分不利。

如何在开放环境下，做到有效的防范欺诈，是电子信用证必须考虑的一个问题。

3. 对信用证独立性原则的修正

在利用电子信用证进行电子结算的贸易方式情况下，银行适当地对交易活动进行关注，将信用证条款、电子单据、基础贸易合同进行综合考察，实践上是可行的。而且这对于判断单据是否相符也是有利的。传统的银行审单标准是遵循严格相符原则。而国际商会的立场是要求审单银行在单据的审查上持宽松的态度，出现差别的原因，当然是由于两者利益基点不同的缘故。但是，如果在对不符点的判断上，参考一下基础合同的规定，似乎更能寻到公平合理的答案。

特别提示

应该明确，确认出单日期是银行的权利，也是银行的义务。但是，银行在审查单据、判断出单日期时，只就单据表面进行审查。表面之外的单据实际作成日期和单据记载的日期是否一致等问题，银行不负责审查。这也符合银行只就单据表面进行审查，对单据的真实性等不负责任的原则。

案例分析1

某出口公司对美成交女上衣1000件，合同规定绿色和红色上衣按3∶7搭配，即绿色300件，红色700件。后国外来证上改为红色30%，绿色70%，但该出口公司仍按原合同规定的花色比例装船出口，后信用证遭银行拒付。

（1）为什么银行拒付？

（2）收到来证后，我方应如何处理？

分析：

（1）信用证项下要求单证必须相符，否则银行不予议付。本案例中装运单与信用证不符，所以银行可以拒付。

（2）卖方应于收证后立即通知开证人改证，绝不能置信用证于不顾而单凭合同规定行事。

案例分析2

某笔进出口业务中，约定分两批装运，支付方式为不可撤销的L/C。第一批货物发送后，买方办理了付款赎单手续，但收到货物后，发现货物品质与合同规定严重不符，便要求开证行通知议付行对第二批L/C下的货运单据不要议付，银行不予理睬。后来议付行对第二批L/C下的货运单据进行了议付。后来开证行通知买方付款赎单，遭到买方拒绝。

（1）银行的处理方法是否合适？为什么？

（2）买方应如何处理此事？

分析：

（1）银行的处理办法合适。因为L/C业务中银行仅仅处理的是单据，而不是货物。所以，本案例中只要卖方在信用证规定的时间提交合格的单据，银行就可付款。

（2）买方应先付款赎单，再与出口方联系，共同商议如何解决货物品质与合同不符合的问题。

案例分析 3

我某出口公司收到国外开来的不可撤销信用证一份，由设在我国境内的某外资银行通知并加保。我公司在货物装运后，正拟将有关单据交银行议付时，忽接该外资银行通知，由于开证行已宣布破产，该行不承担对该信用证的议付或付款责任，但可接受我出口公司委托买方直接收取货款的业务。对此，你认为我方应如何处理为好？简述理由。

分析：我方应按规定交货并向该保兑外资银行交单，要求付款。因为信用证一经保兑，保兑行和开证行同为第一付款人，对受益人就要承担保证付款的责任。未经受益人同意，该项保证不得撤销。

小　结

信用证是银行根据进口商的申请和指示，向出口商开立的，承诺在一定期限内凭规定的单据支付一定金额的书面文件。信用证的特点是：一项独立的文件；开证行承担第一性付款责任；一种纯粹的单据业务。

在信用证业务中，开证申请人、受益人和开证行三者之间分别基于贸易合同、信用证和开证申请书存在三种契约关系。根据信用证的开立方式及记载内容不同，一般将信用证分为信开信用证和电开信用证。电开信用证又可分简电开立信用证、全电开立信用证。关于信用证本身的项目、关于汇票的项目、信用证的内容基本上包括关于单据的项目、关于货物的描述、关于运输的项目和其他项目。

根据开证行对所开出的信用证所负的责任来划分，信用证可分为可撤销信用证和不可撤销信用证。根据是否有另一家银行对信用证加具保兑，不可撤销信用证又可分为保兑信用证和不保兑信用证。按信用证下指定银行的付款方式进行分类，可分为付款信用证、承兑信用证和议付信用证。根据受益人使用信用证的权利能否转让，可分为可转让信用证和不可转让信用证。根据信用证能否循环使用，可分为循环信用证和非循环信用证。循环信用证按时间循环又可分为自动循环信用证、通知循环信用证和定期循环信用证，按金额的循环可分为积累循环信用证和非积累循环信用证。根据付款时间不同，信用证可分为预支信用证、即期付款信用证、延期付款信用证和远期信用证。除此之外，还有背靠背信用证和对开信用证。

一般来说，一笔信用证业务包含四个基本的当事人，即开证申请人、开证行、通知行和受益人。但在有些类型的信用证业务中，还涉及议付行、偿付银行、付款行、承兑行和保兑行等。总之，信用证一经开出，其所涉及的当事人即围绕该信用证形成了双边与多边的契约关系，每一当事人均须履行其相应的责任义务，同时享有既定的权利。

电子信用证是利用电子手段开展的信用证业务，是集电子开证、电子通知、电子交单、电子审单、电子支付全过程的电子化运作，是信用证运作全过程的电子化。在实践中，这种完全意义上的电子信用证的成功运作，需要银行、国际贸易交易双方等各方系统的全方位电子化协同运作。电子信用证有助于缩短贸易结算时间；有助于简化单据处理，减少操作差错；有助于电子商务的快速发展；有助于商业银行业务创新，提升银行竞争力。在西方国家有较大影响的三大电子信用证服务系统分别是 Bolero 系统、CCEWeb 系统和 Tradecard 系统。中国的电子信用证实践中较为典型的是贸易担保网(www. 1001yes. net)。另一类参与中国电子信用证实践的重要主体就是商业银行，其中处于领先地位的是招商银行。

实训练习

【核心概念】

信用证

【问答题】

1. 信用证的含义及特征是什么？
2. 简述信用证业务的基本当事人及其权利与义务。
3. 比较可转让信用证与背对背信用证。
4. 比较真远期信用证与假远期信用证。

第六章　跟单信用证实务

本章目标

◆ 掌握信用证业务流程中各个环节的工作要点及《UCP600》有关条款
◆ 理解《UCP600》条款
◆ 掌握信用证业务的实务操作技能
◆ 掌握信用证业务的资金融通与风险防范

案例导入

伊朗大步里士银行来证购买我方纺织品印花棉布48000码。信用证规定不准分批装运，但在购货数量48000码之前有“About”字样。由于存货不足，受益人T公司按期出运了印花棉布45600码。随后受益人交单议付，议付行审单无误，遂寄单索汇。开证行接到单据后声称，进口商开证人拒绝付款赎单，理由是信用证不准分批装运，而实发货物短装。除非受益人在三个星期内能将短装部分货物运出，否则，开证人不同意接受单据并付款。我方受益人坚持来证中在货物数量前有“About”字样的规定，按《跟单信用证统一惯例》的要求已经做到单证相符。后开证行来电表示开证人已经接受单据并支付货款。此案了结。

显然，进口方拒绝接受单据的理由是不能成立的。因为既然在要货数量前有“About”字样，实际上已明确同意受益人可按统一惯例的规定，在发货数量上增减10%。受益人实际交货45600码已经超过43200码的下限要求。此项来证本身有含糊不清的内容，如进口商不准出口方分批装运，则不应在要货数量的条款上加列“About”字样。

——引自商务培训网，http：//training.mofcom.gov.cn/jsp/sites/site?action=show&id=147000，2012-05-14

从该案例中可以看出，信用证业务的审核依据是《跟单信用证统一惯例》，任何付款及拒付的依据只能围绕着信用证、单据、统一惯例进行。那么《跟单信用证统一惯例》对一些特定的字、词，都是怎么规定的?《UCP600》与《UCP500》比较起来，在修订上有哪些变化呢?

第一节　信用证的业务流程

本节以即期付款跟单信用证为例说明信用证的业务流程（见图 6-1），且信用证所使用的货币是开证行所在国货币，出口商所在地有银行在开证行开有该货币的账户。

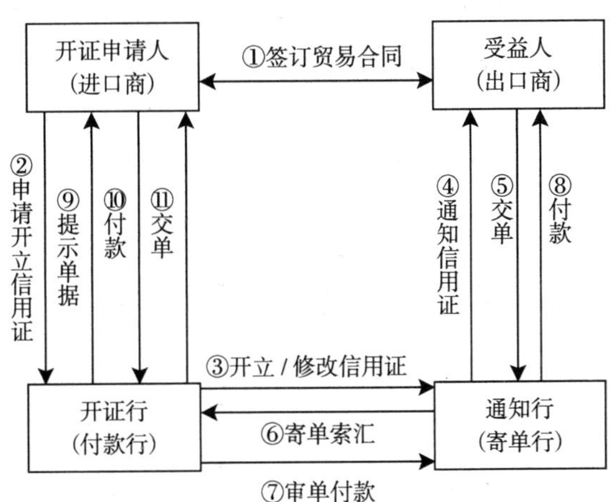

图 6-1　即期付款跟单信用证工作流程

一、进、出口商双方经洽商签订交易合同

合同除规定交易的商品种类、数量、品质、价格条件、运输、保险、交付时间、检验、索赔、仲裁等事项的一致意见外，还需要明确该笔交易以信用证方式办理结算，以及所选择的信用证的种类、金额、付款期限、到期日、进口商通过当地银行开立信用证的最迟时间以及信用证的主要内容等。

二、进口商向当地银行申请开立信用证

进口商必须在合同所要求的或合同签订后的合理期限内，向当地信誉良好的商业银行申请开立以出口商为受益人的信用证。在这个环节上，进口商（开证申

请人）要办理以下手续：

（一）确定申请开立信用证的前提条件

申请开立信用证的前提条件是本笔业务须符合国家的贸易管制政策和外汇管制政策。例如，进口商品属于我国许可证管辖范围内的，应提供许可证或登记证明、机电产品登记表等；申请人属于外汇管理局需要进行“真实性审查”的企业，或不在外汇管理局公布的“进口单位名录”的企业，需要提供国家外汇管理局或其分支机构出具的备案表等。

（二）填写开证申请书

开证申请书（Application for Issuing Letter of Credit）既是开证行开立信用证的根据，又是开证行与开证申请人之间法律性的书面契约，它规定了开证申请人与开证行的责任。

开证申请书主要依据贸易合同中的有关主要条款填制，申请人填制后最好连同合同副本一并提交银行，供银行参考核对。但信用证一经开立则独立于合同，因而在填写开证申请时应审慎查核合同的主要条款，并将其列入申请书中。

（三）填写开证担保书

开证时申请人必须与开证行签订“开证担保协议”。“开证担保协议”一般由开证银行根据信用证业务的惯例，事先印好格式供申请人需要时填写。

三、开证行开出信用证和修改信用证

在进口商申请开证时，银行为减轻自身的风险，通常进行“三查一保”。“三查”是指审查开证申请书和开证申请人声明，审查开证申请人的资信情况，查验有关进口开证必须提供的有效文件；“一保”是指开证申请人必须向开证行缴纳开证保证金。

（一）银行“三查一保”

1. 审查开证申请书和开证人声明

开证申请书既是开证行开立信用证的根据，又是开证行与开证人之间法律性的书面契约。开证人声明是开证申请人申请开立信用证应承担的义务和责任的书面承诺。开证行收到申请人填制好的开证申请书以后，必须对以上两个内容进行审查。

主要是审核申请书正面的内容，重点有：①申请书的内容有无违反国际惯例的条例；②申请人、受益人的名称、地址是否齐全；③申请开证的金额大小写是否齐全、一致；④货物描述中的单价和数量的乘积与总价是否一致，有无折扣、佣金；⑤货物的规格是否齐全，有无附件说明等；⑥申请书中的单据条款是否合理，有无前后矛盾之处；⑦申请书中的附加条款及其他说明是否合理，有无前后矛盾之处；⑧申请书下面的企业公章，法人代表签字（章）和财务专用章等是否齐全。

2. 审查开证申请人的资信情况

开证申请人的资信好坏直接关系到开证银行的利益，因此，开证行要严格审核申请人的资信情况，一般要掌握以下原则：①如果申请人是首次申请开证，开证银行应严格审核申请人的注册情况、经营状况、财务状况及经济效益，以及申请人是否有进出口经营权。②如果申请人不是首次申请开证或与开证行有业务往来关系，主要审查以往的业务往来中有无不良记录以及目前的经营状况、财务状况和经济实力等。

3. 审查开证时应提供的有效文件

开证行在接受开证申请书时，应查验申请人同时提供的有效文件，如进口许可证、贸易进口付汇核销单、有关部门的登记文件等。

4. 收取开证保证金

信用证一经开出，开证行就要承担第一性付款的责任，所以，开证行为了保证自身资金的安全和信誉，对不同的开证申请人采取不同的办法，收取不同比例的保证金或抵押品，或第三者出具的担保等，主要是为了防止申请人违约、破产或因为市场行情的变动导致申请人无力付款赎单的风险。

开证行向申请人收取保证金一般有几种办法：

（1）申请人与开证行有业务往来，资信好，或办理了抵押、质押手续的，或有其他金融机构、有实力的公司为其出面担保的，开证银行免收保证金。

（2）申请人与开证行有业务往来，但账户金额有限，或有过不良记录、信誉欠佳的，或首次申请开证又无担保和抵押品、质押品的，开证银行要收取全额保证金。

（3）申请人在开证行的账户余额或抵押品或质押品小于开证金额，或担保人不愿全额担保等，开证银行要收取一定比例的保证金。

开证行对以上所述内容审核无误，并收取保证金或抵押品、质押品以后，即按申请书的要求开立信用证，并根据申请人指示的传递方式向通知行发出信用证，同时将信用证副本送交申请人。

（二）开立跟单信用证

（1）开证行根据本身的代理行协议，正确选择国外通知行。为了有利于及时验核信用证的真实性和通知信用证，开证行应选择自己在受益人所在地的联行或代理行为通知行。

（2）开证之前每笔信用证都应在信用证开证登记本上进行登记、编号，登记内容包括信用证号码、开证日期、开证货币及金额、通知行、开证申请人、合同号等。

（3）缮制信用证。根据申请人开证方式要求及开证申请书内容，选择正确的开证方式，并缮制信用证。

（4）复核信用证。完成缮制信用证后，应根据开证申请书的内容，逐一仔细审核，确保信用证内容完整、准确。经部门经理核签后，以 SWIFT 方式开出信用证。

（5）信用证的修改。由于交易的有关情况发生变化、开证申请书条款与交易合同存在不一致、信用证开立出现失误等原因，申请人或受益人可能要求开证行对已经开出的信用证进行修改。开证行接受这一要求并修改信用证，应注意以下情况：

第一，信用证修改的生效。①《UCP600》第十条 b 款规定："开证行自发出修改之时起，即不可撤销地受其约束。"②同一条款还规定："保兑行可将其保兑扩展至修改，并自通知该修改之时起，即不可撤销地受其约束。但是，保兑行可以选择将修改通知受益人而不对其加具保兑。若然如此，其必须毫不延误地将此告知开证行，并在其给受益人的通知中告知受益人。"以上条款表明，在开证行发出信用证修改和保兑行表明其保兑扩展至修改起，只要受益人未明确表示拒绝修改，则开证行和保兑行就受该修改条款的约束。③《UCP600》第十条 c 款规定："在受益人告知通知修改的银行其接受修改之前，原信用证（或含有先前被接受的修改的信用证）的条款对受益人仍然有效。受益人应提供接受或拒绝修改的通知。如果受益人未能给予通知，当交单与信用证以及尚未表示接受的修改的要求一致时，即视为受益人已做出接受该修改的通知，并且从此时起，该信用证被修改。"④《UCP600》第十条 f 款规定："修改中关于除非受益人在某一时间内拒绝修改，否则修改生效的规定应不被理会。"这就明确否定了曾经有过的所谓"默认接受"的说法。以上条款表明，若受益人表态接受修改，则修改成立，开证行应按照修改后的信用证（即信用证上未被修改的条款仍然有效，被修改的条款则以修改后的条款为准）审查单据；若受益人拒绝修改，或者受益人未表示是否接受修改，则修改无效，开证行只能按照信用证原条款审查单据。⑤《UCP600》第十条 e 款规定："对同一修改的内容不允许部分接受，部分接受将被视为拒绝修改的通知。"如果受益人收到的修改书中有多项修改内容，受益人只愿接受其中部分，则必须通过通知行，向开证行表示拒绝该份修改，同时希望开证行另行开立一份修改，这后一份修改将只包含受益人愿意接受的修改条款。如果开证行按照受益人的要求，再次开立修改书，并传递给了受益人，为受益人所接受，则前一份修改不生效，而后一份修改生效。⑥《UCP600》第三十八条 f 款规定：对于可转让信用证，“如果信用证转让给数名第二受益人，其中一名或多名第二受益人对信用证修改的拒绝，并不影响其他第二受益人接受修改。对接受者而言该已转让的信用证即被相应修改，而对拒绝修改的第二受益人而言，该信用证未被修改。”在出现这样的情况下，开证行面临的随后审查不同的第二受益人提交的单据所依据的信用证条款就将有所不同：对接受修改的第二受益人所提交的单据，要依据修改后的信用证条款，而对拒绝或未接受修改的第二受益人所提交的单据，则只能依据原信用证条款。这就说明，开证行开立可转让信用证的责任将明显增加。⑦《UCP600》第九条 a 款指出：“非保兑行的通知行通知信用证及修改时不承担承付或议付的责任。”

第二，信用证修改的传递。信用证的修改必须通过原信用证的通知行通知受益人，《UCP600》第十条 d 款规定：“通知修改的银行应将任何接受或拒绝的通知转告发出修改的银行。”

四、通知行审证及将信用证通知受益人

当通知行收到开证行信开或电开的信用证后，应做好以下工作：

（一）受理来证

通知行收到国外开来的信用证应立即核验印鉴或密押，并签收登记。一经核符，立即通知受益人。

《UCP600》第八条 c 款规定：“通知行可以通过另一银行（第二通知行）向受益人通知信用证及修改。第二通知行通知信用证或修改的行为表明其已确信收到的通知的表面真实性，并且其通知准确地反映了收到的信用证或修改的条款。”之所以需要第二通知行，是因为有时开证申请人会应受益人的提请，向开证行提示通知行的名称，但该通知行并非开证行的代理行。为了有效地传递信用证，同时尊重申请人的指示，开证行就在选择自己的代理行的同时，嘱其再通过开证申请人指示的通知行将信用证传递给受益人。这时，信用证就将出现另一家银行传递信用证的情况，这就表示，开证行授权第一通知行通过第二通知行（Second Advising Bank）向受益人传递信用证。第二通知行的责任与第一通知行责任完全相同。

（二）审证

1. 信用证可接受性的审核

（1）审查来证国家是否与我国建立正式外交关系及对我国的政治态度。

（2）审查开证行资信、实力、经营作风，要求开证行必须是我国银行的代理行或海外分行。对有风险的、信用证金额超过对其授信额度的来证，应建议受益人向开证行提出以下要求：①由第三家银行加保；②加列允许电索条款；③由偿付行确认偿付；④要求改为分批装运；⑤向通知行缴纳保证金；⑥修改有关条款。所谓“授信额度”是指信用证金额与开证行资产总额的比例。为了规避风险，一家银行所办理的任何一笔业务的金额都不应该超过其资产总额的一定比例。

（3）审查信用证有无软条款。如发现有软条款，应对其划线以提请受益人注意和要求开证行修改或删除，使信用证正式生效和开证行确认自己的第一性付款责任。

2. 信用证可操作性的审核

①审核正、副本信用证号是否一致。②来证货币是否为我国有外汇牌价的可兑换货币。大小写金额是否一致。③来证条款之间、要求的单据之间是否存在矛盾。要求受益人提交的单据是否合理，受益人能否出具或在当地获得，如信用证要求受益人提交领事发票，若保留这一条款，受益人就不仅要增加许多费用，而且还很难掌握获得领事发票的准确时间，这就可能影响按时交单。④信用证的兑用方式，即信用证属于即期付款、延期付款、承兑或议付信用证中的哪一种。⑤信用证的有效到期地点。正常情况下，信用证的有效到期地点应在受益人所在国，即确认受益人在信用证规定的有效到期日在其所在地向指定银行交单为有效。⑥对出口地银行寄单方式、索汇/索偿的线路安排是否明确而合理。避免索汇线路迂回而延长索汇或索偿的时间，无形中减少本应得到的收益。⑦信用证上是否注明该证依据国际商会《跟单信用证统一惯例》开立。在信用证上说明开立依据，已成为各国银行的普遍做法。⑧注意开证行对通知行加具保兑的安排。通知行应在全面审证的基础上，加强考核开证行的经营情况，权衡加具保兑的风险，以决定是否应开证行或受益人的要求加具保兑；一旦决定保兑与否之后，应尽快通知开证行和受益人。

（三）通知信用证

1. 编号与登记

信用证审核无误后，应编制信用证通知流水号，并在信用证上加盖“××银行信用证专用通知章”，同时对信用证作接收登记。

2. 通知信用证

完成上述审查信用证后，缮制通知面函，并在1个工作日内通知受益人。

五、受益人按信用证的要求向指定银行交单

在审核信用证无误后，或者在开证行修改了原先信用证中受益人不能接受的条款后，受益人即可根据信用证要求在规定的期限内发货、制作单据。受益人缮制和备妥信用证规定的单据后，即可到银行交单。

受益人向银行交单，除了应按信用证规定的单据种类、份数都备齐外，还特别要注意信用证对交单时间的规定。举例如下：某信用证规定的信用证有效到期日为某年的 8 月 14 日，有效到期地点为受益人所在国家（城市），最迟装运日期为当年的 7 月 31 日，最迟交单期为货物装运后 14 天，并且不能晚于信用证的有效到期日。受益人于当年 7 月 20 日完成货物装运，并得到承运人当天签发的运输单据。那么，该项信用证业务中，受益人向当地银行交单的最后日期只能是当年 8 月 3 日。

《UCP600》第二十九条 a 款规定："如果信用证的截止日或最迟交单日适逢接受交单的银行非因第三十六条所述原因（不可抗力）而歇业，则截止日或最迟交单日，视何者适用，将顺延至重新开业的第一个营业日。" b 款要求："如果在顺延后的第一个银行工作日交单，被指定银行必须在其致开证行或保兑行的面函中声明是在根据第二十九条 a 款顺延的期限内提交的。" c 款规定，上述的情况不适用于对最迟装运日的确定。

受益人在确认全部单据备齐后，可填写银行提供的空白的交单联系单，并附上全部单据向银行交单。

六、出口地银行审查受益人提交的单据并向开证行寄单索汇

（一）出口地银行接受受益人提交的单据

面对受益人提交的单据，出口地银行对照"客户交单联系单"上的记载，进行一一清点并登记，特别是正本单据的种类和各自份数。《UCP600》第三条规定："单据可以通过书签、摹样签字、穿孔签字、印戳、符号表示的方式签署，也可以通过其他任何机械或电子的证实方法签署。"在点收了受益人提交的单据的同时，要对照同时提交的信用证及修改（若有，并被受益人接受），确认两者之间不存在矛盾。然后可以在客户交单联系单上做相应的批注。

（二）出口地银行审单

审单的步骤。①信用证有效性的审核。审核出口商随单据提供的信用证是否系信用证正本（对副本或复制信用证一律不予接受），信用证修改书及其附件是否齐全、有效期是否已过、金额是否用完。②清点单据。清点随信用证提供的单

据种类、正本份数，以确认所提供的单据符合信用证要求。③以信用证为中心，按信用证条款从上到下，从左至右逐条对照单据，仔细审核，以确定信用证内容能在单据上得到体现。审单过程中，若发现有不符点，应及时记录，并根据其具体情况联系修改或采取其他安全收汇措施。④以发票为中心，审核其他单据，确保单单相符。

审单的标准。《UCP600》第十四条a款规定："按指定行事的被指定银行、保兑行（若有的话）及开证行须审核所提交的单据，并仅基于单据本身确定其是否在表面上构成相符交单。"《UCP600》第二条规定："相符交单指与信用证条款、本惯例的相关适用条款以及国际标准银行实务一致的交单。"具体来说，银行审核信用证项下单据的标准可以归纳成以下四句话："单证相符，单单相符，符合法律，符合常规。"同时，交单时间也应该符合信用证规定。

"单证相符"，就是以信用证及修改（若有，并被受益人接受）条款为依据，逐一地审查其规定受益人提交的单据，要求这些单据的种类、份数、具体内容以及交单的行为都符合信用证及修改（若有的话）条款的规定。这是银行的纵审。

"单单相符"，就是以商业发票为中心，审核各项商业和金融单据，要求同一份信用证项下的所有单据的相关内容一致或不矛盾。这是银行的横审。

"符合法律"，是指对于已经有相关法律对单据的规定，信用证上往往可能不另加规定或不再提及。尽管如此，在审核信用证项下的单据时，还是要根据相关法律要求来审核有关单据。

"符合常规"，是指对于在国际贸易中常规性的要求，尽管信用证上没有相应的条款规定，但审核信用证项下单据时，也不能忽略这些常规性的要求。

交单时间要符合信用证的规定。信用证对受益人履约的时间规定了以下三点：信用证的有效到期日；受益人最迟装运日期；受益人向指定银行最迟提交单据的日期。前两项具体规定了年、月、日，第三项则包括两点：在信用证的有效期内、货物装运后（以运输单据签发日期为据）次日起算的若干天内。举例说明，某信用证规定，该信用证的有效到期日为某年4月30日（有效到期地点为受益人所在地），最迟装运期为当年4月16日，要求受益人在货物装运后的14天内向银行交单。若受益人较早已备好货并联系好装运，货物于当年4月5日完成装运，并得到承运人签发的正本运输单据，则该受益人必须在当月19日之前向银行提交全套合格的单据，若到当月20日或迟于当月20日向银行交单，即使没有超过信用证的有效到期日（当月30日），由于交单日期距离完成货物装运日期超过了14天，虽然各项单据的种类、正本的份数以及单据上的文字记载都符合信用证规定，仍然要被判断为没有满足“相符交单”的要求。

在横审和纵审中，一旦发现单据中存在不符点，应及时记录到审单记录表上。

发现单据不符点后的处理。出口地银行在审核单据中，如果发现存在与信用证条款不一致、信用证的规定不能在单据上得到证实、单据之间彼此矛盾等现象，都将被视为单据存在不符点。在实务操作中，有些不符点是可以避免或通过更正或重制，使其满足相符的要求。但由于客观情况的变化，例如船只误期、航程变更、意外事故等，使得差错无法避免，以及存在不符点的单据并非受益人制作，这种不符点无法通过采取上述手段消除。这时可供选择的方案如下：

(1) 由受益人授权寄单。这是指在受益人授权下，将带有不符点的单据以等待批准方式寄送给开证行（保兑行）。由开证行（保兑行）审查单据后决定是否接受单据。

(2) 电提方式。如果不符单据已无法更改，单据涉及金额较大，出口地银行可以用电信方式向开证行提出不符点，征询开证行的意见，电文中要求开证行迅速电复是否同意接受单据。常见的电提不符点有：起运港或装运港有误、金额有出入、货物品名与信用证略有不同，提单上有批注，唛头有误等。如果开证行复电表示同意接受带有不符点的单据，并在电文中说明“If Otherwise in Order”，即认定单据在其他方面已达到“相符”的要求。电提方式的特点是解决问题快，并且单据由出口地议付行掌握，对出口方而言较为稳妥，即使在未获议付授权的情况下，出口方也可及时处理货物及有关问题。但是往来的电报费用均由出口方承担。国际商会第535号出版物《案例研究》的第四个案例指出：开证行接受不符点，授权出口地银行按信用证原规定的向受益人兑付的方式办理，即可认为开证行视同不符点已做必要修改或补充，从而满足相符交单的要求。电提方式适用于金额较大、分别向两地寄单、向付款行或偿付行索汇等情况。

(3) 表提方式。若单据中的不符点已无法更改，涉及的金额较小，受益人（出口方）可事先将单据中的不符情况通知开证申请人（进口方），若申请人同意接受单据时，则申请人向出口地银行出具担保书。出口地银行凭担保书议付寄单，并在寄单面函中具体指出不符点所在。表提方式适用于金额较小、来证规定单到开证行付款的情况，对于向付款行、偿付行索汇者亦可酌情采用。

(4) 在受益人或受益人的往来银行提供担保的条件下，按照信用证原有的安排，向受益人办理相应的兑付，而由受益人承担有关的各项费用和利息，并保留对受益人的追索权。

(5) 改作托收寄单。如果单据不符点较多或单据中有严重不符点（如超过最迟装运期、超过信用证有效期、货物溢装、金额超出信用证规定）时，可以考虑改作托收寄单，出口地银行在寄单面函中将单证不符点一一向开证行说明。当议付单据改为托收寄单时，出口方货款的收回已失去了银行保障，能否将货款收回只能取决于进口方信用。这种方式只能在不得已的情况下采用。

(6) 银行审单的时间。《UCP600》第十四条 b 款规定："按指定行事的被指定银行、保兑行（若有的话）及开证行各有从交单次日起的至多五个银行工作日用以确定交单是否相符。这一期限不因在交单日当天或之后信用证截止日或最迟交单日届至而受到缩减或影响。"

(三) 向开证行或保兑行寄单索汇

在信用证业务中，由于开证银行（保兑银行）在受益人相符交单条件下，承担第一性付款责任，银行间的头寸划拨安排，要比汇款、托收方式下的银行间头寸划拨更复杂。国际商会为此专门制定了其第 525 号出版物《跟单信用证项下银行间偿付统一规则》（*Uniform Rules for Bank-to-bank Reimbursements Under Documentary Credits*，URR525，ICC Publication No.525）。

在确认受益人满足"相符交单"要求，或者经修改、补充后满足"相符交单"的要求后，出口地银行就可以寄单索汇了。

寄单行寄单索汇的基本要求：①仔细阅读信用证的"寄单指示"和"偿付条款"；②熟悉有关账户的分布情况；③采用迅速快捷的方法寄单索汇。

信用证项下偿付条款通常有单到付款、向偿付行索汇、主动借记和授权借记等方式。

(1) 单到付款。议付行向开证行寄单索汇，开证行审单无误后才付款，即开证行见单付款。信用证上偿付条款措辞通常是：Upon Receipt of the Documents in Compliance with Credit Terms, We shall Credit You're a/c with Us/Remit the Proceeds to the Bank Named by You.

(2) 向偿付行索汇。有些信用证指定了第三家银行代为偿付，这家银行即偿付行（一般是信用证货币的发行国）。开证行在信用证上的指示：In Reimbursement of Your Negotiation under This Credit, Please Draw on Our a/c with ABC Bank (Reimbursing Bank).

(3) 主动借记。指开证行（或其总行）在议付行开有账户，信用证规定议付行在办理议付后可立即借记其账户。措辞通常是：Please Debit Our a/c with You under Your Cable/Airmail Advice to Us.

(4) 授权借记。指开证行在议付行开有账户，议付行只有在开证行收到正确单据并授权其账户行借记时，才借记开证行的账户。措词通常是：Upon Receipt of the Shipping Document in Compliance with the Terms of L/C, We shall Authorize

You to Debit Our a/c with You.

信用证项下的寄单路线一般有两种情况：①汇票寄偿付行，其余单据寄开证行。国外开证行在信用证中授权另一家银行作为信用证偿付行时，往往要求将汇票寄往该偿付行。寄单索汇时，应根据信用证要求将汇票寄往偿付行，其余单据寄往开证行。②全部单据寄开证行。如果信用证规定将全部议付单据寄往开证行，则应根据规定照办无误。不符点出单时，无论信用证的寄单路线如何规定，都应将所有单据寄往开证行。在保兑信用证项下，则应该将全部单据分成两封航空挂号信寄给保兑行。

通常，信用证项下的寄单方式有两种：①一次寄单，即将全套单据放入一个信封一次性寄出。②二次寄单，即将全套议付单据分为两部分，分别寄出。实务中，多采用第二种方式，以避免一次性寄单万一遇到该航班途中发生事故，影响单据的安全送达。两次寄出的单据中，分别应至少包括每一种单据的正本一份。如果某一种单据只有一份正本，则应在第一次寄单时寄出。分两次寄单的目的是倘若第一次所寄单据遗失，可以凭第二次寄出的单据办理结算。

七、开证行或保兑行审单付款

（一）开证行或保兑行审单

开证行或保兑行审单的标准与出口地银行审单的标准是一样的，即“单证相符，单单相符，符合法律，符合常规”。

《UCP600》第十四条 b 款规定的“按指定行事的被指定银行、保兑行及开证行各有从交单次日起的至多五个银行工作日用以确定交单是否相符”。这一期限不因在交单日当天或之后，信用证截止日或最迟交单日到期受到缩减或影响。

（二）发现单据存在不符点时的处理

《UCP600》第十六条 a 款规定：“当按照指定行事的被指定银行、保兑行或者开证行确定交单不符时，可以拒绝承付或议付。”

同条 b 款规定：“当开证行确定交单不符时，可以自行决定联系申请人放弃不符点。然而，这并不能延长第十四条 b 款所指的期限。”

同条 c 款规定：“当按照指定行事的被指定银行、保兑行（若有的话）或者开证行决定拒绝承付或议付时，必须给予交单人一份单独的拒付通知。该通知必须声明：ⅰ.银行拒绝承付或议付；及ⅱ.银行拒绝承付或议付所依据的每一个不符点；及ⅲ.（a）银行留存单据听候交单人的进一步指示；或者（b）开证行留存单据直到其从申请人处接到放弃不符点的通知，并同意接受该放弃，或者其同意接受对不符点的放弃前，从交单人处收到其进一步指示；或者（c）银行将退回单据；或者（d）银行将按之前从交单人处获得的指示处理。”

同条 d 款规定：“第十六条 c 款要求的通知必须以电信方式，如不可能，则以其他快捷方式，在不迟于交单之翌日起第五个银行工作日结束前发出。”

同条 e 款规定：“按照指定行事的被指定银行、保兑行（若有的话）或者开证行在按照第十六条 c 款ⅲ项（a）点或（b）点发出了通知之后，可以在任何时候将单据退还交单人。”

同条 f 款规定：“如果开证行或保兑行未能按照本条行事，则无权宣称交单不符。”

根据《UCP600》的上述规定，若认为单据未满足相符交单要求，开证行或保兑行必须在收到单据的次日起，五个银行工作日内一次性、清晰明确地向受益人提出全部的不符点，并在拒付通知中说明对不符单据的处理办法。如果这项通知无法采用电信方式发出，则应该采用其他快捷方式发出，这是构成有效拒付的要求。

若开证行或保兑行未能按照《UCP600》第十六条的规定行事，则无权宣称交单不符。

（三）确认相符交单后的处理

根据《UCP600》第十六条的规定，开证行和保兑行必须在收到单据次日起的五个银行工作日内判断其收到的单据是否满足了相符交单的要求，如果确认单据已满足要求，就必须按照信用证所约定的方式向受益人办理付款、延期付款或承兑。

开证行或保兑行对受益人的付款都应是无追索权的，即终局性的。

八、开证行请申请人付足款项并将单据交申请人

开证行通过寄单行向受益人付款后，若申请人原先已经交足了开证保证金，即可向申请人交单；若申请人原先未交足开证保证金，则应马上通知申请人赎单，开证行赎单通知称为“AB 单”（Accepted Bill）。申请人在接到开证行的赎单通知后，必须立即到开证行付款赎单。申请人在赎单之前有权审查单据，如果发现不符点，可以提出拒付，但拒付理由一定是单单之间或单证之间表面不符的问题，而不是就单据的真实性、有效性以及货物质量存在的问题提出拒付。实务中有时尽管存在不符点，如果不符点是非实质性的，申请人也愿接受单据，就不能是有条件的，而且必须在合理时间付款。

申请人向开证行付款赎单后，在该项贸易选择以海洋运输方式下，即可凭海运提单向有关承运人提货；在该项交易选择其他运输方式时，则分别按该方式的

相关提货要求办理提货。至此，该项交易的结算过程结束。

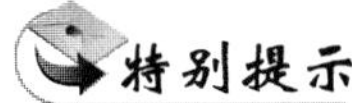
特别提示

2007 年 7 月 1 日,《跟单信用证统一惯例》（UCP600）正式开始实施，对信用证结算业务的发展产生了重大的影响，同原有的《UCP500》相比，在个别操作环节上发生了重大的变化，需要特别注意。

第二节 信用证项下的融资及风险防范

一、信用证项下的融资

在商务合同签订之后，银行可以根据进口商申请开立以出口商为受益人的信用证或信用证项下的单据，向出口商或进口商提供短期资金融通。

在国际贸易领域和银行的国际结算领域，信用证项下的贸易融资具有非常重要的意义。对于进出口商而言，信用证贸易融资可以解决资金短缺的问题，并促进贸易的进行和发展；对于银行而言，信用证贸易融资期限短，周转速度快，风险小，用途明确，既能给银行带来更多的贷款利息收益，又能提高银行国际结算业务的综合收益，还能调整银行的资产负债结构，优化银行的财务结构。

信用证项下的贸易融资可以分为进口信用证的贸易融资和出口信用证的贸易融资，进口类的融资又可以分为发货前和发货后两大类，出口类的融资又可以分为装运前和装运后两大类。

（一）进口类信用证的融资

1. 出口商发货前

（1）减免保证金开证。信用证属于银行信用的结算方式，开证行开立信用证后就对相符交单有付款的义务，而开证行自己或授权偿付行对指定银行偿付之后是从进口商处获得偿付的，因为国际贸易合同的最终债务人还是进口商。为了确保自己的利益，开证行在进口商申请开立信用证时都会要求进口商缴纳开证保证金以便将来的对外支付。如果信用证的金额较大或远期的期限较长，缴纳保证金对于进口商来说就是占压资金，降低资金使用率，甚至不利于进口业务的开展。

开证行可在进口商申请开证时减免保证金，从而提高进口商资金使用率，促进进口业务的发展，这是开证行给予进口商的短期融资。由于减免保证金带来的潜在风险，所以开证行会严格审核进口商的经营管理、财务实力和商业信誉等情况。

(2) 开证额度。开证行根据进口商的经营管理、财务实力和商业信誉等情况为开证申请人核定一个信用额度，用于开立信用证。该额度可能是专门核定的开证额度，不能挪作他用，也可能是综合授信额度中的一个部分，可以用于其他业务。在核定的额度之内，开证申请人不用缴纳保证金，不用占压资金即可开立信用证。

2. 出口商发货后

(1) 进口押汇。开证行收到信用证项下的单据经审核无误后，向开证申请人提示付款，而开证申请人出现资金周转的困难，无法及时对外付款赎单，以该信用证项下代表货权的单据为质押，并同时提供必要的抵押/质押或其他担保措施，由开证行垫付款项先行对外付款。

开证申请人无力按时对外付款时，由开证银行先行代其付款，进口押汇是开证行给予进口商的短期资金融通。期限一般不超过三个月，利率参照银行当期流动资金贷款利率，币种为信用证金额的币种。

(2) 担保提货。由于起运地和目的地之间的距离较近，进口信用证项下货物先于提单或其他所有权文件到达目的地银行，开证申请人（进口商）向银行申请开立提货担保保函，凭该保函向船公司申请先行提货，并承诺日后补交正本提单换回有关担保书，同时保证承担船公司的费用和可能遭受损失的赔偿。进口商取得正本运输单据后，应以正本运输单据换回银行提货担保保函并返还银行。

进口商可在进口单据到达前提取货物，从而有效地避免因提货延迟而产生的各种费用和风险，但是办理了担保提货的进口商立即丧失了对不符点单据拒付的权利。

（二）出口类信用证的贸易融资

1. 装运前的融资（Pre-shipment Financing）

(1) 打包贷款（Packing Loan）。打包贷款，也称为信用证抵押贷款，是出口商收到开证行开来的信用证以后，在装船以前，以正本信用证为抵押，按信用证金额的一定比例向出口地银行申请的一种短期融资，主要用于信用证项下出口商品的备货、备料、生产、加工、包装及运输。出口商在银行的融资下，积极备货后出运货物，向同一银行交单议付后，用议付款项偿还打包贷款。打包贷款是一种出口商银行给予出口商的一种短期融资便利。

单笔打包贷款的金额一般不超过信用证金额的 80%，利率一般参照同期流动资金贷款利率，期限一般是自放款之日起至信用证收妥结汇日止，最长不超过半年，币种一般为本国货币（本币）。

信用证抵押贷款的依据是开证行的付款承诺，所以开证行的资信就很重要。又因为开证行的付款承诺是以相符交单为依据的，所以信用证条款本身的复杂程度、出口商的制单水平和议付银行的审单水平对于顺利收汇都非常重要。

如果出口商获得打包贷款后不积极备货出运，则开证行的付款承诺没有履行的可能，使得贷款的抵押物落空，最终导致提供打包贷款的银行的利益落空。或者由于信用证是自由议付的信用证，出口商备货出运后向贷款银行以外的任何一家银行申请议付，而该议付银行没有认真审核信用证是否为正本就办理了议付，开证行还是履行了信用证项下对相符交单的付款义务，可是信用证项下的偿付款项付给了其他银行，最终导致提供打包贷款银行的还款来源的落空。打包贷款虽然被称为信用证抵押贷款，但其抵押物不是固定的，提供融资的银行的利益得不到保障，决定贷款是否得到偿还的还是出口商的信誉和商业信用，因此严格意义上的打包贷款其实是一种对出口商的信用贷款。

对于信用贷款，各家银行都会持非常谨慎的态度，融资银行在审核打包贷款申请的时候，除了审核信用证本身、提出申请的出口商的财务状况和经营现状等，有时甚至会要求申请打包贷款的出口商提供其他形式的抵押和担保。

（2）红条款信用证。这是开证行根据开证申请人的要求而开立的一种特殊形式的信用证，在信用证中，开证行请求并授权指定银行在收到信用证后受益人提交单据之前，向受益人预支部分信用证金额的货款。

红条款信用证是一种进口商向出口商提供的短期融资便利，受益人可以使用预先支取的货款安排出口货物的生产、包装和运输。

受益人积极备货出运货物后，向预支款项的银行提交单据申请议付，已预支的款项从议付款中扣除。

2. 装运后的融资

（1）押汇。出口商在出运货物之后，在信用证的有效期和最迟交单期内向银行提交全套出口单据，申请银行买入单据并立即垫付发票款项，同时向银行书面承诺如因单据不符致使信用证的单据遭到开证行或保兑行的拒付时，将向银行偿还所有的垫款和利息。出口商银行向出口商押汇垫款后向信用证指定的偿付行索偿，用收回的偿付款来归还融资款项。押汇是一种出口商银行给予出口商的短期融资便利。

对于议付行来说，押汇的风险较小，这是因为：第一，有开证行的付款保证，只要受益人提交的单据经议付行审核为相符单据，从开证行取得付款就得到了很大的保障；第二，议付行可以控制货权，开证行拒付的情况下可以要求将单据寄回议付行，从而使议付行可以掌握货物，从而避免损失；第三，议付行对受益人有追索权，开证行拒付的情况下可以立即向受益人追索押汇本息。

押汇是出口商银行在收到开证行、保兑行或指定偿付行的偿付之前，向出口商提供的一种短期融资业务，期限一般不超过 90 天，币种一般与信用证中的币种一致，利率一般参照外汇流动资金贷款利率。提供押汇融资的银行预扣利息后，将剩余款项给予出口押汇的申请人，使其可以在国外收汇到达之前提前从银行得到垫款，加速资金周转。如实际收汇天数超过押汇期限，银行将向受益人补收押汇息。提供出口押汇融资的银行对出口商保留追索权，如无法从国外收汇时，申请人应及时另筹资金归还垫款。

押汇和议付都是银行在寄单索汇之前垫付款项而向受益人提供的短期融资便利。但是两者之间还是有很多不同点。①在银行对出口商的垫款追索权上不同。押汇银行对出口商是有追索权的，而议付可以是有追索权的议付，也可以是无追索权的议付。②在垫款的金额上不同。押汇可以是对汇票或发票金额的全部或部分进行垫款，而议付通常是对汇票或发票金额的全部进行垫款。③可以进行融资的信用证的种类不同。押汇可以是对付款信用证、承兑信用证或议付信用证项下的单据融资，而议付仅限于对议付信用证项下的单据融资。④对单据的要求不同。押汇只限于对带有物权凭证的单据融资，而议付可以是任何形式的单据。⑤对不符点单据的处理不同。银行可以对不符点单据进行押汇的融资，但不能对不符点单据进行议付。

因为提供押汇融资银行的第一还款来源就是信用证项下的顺利收汇，所以对信用证和项下单据的审核就很重要，如果信用证或单据出现如下情况，银行一般不会接受出口商的押汇申请：来证限制其他银行议付；远期信用证超过 180 天；提交的信用证不是正本；信用证已经获得过打包贷款的融资；运输单据为非物权凭证的；未能提交全套物权凭证的；信用证中带有软条款，即信用证中所提到的条款的要求在实际的履约过程中很难满足；转让行不承担独立付款责任的转让信用证；单证或单单间有实质性不符点，即不能满足相符交单条件的单据；索汇路线迂回曲折，影响安全及时收汇的；开证行或付款行所在地是局势紧张动荡或发生战争的国家或地区的；开证行有不良经营记录；收汇地区外汇短缺，管制较严，或发生金融危机，收汇无把握等。

(2) 远期汇票的贴现 (Discount)。远期汇票的贴现是银行对于未到期的并已经被承兑的远期票据有追索权地买入，为客户提供的短期融资便利。如果出口商希望在远期汇票的到期日前提前收回货款，则可以提交远期汇票给承兑行、议付行或开证行，请求其承兑后将汇票寄回给出口商，出口商才可以将已承兑的远期汇票向银行或贴现公司申请贴现。

贴现票据的期限以银行贴现日起至到期日的实际天数计算，一般不超过360天，计收外币贴现息，并从贴现款项中扣除。提供贴现融资的银行在远期汇票的付款到期日向该汇票的承兑银行提示付款后收汇。远期汇票的贴现是一种出口商银行向出口商提供的短期融资便利。

(3) 假远期信用证 (Buyer's Usance Credit)。也称为买方远期信用证，就是在信用证中使用的是远期汇票，但是加列了假远期条款，即规定远期汇票可按即期方式付款，贴现利息由买方承担 (Usance Draft Will be Negotiated on Sight Basis, Discount Charges are for Buyer's Account)。这是由信用证的开证行向出口商和进口商提供的一种短期融资便利，出口商持有远期汇票但可以即期收汇，进口商可以达成交易但可以远期付汇。

二、信用证方式下面临的风险及防范措施

(一) 信用证方式下面临的风险

信用证业务要求贸易双方严格遵守信用证条款，信用证的当事人必须受《UCP600》的约束才能起到其应有的作用，买卖双方只要有一方未按条款办事，或利用信用证框架中的缺陷刻意欺诈，则信用证项下的风险就会产生。

1. 进口商面临的主要风险

(1) 出口商交货严重违反贸易合同的要求。由于信用证是一项自足的文件，独立于买卖合同之外。信用证当事人的权利和义务完全以L/C条款为依据。银行对于买卖合同履行中出现的问题 (如货物品质、数量不符) 概不负责。若出口商以次充好，以假冒真，只要出口商提供的单据与L/C相符，出口商照样可得到货款，而深受其害的则是进口商。

(2) 出口商伪造单据骗取货款。《UCP600》规定："银行对单据下述方面不负责任：形式、完整性、准确性、真伪、法律效力等。银行对单据所代表的货物在下述方面不负责任：货品、数量、重量、状况、包装、交货、存在与否。"这一规定为不法商人伪造单据骗取货款提供了方便。

(3) 卖方勾结承运人出具预借提单或倒签提单，或勾结其他当事人如船长等将货物中途卖掉。

2. 出口商面临的风险

(1) 由于交货期、交货数量、规格等不符点而造成的风险。在具体业务操作过程中，常常发生出口方未按信用证条款规定交货的情况，如品质不符、数量与

信用证规定有异、逾期交货等，任何一个不符点都可能使信用证失去其保证作用，导致出口商收不到货款；即使出口方完全按信用证规定出货，但由于疏忽而造成单证不符，也同样会遭到开证行拒付。

（2）因软条款而导致的风险。有“软条款”的信用证开证人可以任意、单方面使单据与信用证不符，即使受益人提交了与信用证规定相符的单据，也可解除其付款责任。这种信用证实质上是变相的可撤销的信用证。常见的软条款有以下几种：①船公司、船名、目的港、起运港或收货人、装船日期等须待开证人通知或征得开证人同意，开证行将以修改书的形式另行通知。②货物备妥待运时须经开证人检验。开证人出具的货物检验书上签字应由开证行证实或和开证行存档的签样相符。③货到目的港后须经开证人检验才履行付款责任。④信用证暂不生效：本证暂不生效，待进口许可证签发后或待货样经开证人确认后通知生效。这些软条款，有些是进口商为保护自己的利益而采取的措施，有些则是恶意欺诈的前奏，但无论其初衷如何，这些限制性条款都有可能对受益人的安全收汇构成极大威胁。带有软条款的信用证，其支付完全操纵在进口商手中，从而可能使出口商遭受损失。

（3）进口商利用伪造、变造的信用证绕过通知行直接寄出口商，引诱出口商发货，骗取货物。

（4）正本提单直接寄进口商。有些目的港如中国香港、日本等地，由于路途较近，货物出运后很快就抵达目的港。如卖方同意接受信用证规定“1/3 正本提单径寄客户，2/3 提单送银行议付”的条款，则为卖方埋下了风险的种子。因为 3 份正本提单中任何一份生效，其他两份自动失效。如果一份正本提单直接寄给客户，等于把物权拱手交给对方。客户可以不经银行议付而直接凭手中的提单提走货物。如果寄送银行的单据有任何不符点而收不到货款，银行将不承担责任。实质上这是将银行信用自动降为商业信用。

（5）进口商申请开立不合格信用证，并拒绝或拖延修改，或改用其他付款方式支付。此时卖方若贸然发货，将造成单证不符或单货不符的被动局面。

（6）开证行倒闭或无力偿付信用证款项。此时，出口商只能凭借买卖合同要求进口商付款，须承担商业信用风险。

3. 银行面临的风险

（1）进口商无理拒付合格单据或因破产给银行带来风险。信用证是开证行以自己的信用做出的付款保证，即在信用证方式下，开证行承担第一性的付款责任。当进口商破产，无力偿付或因市场情况发生变化，进口商拒绝付款赎单时，只要出口商提交的单据做到单单相符，单证相符，开证行必须承担付款责任。

（2）信用证打包贷款给银行带来风险。近年来打包贷款盛行，给进出口商带来了许多便利，但如果进出口商串通起来，合谋欺骗银行，则这种融资方式也给银行带来许多麻烦。如某外商向其在国内投资的中外合资企业购货，开出一张约50万美元的即期信用证，中外合资企业凭信用证向议付银行申请打包贷款，用以购买原料后投产。信用证到期时供货方却未出货。原来外商并不要货，只是由于该企业资金紧张，贷款无门，假借信用证内外勾结来获取贷款，像这类进出口商串通一气，骗取银行借款，到期不还的情况也把银行拖入大量债务纠纷之中。

（3）进出口双方合谋欺诈给银行带来风险，如牟其中勾结海外不法商人利用远期信用证进行融资诈骗。

（二）信用证风险的防范措施

信用证绝不是一种无懈可击的支付方式，银行信用不可能完全取代商业信用，也不可能完全避免商业风险，必须注意对信用证项下风险的防范。

（1）加强信用风险管理，重视资信调查。外贸企业应建立客户信息档案，定期或不定期客观分析客户资信情况。在交易前通过一些具有独立性的调查机构仔细审查客户的基本情况，对其注册资本、盈亏情况、业务范围、公司设备，开户银行所在地址、电话和账号、经营作风和过去的历史等，进行必要的调查评议，选择资信良好的客户作为自己的贸易伙伴。在交易中，经常与业务员沟通交流，对业务员在交易过程中产生的疑点、难点问题给予指导帮助。交易后以应收未收账作为监控手段，防止坏账的产生。这样，可以最大可能地避免风险，为业务的顺利进行起到重要的作用。

（2）努力提高业务人员素质，保持高度的警惕性。外贸业务人员应认真学习专业知识，不断提高业务水平，是防止风险的关键。随着竞争的日趋激烈，瞬息万变的市场对业务人员提出更多更高的要求，贸易做法也越来越灵活多变，业务上如果不熟，碰到问题看表面而不看实质，对风险缺少充分的估计，盲目乐观，很容易造成巨大损失。从以往的应收未收账的案例分析，绝大多数是由于业务员工作马虎，忽视风险而造成的。

（3）信用证业务的特点决定了单据对整笔业务完成的重要性。“单单相符，单证相符”是信用证的基本要求，正确交单议付则是最后结算的基础。作为进口方，可在信用证中加列自我保护条款，可要求出口商提供由权威机构（如SGS等）出具检验证书，也可派人亲自验货并监督装船，以保证获得满意的进口货物。另外，作为受益人，加强催证、审证、改证工作，认真审核信用证，仔细研究信用证条款可否接受，并向客户提出改证要求。在制单过程中，必须严格遵守“单单相符，单证相符”原则，以防产生不符点，影响安全收汇。

(4) 开证行应认真审查开证申请人的付款能力，严格控制授信额度，对资信不高的申请人要提高保证金比例，落实有效担保。通知行应认真核对 L/C 的密押或印鉴，鉴别其真伪。议付行应认真仔细审核议付单证，确保安全及时收汇。

总之，信用证作为国际结算的主要方式，给了买卖双方更大的安全保障。但在具体信用证业务操作中，要清醒地认识到信用证中可能存在的风险，增强风险防范意识，预防在先，以利于业务的顺利进行，避免不必要的损失。

特别提示

信用证已经成为国际贸易结算中使用最为广泛和最为重要的一种结算方式。但广泛应用并不意味着最安全，信用证内在交易的基本原则存在导致欺诈产生的理论缺陷，存在着很强的欺诈风险。因此，正确运用信用证结算方式和有效防范信用证结算欺诈，是维护正常国际贸易秩序的当务之急。

第三节　跟单信用证统一惯例解析[①]

一、产生的背景

自 19 世纪开始使用信用证以来，随着国际贸易的发展，信用证方式逐渐成为国际贸易中通常使用的一种支付方式。但是，由于对跟单信用证有关当事人的权利、责任、付款的定义和术语在国际上缺乏统一的解释和公认的准则，各国银行根据各自的习惯和利益自行规定办事。因此，信用证各有关当事人之间的争议和纠纷经常发生，特别是在经济危机、市场不景气的时候，进口商和开证行往往挑剔单据上某些内容不符要求，借口提出异议，拖延甚至拒绝付款，以致引起司法诉讼。国际商会为了减少因解释不同而引起的争端，调和各有关当事人之间的矛盾，于 1930 年拟订一套《商业跟单信用证统一惯例》，并于 1933 年正式公布，建议各国银行采用。随着国际贸易变化，国际商会于 1951 年、1962 年和 1974 年、1983 年曾先后对该惯例进行了修订。

到 20 世纪 80 年代末、90 年代初，时代发展的步伐加快，科学技术的进步

① 卫莉：《浅析〈跟单信用证统一惯例〉UCP600》，《科学咨询》，2012 年第 11 期。

突飞猛进，1993年，国际商会对《跟单信用证统一惯例》再一次进行修订，修订后的《跟单信用让统一惯例》即《国际商会500号出版物》（《UCP500》），于1994年1月1日开始实施。

而《UCP500》由于在条款设置及措辞方面存在一定不足，某些条款尚存在争议，已经不能完全满足和适应实际业务的需要。《UCP500》在实行了12年以后，国际商会对《UCP500》进行了修改。国际商会于2006年10月25日在巴黎举行了“ICC银行技术与惯例委员会2006年秋季例会”。经国际商会银行委员会通过，《UCP600》于2007年7月1日正式生效。开证行如采用该惯例，就可在信用证中加注：“除另有规定外，本证根据国际商会《跟单信用证统一惯例》即国际商会第600号出版物办理。”

二、《UCP600》与《UCP500》的比较

《UCP600》对《UCP500》的49个条款进行了大幅度的调整及增删，在全文结构上的变化是按照业务环节对条款进行了归纳总结。简而言之，就是把通知、修改、审单、偿付、拒付等环节涉及的条款在原来《UCP500》的基础上分别集中，使得对某一问题更加明确和系统化，极大地方便了使用者查找相关条款。虽然《UCP600》（共39条）比《UCP500》减少了10条，但却比《UCP500》更加准确、清晰，更加易读易掌握，极大地丰富和影响了今后跟单信用证业务的实务操作和审核单据的标准。

（一）银行单据处理的时间从7天缩短到5天

《UCP500》规定处理单据的合理工作时间是在收单后7个工作日内，但是这个规定有点含糊不清。因此最新的《UCP600》就彻底抛弃含糊不清的“合理时间”，直接规定为不超过5个工作日。因此，考验了银行的工作能力，还有与企业之间各个环节工作人员的工作效率，对于企业而言，新的规定有望更早地收到头寸。

（二）拒付后单据的处理

在《UCP600》的条款中，将银行处理不符单据的选择增加到四种：持单听候交单人的处理；持单直到开证申请人接受不符单据；径直退单；依据事先得到交单人的指示行事。实践中，银行往往会因为在拒付通知中表明将“寻求进口人放弃不符点放单”而被法院认定为拒付无效。《UCP600》把这种条款纳入合理的范围内，符合了现实业务的发展，减少了因此产生纠纷的可能，并且有望缩短不符点单据处理的周期。如果出口商不愿意给予对方这种权利，可以在交单时明确指示按照惯例中另一个选项来处理，即拒付后“银行将按照先前收到的交单人指令行事”，后者干脆要求进口商委托开立信用证时直接排除这一选项。

（三）新增融资许可条款

《UCP600》明确了开证行对于指定行进行承兑、做出延期付款承诺的授权，同时包含允许指定行进行提前买入的授权。《UCP600》这项规定存在与各国的商法、票据法有所抵触的可能，但鉴于各国法院在处理信用证相关案件时，会很大程度上倾向遵循国际惯例，在一定程度上，这一规定是富有积极意义的。

（四）单证相符的标准

《UCP600》专门规定了何为“相符的交单”，将单据与信用证相符的要求细化为“单内相符，单单相符，单证相符”，强调要与信用证条款、适用的惯例条款以及国际银行标准实务相符合。对“相符”的明确界定，可以减少实务中对于单据不符点的争议。另外，《UCP600》要求单据内容必须在表面上具备所要求的单据的功能。

（五）单据遗失风险承担

《UCP600》规定如果发送“单证相符”的单据给开证行的银行是一家被指定银行，而单据在途中遗失，那么开证行有责任付款，前提是单据以信用证规定的方式寄送，即当信用证规定为挂号邮寄时，单据要按照那种方式寄送，而不是通过快递公司。如果信用证没有规定寄送单据的方式，则指定行可以选择寄送单据的方式，风险仍由保兑行或者开证行承担，而不是受益人或指定行承担。

（六）受益人和申请人地址之处理

《UCP600》规定除信用证中规定的运输单据中的收货人或被通知方必须完全一致外，其他地方出现的受益人和申请人地址不需要一致（必须在同一个国家），电话、电传等详细联系资料银行不予理会，这些规定有望减少实务中的此类纠纷。

（七）其他新规定

《UCP600》的其他变化有第二十八条规定，保险单可以显示任何除外条款；第三十八条规定转让信用证第二受益人的交单必须经过转让行；增加了议付（Negotiation）/兑付（Honour）等重要定义；删除了可撤销信用证和货代提单等过时规定；海运提单和多联式运单条款有细微调整等。

三、对《UCP600》的评价①

《UCP600》具有以下优点：第一次系统地对信用证有关概念进行了定义。删除了那些表达不确切、内容已过时及与国际贸易实务相脱节的条款，措辞更为简洁、严格、清晰，增加了实务操作性条款。虽然《UCP600》没有解决也不可能解决实务中碰到的所有问题，而且目前 URR525、ISBP、ISP98、EUCP 等规则都与

UCP 并行，势必造成适用难度变大的问题。但是 UCP 历经六次修订和完善，已经形成了一套比较系统、缜密和完整的规则，其重要性与日俱增，目前已被超过 180 个国家或银行组织采用，绝大多数金融机构都在其开立的信用证中明确规定适用该规则，UCP 也因此被誉为“最为成功和最被广泛接受的国际银行和商业统一惯例”。

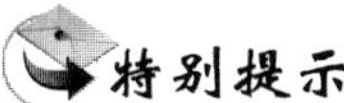
特别提示

《UCP600》并不具有很强的强制力，即使明确表明受统一惯例的约束，信用证中也可以通过某些特殊规定来排除《UCP600》的适用。

案例分析 1

某外贸公司出口货物一批，数量为 2000 公吨，每公吨 USD30 CIF London，国外买方通过开证行按时开来信用证，该证规定：总金额不得超过 USD60000，有效期为 7 月 31 日。证内注明按《UCP600》办理。外贸公司于 7 月 2 日将货物装船完毕，取得提单，签发日期为 7 月 2 日。

试问：①外贸公司最迟在何日将单据送交银行议付？为什么？②本批货物最多，最少能交多少公吨？为什么？

分析：

①根据《UCP600》的规定，若未规定交单期，银行将拒绝接受迟于装运日次日起 21 天后提交的单据。但无论如何，提交单据不得迟于信用证的到期日。则本案外贸公司不得晚于 7 月 23 日交单。

②根据《UCP600》的规定，在信用证未以包装单位件数或货物自身件数的方式规定货物数量时，货物数量应有 5%的增减幅度，只要总支取金额不超过信用证金额。据此，本案例可少交 5%，即交 1900 公吨，最多也只能交 2000 公吨。

① 戴恩潮：《论 UCP600 对 UCP500 的修改及其评价》，《华商》，2008 年第 11 期。

案例分析 2

我某进出口公司与国外某客商订立一份轻纺制品的出口合同，合同规定以不可撤销即期信用证为付款方式。买方在合同规定的开证时间内将信用证开抵通知银行，并经通知银行转交给我出口公司。我出口公司审核后发现，信用证上有关信用证到期地点的规定与双方协商的不一致。为争取时间，尽快将信用证修改完毕，以便办理货物的装运，我方立即电告开证银行修改信用证，并要求开证银行修改完信用证后，直接将信用证修改通知书寄交我方。

试问：①我方的做法可能会产生什么后果？②正确的信用证修改渠道是怎样的？

分析：

①我方的做法可能会产生：因有关方面不同意修改信用证或拖延修改信用证，导致我方无法凭证结汇的结果；无法辨别信用证修改通知书的真伪就办理装运，到头来落得无法凭证结汇的后果。

②正确的信用证修改渠道是：受益人—开证申请人（进口商）—开证银行—通知银行—受益人。

案例分析 3

某公司受国内用户委托，以本公司名义与国外一公司签订一项进口某种商品的合同，支付条件为"即期付款交单"。在履行合同时，卖方未经该公司同意，就直接将货物连同单据都交给了国内用户，但该国内用户在收到货物后由于财务困难，无力支付货款。在这种情况下，国外卖方认为，我外贸公司作为合同的买方，根据买卖合同的支付条款，要求我公司支付货款。

试问：外贸公司是否有义务支付货款？

分析：我外贸公司无付款义务。这是因为合同中的支付方式为即期付款交单，这种方式要求卖方应按合同规定向买方交单，买方才有义务付款。本案例中，由于卖方没有按合同规定向买方交单，而是向国内用户交单，因此，外贸公司作为买方就没有义务付款。

小　结

跟单信用证业务的基本流程大致包括以下环节：进出口商签订国际合同；开证申请人申请开立信用证，开证行开出信用证；通知行向受益人通知信用证；受益人审证、发货、制单；受益人交单；出口地银行审单付款；付款行或垫付行寄单索偿；开证行审单付款；开证行通知开证申请人备款赎单；开证申请人付款赎单；开证行交单，开证申请人凭单提货。

在信用证结算中，银行利用结算环节向客户提供贸易融资。

信用证是一种相对于托收、电汇等方式而言信用度较高的一种支付方式。交易双方通过信用证业务，就某笔交易建立起商业信用加银行信用，这样的双重信用给了买卖双方更大的安全感。买方可从信用证规定的单据中获得所需的物品和服务，而卖方如果履行了信用证项下的义务，提交正确的单据便可以从银行得到偿付。信用证业务由于有了银行的参与，较大程度上解决了进出口双方互不信任的问题，可以帮助降低国际贸易风险，并使双方得到资金融通。

实训练习

【核心概念】

打包放款　出口押汇

【问答题】

1. 简述跟单信用证的业务程序。

2. 简述信用证项下的资金融通及风险防范。

第七章　银行保函与备用信用证

本章目标

◆ 理解银行保函的定义与性质

◆ 掌握银行保函业务的当事人及其责任义务、银行保函的基本内容和业务流程

◆ 理解并掌握银行保函的种类以及银行保函与商业信用证的区别

◆ 熟悉备用信用证的种类和用途

◆ 掌握备用信用证与跟单信用证和银行保函之间的异同

案例导入

在国际商会的第535号出版物中曾举出这样的一个案例，值得借鉴：开证银行I向受益人开立了一份不可撤销的备用信用证，并通过A银行通知，该证在I银行有效并在I银行到期，要求的单据为：①以I银行为付款人的即期汇票。②未付款之商业发票的副本；该副本发票未加注日期，但列名了交货的日期在交单15天之内。③受益人授权代表的声明：证明所附发票已过期至少30天且已向开证申请人要求过付款。在该备用信用证到期前5天，申请人通知I银行：已无任何未结清之发票需付款给受益人，所以I银行对该备用信用证项下之任何支款都不应予以支付。但是，就在该证到期前一天，A银行以快递方式代受益人提交下列的单据：①以I银行为付款人的即期汇票。②未付款之商业发票副本，该副本发票未加注日期，但列明了交货的日期在交单15天之内。③备用信用证所需要的违约声明。银行在审核单据后，贷记A银行账户，借记申请人账户支付了该证项下的款项。申请人对此提出异议：①申请人先前已通知I银行对受益人已无未结清之发票，I银行不应支付该信用证项下所支取的任何款项。②银行本应注意到：尽管信

用证所要求的违约声明称申请人的违约情况存在，但很明显，发票上的交货日期表明并无任何金额过期30天。③发票表明交货仅在提交单据前15天内完成，因此提交单据前仅过去15天，受益人不应宣称已过30天，其陈述与事实不符。④申请人要求重新贷记其账户。I银行拒绝了申请人的要求，并声称其做法完全符合信用证的条款。从该案例中，I银行做出付款是正确的，因为作为银行其保证付款的条件上：只要提交了规定的单据和符合信用证条款的声明就必须付款，况且银行是不受申请人的陈述制约的。

——引自江波：《从国际商会案例看保险单据的抬头和背书问题》，《对外经济实务》，2011年第3期

从该案例中可以看出，申请人应吸取的教训是应注意单据的严谨性，该证要求的违约声明只要求一份已向申请人要求付款的证明，而没有进一步要求加列"不仅已向申请人要求付款，而且申请人也未于到期支付款项"。条款上的漏洞使受益人有了可乘之机，从而出现了风险，这应该是引起申请人注意的。那么备用信用证对单据有何要求呢？银行保函和备用信用证有什么区别呢？

随着国际贸易的发展，从事国际贸易的商人要求银行提供高效率的结算服务，以便国际贸易中货与款之间更加顺利地对流。普通商业信用证手续烦琐，单据要求复杂，费用高和结算时间长，为买卖双方带来诸多不便。而银行保函和备用信用证的手续简便，单据要求简单，结算时间短，为买卖双方带来很多方便。因此，在法律和信用制度比较健全的国家，越来越多的进出口商采用银行保函和备用信用证结算方式。

第一节　银行保函概述

一、银行保函产生的背景

21世纪以来，全球间的经济日益相互依赖，国与国之间的联系更加紧密。各国间的货物、劳务、技术和资金的相互流通也越来越频繁，交易往来所涉及的金额必然也越来越大，交易的内涵与成交的方式也日益灵活和多样化。不过在经济交易与合作中，由于交易双方往往处于不同的国家和地区，相互间对于对方的资源等信息缺乏必要的了解和信任，因此也使得各类交易变得更为复杂，其间的潜在风险也将可能更大。在这种情况下，为了避免由于彼此之间的不信任感而产生的各种纠纷，交易当事人往往在合同之外，要求第三方对合同的履行及其他有关事项提供额外的保证，这种提供担保的书面文件就是保函。出具保函的第三方即担保人既可以是工商企业和个人，也可以是商业银行、保险公司、担保公司、商业团体或其他金融机构。目前，由于国际商务活动的双方越来越依赖银行等金融机构所提供的信用来达成合同并保证交易的顺利进行。因此，新的以银行信用为基础的国际辅助结算方式——银行保函已经并将继续在国际经贸活动中发挥积极的作用。

二、银行保函的概述

（一）银行保函的含义

银行保函（Letter of Guarantee，L/G）是指银行或其他金融机构应交易（贸易项下、合约关系、经济关系）一方当事人的要求，向交易另一方开出的、为保证该当事人交易项下的责任或义务的履行而做出的在一定期限内承担一定金额支付责任或经济赔偿责任的书面付款保证承诺。

（二）银行保函的当事人

1. 银行保函的基本当事人

（1）委托人（Principal）或申请人（Applicant）。向担保行申请开立保函的一方，一般为债务人，可以是进口商、投标人或承租人等。委托人的责任如下：①在担保行按照保函规定向受益人付款后，委托人必须立即偿还担保行垫付之款；②负担保函项下一切费用及利息；③担保人如果认为需要时，应预支部分或全部押金。

（2）受益人（Beneficiary）。接受保函并有权按保函规定出具索款通知或连同其他单据向担保行索取款项的一方，一般为债权人，如出口商、贷款银行等。受益人按照保函规定，提交相符的索款声明，或连同有关单据，有权向担保行索偿，并取得付款。

（3）担保行（Guarantor Bank）。接受申请人的申请，向受益人开立保函的银行。担保行的责任、权利如下：①一经接受开立保函申请书，就有责任按照申请书开出保函。②一经开出保函就有责任按照保函承诺条件对受益人付款。③如果委托人不能立即偿还担保行已付之款，则担保行有权处置押金、抵押品、担保品；如果处置后仍不足抵偿，则担保行有权向委托人追索不足部分。

2. 其他当事人

上述三者为银行保函的基本当事人，在不同的开立方式中，还可能存在下列当事人：

（1）通知行（Advising Bank）。接受担保人的委托将保函通知给受益人的银行。一般是受益人所在地并与担保行有业务往来的银行，通常是担保行的联行或代理行。由于通知行与担保行有业务往来，又在受益人所在地，因此可以起到保证保函真实性的作用，减少银行保函业务中的风险，提高效率。

（2）反担保行（Counter Guarantor Bank）。接受申请人的委托向担保行出具不可撤销反担保，承诺在申请人违约且无法付款时，负责赔偿担保行所做出的全部支付者，是与申请人有经济业务往来的其他银行。有了反担保行，担保行就有了向除申请人以外的另一方追索其所付款项的选择，而反担保行也有权向申请人索偿。

（3）转开行（Reissuing Bank）。接受原担保行的要求，向受益人开立以原担保行为申请人及反担保行以自身为担保行的保函的银行。它一般是受益人所在地银行。转开行有权拒绝担保人要其转开保函的要求，并及时通知担保人，以便担保人选择其他的转开行。但是，一旦转开行接受担保人的要求，就应及时向受益人开出保函。保函一经开出，转开行就成为担保人，承担起担保人的责任和义务，而原担保人就变为反担保人，转开行付款后，有权凭反担保保函向反担保人（原担保人）索偿。

（4）保兑行（Confirming Bank）。根据担保行的要求，在保函上加具保兑，承诺当担保行无力赔偿时，代其履行付款责任的银行，也称第二担保行。当担保人的资信较差或属外汇短缺国家的银行时，受益人往往会要求在担保人的保函上由一家国际大银行承担付款责任，一旦担保人未能按规定付款，保兑行就必须代其履行付款义务。保兑行付款后，有权凭担保函及担保人要求其加具保兑的书面指示向担保行索赔。

（三）银行保函的作用

（1）提供担保。即在主债务人违约时给予债权人以资金上的补偿。在银行担保下，受益人获得支付的权利仅依赖于保函中规定的条款和条件。银行一旦同意开立独立性保函，担保银行就为主债务人承担了对受益人的一切义务。担保银行向受益人支付了保函的款项，就取得了对主债务人的立即追索权。因此，担保银行处于一种信贷风险中，它通常要求以补偿来降低这种风险，而不是作为一个保险人行事。这种补偿通常由申请人提供抵押或另一家银行为申请人提供反担保来实现。

(2) 均衡当事人所承担的风险。从广义上说，特别是从主债务人和债权人的观点来看，银行保函代表了当事人承担的风险。当事人承担风险的程度或者范围取决于付款条件的类型。在见索即付保函（Demand Guarantee）下，受益人只需提供表面与保函要求一致的单据就可以得到付款，而担保银行作为值得信赖的金融机构，既因其信誉良好，也因为它有对主债务人的立即追索权，通常都会毫不延迟地付款。如果主债务人认为他自己已经正确履行了合同义务，那么他想重新取回已经支付的款项就会相当困难。比如，一个主债务人已经正确履行了合同，但受益人凭见索即付保函，通过提交与保函表面一致的单据，向担保行索偿并得到支付。主债务人因此向法院提起诉讼或向仲裁机构申请仲裁并胜诉，但面临着以下风险：判决或裁决因受益人是一个政府机构而得不到执行。相反，如果没有这种保函，若主债务人没有正确履行合同，受益人因此向法院提起诉讼或向仲裁机构提请仲裁并胜诉，受益人要承受判决或裁决因主债务人破产或者由于其是一个政府机构而得不到执行的风险。

(3) 见索即付保函的清偿功能。受益人认为主债务人违约时，通过提交与保函要求表面一致的单据就可以得到支付，而无须首先证实主债务人的违约。见索即付保函另一个非常重要的作用是能使受益人通过实现担保对债务人施加压力，使主债务人按照他的要求完成合同。这种持续的压力对主债务人来说是促使他迅速、充分地履行义务的强制性压力。

(4) 作为一种融资工具。在主债务人需要向受益人支付预付款或进行中间付款时，银行保函可以作为替代品，起到暂缓付款的作用，从而等于向主债务人提供了融资的便利。

(5) 见证作用。银行保函可以证明委托人的履约能力，从一开始就把不具备资格的人排除在外。因为提供保函就意味着不可撤销的付款承诺。所以，在对债务人（委托人）的资金实力和履约能力进行全面审查并得到满意的结果前，银行是不会轻易做付款承诺的，而不能得到银行为其开立保函的交易商也不会是一个值得依赖的贸易伙伴。

另外，世界银行、亚洲开发银行以及各国政府的贷款都以得到相应的担保为前提条件。这些贷款项下的项目，凡超过一定的金额，必须采用国际竞争性招标，无论国内或国际企业投标都要按招标书要求提交投标保函，中标签约时提供履约保函等。可见，银行保函已经成为国际贸易结算与融资的一个重要组成部分，在国际经济交易中发挥着重要作用。

(四) 银行保函的内容

银行保函并没有统一的格式，由于保函的种类多种多样，所涉及的事项各不相同，因此保函的内容也不太一致。不过，根据国际商会第325号出版物《合同担保统一规则》的规定及国际商会第406号出版物提供的保函示样，一般保证书应具备以下内容：

（1）保函的名称，如投标保函、履约保函等。

（2）各当事人的名称和地址。保函中应该写明申请人、受益人，尤其是担保行的完整名称和详细地址，因为《合同担保统一规则》明确规定“担保书受担保人营业地所在国的法律约束，如果担保人有几个营业地，则受担保人签发担保书的那个营业地所在国的法律约束”，而各国法律差异很大。因此，明确当事人各方尤其是担保人的全称和地址，不仅可以保证保函的完整真实，而且对于明确保函的有关法律问题、各方当事人的权利义务以及处理纠纷都十分重要。

（3）有关的交易合同、协议，标书的编号、日期，供应货物的名称、数量，工程项目名称等。这是确定合同和判断交易双方是否违约的依据。

（4）保函的货币名称、金额。保函可以规定一个具体的金额，也可以用交易合同金额的一定百分比表示，它一般指担保行担保责任的最高限度，也是计收担保费的主要依据，一般要写明货币种类。

（5）有效日期。关于有效日期涉及生效日期和到期日期方面的内容。

有关生效时间的规定有两种情况：一是规定生效日期，一般是自开出之日起生效，但也可以是一个较晚的生效日，这一较晚的生效日可以明确规定，也可以通过说明某一特定日期来规定；二是规定生效事件，即当某一条件履行后生效，如在预付款保函项下，以收到预付款为生效条件，以避免在申请人收到预付款前被无理索赔的风险。

银行保函原则上应规定一个明确的有效期限或到期日。它是受益人的索偿要求送到保证人的最后期限，也是计收担保费用的依据之一，但实际付款日期与此并无必然联系。受益人只有在到期日之前向担保行提出的索偿才能得到支付，否则担保行可以拒绝付款。保函有效期一过，担保行的责任即应解除，担保行应立刻要求受益人将保函退还注销。保函的有效期规定可采取两种方式：一是确定到期日；二是规定失效事件，即以某事件的发生之日为到期日，如施工完毕、交货结束等，但此事件必须以相应的单据证明。当事人可以选择一种或同时采用两种方式，当同时规定两种方式时，保函的到期日以两者较早发生者为准。如果保函没有对有效期限做出规定，根据《合约保证书统一规则》的规定应按以下三种情况分别确定其最后有效期：①在投标保证书情况下，应为自保函开立之日起6个月。②在履约保证书情况下，应为有关合同中所规定的交付完成期限或其延展期限后6个月。如合同中规定有保养期间，而履约保证书中又明确包括这种保养期间者，应为保养期间期满后一个月。③在还款保证书情况下，应为合约中规定的最后交付日期或完成日期后，或经延展的此日期后 6 个月。

三、银行保函的种类

银行保函按照使用人在贸易结算中对其的不同需求和用途，可以有不同的分类，实务中的主要分类可概括如下。

（一）依据与基本交易合同的相互关系，可分为从属性保函和独立性保函

1. 从属性保函

该保函效力依附于基本的合同。这种保函是其基础交易合同的附属性契约或附属性合同。担保行依据保函所承担的付款责任的成立与否，将只能以基础合约的条款及背景交易的实际执行情况加以确定。所以这类保函本身的法律效力依附于基础合约关系的存在而存在。合同与保函的关系是一种主从关系。传统的银行保函大多都属于从属性保函。

2. 独立性保函

这是一种与基本交易的合同及执行情况相脱离的保函。它虽然根据基本合同开立，但一旦开立后，其本身的效力并不依附于基础交易合约，其付款责任以其自身的条款为准。在该种保函项下，保函与基本合同是一种彼此独立、各自独具法律效力的平行法律关系。

目前，国际银行界的保函大多数属于独立性保函，而不再是传统意义上的从属性保函。

（二）依据保函项下支付前提的差异，可分为信用类保函和付款类保函

1. 信用类保函

该保函是银行为那些只有在保函申请人有违约行为而使其在基本合同项下承担了赔偿责任时，支付行为才发生的经济活动所开立的保函。在这种保函涉及的经济活动中，只要不出现保函申请人作为合同一方的违约事件，这种或有的支付就不会发生。因此，信用类保函支付的前提是申请人的违约行为与事实。

2. 付款类保函

该保函是银行为某种必然会涉及支付行为的经济活动所开立的保函。如付款保函、延期付款保函、补偿贸易保函等。这里所说的支付是指交易活动本身所需要的一种支付行为或支付义务，即对合同项下的另一方所提供的商品、劳务、技术的支付，而非指保函项下的付款行为。因此，只要交易发生，这种支付就必然发生，可能由申请人自己直接支付，也可能经由担保银行在保函项下间接做出，

付款类保函的支付前提是受益人是否履约。

（三）依据开立方式的不同，可分为直接保函和间接保函

1. 直接保函

该保函是银行应申请人的要求直接向受益人开立的保函。

2. 间接保函

该保函是申请人所在地的银行以提供反担保的形式委托受益人所在地的一家银行向受益人开立并对受益人承担付款责任的保函。

（四）依据索偿条件的不同，可分为无条件保函和有条件保函

1. 无条件保函

又称“见索即付”保函。在此类保函项下，担保行在受益人书面索偿时承担了无条件的支付义务，不论基础交易合同的执行情况如何，也不论受益人本身是否履行合同中规定的义务，只要担保行在保函的有效期内，收到受益人所提交的符合保函条款规定的书面索赔，就应该立即付款。在这种保函项下，申请人及担保行所承担的风险很大，有时可能遭受受益人的无理索赔而陷入极其被动的境地。在目前的国际银行保函业务中，大多数属于无条件保函。

2. 有条件保函

该保函为担保人在保函的条文中对索赔的发生与受理设定了若干的限制条件，或规定了若干能客观反映某种事实发生、条件落实的单据提供。只有保函规定的这些条件得到满足后，或所规定的能反映客观事实的单据提交给担保行后，担保行才会履行其支付义务。该种保函有利于保护申请人的利益，防止受益人的无理索赔和欺诈。不过因对受益人不利而常不被他们所接受。

（五）依据担保人承担的责任不同，可分为第一性和第二性责任保函

1. 第一性责任保函

是指那些已由担保人在保函中明确地做出了将其承担首先付款责任之承诺的，只要索赔本身能够满足保函中规定的条件，则既无须受益人先行向申请人索要，也不用理会申请人是否愿意支付，担保行将在受益人首次索要后立即予以支付的保函。

2. 第二性责任保函

是指在保函项下明文规定了担保行只有在受益人提出索赔而申请人拒绝支付时才予以付款的保函。应用该种保函时，受益人应首先向申请人要求索赔或支付。只有在申请人未付或拒付时才能向担保行提出索赔。

（六）依据在国际贸易结算中具体使用情况的不同，可分为出口类保函、进口类保函和其他类保函

1. 出口类保函

出口类保函主要是指出口方在出口业务中申请并由银行开立的保函。其目的是为了出口劳务和出口货物的需求。此类保函通常适用于国际工程承包业务和商品出口等业务。出口类保函主要包括投标保函、履约保函、定金保函、质量保函、账户透支保函和关税保付保函等。

（1）投标保函（Tendor Guarantee）。投标保函指在以招标方式成交的国际贸易和劳务承包业务中，招标方为防止投标者不遵守在投标书中做出的承诺，要求投标人通过其银行出具的一种书面付款保证文件。在投标保函中，担保银行保证投标人履行的责任和义务包括：保证在其报价的有效期内不修改原报价、不撤标、不改标。保证中标后按招标文件的规定在一定时间内与招标人签订合同，并按招标人规定的日期提交履约保函。如投标人未履行这些责任和义务，在开标前撤回投标，或中标后不履约的招标人有权凭保函向担保银行索偿，索赔金额通常为投标人报价总额的 1%~5%。投标保函的有效期一般从开立保函日到开标日期后的一段时间为止，有时再加一定天数的索偿期。如投标人中标，则有效期自动延长到投标人与招标人签订并交付合同和履约保函为止。

（2）履约保函（Performance Guarantee）。履约保函是银行应供货方或劳务承包方或承包人（委托人）的请求而向买主或业主（受益人）所开立的保证委托人履行某项合同项下的书面保证文件。如果在保函的有效期内委托人未能按合约的规定发运货物、提供劳务或完成工程及其他义务，则受益人有权要求担保行给予赔偿。在进出口业务，履约保函常来保证出口（保函的委托人）履行贸易合同项下的交货义务。在国际招标中，招标人通常要求中标人签订合同后，必须还要提供一份履约保函，以保证招标人能履行合同规定的责任和义务。履约保函的金额由招标人确定，一般为合同总价的 10%左右。履约保函也广泛地运用于其他国际经济交易中，可以说履约保函是使用最广泛的一种保函。

（3）定金保函（Down Payment Guarantee）。亦称为预付款保函（Advanced Payment Guarantee）或还款保函（Repayment Guarantee）。定金保函是进口方或接受承包的业主在预付定金时要求出口方或承包商提供的银行担保。因此，预付款保函中的有关当事人也就是履约保函中的有关当事人。担保行向受益人保证在出口方或承包商因故不能履约时，由银行负责将预付款项加上利息退还给受益人。

定金或预付款保函金额就是进口方或接受承包的业主预付款项的金额。目的在于保证一旦承包商违约或未按规定使用预付款、担保银行将给予赔偿，这种保函就是预付款保函。目前，国际劳务承包市场上常见的工程定金或预付款金额一般为合同总金额的10%~25%，预付款保函的担保金额不应超过承包商收到的工程预付款总额。保函中应规定，在承包商收到有关的预付款后保函才生效。此类保函的有效期一般为业主从支付给承包商的工程款中扣完该笔预付款为止，也可定为至合同执行完毕日为止，再加上一定天数的索偿期。定金或预付款保函不仅可以在承包工程项目中使用，还可广泛应用于一般性的进出口交易。

(4) 质量保函 (Quality Guarantee) 和维修保函 (Mainternace Guarantee)。质量保函和维修保函实际上是同一类型的保函，均是银行应出口方或承包商的要求，就合同标的物的质量向进口方或工程业主所出具的保证文件。这两种保函都是对履约责任者在合同标的物的质量保证期内为合同义务的履行所作的担保，其数额通常与履约保函的金额相同，为合同总价的5%~10%不等，有效期至合同规定的质量保证期满或维修期满再加上3~15天的索偿期。二者的区别是在使用范围上，其中质量保函通常应用于商品买卖合同项目（如大型机械设备、飞机、船舶等）交易中，买方为了确保商品符合合同规定的质量标准，常常要求卖方提供银行担保，保证如货物质量与合同规定不符，卖方应及时更换或维修，否则担保行将按保函金额进行赔付；而维修保函则主要应用于国际工程劳务承包工程，工程业主为了保证工程的质量，要求承包方提供银行担保，保证在工程质量不符合合同规定时，承包商负责维修，否则担保银行将按保函金额对业主进行赔付。

(5) 账户透支保函 (Overdraft Guarantee)。账户透支保函是银行应承包商的请求就其融通款项的偿还向工程所在国某家银行出具的保证文件。同样在国际承包工程中，承包商在外国施工时，为了能够得到当地银行的资金融通，往往需要开立一个透支账户。在申请开立透支账户时，承包商须向当地银行提供由其本国银行出具的透支保函。在此保函项下，担保行须保证若申请人未按透支合约的规定及时向账户行补足金额，担保行将代为补足。该保函的有效期为透支合约规定的结束透支账户日期再加上半个月（15天）。

(6) 关税保付保函 (Customs Guarantee)。关税保付保函有时又称海关免税保函、海关保函等。它是银行应承包商的请求向工程所在国海关出具的保证前者在工程完工后一定将施工机械撤离该国的保证文件。在国际承包工程中，关税保付保函的产生是因为一国的承包商在别国施工时，往往要将大批的施工机械运往工程所在国，待工程竣工后再撤回。在运入时，该国的海关要对施工机械征收一笔关税，等工程竣工施工机械撤回再将税金退回，否则将作为进口物资的关税被征收。在这种情况下，承包商为了避免垫付这笔税款，往往要求本国银行向工程所在国海关出具担保，保证承包商在工程完工后一定将施工机械撤离该国，否则由担保行支付这笔税款。另外，在国际展览活动中，一国将展品或有关物品运入另一国时，也会遇到这样的情况，举办展览的一方也可向对方国家海关提供关税保付保函。关税保付保函的金额即为各国海关规定的税金数额。保函的有效期为合同规定的施工机械或展品撤离该国日期再加上半个月时间。

2. 进口类保函

与出口类保函相反，进口类保函是银行应进口方的申请或要求向出口方开立的保证性的书面文件，主要包括付款保函、延期付款保函、补偿贸易保函、来料加工保函和租赁保函等。

（1）付款保函（Payment Guarantee）。付款保函是银行应进口商或工程业主的要求，向出口商或承包方出具的保证货款支付或承包工程价款支付的书面担保文件。其作用就是要保证进口商或业主履行其对合同价款的支付义务。付款保函是对合同价款支付保证，而不是一般的违约赔偿金的支付保证。因此，它既可以作为一种单独的支付方式使用，即由卖方或承包方凭货运单据和工程结算单据直接向担保银行索取款项，也可以作为商业信用结算方式的补充和额外保证工具，即由卖方或承包方先向买方或工程业主索要款项未果时凭付款保函向担保银行索赔，获得赔付。

（2）延期付款保函（Deferred Payment Guarantee）。在国际大型机电产品、成套设备、船舶等贸易及大型工程项目建造中，由于涉及金额较大，成交期较长，买方或工程业主通常要求卖方或承包方给予延期付款的优惠。而卖方或承包方为了保证自己的利益不受损失，往往要求对方提供银行开立的延期付款保函，所以延期付款保函是银行应买方或业主的委托向卖方或承包商开立的，对延期支付或远期支付的合同价款以及由此产生的利息所做出的一种付款保证承诺。在延期付款项下，担保人保证在卖方发运货物的若干日期之后，或在承包方完成工程建设项目若干日期之后，按合同所规定的时间，买方或业主将分期向卖方或承包方支付货款或工程价款以及相应的利息。如果买方或业主不能支付款项及利息，担保行将代为支付。

（3）补偿贸易保函（Guarantee for Compensation Trade）。补偿贸易保函是银行应进口设备方的要求向出口设备方出具的旨在保证进口设备方履行其在合约项下责任义务的书面文件。在补偿贸易中，提供设备、技术一方为了防止因对方不能按期、如数地补偿其设备、技术价款及其利息，自己可能遭受经济损失的风险，往往会要求引进设备、技术方提供银行保函。在该种保函中，担保行承担的保证责任包括：保证进口设备方在收到与合约相符的设备后，用该设备生产的产品会按合同要求返还给供应设备方或指定的第三者以偿付进口设备价款；若进口设备方未能履行前述义务，又不能以现汇偿付设备价款及利息时，则担保行向供应设备方（出口商）进行贴付。补偿贸易保函的金额为设备本身的价款加利息。保函的有效期为合同规定的进口设备方以产品偿付设备价款之日再加上15天（约半个月）的时间。

（4）来料加工保函（Processing Guarantee）与来件装配保函（Assembly Guarantee）。来料加工保函与来件装配保函的性质是一样的，是银行应进料、进件一方的要求向供料、供件一方出具的书面保证文件。担保行承担的责任为：保证进料方或进件方在收到与合同相符的原料或元件后，以该原料或元件进行加工或装配，并按合同规定将成品交付供料方或供件方或指定的第三者。若进料方或进件方未能履约而又不能以现汇偿付来料或来件金额及附加利息时，担保行负责赔付。此类保函的金额为来料或来件金额加利息。有效期为合同规定进料或进件方成品偿付来料或来件金额的日期再加半个月的时间。

（5）租赁保函（Lease Guarantee）。租赁保函是银行应承租人的要求对其在租赁合同项下的付款义务向出租人出具的保证文件，它适用于用租赁方式进口机械设备、运输工具等经济活动，担保行向出租人保证其一定代承租人按租赁合同规定交付租金或保证承租方一定履行合同按时交付租金，否则由银行代交。租赁保函的金额就是租金总额（相当于货价加利息）。有效期为按租赁合同规定的全部租金付清日期再加上半个月时间。

3. 其他类保函

其他类保函是指除进出口两类保函之外的其他需要担保行予以保证付款的保函。目前其他类保函主要有借款保函和保释金保函，它们的主要内容如下：

（1）借款保函（Loan Guarantee）。借款保函是指银行应借款人的请求，向贷款人开具的书面付款担保承诺。保证借款人一定将按借贷合约的规定偿还借款并支付利息。若借款人因破产、倒闭、资金周转困难等原因违约，未能偿还本金或利息等，担保行即代借款人向贷款人偿还应还而未还的借款和利息。借款保函金额一般为借款总额加上贷款期间所产生的利息。保函自开出之日起生效，有效期为借款契约中规定的还清借款及支付利息的日期再加上半个月。在借款人全部还清借款本息之日失效。担保人在保函项下的付款责任随贷款的部分偿还相应递减。

（2）保释金保函（Bail Guarantee）。保释金保函是银行应本国船公司或其他运输公司的申请为其保释因海上事故或其他原因而被扣留的船只或其他运输工具而向当地法院出具的保证文件。承运方应货主的委托运送货物时，如果装载货物的船只或其他运输工具因碰撞事故致使货主和他人蒙受损失，或因承运方的责任发生货物残损短缺等，在确定赔偿责任之前，当地法院会下令扣留有关船只或其他的运输工具，只有交纳了保释金后才能放行。在这种情况下，船公司或其他的运输公司可要求银行为其出具一份保释金保函，由担保行向当地法院保证船方一定会依照法院的判决赔偿损失，这个保函便能够代替保释金，船只就可以放行，使之能够继续使用。这种银行保函即为保释金保函。而保释金额的大小一般要依据损失数额的多少确定，损失额应由法庭来认定。保函的有效期可至法庭做出判决日后的若干天。

四、银行保函的开立方式及业务流程

（一）开立方式

在保函业务中，通常有直开、转开两种开立方式。

1. 直开

直开是指担保银行应合同一方当事人的申请，直接向合同的另一方当事人开立以其为受益人的保函。在这种开立方式下，由于担保银行直接向受益人承担担保责任，所以通常称为直接担保。担保银行开出保函后，可采取直交或转交两种传递方式，流程如图 7-1 所示。

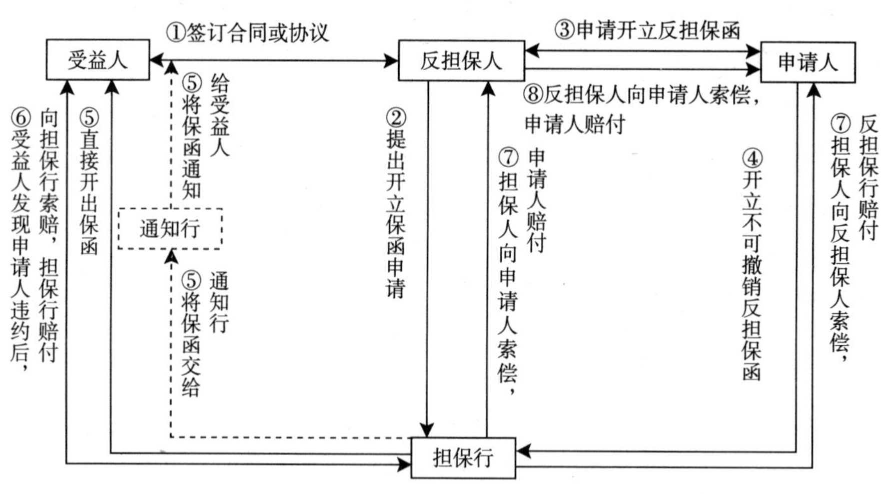

图 7-1　银行保函直开法业务流程

注：如果不涉及反担保人和通知行，则虚线框中的步骤省略。

（1）直交法。直交即担保银行直接交给受益人或由申请人交给受益人，中间不经过其他当事人环节，这是保函开立方式中最简单、最直接的一种。它的特征是：①涉及当事人少，关系简单；②受益人接到担保行开来的保函后，无法辨别保函真伪，因此无法保障自身的权利；③索偿不方便。即使申请人违约，受益人具备索偿条件，但是要求国外担保行进行赔偿有诸多不便。

由于受益人的权利不能得到有效的保证，受益人不愿意接受这种保函，因此在实际业务中很少用此种方法。

（2）转交法。转交即通过受益人所在地的一家银行即通知行转交给受益人，它的特征是：①真假易辨。这种开立保函的方式较为普遍，因为受益人接到的保函是经过通知行或转递行验明真伪后的保函，不必担心保函是伪造的。②索赔不便。在该方式下，受益人索偿不方便的问题仍然存在。受益人只能通过通知行或转递行向担保行索赔。而通知行或转递行只有转达义务，它们本身不承担任何责任。因此，实际上还是受益人向国外担保行索赔。

2. 转开

转开是指申请人所在地的银行应其客户的要求委托另一家银行（通常为受益人所在地的一家银行）开立保函，并由后者对受益人承担付款责任的一种行为。在这种开立方式下，真正的担保人是受益人所在地的银行，而委托人所在地银行只是反担保人。担保人凭借反担保人的反担保向受益人开立保函，受益人只能向担保人提出索赔，而不能越过担保人向反担保人提出索赔。反担保人只对担保人负责，而不对受益人承担任何直接责任，在转开方式下，涉及的银行数目多，申请人交纳的费用比较高。其流程如图 7–2 所示。

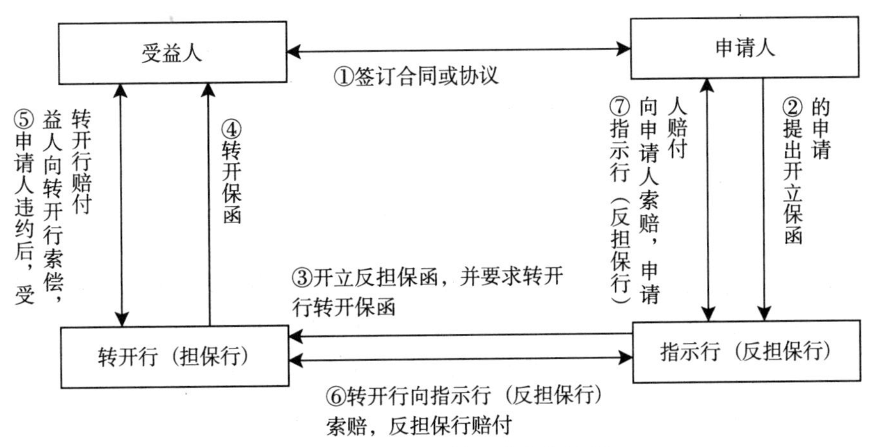

图 7–2　银行保函转开法业务流程

当受益人只接受本地银行为担保人时，原担保人要求受益人所在地的一家银行为转开行，转开保函给受益人。这样，原担保人变成了反担保人，而转开行则变成了担保人。它的特点是：①转开行是受益人所在地银行，受益人比较了解和信任，解决了受益人对国外担保行不了解和不信任的问题；②真伪易辨。受益人接到的保函是经过转开行验明真伪后的保函；③索赔方便。受益人与转开行处同一国家或地区，不存在语言、风俗习惯、制度和法律方面的差异。

以这种方式开立的保函，对受益人最为有利。

（二）银行保函的业务程序

一笔银行保函业务从开立到结束一般需经过以下几个环节：

1. 委托人申请开立保函

委托人向银行申请开立保函时，须填写保函申请书和与担保行签订委托担保协议书，提交保证金或其他反担保及有关的业务参考文件。保函申请书是申请人与担保人之间具有一定法律效力的书面文件，在申请书中应明确担保行和申请人各自的权利和义务，担保行依据申请书中的条款开具保函，同时就也享有了在保函项下发生索赔后向申请人追索的权利，以及在开立保函后收取相关费用的权利。一份保函申请书通常包括：保函申请人的详细信息、保函受益人的名称地址、基础交易合同的信息、保函的金额、保函的种类、保函的有效期、保函的开立方式、申请人对担保行做出的承诺、担保行和申请人的权利和义务、担保行可能的免责条款、申请人的签章等。

2. 担保行审查

银行出于保护自身利益的考虑，在开立保函之前，会对申请人的资信状况、申请人提交的开立保函的申请书、交易合同副本或招标书副本、反担保文件或财产抵押书、保函格式等逐一进行详尽的审查核实。

3. 担保行开立保函

银行对申请人提供的有关资料及申请人的资信审查认可后，便可正式对外开立保函，并按规定的收费标准向申请人收取担保费。在日常业务中，保函的开立方式分为电开和信开两种，银行在保函中应明确有效期。

4. 保函的修改

银行保函可以在有效期内进行修改。保函的修改必须经过当事人各方一致同意后方可进行，任何一方单独对保函条款进行修改都视作无效。当申请人与受益人就保函修改取得一致后，由申请人向担保行提出书面申请并加盖公章，注明原保函的编号、开立日期、金额等内容以及要求修改的详细条款和由此产生的责任条款，同时应出具受益人要求或同意修改的意思表示供担保行参考。担保行在审查申请并同意修改后以后，向受益人发出修改函电，由主管负责人签字后发出。

5. 保函的索赔

担保行在保函的有效期之内，若收到受益人提交的索赔单据及有关证明文件时，应以保函的索赔条款为依据对该项索赔是否成立进行严格审核，并在确认索赔单据及有关证明文件完全与保函索赔条款的规定相符合时，应及时对外付款，履行其在该项保函中所承担的责任。担保行对外付款后，可立即行使自己的权利，向保函的申请人或反担保人进行索赔，要求其偿还银行所支付的款项。

6. 保函的注销

保函在到期后或在担保行赔付保函项下全部款项后失效。担保行应立即办理保函的注销手续，并要求受益人按保函的有关规定将保函退回担保行。至此，保函业务的运作程序结束。

五、银行保函与商业信用证的区别

银行保函与商业信用证都是银行应申请人的请求开立的，以银行信用代替商业信用来解决合同双方互不信任的问题，但两者从开立的目的、功能及应用范围、业务操作等各方面均存在着很大不同。

（1）开立的目的不同。银行保函的首要目的是担保而非付款，原则上只有在申请人违约的情况下，银行保函才发生作用，以便促使申请人正常履行责任，并促进交易正常进行。也就是说，只有交易过程中出现违约等不符合基础合同的情况时，银行保函才发生作用。而信用证是一种国际结算工具，其开立的首要目的是付款，是交易正常进行过程中的一个环节。

（2）银行责任不同。在信用证下，开证行的付款责任总是第一性的；而在银行保函下，担保行的付款责任有时是第一性的，有时是第二性的。在从属性保函下，担保行承担第二性的付款责任，而在独立性保函下，担保行承担第一性的付款责任。

（3）应用范围不同。银行保函的应用范围远远大于信用证。信用证通常只用在贸易合同当中，是开证行应进口商的申请向出口商开出的，在出口商提交了符合信用证条款的单据后，由开证行向出口商支付货款的一种贸易结算方式；而银行保函既可用于国际贸易，也可用于国际间其他交易，如劳务承包、租赁、借贷等国际经济活动。可以说，任何需要银行信用介入的交易，都可以使用银行保函。

（4）所付款项性质不同。由于信用证主要应用于贸易合同，因此其项下的款项一般是货款。而保函应用范围广，因此保函下支付的不一定是货款，还可能是赔款和退款。

（5）对单据的要求不同。信用证项下作为付款依据的单据主要是代表货权的货运单据及其他各种商业单据、检验证明及产地证等；而对于保函，最重要的付款依据是受益人提出的书面索赔书及声明，包括受益人证明、申请人违约的声明和有关单据的副件及其他证明文件。

(6) 银行承担的风险不同。保函项下银行无法控制物权凭证，风险更大；而在信用证交易中，银行握有物权凭证，风险相对较小。

(7) 可转让性方面不同。信用证在开证行加注“可转让”字样时，可由第一受益人转给第二受益人；而保函与合约密切相关，贸易合约不能转让，保函也不可转让。

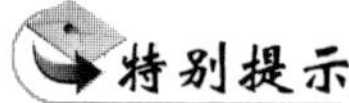

银行保函开立时向受益人收取的费用不同于其他如汇款、信用卡等业务的费用，它不仅仅是单纯的服务费，其实质是银行向受益人出售的一个期权，该期权的执行条件是被保证人未能够及时履约。

第二节　备用信用证

一、备用信用证概述

(一) 备用信用证的产生与发展

备用信用证最早产生于19世纪后期的美国银行界。当时美国联邦法律禁止银行参与担保业务，各项担保只能由担保公司出具，而世界其他国家的银行一般均无此限制。在实际业务中，客户常常要求银行出具保函。为了避开法律的限制，同担保公司及其他国家的银行展开竞争，美国银行便创立了备用信用证这种信用工具代替银行保函，并得到公众的认可。最初备用信用证的使用范围很窄，仅限于美国银行为其国内的客户提供担保。第二次世界大战之后，随着国际贸易的迅速发展，国际经济交易的规模越来越大、交易的方式越来越多样化，有些交易如项目融资、国际工程招标等，不仅交易的金额大，交易的期限也长，而且程序复杂，涉及的问题也多，为了能使交易顺利进行，有关当事人常常要求交易的另一方提供银行出具的担保。备用信用证的使用量逐渐地增多，而且使用范围也越来越广，开展这项业务的银行也越来越多，现在世界上许多国家的银行都承办备用信用证业务。虽然在美国有关的法律限制已经被取消，但由于其具有单据性、独立性和见索即付等特点，备用信用证已成为一个重要的银行信用工具。现在备用信用证除应用于招投标、履约以及一般商业用途外，还在很大程度上用于资金融通。

(二) 备用信用证的含义及特征

1. 备用信用证（Standby Letter Credit，SLC）的含义

备用信用证在实践中的广泛运用引起了法律界对其定义和性质的讨论，但是各国很少在立法中对备用信用证下定义，只有 1977 年美国联邦储备银行管理委员会对备用信用证下了一个定义，即："备用信用证，不论其名称和描述如何，是一种信用证或类似安排，构成开证行对受益人的下列担保义务：①偿还债务人的借款或预支给债务人的款项；②支付由债务人所承担的负债；③对债务人不履行契约而付款。"其实，这种定义也只能说是描述性的，它仅仅描述了备用信用证的使用范围，并没有明确揭示其本质特征。所以大都认为，备用信用证是指开证行根据开证申请人的请求对受益人开立的承诺承担某项义务的凭证。备用信用证的本质是银行对受益人承担偿付的直接允诺，即开证行保证在开证申请人不履行其应履行的义务时，受益人只要凭备用信用证的规定向开证行开具汇票（或不开汇票），并提交开证申请人未履行义务的声明或证明文件，即可获得开证行的偿付。

2. 备用信用证的特征

根据《国际备用证惯例》(《ISP98》) 所界定的"备用信用证一经开立便是一项不可撤销的，独立的，要求单据的，具有约束力的承诺"，备用信用证具有以下法律性质：

(1) 不可撤销性。《ISP98》明确规定了备用信用证的不可撤销性，即"除非备用信用证中另有规定或经相对人同意，开证行不得修改或撤销其在该备用信用证下的义务"。

(2) 独立性。备用信用证一经开立既独立于赖以开立的申请人与受益人之间的基础交易合约，又独立于申请人和开证行之间的开证契约关系，基础交易合约对备用信用证无任何法律约束力，开证行完全不介入基础交易的履约状况，其义务完全取决于备用信用证条款的规定。

(3) 单据性。备用信用证项下必须有单据要求，并且保证人/开证行在面对一项付款要求时，其义务被限制在审查付款要求和支持付款的单据，并确定付款要求与提交的其他单据是否一致，与担保中规定的是否相符。它与跟单信用证所提交的单据如提单、保险单、货物检验证书等代表物权或证明卖方履约的商业运输单据的要求不同，"单单相符"的原则对备用信用证并不是必要的。

(4) 强制性。不论备用信用证的开立是否由申请人授权，开证行是否收取费用，受益人是否收到，只要该备用信用证一经开立，即对开证人具有强制性的约束力。

（三）备用信用证的基本当事人

从备用信用证的性质可以看出，备用信用证和跟单信用证大致相同，因此两者的基本当事人及其关系也具有相似性。备用信用证的基本当事人有三个，即申请人、开证行和受益人，有时还会涉及保兑人和交单人。

（1）申请人。申请开立或代理他人申请开立备用信用证的人。

（2）开证行。开立备用信用证的银行，又称担保人。

（3）受益人。有权获得备用信用证项下所付款项的人。它既包括备用信用证项下的直接受款人，即指定受益人，也包括指定受益人收款权利的有效转让对象，即受益人。由于备用信用证独立于基础交易，因此开证行与受益人之间的关系也是独立的，备用信用证的开证行与受益人的义务不受开证行与申请人之间任何协议以及法律或惯例项下权利和义务的影响。

（4）保兑人。开证行指定的对其提供的担保进行再担保承诺支付的人。

（5）交单人。向开证行或其指定人提交单据的人。交单人通常包括备用信用证的受益人及其指定人或者代理人。

二、备用信用证的业务流程

备用信用证的业务流程与跟单信用证的流程大体相同，一般经过以下几个步骤：

（1）开证申请人根据基础合同的规定向银行申请开立备用信用证。

（2）开证行在经过认真审查后，开出备用信用证，并通过通知行向受益人通知备用信用证。

（3）若开证申请人按基础合同履行了所承担的义务，开证行就不必因开出备用信用证而履行付款义务，其担保责任在备用信用证到期时解除；如开证申请人未能履约，受益人可根据备用信用证的规定提交有关单据和文件向开证行索赔。

（4）开证行在收到索赔文件后，经审查符合信用证的规定，应无条件地向受益人付款。

（5）开证行向受益人付款后，可向开证申请人索赔，开证申请人有义务偿还。

三、备用信用证的种类

备用信用证的用途和银行保函十分相似，既可用于成套设备、大型机械、运输工具的分期付款、延期付款和租金支付，又可用于一般进出口贸易、国际投标、国际融资、BOT 项目、加工装配、补偿贸易、技术贸易以及保险与再保险的履约保证。在一般情况下，只要基础交易中的债权人认为商业合约对债务人的约束尚不够安全，即可要求债务人向一家银行申请开出以其（债权人）为受益人的备用信用证，用以规避风险、确保债权实现。当债务人违约时，债权人作为受益人就有权根据备用信用证的规定向开证行索偿。根据《国际备用证惯例》，按照用途的不同，备用信用证主要可分成以下几种：

（一）预付款备用信用证（Advance SLC）

预付款备用信用证主要是对申请人应支付给受益人预付金的责任和义务进行担保。预付款备用信用证常用于国际工程承包项目中业主向承包人支付的合同总价 10%~25%的工程预付款以及进出口贸易中进口商向出口商支付的预付款。

（二）直接付款备用信用证（Direct Payment SLC）

直接付款备用信用证是对申请人到期付款责任的担保，主要是对到期没有任何违约时本金和利息的支付，通常用于担保企业发行债券或订立债务契约时的到期支付本息义务，直接付款备用信用证已经突破了备用信用证备而不用的传统担保性质。

（三）融资备用信用证（Financial SLC）

融资备用信用证主要是对申请人应履行的付款责任进行担保，并广泛用于国际信贷融资安排。境外投资企业可根据所有权安排及其项目运营的需要，通过融资备用信用证获得东道国的信贷资金支持。通常是境外投资企业通过本国银行或东道国银行开立一张以融资银行为受益人的融资备用信用证，并凭以作为不可撤销的、独立性的偿还借款的支持承诺，向该银行申请提供账户透支便利。

（四）履约备用信用证（Performance SLC）

履约备用信用证主要是对履约而非付款责任的担保，包括因申请人在基础交易中违约而造成的损失进行赔偿的担保。在履约备用信用证有效期内，如果申请人违反合同，开证行将根据受益人提交的符合备用信用证的单据（如索款要求书、违约声明等），代申请人赔偿合同或保函规定的金额。

（五）投标备用信用证（Bid Bond/Lend Bond SLC）

投标备用信用证主要是对投标申请人中标后执行合同的责任和义务进行担保。若投标人未能履行合同，开证行需按备用信用证的规定向受益人履行赔款义务。投标备用信用证的金额一般为投保报价的 1%~50%（具体比例视招标文件规定而定）。

（六）反担保备用信用证（Counter SLC）

反担保备用信用证主要是对其受益人开出的另一单独备用信用证或其他承诺进行担保。

（七）保险备用信用证（Insurance SLC）

保险备用信用证主要是对申请人应履行的某项保险或再保险的义务进行担保。

（八）商业备用信用证（Commercial SLC）

商业备用信用证是指开证行应开证申请人的请求，对受益人开立的承诺某些义务的凭证。如在开证申请人未按时履约或未按时偿还货款的情况下，开证行负责偿还货款或承担有关责任。如开证申请人如期履行义务，则该信用证便失效。商业备用信用证用于担保申请人不以其他方式支付时，履行支付货款或服务费用的义务。

四、备用信用证与银行保函、跟单信用证的比较

（一）备用信用证与银行保函的比较

备用信用证最初是以银行保函的替代形式出现的，在英美法系国家甚至认为银行保函与备用信用证在法律上没有什么区别。但近年的发展，尤其是直接付款备用信用证的出现，使得备用信用证已经不再仅仅发挥传统的担保作用，而且也像商业信用证一样充当了支付工具，这就使得人们不得不改变过去将备用信用证在很大程度上等同于银行保函的观点，因此对备用信用证和银行保函二者之间做出明确的区分就成为一个重要而现实的问题。

1. 银行保函与备用信用证的相同之处

银行保函与备用信用证都是银行因申请人的违约向受益人承担赔付的责任，都是一种银行信用，都充当着一种担保功能，而且作为付款唯一依据的单据，都是受益人出具的违约声明或有关证明文件，银行在处理备用信用证和银行保函业务交易时都是一种单据交易，都只审查单据表面是否相符，而不对单据的真伪以及受益人与申请人之间的基础交易是否合法有效进行审查。所以从法律观点看，两者并无本质上的区别。二者相同之处具体如下：

（1）定义和法律当事人基本相同。银行保函和备用信用证，虽然在定义的具体表述上有所不同，但总的来说，它们都是由银行或其他实力雄厚的非银行金融机构应某项交易合同项下的当事人（申请人）的请求或指示，向交易的另一方（受益人）出立的书面文件，承诺对提交的在表面上符合其条款规定的书面索赔声明或其他单据予以付款。银行保函与备用信用证的法律当事人基本相同，一般包括申请人、担保人或开证行（二者处于相同地位）、受益人。三者之间的法律关系是：申请人与担保人或开证行之间是契约关系，二者之间的权利义务关系是以开立保函或备用信用证申请书和银行接受申请而形成；担保人或开证行与受益人之间也是契约关系，银行开出保函或备用信用证，受益人接受保函或备用信用

证条款即形成契约关系。

(2) 使用目的相同。银行保函和备用信用证都是国际担保的重要形式，在国际经贸往来中可发挥相同的作用，达到相同的目的。在国际经贸交往中，交易当事人往往要求提供各种担保，以确保债务的履行，如招标交易中的投标担保、履约担保、设备贸易的预付款还款担保、质量或维修担保、国际技术贸易中的付款担保等，这些担保都可通过银行保函或备用信用证的形式实现。从备用信用证的产生看，它正是作为银行保函的替代方式而产生的。因此，它所达到的目的自然与银行保函有一致之处。

(3) 性质相同。国际经贸实践中的银行保函大多是见索即付保函，它吸收了信用证的特点，越来越向信用证靠近，使见索即付保函与备用信用证在性质上日趋相同。表现在：第一，担保银行和开证行的担保或付款责任都是第一性的，当申请人不履行债务时，受益人可以不找债务人承担责任，而凭保函或备用信用证直接从银行取得补偿；第二，它们虽然是依据申请人与受益人订立的基础合同开立的，但一旦开立，则独立于基础合同；第三，它们是纯粹的单据交易，担保人或开证行对受益人的索赔要求是基于保函和备用信用证条款规定的单据，即凭单付款。因此，有人将保函称为"担保信用证"。

2. 银行保函与备用信用证的不同之处

银行保函与备用信用证都是一种银行信用，虽然从法律观点看，两者并无本质上的区别。但在实务上，正如国际商会所指出的那样，由于备用信用证已经发展到适用于各种用途的融资工具，包含了比银行保函更广的使用范围，而且备用信用证在运作程序方面比银行保函更像商业信用证，有许多备用信用证中的程序在银行保函中是不具备的，如保兑程序、以开证行自己的名义开出备用信用证、向开证行之外的其他人提示单据的情形等。所以两者还是有较大的不同，具体表现在以下几个方面：

(1) 银行保函有从属性保函和独立性保函之分，备用信用证无此区分。银行保函作为金融机构担保的一种，它与所凭以开立的基础合同之间的关系既可是从属性的，也可是独立的，是否独立完全由保函本身的内容确定。备用信用证作为信用证的一种形式，并无从属性与独立性之分，它具有信用证的"独立性、自足性、纯粹单据交易"的特点，受益人索赔时以该信用证约定的条件为准，开证行只根据信用证条款与条件来决定是否支付，而不考虑基础合同订立和履行的各种情况。

(2) 适用的法律规范和国际惯例不同。银行保函适用各国关于担保的法律规范。由于各国关于保函的法律规范各不相同，到目前为止，没有一个可为各国银行界和贸易界广泛认可的保函国际惯例。独立性保函虽然在国际经贸实践中有广泛的应用，但大多数国家对其性质在法律上并未有明确规定，这在一定程度上阻碍了保函的发展。备用信用证则适用统一的国际惯例，一般在开立信用证时，都要明确记载该信用证所适用的国际惯例的名称。

目前，可适用于备用信用证的国际规则主要有三个：其一是《国际备用信用证惯例》（《ISP98》）；其二是《跟单信用证统一惯例》（《UCP600》）；其三是《联合国独立保证和备用信用证公约》（*United Nations Convention on Independent Guarantees and Standby Letter of Credit*）。如果备用信用证中指明同时适用《ISP98》和《UCP600》，根据《ISP98》第一千一百二十条 b 项“在备用信用证也受其他行为规则制约而其规定与本规则相冲突时，以本规则为准”的规定，《ISP98》的条款应优先适用。就《ISP98》与上述《联合国独立保证和备用信用证公约》的关系而言，由于《ISP98》在制定时已经充分注意到与公约的兼容，而且公约的适用不是强制性的，因而二者一般不会有冲突。当然，如果备用信用证中规定同时适用公约和《ISP98》，那么，《ISP98》并不能优先适用，因为对于缔约国的当事人而言，公约相当于法律，根据《ISP98》第一千一百零二条 a 项“本规则对适用的法律进行补充，只要不被该法律禁止”的规定，公约应该优先适用。

银行独立保函可适用的国际规则主要有：国际商会制定的《见索即付保函统一规则》和联合国国际贸易法委员会制定的《联合国独立保证和备用信用证公约》。但前者尚未被世界各国广泛承认和采纳，而后者也只能对参加公约的国家生效。

（3）开立方式不同。备用信用证的开立，开证行通过受益人当地的代理行（即通知行）转告受益人，通知行需审核信用证表面真实性，如不能确定其真实性，有责任不延误地告知开证行或受益人。

银行独立保函的开立可以采取直接保证和间接保证两种方式。如果采取直接保证方式，担保行和受益人之间的关系与备用信用证开证行和受益人的关系相同，但《见索即付保函统一规则》对通知行没有做出规定，因此银行独立保函可由担保银行或委托人直接递交给受益人；如果担保行通过一家代理行转递，则按常规这家转递行就负责审核保函签字或密押的真实性。

如果采取间接保证的方式开立银行独立保函，委托人（即申请人）所委托的担保行作为指示方开出的是反担保函，而作为反担保函受益人的银行（受益人的当地银行）再向受益人开出保函并向其承担义务，开立反担保函的指示方并不直接对受益人承担义务。

（4）生效条件不同。根据英国和美国的法律规定，合同要有对价的支持才能有效成立，但是银行开出备用信用证不需要对价。在 1973 年间，Barclays Bank 诉 Mercantile Nation Bank 一案中，美国法院认为，《跟单信用证统一惯例》第五条是关于排除对价的规定。《美国统一商法典》第 5 章第 105 条规定："开立信用证，或增加或修改其条款，可以没有对价。"在英国和美国，法律要求担保合同中要有对价条款，否则就不能生效。因此银行提供独立保函必须要有对价才能生效。

(5) 兑付方式不同。备用信用证可以在即期付款、延期付款、承兑、议付四种方式中规定一种作为兑付方式，而银行独立保函的兑付方式只能是付款。相应地，备用信用证可指定议付行、付款行等，受益人可在当地交单议付或取得付款；银行独立保函中则只有担保行，受益人必须向担保行交单。

(6) 融资作用不同。备用信用证适用于各种用途的融资：申请人以其为担保取得信贷；受益人在备用信用证名下的汇票可以议付；以备用信用证作为抵押取得打包贷款；另外，银行可以没有申请人而自行开立备用信用证，供受益人在需要时取得所需款项。而银行独立保函除了借款保函的目的是以银行信用帮助申请人取得借款外，其他情况都不具有融资功能，而且不能在没有申请人（委托人或指示方）的情况下由银行自行开立。

(7) 单据要求不同。备用信用证一般要求受益人在索赔时提交即期汇票和证明申请人违约的书面文件。银行独立保函则不要求受益人提交汇票，但对于表明申请人违约的证明单据的要求比备用信用证下提交的单据要严格一些。例如，受益人除了提交证明申请人违约的文件外，还需提交证明自己履约的文件，否则，担保行有权拒付。

综上所述，银行保函和备用信用证作为国际结算和担保的两种形式，两者具有很多相同点，但两者的区别也是显而易见的。准确把握两者的关系尤其是区别，有助于我们在实践中正确运用它们，从而有利于进出口贸易的开展，也有利于保护有关当事人的合法权益。

（二）备用信用证与跟单信用证的比较

国际商会《UCP600》将备用信用证包括在跟单信用证范畴内，可见备用信用证与跟单信用证有相同的特点，主要表现在：

备用信用证与跟单信用证的开证行所承担的付款义务都是第一性的；均凭符合信用证规定的凭证或单据付款；备用信用证与跟单信用证都是在买卖合同或其他合同的基础上开立的，但是，一旦开立就与这些合同无关，成为开证行对受益人一项独立的义务。

跟单信用证和备用信用证的区别如下：

(1) 使用范围不同。跟单信用证主要用于进出口贸易结算过程，作为商品买卖的支付方式。备用信用证可以涉及任何需要银行担保的业务领域，其使用范围比跟单信用证广，既可用于成套设备、大型机械、运输工具的分期付款、延期付款和租金支付，又可用于一般进出口贸易、国际投标、国际融资、加工装配、补偿贸易及技术贸易的履约保证。

（2）开立目的和使用情况不同。开立跟单信用证的目的是由开证行向受益人承担第一性的付款责任，只要受益人按照信用证规定提交合格的单据，银行就应该付款。跟单信用证开出后一般都会使用。开立备用信用证的目的是由开证行向受益人承担保证申请人履行有关合同义务的责任。若申请人未能履约，则由银行负责向受益人赔偿经济损失；若申请人按合同规定履行了有关义务，受益人就无须向开证行递交此类违约声明。因此，备用信用证常常是备而不用的文件。

（3）要求受益人提交的单据不同。跟单信用证要求受益人提交符合信用证要求的货运单据、商业发票、保险单、商检单等来作为付款的依据。备用信用证中开证行要求受益人索赔时出具证明开证申请人违约的声明或证明文件、索赔通知书以及其他有关文件或单据。

五、备用信用证的风险及防范

在充分利用备用信用证时，一定要注意对其风险加以防范。同其他结算方式一样，备用信用证并不是保证付款和履约的万灵药，同样也存在风险，有操作风险、诈骗风险等实务上的风险，也有难以预测的国家风险等特殊风险，如果处理不好就会造成难以估计和挽回的损失，因此既要了解备用信用证的作用，又要对其风险加以防范。

（一）主要当事人之间的风险及防范

主要当事人包括开证申请人、受益人，以及有关的经办银行三个方面，任何一方在实务处理中如有不慎，就会导致风险的产生，更有甚者会使诈骗分子有机可乘，从而造成损失。

1. 开证申请人的风险及防范

对开证申请人来说，在实务过程中要注意有关风险，尤其在申请开立备用信用证时应注意的是：①调查受益人的资信，防止其在备用信用证的有效期内借故提示单据要求开证行付款，这样申请人的利益便无法获得保障。因此，在对资信不佳的客户开证时，要在条款中作严格的限制。②尽量选用延期付款的备用信用证，如果受益人在交易中使用欺诈行为取得货款时，申请人能够有足够的时间请求禁制令。③应注意备用信用证中单据条款的严谨性，严格规定受益人出具证明的格式与内容，防止因条款描述的疏忽而造成损失。

2. 受益人的风险及防范

备用信用证的另一个主要当事人——受益人，也同样存在风险。因而，在接受备用信用证时应注意开证行、开证申请人的资信、有关的条款能否办理，尤其是应注意所要求的单据是否容易得到，例如：申请人不履行义务或不付款由第三方所开具的证明等。只有能够容易得到才可能考虑接受此类的信用证。同时，受益人尤其要注意避免不必要的疏忽，否则很容易引起损失。在处理实务中曾经发生过这样的一个案例：国内的某贸易公司 C 在办理一项进口业务时，因外国的出口商未能履约，请求 A 银行根据纽约 B 银行开立的担保该外国出口商履约的备用信用证向 B 银行索赔。但是，B 银行来电称：不接受索赔。其理由是：C 公司通过银行开立的信用证未注明限制在纽约，银行议付。经过了解，原来备用信用证中有一个特别条款：C 公司应通过 A 银行开立一份不可撤销信用证来办理进口业务，该信用证须注明“限制在纽约 B 银行议付”，而 C 公司在开证时疏忽了该点，没有要求 A 银行在信用证中列明，于是造成被动而未能索回有关之违约金。该案例说明受益人在处理有关的备用信用证业务中应考虑全面，防止某些环节脱节而造成被动。

3. 有关经办银行的风险及防范

对于有关的经办银行，主要是备用信用证的开证银行，其所承担的风险远比一般信用证的风险大，一旦发出，便不可撤销地承担独立付款的责任，而且由于大部分的备用信用证都不用提交运输单据，因此不能通过掌握货权来最大限度地避免风险。另外，在付款时只凭相符的但是却很简单的单据付款，很容易被资信不良的开证行和受益人骗取资金。因此开证行在开证时，应充分了解开证申请人的资信和交易的背景，并且能够取得一定的担保，同时也要对提交的单据作认真的处理，按国际惯例办事，做好验单的工作。必要时可以动用禁制令来处理有关的诈骗事件，以避免损失。此外，作为通知行，按规定有责任负责核对备用信用证的印押，确认其真伪。因而要认真核实备用信用证的真实性，核对印鉴或密押，尤其是有疑点或金额较大的，应要求开证行以加押电报证实；作为议付行，按规定审核单据，并以单证表面相符为凭，时间以 7 天为限。虽然如遭到开证行拒付，可以向受益人进行追索，但仍不应有所疏忽，要注意准确、及时、合理地处理有关文件，避免因自己的耽搁而造成被动。另外，因单据较为简单，尤其是在《ISP98》中新增的可通过电子媒介交单的条款，更应注意单据的有效性和真实性，以及电子媒介授权的有效性，防止一些不法分子的欺诈行为；作为以备用信用证为担保或抵押融资的银行，要注意备用信用证的真实性和开证行的信用等级的审核，而且当所发放的贷款币别与作为抵押的备用信用证币别不同时，要注意采取有效的措施，例如可以用远期外汇买卖保值的方法以避免风险。

（二）其他的风险及防范

在其他风险中最突出的是国家风险：因战争或经济的关系，有些国家实行外汇管制，有时会发生付汇的困难；有些国家因经济问题，突然宣布停止对外付汇；有些国家是由于政治、民族的原因受其他国家抵制而不能对外付汇；还有就是银行风险，因自身支付能力的不足，开立备用信用证的银行不能保持连续支付的能力或突然倒闭等。这些风险都应该注意避免，谨慎对待。风险的产生，随之必然有纠纷的发生，甚至诉讼的出现，这类问题的解决往往要借助于国际惯例来进行调解、仲裁，进而运用法律来解决。而由于各国法律的管辖权不同，特别是有些国家没有对此立法，则又是产生风险的原因，往往会造成难以预计的损失。对于这一点，国际商会在新颁布的《ISP98》中，阐明了该惯例与法律的关系。该惯例除了要求各当事人共同遵守外，在第一部分的与法律的关系中声明：该惯例可作为适用法律的补充，在一定程度上并不被法律所禁止。可以看出当备用信用证的风险发生时，《ISP98》不仅可以作为惯例而且还可以作为法律来裁决，在一定程度上缓解有些国家立法不足的问题。从这一角度来说，这也是避免备用信用证风险的一种方法。

特别提示

从法律观点上看，备用信用证等于见索即付保函，也具有独立性与单据化的特点，但两者之间还有着重大的不同。

第三节　《URDG758》与《UCP600》和《ISP98》的初步比较①

国际商会发布的出版编号为 758 的《见索即付保函统一规则》（简称《URDG758》）已于 2010 年 7 月 1 日正式生效。这是国际商会自 1991 年制定的出版编号为 458 的《见索即付保函统一规则》（简称《URDG458》）以来，首度对该规则进行全面的修订。这也是继出版编号为 600 的《跟单信用证统一惯例》（简称《UCP600》）后，国际商会通过的又一个重要的国际商业惯例规则，必将对全球

① 刘存丰：《URDG758 与 UCP600 和 ISP98 的初步比较》，《现代商业》，2011 年第 5 期。

见索即付保函贸易产生重大而深远的影响。

《URDG758》适应于独立性保函；《UCP600》主要适应于商业信用证，也可适用于备用信用证；而《ISP98》则专门适用于备用信用证。《URDG758》作为最新推出的国际惯例，参考了《UCP600》及《ISP98》在商业界广泛接受的一些操作规定，方便《URDG758》在商业界的推广使用；同时，《URDG758》针对独立性保函的特点，结合现实商业实践需要，增加了不少合理的规定。

一、《URDG758》与《UCP600》和《ISP98》的相同点

首先，《URDG758》和《UCP600》及《ISP98》都一样，强调了保函的独立性，即保函一旦开出来之后，它就脱离了其基础合同，保函的担保人（也是保证人）不用理会基础合同的履行情况，它只是根据收到的要求索付的文件的表面是否符合保函的要求，决定是否付款。这一特性在《URDG758》的第五条“保函和反担保保函的独立性”和第六条“文件和货物，服务和表现”及第十九条“单据审核”中有详细的阐述。例如，《URDG758》的第五条A规定：“保函从它特性来讲，是独立于引起其开立的基础关系的，担保人对这些引起开立保函的基础关系不用理会，也不受其制约。”为方便辨认而在保函中列出的基础关系的参考号码并不改变保函的独立性。担保人在保函的付款责任只是受到保函项下担保人与受益人的关系制约，并不受任何其他的关系制约。

其次，《URDG758》在规定保函的操作规则时，大量参考借鉴了《UCP600》的做法，方便商业界的推广使用。具体包括：

（一）保函通知的规定

《URDG758》在第十条A规定：“保函的通知方（编者注：等同于信用证业务中的通知行）通知保函，意味着它已经确认了该保函表面的真实性，而且其通知准确地反映了其收到的保函的条款。”这里，《URDG758》对保函通知的规定与《UCP600》对信用证通知的规定完全一样（《UCP600》第九条），连英文的用语都一样。《URDG758》在第十条E规定：“一个单位（编者注：即是通知行）如果被请求去通知保函，它也接受了，但是，它不能确认保函的表面真实性，那么它必须立刻将这情况通知给发出保函给它的那一单位。如果这个通知行仍然决定去通知这个保函，那么它必须明确告诉受益人或第二通知行，它（通知行）不能确认保函的表面真实性。”（与《UCP600》的第九条F规定一致）

《URDG758》在第十条F规定：“担保人利用某一方为通知行或第二通知行，以及通知行利用另外一方作为第二通知行来通知保函，必须尽可能地用同一方来通知该保函的修改。”（与《UCP600》的第九条D规定一致）

（二）保函修改的规定

《URDG758》在第十一条 B 规定："保函的修改在得到受益人的同意之前对受益人没有约束力。而保函的担保人从发出修改之时起，就受到该修改的约束，除非受益人拒绝了修改。"《URDG758》在第十一 条 C 规定："除非保函另有规定，受益人可在明确接受保函之前任何时间拒绝保函，受益人也可以用提交与修改相符的文件来表示对保函修改的接受。"上述两项规定与《UCP600》的第十条 B 规定和 C 规定基本一致。

《URDG758》在第十一条 E 规定："对修改的部分接受是不可以的，部分接受意味着拒绝。"这与《UCP600》的第十条 E 规定一致。

《URDG758》在第十一条 F 规定："修改中如果规定，除非受益人在一定时间内拒绝修改，否则修改将生效。这种规定将不予理会。"这与《UCP600》的第十条 F 规定一致。

（三）对单据的审核

《URDG758》在第十九条 A 规定："担保人将根据提交来的单据本身，确定从表面上来看，交单是否相符。"这与《UCP600》的第十四条 D 规定一致。

《URDG758》在第十九条 B 规定："保函所要求的单据上的内容，将会根据保函内容、《URDG758》的这些条款及单据本身进行审核。不同单据之间数据不需等同一致，但不能与该单据的其他数据，其他单据的数据，或保函的数据矛盾。"这与《UCP600》的第十四条 D 规定一致。

（四）审核单据的时间

《URDG758》在第二十条 A 规定："如果提交的单据没有注明它是尚未齐全的，那么，担保人将从收到单据的次日起，在 5 个工作日内审核并决定交单是否相符。"这里对担保人审核单据的时间规定与 《UCP600》的规定一致，都是从收到单据后的次日起 5 个工作日内（《UCP600》的第十六条 D 规定）。

（五）不符交单，放弃及通知

《URDG758》在第二十四条 D 规定："当担保人拒绝一个交单，它必须通知提交人。通知中必须声明：Ⅰ. 担保人拒绝这个交单；Ⅱ. 导致担保人拒绝的每一个不符点。"

《URDG758》在第二十四条 E 规定："条款 D 中规定的拒绝通知必须尽快发出，最迟不迟于交单后次日算起的第 5 个工作日结束时。"

《URDG758》在第二十四条 F 规定："担保人没有按照 D 款和 E 款处理，则无权宣称交单是不符的。"

这几款规定与《UCP600》的第十六条 C、D、F 的规定基本一致（不同之处仅仅是《UCP600》中还规定了拒绝通知中要注明单据的处理情况而《URDG758》没有此项规定）。

《URDG758》在第二十四条A规定："当担保人决定一个交单是不符的交单时，它可以直接拒绝；也可以自行决定，联系保函的指示人，或者是反担保函的反担保人是否会放弃不符点。"

《URDG758》在第二十四条C规定："本条款A或B的规定，并不延长条款二十中的时间，摒弃条款十六中的要求。取得反担保人或者指示人的放弃，并不强求担保人或反担保人也要放弃不符点。"这几条规定与《UCP600》的十六条B规定接近。

（六）单据有效性的免责

《URDG758》在第二十七条规定："担保人在以下方面没有责任：A. 其收到的任何签名/单据的形式、准确性、真实性或者法律效力；B. 其收到单据上做出的或者加在单据上面的一般或特别的声明；C. 其收到的单据所放映的货物、服务、表现的描述、数量、重量、质量、条件、包装、运输、价值，或者存在与否；D. 其收到的单据签发人或者在单据中充当其他身份的人的诚信与否、作为与否、有没疏忽、清偿能力、履约能力、资信状况。这条规定与《UCP600》的三十四条规定接近，是对担保人的保护性条款。"

（七）关于信息传递和翻译的免责

《URDG758》在第二十七条规定："A. 如果文件是在根据保函的要求传递、传送，或者担保人即使在没有接到其他指示之下主动选择传递服务，在任何文件传递中延迟、中途丢失、残缺或其他错误造成的后果，担保人没有责任；B. 担保人在翻译、解释技术术语上的错误不负责任，并且可以不加翻译地传送保函的全部或部分条款。"这条规定与《UCP600》第三十五条规定接近，是对担保人的保护性条款。

二、《URDG758》与《UCP600》和《ISP98》的不同点

（一）对不可抗力的影响后果的规定

《URDG758》在第二十六条规定：

A. 不可抗力指的是天灾、暴动、骚动、叛乱、战争、恐怖主义行为或者其他担保人或反担保人不能控制的原因而导致的其营业中断，无法继续其在本惯例规定的行为。

B. 当交单或付款受到不可抗力的阻止而不能进行，而保函在此时有效期又到了。Ⅰ. 每一个保函和反担保保函从原来到期之日起，延长30天，而且，担保

人应尽可能快地将不可抗力及延期的情况通知指示人或者反担保人（如果是有反担保保函的话）；反担保人则应该相应地通知指示人。Ⅱ. 如果交单已经完成，但是审核没进行的话，那么本惯例条款二十中关于审单时间的计算将暂停，直到担保人恢复营业。Ⅲ. 不可抗力发生前，保函项下的合格交单，如果由于不可抗力的原因尚未偿付，那么，不可抗力停止后，即便是保函过期了，它也应该得到偿付；这种情况下，即使反担保保函已过期，担保人有权从不可抗力停止后 30 天内提交反担保保函项下的索偿。

C. 当反担保保函项下交单或付款受到不可抗力的阻止而不能进行，而这时候反担保保函效期到了，那么：Ⅰ. 从反担保人通知担保人不可抗力停止日开始，反担保保函有效期延长 30 日历天，反担保人应通知指示方不可抗力和延期的情况；Ⅱ. 如果交单已经完成，但是审核没进行的话，那么本惯例条款二十中关于审单时间的计算将暂停，直到反担保人恢复营业；Ⅲ. 不可抗力发生前，反担保保函项下的合格交单，如果由于不可抗力的原因尚未偿付，那么，不可抗力停止后，即便是反担保保函过期了，它也应该得到偿付。

D. 指示方受到本条款有关保函延期、审核时间计算暂停及付款规定的约束。

E. 担保人和反担保人对不可抗力不承担其他另外的责任。

《URDG758》上述关于不可抗力的这些具体规定，恰恰是《UCP600》/《ISP98》所缺乏的。《UCP600》第三十六条规定，银行在不可抗力停止后恢复营业时，对在不可抗力期间过期的信用证不再承担责任。《ISP98》则对不可抗力没有规定。那么相比之下，《URDG758》这些不可抗力的规定，明确担保人在不可抗力结束后，即使保函已过期，仍然必须对在不可抗力发生前的合格交单付款，是对受益人利益的保护。这是一种相对合理平衡的规则，避免受益人的利益因为担保人所在地发生不可抗力而变成一张废纸。

（二）对延期或付款的规定

《URDG758》在第二十三条规定：

A. 当一个合格的索偿包含了一个要求保函延期的要求作为付款的替代时，担保人可以推迟付款，但不迟于从收到索偿的次日起 30 日历日。

B. 随着上述推迟，担保人提出反担保项下的一个索偿，包含了一个要求反担保保函延期的要求作为付款的替代，那么，反担保人可以推迟付款，但不迟于相关保函推迟付款减少 4 天的时期内。

C. 担保人应该毫不延迟地通知指示方，或者，如果是反担保函的情况，则通知反担保人保函付款延期的信息。反担保人则应通知指示方保函付款延期的信息和反担保保函付款延迟的信息。符合这条规定要求则满足了第十六条的告知责任。

D. 如果保函延期的要求已经在本条 A 款规定的时间内得到满足的话，那么索偿的要求就被认为是撤回的。如果保函延期的要求没有被满足的话，那么合格的索偿必须得到偿付，不用另外提交索偿。

E. 即使被指示允许保函延期，担保人或反担保人可以选择拒绝延期而进行付款。

F. 担保人或反担保人将毫不延迟地通知发出索偿给它的当事人，它决定是同意保函延期（条款 D 项下），或者是付款。

G. 担保人或反担保人对按照本条操作而导致的付款延迟不承担责任。

本条对保函的“延期或付款”的规定，也是《UCP600》/《ISP98》没有的。因为《UCP600》主要针对的对象是商业信用证，而商业信用证基本不存在此类业务需求，所以它没有包括此类条款；《ISP98》对此项内容有一些规定，但很简单，《ISP98》规则 3 中第九条款的规定：“延期或付款受益人要求延长备用信用证的有效期，或者，作为替代，支付备用信用证项下可用的金额。A. 这是备用信用证项下的索偿要求，必须按照本惯例要求审核。B. 意味着受益人：Ⅰ. 同意修改信用证，延期到其所提的日期；Ⅱ. 要求开证行决定是否取得申请人的同意，出具该信用证修改；Ⅲ. 开证行做出相应修改时，则撤回索偿的要求；Ⅳ. 同意本惯例项下最长的审单和通知拒付时间。”对比之下，《URDG758》给担保人更长的时间（30 天）考虑，而《ISP98》只是 7 天。这个时间更有利于担保人去充分考虑各种情况（申请人的资信、与申请人的客户关系、风险情况、收费情况等），再做出延期或付款的决定。

特别提示

备用信用证已发展到适用于各种用途的融资工具，包含着比见索即付保函用途更广的范围；备用信用证适用于《ISP98》或《UCP600》；而见索即付保函则适用于《2010 年见索即付保函统一规则》。

案例分析 1　来料加工保函诈骗的案例

1990 年 8 月，福建某轻工业品进出口公司（下称轻工）与香港安保有限公司（下称安保）签订了 10 万双运动鞋，金额为 105 万美元的来料加工合同。合同规定：轻工必须向当地银行申请出具不可撤销的银行履约担保书，金额为 12 万美元，用于保证第一批 1 万双运动鞋按时、按质、按量装船交货，另 9 万双不再出具银行保函。鉴于此，轻工于同年 9 月向福建某中行申请开立有关保函，该中行在办理保函业务时，发现合同中检验条款订立不合理：以外方确认的鞋样作为验货标准，未阐明发生争议时，由谁复检。于是，提请轻工修改，但轻工称：时间太紧，无法洽谈修改，并表示愿意承担由此引起的一切后果。在此情况下，该中行对外方提供的保函格式作了技术性修改，将“如果中方未能按时装船交货，在任何情况下，我行保证赔款”条款改为“由于中方主观原因造成未能按时转船交货，我行保证赔款”。同时，还对交货期、保函生效期等进行了修改。轻工在收到安保材料的第三天即寄出第一次鞋样，而安保却拖延多日才回复说样品不合格。其后，轻工又先后四次寄出鞋样，但安保仍以各种理由拒绝确认（报我方商检局证实，这些复制鞋样完全符合对方鞋样），致使中方无法安排生产交货，以此达到向担保行索赔的目的。后担保行在各方积极配合下，充分运用保函中的自我保护条款、外方理亏之处和法律手段，挫败了诈骗分子的阴谋，保障了轻工的权益，也维护了自身的信誉。

案例分析 2　担保提货银行受损案

1995 年 4 月 20 日，国内某银行 A 分行根据开证申请人的申请，向国外某出口商开立了一份金额为 78 万美元的跟单信用证，付款期限为见单后 90 天，交单期为 21 天。同年 5 月 28 日，开证申请人持海运提单副本到 A 分行，声称证下货物已到国内某港口，请求 A 分行向船运公司出具提货担保证明，担保其凭副本海运提单先行提货。A 分行审核该副本海运提单后，确认该提单上注明所装运的货物与信用证规定的货物一致，于是按其申请出具了一份提货担保证明书。半个月后，A 分行收到了国外寄来的该信用证项下单据，考虑到已经出具了提货担保证明书，所以没有经过查验就将单据交给了进口商，并在规定的工作日内向国外寄单发出了承兑通知。

承兑后的第 5 天，A 分行又收到国外寄来的一套进口代收单据，付款人为原信用证项下开证申请人。经审核，该托收项下单据中的海运提单，正是原信用证项下银行已办理担保提货的提单，当 A 分行准备向开证申请人查询时，发现其将货物提出倒卖后早已不知去向。由于 A 分行已办理了提单的担保提货，因此，不得不向托收行支付了该托收项下款项；并且，在承兑到期后，又得为开证申请人垫付已承兑汇票项下的款项，这样，A 分行遭受了为同一批货物支付了两次货款的损失。

分析：

（1）本案例涉及的是担保提货业务。进口信用证业务中，在正本海运提单尚未寄达开证行，但进口货物已到国内港口的情况下，为避免支付滞港费用以及能够及时提货销售，开证行往往根据进口商的申请，向有关的船运公司出具提货担保证明书，船运公司凭该银行担保将有关货物先行交给进口商，然后由开证行负责将正本海运提单补交给船运公司，否则，一切责任均由开证银行负责。

（2）本案例是一起比较典型的诈骗银行资金案例。进出口双方事先相互勾结，进口商把信用证项下货物提出倒卖后，又将有关的正本海运提单寄回海外转卖给国外的另一客户，并以托收的方式向开证银行再次交单，诈骗开证银行的资金。

（3）银行不得不重复付款的原因首先是该开证银行在工作上的失误及对该业务风险认识不足。本案例中，开证银行的最大失误是其将正本海运提单不是交给船运公司，而是交给了进口商，使诈骗能够得逞。由于海运提单这一物权凭证所代表的货物已被提走，开证银行就不能以任何理由拒绝国外银行对该信用证项下汇票的索偿，即使进口单据与信用证的规定完全不符，甚至没有正本海运提单，开证银行也必须在规定的或合理的时间里毫不迟延地承兑或付款。其次，开证银行对该业务的风险认识不够。它不仅没有要求进口商提供 100%的保证金，而且也没有要求提供足额的反担保，使得货物被提出倒卖后，银行不但失去对货物的控制，而且连国内的进口商方面的风险也失去了控制，致使银行陷入了重复付款的境地。

从本案例中应吸取的教训：

（1）严格审查开证申请人的资信状况，只有那些在以往业务中资信一直表现较好的进口商，才有资格申请办理提货担保业务。

（2）在办理提货担保业务中，一定要求进口商交足 100%的保证金（信用证条款中如有规定溢装的，该溢装部分也应包括在内）或者提供切实有效的足额反担保，保证即使垫付了资金，也有下家可追索。

(3) 在出具了提货担保后，一旦收到国外寄来的正本海运提单，应立即将该正本海运提单交给船运公司，及时换回提货担保书。

(4) 严格限制所提保货物的范围及责任。

案例分析 3　利用备用 L/C 追回 45 万美元案

1995 年四五月间，我国某外贸进出口公司（以下简称卖方）在偶然的机会中，与香港某贸易发展有限公司（以下简称买方）分别签订了五份冷轧钢板的出口销售合同。合同总金额为 65 万多美元，付款方式全都是见票付款托收方式（D/P at Sight on Collect Basis）。1995 年 6 月初，前四批货物分两批陆续从上海港装船发出，运到目的港——菲律宾的马尼拉港。卖方也陆续分两次将四套总价值为 45 万美元的托收单据通过中国银行某分行寄往香港买方的账户银行办理托收。由于这四批货发货时间紧凑，所以到第四批货物发出后，第一批货款亦将到期，但客户坚持验完全部货后再付款，因而一拖再拖，直至逾期一个月之久。实际上是有意拖欠，另有他图。

正当卖方千方百计要追回这四笔货款时，同年 7 月中旬买方又提出要执行第五个总金额为 20 万美元的合同，卖方为了追回前四笔货款，又能保证客户正常收汇，故提出结汇方式改为即期信用证付款方式（Payment by Letter of Credit at Sight），同时又提出对前四笔托收的催收。而买方则提出：因资金不足，执行完第五份合同后一次付清。为此，买卖双方僵持不下。后经洽商，买方接受了如下条件：卖方同意向买方执行第五份销售合同，向买方提供 20 多万美元的货物，同时，买方根据修改后的合同开立一份不可撤销跟单信用证，该信用证是即期议付信用证。为了保障单证相符，该信用证主要条款均由卖主拟定。并将该信用证的保证条款作成：

We hereby agree with the drawers endorsers and bona –fide holders of all drafts drawn under and in compliance with the terms of this credits that such drafts will be duly honored upon presentation to the drawees. And the payment will be plussed additional payment for the amount of USD450000 under beneficiary's S/C No: 95STxxx on the collection basis which was ensured by the applicant and agreed by the applicant and the beneficiary.

"我们谨此向汇票出票人、背书人和善意持票人承诺：当该信用证项下单证相符时，我们将对受票人的汇款提示予以支付。支付时，我们将在托收方式下另付45万美元，作为对受益人第95STxxx号售货确认书项下托收货款的支付。这是开证人保证的，也是开证人和受益人同意的。”

基于同样的道理，买方应卖方的要求，同意再开立一份不可撤销备用信用证。若在信用证结算时，还未将前四笔托收款项付清时，卖方可凭信用证项下结汇水单、违约证明及应收金额的汇票执行该不可撤销备用信用证。

而事实上，买方根本不愿履约付款，而是迫不及待地按卖方要求开立了一份不可撤销的跟单信用证，并频频来传真催促发货，却只字不提前四笔托收款项的事，也不提开立备用信用证的事。

卖方则立即发传真明确通知买方，根据买卖双方之间1995年7月13日合同规定，买方须开立两个信用证，一是不可撤销跟单信用证，二是不可撤销备用信用证。因此，买方只有开立了不可撤销备用信用证后，卖方才能执行不可撤销跟单信用证，否则，将不会发货。

由于客户在签订了这五份合同后，立即又将合同卖给菲律宾马尼拉的最终客户，而且还是政府招标工程的原材料。若买方不能按时、按质、按量将货发到马尼拉，买方将要承担高额罚款，因此买方要货心情急迫。但它仍然坚持：保证在第五批支付货款时，同时将所欠四笔货款付清。卖方仍然坚持初衷：必须开立不可撤销备用信用证方可发货。

买方在万般无奈之下，终于通过原开立跟单信用证的银行，开立了一份不可撤销备用信用证。该备用信用证的有效期迟于跟单信用证有效期后一个月。

卖方在收到备用信用证并审核无误时，立即在上海发了第五批价值20多万美元的货，并在发货三天时，按跟单信用证的要求缮制了一套单据交中行议付，并附上了一套托收项下的45万美元的汇票，并要求议付行进行电索。

果然不出卖方所料，10天后，开证银行支付了该议付金额。但买方未能将前四笔货款按第五个合同的规定一并汇来。卖方立即发传真给客户，嘱其立即支付前四笔货款。而买方来电称：资金仍然困难，容一个月后即付，并表示承担利息。显而易见，一个月后，这个不可撤销备用信用证将会失效，如同一张废纸。届时，买方又能将前四笔45万美元的货款无限期地拖延下去。

卖方立即按备用信用证的要求，缮制了一套45万美元的即期汇票，附上跟单信用证项下的结汇水单（应是65万多美元，实则是20多万美元）及一份违约证明书，一并交原议付行向国外追索。10天后，开证行将45万美元付出。

这笔业务终于在利用备用信用证的条件下，安全收回拖欠几个月的四笔托收款项，实现了利用备用信用证与托收、跟单信用证的配合，最终追回逾期货款的目的。

小　结

银行保函又叫银行保证书，是指银行作为担保人，旨在保证被保证人一定要向受益人履行某种义务；否则，将由担保人负责支付由此给受益人造成的损失。

银行保函的功能主要在于担保，其担保的责任分为两方面：一为担保受益人获得基础合同项下的付款；二为担保申请人不履行基础合同项下的其他责任时，受益人能够得到相应的赔偿。银行保函分为从属性保函与独立性保函，前者从属于基础业务合同，担保行负第二性责任；后者虽根据基础业务合同开立，但一经开立即独立于基础合同，担保行负第一性责任。

银行保函的基本当事人包括申请人（委托人）、担保行和受益人，实际业务操作中还可能涉及通知行、反担保行、转开行、保兑行等当事人。银行保函的开立方法分为直开法和转开法两种。根据应用范围，银行保函可分为出口类保函、进口类保函、对销贸易保函和其他类保函。

银行保函与商业信用证均属银行信用，但在开立目的、银行责任、应用范围、对单据要求、银行风险以及可转让性方面均有不同。

备用信用证是开证行对受益人承担一项义务的凭证。在此凭证中，开证行保证在开证申请人未能履行其义务时，受益人只要按照备用信用证的规定向开证行开具汇票，并随附开证申请人未履行义务的声明或证明文件即可得到开证银行的偿付，备用信用证又称为商业票据信用证或担保信用证。备用信用证既是一种具有信用证形式和内容的银行保函，信用证具有不可撤销性、独立性、跟单性和强制性的特点，又是一种具有保函性质和作用的信用证。备用信用证的基本当事人有三个，即申请人、开证行和受益人，有时还会涉及保兑人和交单人。备用信用证的用途和银行保函十分相似，既可用于成套设备、大型机械、运输工具的分期付款、延期付款和租金支付，又可用于一般进出口贸易、国际投标、国际融资、BOT 项目、加工装配、补偿贸易、技术贸易以及保险与再保险等经济活动的履约保证。常见的备用信用证种类有预付款备用信用证、直接付款备用信用证、融资备用信用证、履约备用信用证、保险备用信用证和商业备用信用证。投标备用信用证、反担保备用信用证和跟单信用证都是自足性文件，开证行承担第一性的凭单付款责任和纯单据交易，但两者要求的单据、有效期限、适用范围、作用和适用的法律规则不同。

备用信用证和银行保函的定义、法律当事人、性质和用途基本相同，但在是否有独立与备用之分、保兑方式、适用的法律规范及惯例、开立方式、生效条件、兑付方式、融资作用以及单据要求几方面存在差异。

实训练习

【核心概念】

银行保函　备用信用证

【问答题】

1. 简述银行保函的含义及性质。
2. 简述银行保函与商业信用证的区别。
3. 简述银行保函的业务流程。
4. 简述银行保函的主要内容。
5. 简述备用信用证的定义和性质。
6. 简述备用信用证的用途及基本分类。
7. 比较备用信用证和跟单信用证的异同。
8. 比较备用信用证和银行保函的异同。

第八章　国际保理业务

本章目标

◆ 掌握国际保理业务的含义与服务项目

◆ 了解国际保理业务的产生与发展

◆ 掌握双保理业务的运作程序

◆ 理解国际保理与出口信用保险的异同

案例导入

我国某出口商获得对H国甲公司的20万美元保理信用额度，次年出口商按合同出货后将两张发票：一张抬头为甲公司，金额为13万美元，另一张抬头为乙公司（甲公司的子公司），金额为10万美元，共计金额23万美元的债权转让给出口保理商，并获得信用额度80%的融资金额，计16万美元。出口保理商随即将发票转让给了H国核定信用额度的进口保理商。但是，当发票项下的应收账款到期时，甲公司没有按期付款也没有提出任何贸易纠纷，只是强调资金困难无法如期付款，请求延展付款到期日。然而，两个月后进口保理商致电出口保理商：甲公司已正式向其提出贸易纠纷，理由是出口商以前所发运的货物曾有过质量问题，因而怀疑两张保理发票项下的货物有质量问题，进口保理商因此暂时免除担保付款的责任。经调查该批保理项下的货物运抵目的港后因甲公司欠款问题已被控制在当地某银行手中。再根据出口商与进口商往来函电分析认为，甲公司存在无力付款故意挑剔货物品质的可能性。因此，出口保理商多次致电进口保理商，要求履行赔付责任，但未被进口保理商接受。后在出口保理商和国际保理商联合会秘书处的多次督促和压力下，进口保理商在H国法院起诉了甲公司，但仅凭被告律师向法庭提交的辩护词就认定此案涉及贸易纠纷而立即撤诉，并将应收账款发票反转让给出口保理商。出口商就该贸易纠纷向中国国际经济贸易仲裁委员会提出仲裁申请，仲裁庭对该纠纷案进行审理后，裁决出口商胜诉。出口保理商要求进口保理商依据仲裁结果赔付。经多次交涉后，进口保理商对抬头为甲公司的发票 13 万美元做了赔付。而对抬头为乙公司的 10 万美元发票，认为不属于核定信用额度范围未予赔付，经反复与进口保理商交涉也无结果。

——引自新浪财经：《应收账款难题国际保理解决》，2009 年 3 月 24 日

从该案例中可以看出，国际保理也是一种活跃的结算方式。国际保理的含义与特征是什么？国际保理业务具体是怎么操作的？它与传统国际结算方式有什么区别？

第一节　国际保理业务方式概述

一、国际保理产生的背景

（一）保理服务的起源

国际保理业务是一种新型的国际结算和融资方式。其形成背景可追溯到 18 世纪的英国与北美贸易。当时，正值资本主义工业革命时期，英国纺织工业蓬勃发展，狭小的国内市场已不能满足资本家追逐高额利润的需要，于是向海外倾销纺织品便成为资本主义初期经济扩张的必然选择。随着新大陆的开发，美国成为欧洲工业国家的主要消费品市场，尤其成为英国发达的纺织工业品销售市场。但由于英美两国远隔大西洋，信息沟通不便，英国出口商对进口商的资信和当地市场的情况知之甚少，因而他们的纺织品大多委托在美国的商务代理代办销售、收款等事项。开始时采用寄售方式，以后代理商的职能不断扩大，他们能为供货商提供货物寄存、商品推销、账目代管、催收账款、坏账担保等各项服务。随着通信与航运技术的发展，供应商亦无须采用寄售方式，代理商的职能偏重点转移到坏账担保和贸易融资，逐渐发展为现代意义上的保付代理商。这样，出口商在商品出运后，可将有关单据售给经营保理业务的机构，以及时收回销售货款，并继续扩大再生产。

（二）现代国际保理服务的发展原因

第二次世界大战之后，现代国际保理业务有了较快发展。最近 30 年来，随着科学技术进步，国际保理业务的服务手段也更加先进，保理商为客户提供的服务内容不断丰富和完善。在当前的国际贸易结算领域，国际保理的运用日益受到重视。其主要原因是：

1. 国际贸易中普遍形成买方市场

20 世纪 50 年代，欧洲经济迅速恢复，出口贸易竞争日益加剧，买方市场基本形成。各国出口商为了扩大自己的市场份额，纷纷向客户提供更加优惠的贸易结算条件。国际保理业务因为可以为买方减少开立信用证的费用，并且在买方资金困难、一时不足以支付货款时，获得保理商为其提供的信用担保，使买方提前获得贸易利益，而备受买方青睐。在当前国际贸易领域，欧美的进口商一般都要求卖方接受承兑交单（D/A）或赊销（O/A）的商业信用付款方式。但这种结算方式对于销售商来说，存在着很大风险。而采用保理方式，由于保理商愿意买进出口商的应收账款并提供坏账担保，正满足出口商的愿望和需求。因此，国际保理业务很快得到发展。

2. 信息产业的进步和电子通信技术得到广泛应用

由于保理业务提供的服务内容大多需要先进的信息技术作为基础手段，从国外市场的需求，客户的资信调查，到贸易伙伴国的市场规则、法律法规、交易习惯以及瞬息万变的市场行情等调查内容，都需要保理商借助先进的技术手段来完成。而传统的国际贸易方式根本无法胜任这样大量、复杂的工作，所以也就无法适应国际贸易的新发展。

3. 国际保理相关惯例规则的制定与实施

伴随着经济全球化进程的加快，为了使本国经济更好地融入到全球经济发展中，各国在贸易管理法规及习惯方面，都逐渐采用国际通行的惯例规则。例如，1998 年 5 月，国际统一私法协会（International Institute for the Unification of Private Law）就通过了《国际统一私法协会国际保理公约》，以便统一各国保理商开展国际保理业务的标准。国际保理商联合会早于 1968 年制定了《国际保理惯例规则》。这些法律和惯例的建设，为国际保理业务的顺利开展提供了保障。

此外，经济的高速发展也要求金融行业不断创新业务，既满足客户需要，又拓展自身服务领域，培育新的效益增长点。因此，各国金融行业在巩固传统业务的同时，也在大力发展新的中间业务品种，保理业务就是各国金融机构竞相占领的服务新领域。

随着保理业务的发展，其服务产品范围不断拓展。保理商不仅对纺织品、食品和一般日用品等出口应收账款提供短期融资，而且对家具、电子产品、机械产品等出口账款也给予资金融通，并提供其他有关服务。一些保理商开始与储运公司、商检部门、港务局等有关部门联合起来向客户提供“一揽子”全面服务，包括商品的包装、贴标签、刷唛头、商检、租船订舱、发运、保险、仓储、交货、收款、风险担保、融资等服务，卖方只要找到了买主，其他事情均可委托这一联合体来办理。

（三）国际保理服务在全球的发展

根据国际保理商联合会的统计，1990 年全世界有保理公司 507 家，全年营业额达 137 亿美元；到 2000 年全球保理公司增加到 981 家，营业额达到 5890 亿美元。10 年间，保理公司数量增加了 93.5%，营业额增长了 4200%。

欧洲和北美的保理业务发展较早、较快、较普遍。美国的保理业务始终处于世界领先地位。欧洲各国的保理业务发展迅速，大有超过美国之势。其中意大利发展最快，其保理业务总量约占欧洲业务总量的一半。德国、比利时、丹麦等国以及东欧的匈牙利、捷克等国的保理业务发展也较迅速。在大多数欧洲国家，保理服务主要是提供有追索权的贸易融资和其他服务，提供坏账担保处于次要地位。这主要是因为这些国家的短期出口信用保险很普及。在欧美国家之间的交易中，保理已取代了信用证。

20 世纪 70 年代以来，保理业务在亚洲和拉丁美洲地区也得到了较快的发展。亚太地区的日本、韩国、新加坡、马来西亚、泰国等国和中国香港地区，都有保理公司加入该组织。东盟国家以及墨西哥、巴西、智利、厄瓜多尔、土耳其等国家和地区也都设立了保理公司并开展了保理业务。

我国保理业务的发展起步于 20 世纪 80 年代，与发达国家相比，我国保理业务起步较晚。截至 2011 年底，我国有 23 家银行成为国际保理商联合会（FCI）成员，另有瀛寰东润、泰安、中国中科智担保集团股份有限公司 3 家公司加入国际保理协会组织。虽然近年来我国的保理业务取得了较快的发展，但是业务量与我国 GDP、进出口贸易额极不相称，规模较小，在英国、意大利和中国台湾等地，保理业务量占 GDP 总量可达到 15%，而我国大陆地区保理业务总额占 GDP 的比例尚不足 2.5%，国际保理业务总额仅占我国进出口贸易总额的 1.5%。

二、国际保理业务的含义

国际保理（International Factoring）又称为承购应收账款。指在以商业信用出口货物时（如以承兑交单（Documents against Acceptance，D/A）作为付款方式），出口商交货后把应收账款的发票和装运单据转让给保理商，即可取得应收取的大部分货款，日后一旦发生进口商不付或逾期付款，则由保理商承担付款责任，在保理业务中，保理商承担第一付款责任。

国际保理商联合会制定的《国际保理业务惯例规则》和《国际保理仲裁规则》是国际保理业的主要国际惯例。《国际保理业务惯例规则》具体限定了各保理商的权利和义务、应收账款转让的合法性、补偿、预付款、期限、保理中 EDI（电子数据交换）标准的适用等方面的内容。

国际保理商联合会（Factors Chain International，FCI）于 1968 年在荷兰成立，总部设在阿姆斯特丹，它是由世界上 62 个国家和地区的 229 个保理商组成的国际性自律联合体。作为目前世界上最大的保理组织，国际保理商联合会为其成员提供的保理服务遍布全球，在国际贸易结算中发挥了重要作用，所占市场份额也持续增长。

三、国际保理业务的内容

从国际保理的概念可以看出，保理单一的服务项目并没有什么特殊的地方，银行、财务公司、资信调查和评估机构、保险公司等长期以来都在提供此类服务，但将“一揽子”服务项目综合起来由一个窗口提供，则是保理的特色所在，也是保理之所以越来越得到贸易人士青睐的原因之一。国际保理提供的服务内容主要包括以下几个方面：

（一）进口商的资信调查及信用评估

公司一般有几个至几十个长期和经常性的贸易客户，大公司可以有几百个这样的贸易客户。如何掌握这些客户的资信变化状况，以控制切合实际的信用销售限额和采取必要的防范措施，避免或减少存在的收汇风险，对公司来讲是个至关重要的问题。而对大多数出口商来说，要建立四通八达、渠道畅通的情报网来收集信息，以便制定相应的经营策略，是力所不及的。但保理商可利用国际保理商联合会广泛的网络和官方民间的咨询机构，也可利用其母银行的分支机构和代理网络，通过各种渠道，收集有关进口商的背景、实力、潜在的发展机会，以及对客户资信有直接影响的外汇管制、外贸体制、金融政策、国家政局变化的最新动态资料。保理公司本身也有高效率的调研部门及企业信息数据库，拥有专业的、有经验的资信人才和信贷专家，这些便利条件，使保理商能够迅速及时掌握客户资信变化情况，并对企业资信做出权威、专业、迅捷的评估，并应出口商要求，提供商资报告。在此基础上，对出口商的每个客户核定合理的信用销售额度，并将坏账风险降至最低。

（二）债款回收

所有的贸易公司在向海外客户收取债款时，都会遇到同一难题，即如何在不损害彼此良好关系的情况下收回欠款。彼此间的语言隔膜，加上商业程序和法律制度互异，往往造成收债效果不佳，使大量的营运资金束缚在应收账款上。而企业资金周转不灵，又给企业正常营运带来巨大障碍。这些问题，在保理业务中可得到妥善解决。保理公司有一批训练有素的专业收账专家和法律顾问，拥有一套完整有效的追债程序，知道何时用何种方式向何人收债，处理起来得心应手。可见，使用保理业务既节省了出口商的营运资金，又免除了其对收款而存在的忧虑。

（三）销售分户账管理

分户账是出口商与债务人（进口商）交易的记录。在保理业务中，出口商可将其管理权授予保理公司，从而可集中力量进行生产、经营管理和销售，并减少了相应的财务管理人员和办公设备，从而缩小了办公占用面积。保理公司可利用其完备的账户管理制度和先进的办公设备，利用电脑自动进行诸如记账、催收、清算、计息收费、打印等工作，向出口商提供各种统计报表和往来账户对账单。由于保理商负责收取货款、寄送账单和查询催收工作，供应商还可节省大量的邮电费和电话费等管理费用。

（四）信用风险担保

保理的一个十分重要的功能，也是为出口商所特别看重的一点，就是保理商对已核准的应收账款提供100%的坏账风险担保。通常在保理协议生效前，出口商要填写信用额度申请表，如实填报进口商概况、出口产品、预计出口总额、价格条件、付款条件等，请求为自己的客户核定一个信用销售额度。保理公司以书面通知核准的应收账款，叫做已核准应收账款（Approved Account Receivable），对此保理公司提供100%的坏账担保。

（五）贸易融资

保理公司应客户要求，可在信用额度内预付发票金额70%~80%的货款，这种保理下的融资方式，有以下特点：

在通常情况下，这70%~80%的融资是一种丧失追索权的融资。因此，出口商可将其作为正常销售收入对待，而不必向银行贷款那样显示在平衡表的负债方。因此，可以改善速动比率，有利于提高公司的资信等级和清偿能力，并进一步融资。

融资总额与出口商发票金额成正比，二者保持同步增长。这样，一方面可自动调整，满足出口商渐渐加大的资金需求，保证资金供应和商品销售同步增长；

另一方面也可有效地防止处于发展时期中的企业超营运资金运营（Overtrading）。

融资方式手续简便、简单易行。既不像信用放款那样需要办理复杂的审批手续，也不像抵押放款那样需要办理抵押品的移交和过户手续，供应商在发货或提供技术服务后，凭发票通知保理商就可立即获得不超过发票金额 80%的无追索权的预付款融资。以上所述的各项服务项目，出口商可根据本公司和具体业务的实际情况，要求提供全部和部分服务，因此，保理具有相当的灵活性。

四、国际保理业务的作用①

保理业务的核心优势在于它对贸易双方具有保证作用与融资作用。即对出口商可以保证进口方最终付款并且在付款前给予贴现融资；对进口商可以保证货物质量并给予延期付款的贸易融资。与传统结算方式相比，它主要有以下特点与优势：

（一）对出口商而言

1. 有贸易融资作用

保理业务中，出口方装运货物后就可以获得 80%的预付款融资和 100%贴现融资，从而迅速收回货款，始终保持充实的流动资本以供不断订货。

2. 坏账担保与信用风险控制

出口商叙做保理后可以将自己的应收账款无追索权地一次性卖给出口保理商，这样可将大部分出口相关的风险如信用、货币、利率等都转移给保理商。

3. 改善付款条件，提高出口竞争力

业务对进口商是一种赊销贸易，可以向客户提供更有竞争力的 O/A（Open Account，赊销）、D/A 付款条件，以拓展海外市场。

4. 实现高效应收账款管理

出口商可以借助保理商了解客户的资信及销售状况，并将应收账款跨国管理、催收等复杂职能外包给保理商，大大节省自身在财务管理方面的成本。

（二）对进口商而言

1. 可以获得融资便利

赊销方式下出口方为进口方提供了 1~3 个月的融资，因此进口商可以于转售货物后再付款，扩大了其现有支付能力下的购买力。

2. 可得到对进口商品的质量担保

D/A 方式的远期承兑，进口商无须在尚未取得货权的前提下即做出商业承

---

① http：//www.wangxiao.cn/dzy/fudao/621103515357.html.

兑，相反在卖方提供的商品和服务不符合合同条款时，进口商还可以在规定时间内提出异议并要求索偿。

3. 可以节省费用和简化手续

保理是基于信用销售的，因此可以避免信用证项下较高的开证费用和百分之百的保证金，减少资金积压，降低进口成本。

五、适合采用国际保理业务的范围

以下几种情况适合选择国际保理作为结算方式。

（1）在国际贸易交易洽商中，进口商拒绝采用信用证支付方式，而且在要求延期付款的情况下，出口商应选择国际保理业务，争取与客户达成交易，并可防范信用风险和汇率变化的风险。

（2）在国际货物买卖中，对于季节性较强的出口货物，每年出口时间相对集中，为了减少管理人员开支，可以委托保理人代出口商办理财务管理和催收账款业务。

（3）对于来自北美、欧盟、澳大利亚、日本、新加坡等国家或地区的进口商，结算方式又为承兑交单（D/A）或赊账（O/A）时，出口商有融资要求的，可以采用国际保理业务。

（4）对于刚刚进入国际市场的出口货物，出口商对进口市场信息、法律法规和客户资信不甚了解，为了防范信用风险可以采用国际保理业务。

特别提示

中国银行是国内最早开办保理业务的银行。1988 年，中国银行在国内首家推出国际保理业务，与国外保理公司及国际保理组织密切合作，积累了相当丰富的业务经验，在世界各地为广大客户提供全面的保理服务。

第二节　国际保理业务的类型

由于各个国家和地区的商业交易习惯及法律法规不同，各国办理国际保理业务的内容以及做法也有不同。根据保理业务的性质、服务内容、付款条件、融资状况等方面存在的差异，可以将保理业务进行以下分类。

一、融资保付代理与到期保付代理

国际保理业务根据提供预付款融资与否，可分为融资保付代理（Financed Factoring）和到期保付代理（Maturity Factoring）。

融资保付代理是一种预支应收账款业务，当出口商将代表应收账款的票据交给保理商，保理商立即向出口商支付现金，即提供预付款融资。到期保付代理则是一种到期承购应收账款业务，当出口商将应收账款单据转让给保理商，保理商确认并承诺在票据到期时无追索地向出口商支付票据金额，并不在当时立即向出口商支付现金。一般保理商是根据出口商通常所给予客户的付款期限计算出平均到期日，即平均预计收款日，并于平均到期日将应收款的收购价款付给出口商。由于到期保付代理并不提供预付款融资，而一般出口商都希望得到融资，贸易融资也正是国际保理业务的最大优点，因此，融资保付代理才是常见的标准的国际保理。

二、公开型保付代理与隐蔽型保付代理

国际保理业务根据保理商公开与否，可分为公开型保付代理（Disclosed Factoring）和隐蔽型保付代理（Undisclosed Factoring）。

在公开型保付代理中，出口商必须以书面形式将保理商的参与通知所有客户，并指示他们将货款直接付给保理商。如果出口商不愿他人得知保险商的参与，以避免对自己转让应收账款原因的猜忌，则将保理商的参与保密，在货款到期时仍由出口商出面催收，货款将直接付给出口商，至于融资与费用的清算，则在保理商与出口商之间进行，这称为隐蔽型保付代理。

三、无追索权保付代理与有追索权保付代理

国际保理业务根据是否保留追索权，可分为无追索权保付代理（Non-recourse Factoring）和有追索权保付代理（Recourse Factoring）。

在无追索权保理中，保理商根据出口商提供的名单进行资信调查，并为每个客户核定相应的信用额度，在已核定的信用额度内，为出口商提供坏账担保。出口商在有关信用额度内的销售，因为已得到保理商的核准，所以保理商对这部分应收账款的收购没有追索权。由于债务人资信问题所造成的呆账、坏账损失均由保理商承担。大多数国际保理业务都是这类无追索权保理。在有追索权的保理中，保理商不负责审核买方资信，不确定信用额度，不提供坏账担保，只提供包括贸易融资在内的其他服务。如果因债务人清偿能力不足而形成呆账、坏账，保

理商有权向供应商追索。

四、单保理方式与双保理方式

国际保理业务根据其运作机制，可分为单保理方式和双保理方式。

仅涉及一方保理商的叫做单保理方式。如在直接进口保理方式中，出口商与进口保理商进行业务往来；而在直接出口保理方式中，出口商与出口保理商打交道。涉及买卖双方保理商的则叫做双保理方式。国际保理业务中一般都采取双保理方式，即出口商委托本国出口保理商，出口保理商再从进口国的保理商中选择进口保理商。进出口国两个保理商之间签有代理协议。整个业务过程中，进出口双方只需与各自的保理商进行往来，没有语言及社会习惯等方面的障碍，非常方便。

五、明保理和暗保理

明保理和暗保理是按照是否将保理业务通知购货商来区分的。

明保理是指供货商在债权转让的时候应立即将保理情况告知购货商，并指示购货商将货款直接付给保理商。暗保理则是将购货商排除在保理业务之外，由银行和供货商单独进行保理业务，在到期后供货商出面进行款项的催讨，收回之后再交给保理商。供货商通过开展暗保理可以隐瞒自己资金状况不佳的状况。

需要注意的是，在我国《合同法》中有明确的规定，供应商在对自有应收账款转让时，须在购销合同中约定，且必须通知买方。

六、折扣保理和到期保理

折扣保理又称为融资保理，是指当出口商将代表应收账款的票据交给保理商时，保理商立即以预付款方式向出口商提供不超过应收账款 80%的融资，剩余 20%的应收账款待保理商向债务人（进口商）收取全部货款后，再行清算。这是比较典型的保理方式。

到期保理是指保理商在收到出口商提交的、代表应收账款的销售发票等单据时并不向出口商提供融资，而是在单据到期后，向出口商支付货款。无论到时候货款是否能够收到，保理商都必须支付货款。

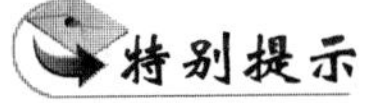

保理按不同角度划分为不同的种类。

第三节　国际保理业务的程序

一、国际双保理业务的当事人

在国际保理中，由于存在语言、文化、法律方面的差异和障碍，往往采用双保理的形式，通过进出口合同和两个保理合同将各方当事人有效地联系在一起。保理业务的种类有很多，但目前国际保理中使用最广泛的形式是双保理。国际双保理业务主要包括四方当事人：出口商、进口商、出口保理商和进口保理商。

（1）卖方。出口商或称供应商，是指对提供货物或服务出具发票的，且其应收账款已被出口保理商叙做保理业务的一方。

（2）债务人。买方或称进口商，指对由提供货物或服务所产生的应收账款负有付款责任的一方。

（3）出口保理商。与卖方签订保付代理协议，对卖方的应收账款承做保理业务的一方。出口保理商通常在出口商的所在地。在国际单保理的情况下，无出口保理商。

（4）进口保理商。同意代收卖方以发票表示的，并过户给出口保理商的应收账款的一方。

双保理的主要优势在于出口商和进口商都可以仅和所在国的代理商打交道，这样可以适用比较熟悉的本国语言和法律，同时由于进口商情况，由进口保理商而非出口保理商来对进口商进行资信调查和坏账担保也显然更为合适，但是费用较高。

二、国际双保理的运作机制

下面重点介绍双保理业务的运作机制。

（1）出口保理商与进口保理商之间的关系属于委托代理关系和应收账款转让关系，这种关系须经双方签订保理商代理合约加以确定。

（2）出口商与出口保理商订立出口保理业务协议（Export Factoring Agreement）。这是保理业务的基本文件，它包括：①总则；②协议双方；③协议适用的范围；④信用额度的申请、通知及生效；⑤信用额度的减少及取消；⑥提交单据；⑦债权的转让；⑧账户、账务及报告；⑨付款；⑩融资；⑪纠纷；⑫服务费用；⑬协议的生效及期限；⑭协议条款的更改；⑮协议的终止；⑯仲裁；⑰其他。最后是出口商和出口保理商双方代表签字并盖公章。

(3) 出口商申请与它交易的进口商信用额度，填写“信用额度申请表”(Application for a Credit Approval) 交给出口保理商。

(4) 出口保理商将“信用额度申请表”传送给进口保理商。我国最早开展保理业务的中国银行北京分行作为出口保理商与国外进口保理商之间建立了EDI传输制度，它们将“信用额度申请书”转为预先信用评估请求 (Preliminary Credit Assessment Request) 的信息，经EDI传输至进口保理商。

(5) 进口保理商对进口商进行信用评估，从而确定或批准进口商的信用额度。

(6) 进口保理商将它对进口商核准的信用额度，或拒绝核准信用额度通知出口保理商。建立EDI传输制度时，进口保理商可将核准信用额度转为“预先信用评估回答”(Preliminary Credit Assessment Response) 的信息，经EDI传输至出口保理商。

(7) 出口保理商将进口保理商核准进口商的信用额度或拒绝核准信用额度通知出口保理商。

(8) 出口商与进口商签订贸易合同，订明支付方式是O/A或D/A或类似方式。

(9) 出口商按照合同装运日期发运货物。

(10) 出口商填制“应收账款转让通知书”(Notification and Transfer of Receivables) 一式五联，并在应签字之处加上出口商签字，送交出口保理商。上面应写明：“按照我们之间的协议，我公司通知你们（出口保理商）交来所附发票副本，代表我公司与债务人（进口商）之间的交易，我公司所附发票说明一切债务的全部权利、物权和利益转让给你们（出口保理商）。”(“Pursuant to the Agreement between us, we hereby notify you of transactions entered into by us with our debtors as represented by the attached copies of invoice.We hereby also transfer to you all right, title and interest in and to all the debts as specified on the copy attached.”)

倘若申请的信用额度全部遭到进口保理商的拒绝，则此出口属于无信用额度担保的出口，进口保理商对于应收账款到期是否付款不承担责任。

出口商可任选下列两种中的一种寄单方式：①出口商应将有关应收账款的全套单据，包括正副本发票，以及其他单据正副本，连同出口商与进口商的销售合同副本（供出口保理商审单之用）一并提交出口保理商，再由出口保理商将单据转寄进口保理商。②出口商将有关应收账款全套单据的正本直接寄给进口商，而将发票副本连同出口商与进口商的销售合同副本（供出口保理商审核发票之用）一并提交出口保理商，再由出口保理商将发票转寄进口保理商。当出口商将已核准的应收账款转让给出口保理商时，允许出口商如果需要时，可向出口保理商申请融资。他应填写“融资申请书”。出口保理商根据出口商及进口商的资信情况，以及产品市场潜力等情况，对出口商提供已核准应收账款金额的 50%~90%的预付款项融资。对于未核准的应收账款，出口保理商不提供融资。

（11）出口保理商签署应收账款转让通知书，并在发票盖上“再让渡”印戳，表示出口保理商将该笔应收账款再转让给进口保理商。例如：“此项应收账款已经再让渡给并为其所有，按照面额付给：（进口保理商名称）。”［“This receivable has been subsequently assigned to，is owned by，and is payable in par funds only to：(Name of Import Factor).”］进口保理商自行拟定“再让渡”条款，交出口保理商盖印戳在发票上，因此“再让渡”条款措辞也因进口保理商不同而有差异，并非全用英文，常用进口保理商所在国文字。

出口保理商寄送给进口保理商的单据有三种情况：第一，应收账款转让通知书、全套单据（包括发票、提单、保险单等）寄给进口保理商。东南亚国家采用此法寄单。第二，应收账款转让通知书发票副本寄给进口保理商。欧美多数国家采用此法寄单。第三，建立 EDI 信息传输制度时，出口保理商将应收账款转让通知书发票副本转为 EDI 信息传输给进口保理商。

（12）进口保理商将单据传送给进口商。

（13）进口商把提单交给进口地的承运代理人，要求提货。

（14）进口地承运代理人交付货物。

（15）进口保理商于付款到期日向进口商索取应收账款。如果进口商无力付款，按照国际保理惯例第十三条 1 分条 b 款规定，进口保理商应于到期日后 90 天对出口保理商支付应收账款（担保下面的付款）加上迟付利息，其中利息部分还须加倍支付。

（16）在向进口商索取应收款时，进口商照付，如果建立 EDI 信息传输制度，进口保理商用 EDI 发出付款信息。

（17）进口保理商通过银行将应收账款汇交出口保理商。如果建立 EDI 信息传输制度，进口保理商用 EDI 发出汇款信息。

（18）出口保理商将款贷记在出口商账户，办理结汇手续。如果出口商获得融资，则应扣还预付本息，将余款贷记出口商账户。

特别提示

国际双保理业务主要包括四方当事人：出口商、进口商、出口保理商、进口保理商。

第四节　国际保理与传统结算方式的比较

一、国际保理与托收、信用证等传统国际结算支付方式的比较

（一）付款责任比较

托收和信用证是国际贸易中传统的支付方式。托收是指债权人（出口人）出具汇票委托银行向债务人（进口人）收取货款的一种支付方式。在托收方式下，买卖双方受合同约束，进口人是唯一承担付款责任的人。银行在办理托收业务时，只是按委托人的指示办理，并无承担付款人必然付款的义务。

信用证是指由银行（开证行）依照客户（申请人）的要求和指示或自己主动，在符合信用证条款的条件下，凭规定单据向第三者（受益人）进行付款，或承兑和支付受益人开立的汇票。在信用证方式下，买卖双方既受合同约束，又受信用证约束，但合同和信用证是相互独立的文件，开证行承担有条件的独立的付款责任，只要受益人（出口人）提交符合信用证规定的单据，银行就保证付款。

（二）风险比较

托收是以商业信用为基础的。出口商发货后，如进口商借故不付款赎单，代收行和托收行均不承担付款责任，出口商要承担较大风险。

在信用证方式下，也存在进口商不按时开证、开证行倒闭、单证不符而进口商拒付或迟付的风险。对进口商来说也存在实际货物不符要求、出口商制造假单据进行欺诈等风险。

而国际保理业务则是对赊销和托收支付方式风险的一种消除手段。只要出口商提供货物的品质、数量、价格、交货期符合合同要求，如果遇上进口商资金周转不灵或倒闭，进口保理公司将负责付款，承担百分之百坏账担保。因此，对出口商来讲，摆脱了托收项下进口商无力付款、倒闭或无故拖延付款的风险。由于每笔应收账款的债权已转让给了进口保理公司，保理公司有专业的收债技术和丰

富的收债经验，它可以采取诉讼和其他方式强行收款并承担已核准应收账款下所产生的一切诉讼和律师费用。

（三）融资方式比较

在托收业务中可采取托收出口押汇、凭信托收据借单提货进行融资。但由于银行承担的风险大，因此控制很严，而且银行对客户有追索权。

在信用证业务中，议付行对出口商的融资方式主要有打包放款、信用证抵押放款、出口押汇、票据贴现等。前两种是货物发运前银行给予出口商的融资，由于没有实物作抵押，实质仍是信用放款，银行有从出口货款中扣除或要求偿付的权利。后两种是货物出运后，议付行给出口人的融资，如果开证行拒付货款或无力付款，议付行对出口商有追索权。开证行对进口商融资的方式主要有开证额度、进口押汇、提货担保等。这三种融资方式银行同样是有追索权的。

（四）付款约束机制比较

托收方式下，进口商是付款责任的唯一承担人，只受贸易合同约束，实务中部分进口商无视贸易合同，以市场行情等因素决定是否付款。出口商在遭到拒付时，只好委托代理人员另行处理，或依法起诉、仲裁，但国际间索赔费时费钱，有时只好放弃追索权。因此，在托收方式下，付款约束机制薄弱。

在国际保理业务中，进出口双方除受贸易合同约束外，保理商还对已核准信用额度内的账款承担百分之百坏账担保。因此，出口商同样具有双重付款保证。但与信用证不同的是，上述两种约束机制紧密联系，只有当出口商按贸易合同发货，保理商的坏账才能成立，这种约束也是双向的，它避免了信用证下出口商以次货、假货或伪造单据进行诈骗的风险。

二、国际保理业务的选择

在实务中，国际保理比较适合以下几种情况：

（1）销售额高。出口商的业务量较大，商品坏账发生率随风险的合理分散而有所下降，则保理费率相应地降低，保理业务给出口商带来的效益和增加的业务收入超过保理费用的支出。

（2）出口商对海外客户情况了解甚少，对方不能或不愿开具信用证。了解客户的资信并将风险降到最低限度，是许多出口商难以把握的。如申请做保理业务，则保理商将负责对进口商进行调查并核定信用额度。

（3）出口商出于进一步拓展市场的需要。保理业务是为了赊销方式而设计的综合性服务，出口商可以通过提供最有吸引力的结算方式增强其市场竞争力，扩大销售。

(4) 出口商对应收货款寻求催收及有效管理。有的出口商与进口商相距甚远，同时受商业习惯、语言和国家政策等限制，货款收付成本高，甚至有时收不回。采用保理业务，出口商通过保理商代收货款，降低收汇成本，而且收汇及时，成功率高。

随着经济全球化进程的加快和国际买方市场的形成，国际保理业务已日益成为世界各国主要的贸易结算方式，在我国有着广阔的前景，对于增强我国在全球的市场竞争力具有重大的现实意义。为此我们必须尽快使国际保理业务在我国得到推广和普及，以促进我国对外贸易的持续、健康、快速发展。

特别提示

由于保理业务是一种B2B意义上的电子商务，国际保理商联合会所启用的统一的保理电子数据交换系统利用全球数据交换网络传递信息，这使得保理业务比一般的结算品种更加便捷、准确和高效。

第五节　国际保理业务的风险及其防范[①]

一、国际保理业务当事人之间的关系

国际保理业务，需要有关当事人之间签订相应业务协议，确定相应的权利义务。以比较典型的双保理机制的综合保理业务为例，当事人之间的权利义务关系有：

(一) 供应商与出口保理商之间的法律关系

作为债权转让方，供应商的义务大致有两条：一是向出口保理商转让应收账款，若债务人因供应商的商品或服务有瑕疵而遭拒付时，此类账款即成为不合格账款，保理商对此有追索权，即将转让给他的应收账款再次转让给供应商，而供应商则有义务接受（从这种意义上讲，融资的无追索权性并不是绝对的）。二是向出口保理商支付约定的费用和贴息。而出口保理商则有义务按照协议提供服务。

---

① 徐珊珊：《国际双保理各当事人风险防范》，《合作经济与科技》，2009年第2期。

（二）债务人与进口保理商之间的法律关系

债务人与进口保理商之间无合同关系，进口保理商收取债款的权利基础是从出口供应商处接收了应收账款，其实质是债权的转让。除非供应商与债务人之间的买卖合同之间有禁止转让该合同项下应收账款的约定，进口保理商可以通过债权转让获得绝对的到期收款的权利，而无须事先得到债务人的同意。若因应收款项逾期时，进口保理商可以催收，并在必要时采取法律手段解决。

（三）出口保理商与进口保理商之间的法律关系

双方的权利义务关系是由双方的协议确定的。通常情况下，出口保理商的义务是向进口保理商传递信用额度申请表等有关文件和转让应收账款，保证所转让的应收账款的真实有效性，以及债权本身的有效性。而进口保理商则负有对债务人进行资信评估，承担债务人的信用风险和转交货款的义务。

（四）供应商与债务人之间的法律关系

供应商与债务人之间权利义务关系的基础是双方签订销售合同。根据《联合国国际货物销售合同公约》规定，供应商必须严格按照合同规定交付货物，在将应收账款转让给保理商后，应及时通知债务人。债务人则应按时支付货款和收取货物。

二、国际保理业务当事人面临的风险

国际双保理业务涉及的当事人及其权利义务关系比较复杂，所以出口商、出口保理商和进口保理商各当事人面临的风险仍然不容忽视。

（一）出口商所面临的风险

保理业务中出口商获得了进口保理商对进口商的信用额度，但并不意味着风险全部消除。因为进口保理商的信用担保只包括因进口商资信原因导致的不付款，以及因国家风险、不可抗力和自然灾害造成的付款风险，而对因贸易纠纷导致的进口商不付款，进口保理商将不负责赔偿。因此，出口商在国际双保理机制下可能面临产生贸易纠纷导致进口保理商免责的风险和进口保理商诚信不足的风险。

（二）出口保理商面临的风险

在国际双保理机制下，出口保理商将进口商的信用风险转嫁给了进口保理商，但从国际保理业务开展的实践来看，出口保理商仍然存在下述风险：①面临出口商的资信风险。在国际双保理机制下，出口保理商买断出口商应收账款，便成为货款债权人，同时也承担了原先由出口商承担的进口商信用风险。尽管出口保理商再将其转嫁给进口保理商，但在为出口商提供了贸易融资的情况下，如果出现贸易纠纷，进口商必然拒付货款，进口保理商又免除了对进口商的信用担保责任，可能会因为出口商破产导致出口保理商的融资款无法追回而蒙受损失。②购买债权的合法性、可转让性风险。出口保理商购买的债权必须是具有可转让的、合法的、无瑕疵的债权。③接受进口保理商“反转让”的风险。即使在正常国际保理业务过程中，也可能因出口商的延误或出口保理商本身的疏忽造成文件单据的延迟提交，进口保理商会行使反转让权而退出此笔双保理业务。

（三）进口保理商面临的风险

首先，承担进口商的信用风险。在国际双保理机制下，进口保理商是进口商信用风险的最终承担者，对其核定信用额度内的应收账款提供100%的坏账担保。其次，减少或取消已核准信用额度时出口商已发货的风险。《国际保理统一规则》规定，进口保理商可以根据进口商的资信变化情况随时调整甚至取消已核准信用额度，但在调整或取消信用额度的通知未到达出口商以前，原核定的信用额度仍然有效。在这种情况下，如果出口商已将货物装船，就将使进口保理商的风险环境更加恶化。

三、国际双保理各当事人风险的防范

（一）出口商的风险防范

（1）出口商在签订的保理协议中应明确在债务人明显无支付能力却故意提出贸易纠纷的情况下进口保理商仍要承担担保付款责任。同时，一旦债务人提出了贸易纠纷，出口商和出口保理商要立即争取将该争议提交到法院或仲裁庭以及早获得有利的解决。

（2）出口商应在买卖合同中规定贸易纠纷提出的时限。由于国际保理业务所应用的范围是远期放账交易，买方可以先提货后付款，而《国际保理业务管理规则》中有规定：出口保理商在付款到期日后90天内，收到进口保理商签发的有关债务人提出的贸易纠纷的通知均是有效的。因此，在买卖合同中明确规定纠纷提出的时限，比如收到货物后两周内，便可以避免买方因市场行情变化而反过来挑剔货物品质情形的出现。

（3）出口商可以在买卖合同及发票上注明“货权在货款全额支付前仍属于卖方所有”。这样，就可以避免在进口商拒付时货款两空的局面。

（二）出口保理商风险防范

（1）明确条件，合理谨慎地选择做保理的出口商。根据国际上开展保理业务的经验，出口保理商为了防范风险，往往会对出口商设定若干条件：出口商必须是合法经营，且具有一定的经验和资历，即不是刚注册成立的企业；出口商的经营必须具有一定规模，贸易商品为非资本性货物且出口商的客户分布相对分散，以减少潜在的坏账损失；出口商的经营状况良好，诚信度高。总之，对达不到要求条件的出口商宁愿放弃。

（2）与出口商签订条款完善的《出口保理合同》，完善的保理条款是防范风险的必要措施。

（3）选择信誉优良、经验丰富的进口保理商。出口保理商应选择具有 FCI 会员资格的进口保理商，使进出口保理商在业务合作中受到国际保理商联合会秘书处的监督。

（三）进口保理商的风险防范

（1）准确地评估进口商的信用额度，并跟踪掌握其资信变化。从前述风险分析可以看出，进口保理商面临的风险源于进口商的经营状态。因此，强化对进口商的资信评估并跟踪掌握其资信变化是防范风险的根本措施。具体而言，可以充分利用银行（或母银行）广泛的分支机构和代理网络、数据资料库，以及利用专业信用评估机构对进口商的信用等级评估等方式，多渠道、全方位地对进口商的综合经营状态进行调查分析，并根据进口商的生产经营发展趋势、市场竞争状态，对其未来的资信变化做出预测。

（2）争取与出口保理商签订风险分担协议。在正常情况下，进口商的信用风险由进口保理商承担。如果进口保理商不能或者不愿意承担全部进口商的信用风险，可与出口保理商协商，要求其承担部分进口商信用风险，有时出口保理商可能希望分担部分风险以获得较高的收益。

（3）设法加大保理业务量，以分散风险。一般来说，如果保理业务量过小，进口保理商的风险将无法有效分散，形成风险与收益不对称的局面，也不利于其在规模经营过程中降低运营成本。如果保理业务量足够大，尤其同一出口商在进口保理商所在国的客户分布相对分散，可以减少潜在的坏账损失。

特别提示

鼓励保险公司开展“无追索权应收账款转让”的保险业务，建立健全有关保理的法律法规等在一定程度上也可降低国际保理业务的风险。

案例分析1

浙江苏泊尔厨具有限公司从1988年开始生产厨具，目前已成为中国厨具第一品牌。随着企业的快速成长，苏泊尔出口导向日益明显，年出口额飞速增长。日益激烈的国际市场竞争加之客户对信用证结算方式的排斥使其认识到，无论你的产品质量与公司声誉如何卓著，事业的成功还取决于为客户提供适当的支付条件的能力。因此，在其大胆的市场营销策略中，苏泊尔为其客户提供赊销条件。然而，在赊销过程中，公司不得不面对海外客户的清偿能力风险、国际收账的困难以及资金周转的问题。而国际保理成为公司解决上述问题的当然选择。2002年，苏泊尔首次使用中国银行的出口保理服务以获得美国进口商的信用额度。如今，向美国、英国、中国香港出口均使用保理结算方式，其保理业务量从2002年不到300万美元上升到2004年的2200万美元以上，并继续呈现上升势头。通过使用保理服务，提供信用销售，苏泊尔的国际销售量在过去两年内增长了十倍，为公司股票在2004年8月深圳股票市场的上市奠定了基础。对于未来进一步的海外市场拓展，苏泊尔同样充满信心。因为保理服务的买方信息调查咨询及信用担保意味着公司可以安全有效地进行经营发展决策，从而比其他竞争者做得更好。

分析：苏泊尔的成长经历，为中小企业的发展提供了成功的范例。在当前我国中小企业生存与发展面临严重的融资等瓶颈问题的现状下，一方面，银行应热情主动地面对中小企业宣传并提供保理服务；另一方面，中小企业自身也应积极认真地去了解、接纳和尝试保理服务，充分发挥保理服务在中小企业发展中的应有作用。

案例分析2

经营日用纺织品的英国Tex UK公司主要从我国、土耳其、葡萄牙、西班牙和埃及进口有关商品。几年前，当该公司首次从我国进口商品时，采用的是信用证结算方式。最初采用这种结算方式对初次合作的双方是有利的，但随着进口量的增长，它们越来越感到这种方式的烦琐与不灵活，而且必须向开证行提供足够的抵押。为了继续保持业务增长，该公司开始谋求至少 60 天的赊销付款方式。虽然它们与我国出口商已建立了良好的合作关系，但是考虑到这种方式下的收汇风险过大，因此我国供货商没有同意这一条件。之后，该公司转向国内保理商Alex Lawrie 公司寻求解决方案。英国的进口保理商为该公司核定了一定的信用额度，并通过中国银行通知了我国出口商。通过保理机制，进口商得到了赊销的优惠付款条件，而出口商也得到了 100%的风险保障以及发票金额 80%的贸易融资。目前 Tex UK 公司已将保理业务推广到了 5 家中国的供货商以及土耳其的出口商。

分析：上述案例告诉我们，尽管保理服务是面向出口商提供的，实际上对进口商也是极为有利的，是一种双赢的结算方式。因而，在交易中，进口商也应积极主动地去争取保理结算方式的运用，进而争取到对自己有利的信用销售方式。

案例分析 3

台湾美利达工业股份有限公司是世界知名自行车制造商之一。公司成立于1972 年，产品出口遍布亚欧各国。由于自行车行业的技术发展已经比较成熟，业内的竞争非常激烈，不得不满足客户的赊账需求，赊账销售最让公司担心的就是客户的坏账。公司曾使用信用保险来解除坏账之忧。然而在发生坏账时，公司仍然要承担至少 20%的货款损失，而且办理的手续不比开信用证简便多少。后来，公司接触了 FCI 成员公司 Chailease 金融公司，开始了解并使用保理服务。保理服务提供的客户资信资料以及全套的账务管理服务使该公司节约了不少人力。最重要的是，保理的费用比信用保险低多了。该公司的经理表示，如此一来，他们就可以从容面对竞争，放心开发新的客户了。

分析：当前，国际货物市场已普遍形成买方市场条件。特别是一些生产技术相对成熟稳定的货物更是如此。传统的出口竞争手段如提高商品质量或降低商品价格等，由于生产工艺相对成熟、生产成本相对固定等原因，而较少有发挥作用的空间。因而，许多出口商纷纷转而通过向进口商提供优越的支付条件来提升自身的竞争能力。在其他条件相当的情况下，谁提供的支付条件更优惠，比如愿意提供赊销结算便利，谁就能占有出口先机。即使像本案例中的世界知名企业也同样面临这样一种竞争压力及竞争手段的选择。而保理服务是解除出口商信用销售各种后顾之忧，提升出口竞争能力的极佳选择，应该引起出口商的高度重视。

小　结

国际保理是集贸易融资、商业资信调查、应收账款管理及信用风险担保于一体的新兴综合性金融服务。

近年来随着国际贸易竞争的日益激烈，国际贸易买方市场逐渐形成。对进口商不利的信用证结算的比例逐年下降，赊销日益盛行。由于保理业务能够很好地解决赊销中出口商面临的资金占压和进口商信用风险的问题，因而在欧美、东南亚等地日渐流行，并在世界各地发展迅速。

1992 年中国银行在国内率先推出国际保理业务。

1999 年，中国银行根据客户需求，开始试办国内保理业务。中国银行于 1993 年加入国际保理商联合会（Factors Chain International，FCI）。

国际保理主要包括单保理和双保理、融资保理和非融资保理、有追索权保理和无追索权保理等形式。作为国际保理业务中应用较广的一种形式，双保理具有两个保理商和两次应收账款债权让渡的特点，而双保理的运作程序也是国际保理业务中需要了解的内容。

与信用证和出口信用保险等结算方式相比，国际保理具有独特的优势。与信用证等传统结算方式相比，国际保理的最大优点是有债权风险保障。与出口信用保险相比，国际保理在性质、风险范围、风险保障程度、服务内容、结算方式、费用等方面与其存在差别。

实训练习

【核心概念】

国际保理　出口信用保险

【问答题】

1. 国际保理的主要服务项目有哪些?
2. 比较国际保理与出口信用保险。
3. 简述国际保理业务的运作程序。

第九章 福费廷业务

本章目标

- 了解福费廷业务的产生与发展
- 掌握福费廷业务的含义与特征
- 熟练掌握福费廷业务与国际保理业务之间的异同
- 理解福费廷业务的运作程序
- 了解福费廷业务的成本构成

案例导入

F客户收到一单出口业务，开证银行为孟加拉汇丰银行，信用证类别为90天远期信用证，单据金额为10000美元并已经开证银行承兑，F客户申请融资的日期为2006年5月24日，该信用证承兑付款日为2006年8月17日。

F客户为中小企业客户，融资方式受到较多限制，民生银行合理安排出口福费廷授信额度，在扣除对方银行预扣费、民生银行手续费后，客户顺利获得了9500多美元的融资金额。

针对出口型中小企业，信用证项下货物已发运且已经国外开证行（只要该银行在民生银行有授信额度）承兑，无须其他担保措施，民生银行立刻为客户出具出口收汇核销联，客户可提早办理出口退税。客户得到的融资款可直接以现金收入记入资产负债表。而且，在本案例中，无论民生银行是否于2006年8月17日收到开证行的付款，民生银行均对F客户无追索权。

——引自《出口福费廷案例》，http：//www.cmbc.com.cn/news/gb_jdanl/2007-9/6/17_01_22_138.shtml，2007年9月6日

从该案例可以看出，福费廷业务中的包买商对受益人无追索权。那么福费廷业务的含义和特征是什么？福费廷业务的流程是什么呢？

第一节　福费廷业务概述

一、福费廷业务的产生与发展

福费廷业务方式产生于 20 世纪 50 年代后期。当时，作为第二次世界大战主战场之一的欧洲各国已逐渐克服了战争的破坏，经济得到明显的恢复。为了更好地发展经济，在各国出口竞争加剧的同时，以成套设备为代表的资本密集型商品的交易也呈现出迅速发展的势头，但进口方（当时主要是东欧国家）又往往缺少足够的外汇即期支付，需要在进口的成套设备运行并产生效益后分期偿还设备价款，而设备生产厂商则希望在设备出口后尽快收回设备价款，以利于资金周转和减少汇率、利率的风险。为适应这种要求，长期从事国际贸易融资的瑞士商业银行界首先开办福费廷业务，为东欧国家采购美国的谷物提供中长期融资，并随后开始承做资本密集型货物贸易的中期融资业务。1965 年，苏黎世 FINANIAG 成立了世界上第一家专营福费廷业务的公司，其他欧洲国家的商业银行也随后开办这方面的业务。于是福费廷业务在当时得到了迅速发展。20 世纪 70 年代初，布雷顿森林体系崩溃后，国际贸易中的汇率风险明显加大；70 年代末欧、美、日等发达国家先后陷入了严重的经济滞胀，极大地冲击了世界贸易，导致 1980 年至 1984 年世界出口额的持续下跌或徘徊；1982 年爆发的以拉丁美洲一些发展中国家的外债危机为代表的国际债务危机长期持续，大大增加了国际贸易的风险。所有这些都促使了福费廷业务得到发展。越来越多的国家和银行开办了这项业务，业务总量逐步增加，有关的规范和机制逐步完善，形成了伦敦、苏黎世和法兰克福三大福费廷业务中心，世界其他地区的福费廷业务也随着当地经济和国际贸易的发展而相应发展。

随着福费廷业务的推广和成熟，其自身也在不断发展，比较突出的是：

（1）形成了福费廷的初级市场和二级市场。前者是福费廷融资商以无追索权方式从出口商购买对进口商和担保银行的债权票据的市场，后者则是已经办理了对出口商融资的福费廷融资商将其购进的对进口商和担保银行的债权票据有偿转让的市场。

（2）业务的灵活性增强：①融资工具的变化，传统的福费廷业务中使用的债权凭证是出口商签发、经进口商承兑和进口国银行担保的汇票或进口商签发、经进口国银行担保的本票，随着信用证和银行保函业务的发展，在信用证或银行保函项下形成的确定的债权也成为福费廷融资的工具。②融资利率的变化，传统的福费廷业务中，融资商对出口商的融资采用固定利率，鉴于国际金融市场的利率波动频繁，一些福费廷融资商开始采用浮动利率融资。③融资期限更加灵活，传统福费廷业务期限多为1~5年，实行分期偿付；由于国际资本商品贸易的发展和贸易金额的巨大，融资的期限可能长达7~10年，同时，有些金额较小的资本商品贸易在采用福费廷方式时，也有融资期限仅1~6个月的。④出现辛迪加融资方式，也由于国际资本商品贸易的发展和贸易金额的巨大，由单一融资商承担不仅风险大，而且也可能影响其流动性，于是出现由多个融资商共同为某项交易提供福费廷融资服务，以分担风险。⑤不需要进口国银行担保，传统的福费廷业务中，融资商为了避免进口商的信用风险，都要求出口商提交的票据，无论是出口商签发的汇票或进口商签发的本票，都要求经进口国银行担保，但这必然增加进口商的负担。近年来，有的融资商为了拓展业务，对于一些国家的国内政治、经济发展较稳定且资信评价高的进口商，不要求提供银行担保。

20世纪90年代初，我国银行的一些海外分行陆续开始办理福费廷业务，并将该业务方式向国内推介，随后国内也逐步展开。同时，获准在我国大陆（除台湾地区外）开业的外资银行也大力开展福费廷业务。进入21世纪，国内的中、外资银行已普遍开办福费廷业务。2005年6月初，国际福费廷协会东北亚地区委员会在我国北京成立，标志着福费廷业务在我国的发展进入新阶段。目前，中国银行、中国建设银行、中国工商银行、中国农业银行、中信银行、招商银行等都已是该协会的成员。

二、福费廷业务的含义与特征

（一）福费廷的含义

福费廷（Forfaiting）方式，又被称为“包买票据”或“票据包购”，福费廷是源自法语“A FORFAIT”的Forfaiting的音译，意谓“让权利予他人”，或者“放弃权利”、“放弃追索权”。具体地说，福费廷是票据的持有者（通常是出口商）将其持有的，并经进口商承兑和进口方银行担保的票据无追索权地转让给票据包买商（福费廷融资商）以提前获得现金，而福费廷融资商在票据到期时向承兑人提示要求付款。福费廷融资商通常是商业银行或其附属机构，所使用的票据通常是出口商开立的汇票，或者进口商开立的本票。若是前者，需要进口商承兑和进口地银行的担保；若是后者，则只需进口地银行担保。票据的付款期限通常是半年到3~5年。

福费廷业务主要用于金额大、付款期限较长的大型设备或大宗耐用消费品的交易中。选择福费廷方式办理结算，在进出口商洽商交易时，应就这一结算方式取得一致意见。

（二）福费廷的特点

（1）无追索权。融资商从出口商处购得票据属于买断性质，是没有追索权的。因此，融资商承担了福费廷业务中的最大风险。为了有效地防范风险，融资商必须严格审查有关票据及其中签名的真实性，对担保银行也应有相应的要求，对向出口商贴现票据时所用的贴现率也要慎重计算后确定。

（2）中长期融资。福费廷业务是使用资本性货物贸易或服务贸易的中长期融资。融资期限一般为三至七年，而以五年左右居多，最长的可达十年。由于期限长，为了融资商能较好地收回资金，往往根据融资期限的长短，分成若干期办理款项收付，如五年期融资，则分为十期，则出口商开立付款期限不等的十张远期汇票，相邻的两期付款时间间隔半年；或者由进口商开立付款期限不等的十张远期本票，相邻的两期本票付款时间间隔半年。若以银行保函为进口商担保，则银行保函的有效期也应与融资期限相适应。

（3）固定利率。虽然融资商最初向出口商报出的购买票据的贴现率只是供出口商考虑的参考价，对融资商本身也不具有约束力，但是这项参考价是融资商根据其工作经验及综合该项交易的有关各方面情况后提出的，还是有很大的可信度。若没有新的大变动情况，则随后融资商与出口商之间的有关福费廷业务的合同也就以该贴现率为实际采用的贴现率。由于融资商从出口商购买票据属于买断性质，即使以后市场利率发生变化，这项贴现率也不再改变。因此，在福费廷业务中，出口商在卖出票据时的利率是固定的，由此向进口商报出的商品价格也是固定的。这一情况有利于进、出口商事先就能明确把握交易的这方面成本。

（4）批发性融资。福费廷业务既然是使用于资本性货物的交易，则成交的金额往往都比较大，一般都在50万美元以上。尽管金额大，出口商在货物出口后，将合格的票据交给融资商，就可以不被追索地得到货款被扣减了贴息后的全部余额。而不像在保理业务中，出口商在出运货物后，向保理商提交全套单据后，即使得到的只是全部货款约80%的款项，其余的款项须等保理商从进口商收回货款后才能支付给出口商。

（5）手续比较简便。福费廷业务使用汇票或本票，手续比较简便。由于有真实的交易为依托，出口商得到融资商的融资，要比申请银行贷款容易。

（6）主要运用于资本性商品和大宗耐用消费品交易。选择福费廷方式融资，出口商要将贴现利息、选择费和承担费等都计入商品的报价中，才能保证自己的预期收益，因此，报价往往较高。对于成交金额小、成交至实际交货时间短的交易来说，这显然不可取，而且成交金额小，出口商即使需要融资，也完全可以通过其他成本更低的方式实现。因此，福费廷方式主要运用于资本性商品和大宗耐用消费品交易，因为这些交易通常成交金额大，从成交到实际交货时间长，出口商对融资的要求也比较迫切。对于市场价格波动剧烈的商品，由于融资风险大，融资商往往不愿提供交易融资。很容易买到的、缺少差异性的商品，进口商也不愿选择福费廷方式以较高的价格购进。因此，这两类商品通常不会成为福费廷方式下成交的商品。

（三）福费廷业务的功能

相对于商业贷款、贴现、保理等其他几种融资方式来看，福费廷具有独特的避险和融资功能。

（1）规避风险。商业银行对于中长期贷款通常只提供浮动利率贷款，若采用固定利率则可能导致利率倒挂的风险。而浮动利率对于出口商而言，就无法固定自己的融资成本，进而无法固定出口收益与风险；而办理福费廷业务是提供固定利率办理即期付款，从而消除了远期收汇所产生的利率风险和汇率风险，帮助出口商锁定财务成本，使得固定风险与收益的愿望成为可能。

（2）增强出口商竞争优势。福费廷融资可以接受 180 天以上的票据，相对于贴现和保理业务而言，这是一种中长期融资。对出口商无追索权，这是福费廷融资业务相对于大多数融资手段的最大特点，就是由买入行承担远期收汇的风险，从而使得出口商可以给予交易对手远期付款的优惠条件，减少了商品价格变动的压力，加强了开拓高风险市场的动力。

与出口信用保险业务相比：在出口信用保险业务中保费高达 2%，增加了出口企业成本，而且常常是发生呆账后 6 个月才可获得货款 80%~90%的赔偿，若通过法律程序索债，赔付期会更长，影响出口企业的资金周转。据有关统计，我国每年出口货款拖欠在百亿美元左右，直接影响出口企业的正常经营活动。而福费廷方式可以较好地解决该问题：在大型成套设备和机电产品贸易中，出口商等货物装船后，将数十张经进口商一流银行担保的票据一次性转让给承办福费廷业务的银行，提前取得现款，既转移了信贷风险和汇价风险，又锁定了利率，预知业务成本，同时也转移了政治风险，而且出口企业采用福费廷方式可在商务谈判中为国外进口方提供延期付款的信贷条件，从而提高了产品出口的竞争力。

（3）不占用企业授信额度，全额融资，操作简便。在福费廷业务中，银行以出口商的远期票据为依据办理融资，不占用企业的授信额度，且融资金额为票面金额的100%。而一般贴现、押汇及保理均在企业总授信额度之内，如保理业务的融资比例最高只有票面金额的85%。

（4）即时收汇并办理核销、退税等，满足流动资金需求。一方面，福费廷业务将出口商的远期应收账款变成现金收入，有效解决了应收账款的资金占用和回收管理问题，改善了资产负债表；另一方面，银行在付款的同时出具出口收汇核销专用联，企业可及时办理核销、退税手续，提高管理效率，加速现金流动。

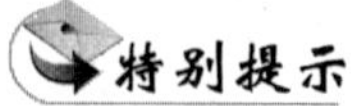

1965年，国际经合组织（OECD）开创了出口信贷业务，福费廷是其中一种形式，主要在东欧国家和发展中国家出口大型成套设备的贸易中采用，发展非常迅速。

第二节　福费廷业务的运作程序

一、福费廷业务的主要当事人

一般来说，福费廷业务中的主要当事人有出口商、进口商、包买商和担保人。

（1）出口商（Exporter）。出口商是资本货物交易中的供货方，也可以看作出售应收票据的当事人。出口商与包买商达成包买协议后，保证按时发送货物，在出售合格的应收票据后，取得贴现净额，并将应收票据的交易风险转嫁给包买商。出口商承担的责任是按福费廷业务的规定，缴纳各项包买费用，放弃对所出售票据的一切权利。

（2）进口商（Importer）。进口商是资本货物交易中的进货方。进口商与出口商达成协议，在交易项下从事包买票据融资，可以为出口商提供的延期付款方式进口货物。进口商要按出口商和包买商的要求提供自己的资信证明，承兑出口商出具的远期汇票或由自己开具的远期本票。若福费廷票据需要进口商的银行做担保时，进口商需要提供符合包买商和出口商要求的担保，并承担担保费用。当票据到期，包买商持票向进口商提出付款要求时，进口商应无条件地按期付款，不能因为任何有关货物和服务的贸易纠纷拒付或拖延付款。

（3）包买商（Forfaiter）。包买商多为出口商所在国的银行或其附属机构，有时也可以是具有中长期信贷能力的大金融公司或专门的福费廷公司。包买商应出口商的要求提出包买报价，出口商若接受，包买商就可以与出口商签订包买协议，无追索权地买入出口商提交的合格票据，并享有向进口商或担保人索偿的权利，若到期遭拒付，包买商将承担拒付的损失。如果一笔包买业务的金额庞大，单个包买商无力承担，可以由数个包买商构成包买辛迪加，共同承做。

（4）担保人（Guarantor）。担保人是应进口商的要求为福费廷业务中贴现的远期票据提供担保的机构。

担保人可以从进口商处获得担保费收入，担保人对到期的债权凭证负有绝对的无条件付款责任。一旦进口商到期不能履行付款责任，担保人就要承担起无条件的偿付责任。在担保人履行偿付责任后，他可以向进口商追索款项。担保人通常为进口地的银行或金融机构。

二、福费廷业务流程

福费廷业务的基本操作流转程序说明如图 9-1 所示。

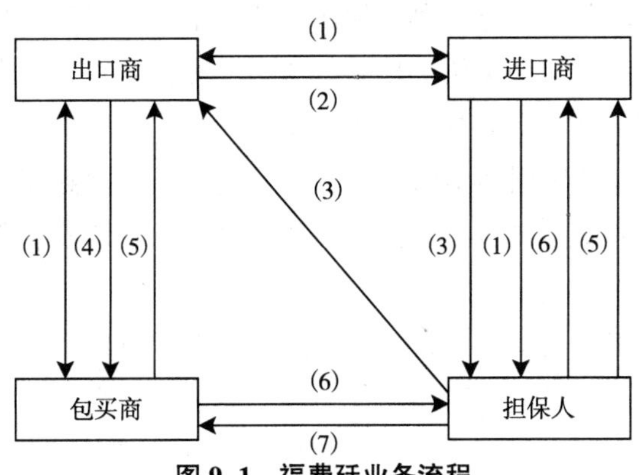

图 9-1　福费廷业务流程

（1）签订出口合同、福费廷协议及申请银行担保。①询价。若进出口双方同意采用福费廷方式融资，则出口商应在合同协商期就向包买商询价，包括贴现率、承担费率、对票据金额与期限的要求、对担保的要求等，同时向对方提供交易相关内容。②报价。包买商根据交易内容，不承担责任地报出贴现价格供出口商提高售价作参考。③签订出口合同。出口商根据报价提高售价（包括延付利息与融资成本），与进口商签订出口合同。如合同规定买方应预付定金，或者买方有权留置部分合同尾款，则需扣除这两项金额后的净额才可以叙做福费廷业务。④报出实盘。包买商根据出口合同，负责任地报出贴现价格，出口商收到报价后，应在选择期内回复是否接受。⑤签订福费廷协议。如进出口双方同意报价，则进口方应及时向银行申请担保，并将担保行情况通知出口商转告包买商。如银行同意担保，包买商认可该担保行，则出口商与包买商正式签订福费廷协议。

（2）出口商发货，将货运单据（连同汇票）寄交进口商或通过托收行寄交。出口商按照合同规定发货后，将全套货运单据寄给进口商，如果采用汇票作为债务工具，则出口商签发一系列不同到期日的汇票，一并寄交进口商要求承兑。

（3）进口商将承兑汇票或本票交担保人，获担保后寄交出口商（或通过代收行寄交）。①进口商收到货运单据后审查合格即可承兑汇票，或者按合同规定签发以出口商为收款人的本票，交给担保人。②担保人可单独开出保函，也可以在每张票据上作背书保证，然后寄给出口商。

（4）出口商将合格的票据做“免除追索”背书后交包买商贴现。出口商检查买方及担保人签字的真实性与有效性，以确保票据和担保均有出口商检查买方及担保人签字的真实性与有效性，以确保票据和担保均有效，但很多情况下出口商都将这些工作委托给包买商办理。当票据被确认合格后，出口商作“免除追索”（Without Recourse）背书，再将其交包买商进行贴现。

（5）包买商贴现票据。包买商收到出口商交来的票据后，必须准确审核其真实性与有效性。如果包买商无法审核某些签名，往往要求出口商或进口商的开户银行证实，待证实后才无追索权地买入票据。

（6）包买商将到期票据经担保人向进口商提示。票据到期，包买商委托担保人在票据载明的付款地点向进口商提示，要求其付款。若没有载明付款地点则可选择其营业场所或住所进行提示。

（7）进口商经担保人支付票款。对于分期票据，每付一期款项，该期票据即被进口商收回注销。如果进口商拒付任一期票据，包买商即可作成有效的拒绝证书，要求担保人付款。如果由于不正当交易、无效票据、不合格担保等原因造成退票，包买商仍可向出口商追索。

三、福费廷业务对当事人的主要作用

（一）对出口商的作用

（1）最大限度地降低了出口商的汇率风险和利率风险。福费廷业务使出口商本来只能远期收回的货款，不被追索地在货物出口后的不久，就能收回，这就使出口商避免了相应的汇率风险和利率风险。出口商虽然在将票据出售给融资商时承担了票据的贴现利息、承担费等费用，但这些费用都是在出口商与进口商达成交易合同之前已初步确定，这就使得出口商可以将这些费用成本，计入货物的价款，而转移给进口商。

（2）最大限度地消除了出口商的国家风险和信用风险。由于福费廷业务在前期的大量工作和货物出运后的较短时间内，即可以得到进口商承诺付款和进口地银行保证的票据，向融资商办理无追索权的出售，出口商在该项交易中所承担的进口国的国家风险和进口商以至担保银行的信用风险也就降到最低限度。

(3) 能有效地落实进口商的分期付款，有利于拓展资本密集型商品的出口。资本密集型商品的交易起点金额高，处理好进口商的分期付款问题——既解决进口商资金不足，需要在获得并运用资本货物的过程中能产生收益来逐步偿还货物的价款，又能使出口商能有效地降低由于延期和分期收款而带来的汇率风险、利率风险、国家风险和信用风险等一系列风险，就成为交易成功的关键。福费廷业务方式既然能有效地解决这一系列问题，也就有利于资本密集型货物的国际交易的达成。

(4) 有利于出口商的流动资金周转，并改善出口商的资产负债状况。福费廷业务方式能使出口商在出口货物后，尽快收回货款，从而加速了出口商的流动资金周转，使其有效地避免大量流动资金被占压在待收项目下，以及大量借用银行贷款。在国家实行出口退税制度下，资本货物通常是出口退税的支持重点。福费廷方式能让出口商尽快收回货款，也就能尽快地办理出口退税手续，得到退税款。因此，这两方面都能大大改善出口商的资产负债状况。

(5) 有利于出口商保持其商业秘密。出口商在生产和出口资本密集型商品的过程中往往需要银行提供流动资金的支持。申请银行贷款是通常选择的方式之一，但手续可能比较复杂，而且需要办理公开登记等一系列手续。采用福费廷方式，相对手续简单，融资商应对出口商及其交易情况保密。因此，采用福费廷方式有利于出口商保持其商业秘密。

(6) 福费廷方式将使出口商提高其出口商品的对外报价，以转嫁贴息等多项费用的成本。由于在福费廷方式中，融资商将是各种风险的最终承担者，他必然要通过提高贴现率以及收取上述的多项费用等方式防范风险。这些费用将由出口商直接承担。虽然出口商可以通过提高其出口商品的价格来转移成本负担，但过多地提高商品价格也就降低了商品的价格竞争力。为了弥补这一点，出口商就必须通过提高商品的品质、扩大商品的广告宣传和加强商品的售后服务等非价格竞争力，以争取和维护其市场。

(7) 出口商以有效的措施保证有关汇票上进口商的承兑或进口商开立本票的真实有效，以及银行担保的有效。否则，就得不到免除被追索的保障。

(二) 对进口商的作用

(1) 福费廷方式可使进口商的分期付款安排得到出口商的接受，从而克服了进口商现汇不足又需要进口资本密集型商品的矛盾。

（2）福费廷方式下，融资商对票据的贴现是按固定贴现率计算贴息的，因此，出口商通过价格调整转嫁给进口商的贴息负担也是按固定贴现率计算的。换言之，进口商在分期付款条件下，事实上也得到了固定利率的融资，避免了融资期间的利率风险。

（3）在福费廷方式中，以进口商开立的本票（若该国法律允许进口商开立本票）可以比出口商开立汇票更为方便。就总体手续来看，福费廷方式也比使用买方信贷简便。

（4）使用福费廷方式，如前所述，出口商将其承担的多项费用计入货物价格而转移给进口商；进口商还要因申请当地大银行的担保，而增加交付给大银行的担保费或者抵押物，由此增加进口商的负担。银行为进口商提供担保，要占用担保银行对进口商的授信额度，也可能缩小进口商进一步向银行申请融资的空间。

（5）福费廷方式是以进口商承兑的汇票或进口商开立的本票为债权债务的凭证，从票据法律关系来说，进口商对此已无可推脱的责任。因此，如果进口商认为出口商交付的货物存在某些问题，就不能以拒付货款的方式与出口商交涉。这就可能使进口商感到被动。为了避免这种情况的出现，在进出口商双方洽商合同时，进口商就应考虑提出，在合同中规定货款的一定比例，如10%~15%作为“留置金”，不列入福费廷的结算范围。留置金需待进口商检验商品合格后，才支付给出口商。

（三）对融资商的作用

（1）固定的贴现率使融资商可以较好地规避市场利率下降的风险。

（2）福费廷业务多为中长期融资，即使贴现率较低，由于融资的时间较长，融资商仍可获得比较可观而稳定的收益。

（3）在有可靠的银行保证和持有有效票据的条件下，若市场利率水平有所变化，融资商可以通过票据的再贴现，在二级市场转让出原先买进的票据，从而及时回收和周转资金。

（4）在买进的票据有效的情况下，融资商对出口商没有追索权。这使得融资商承担了较大的汇率、利率、国家和进口商、担保银行的信用风险。为规避风险，融资商应对进口国的有关票据、银行业务、外汇管理、进出口贸易管理等法律法规以至经济发展等多方面情况有足够的了解。同时，根据对风险的分析和判断，对票据的贴现率以及承担费等费用的收取方面，要有比较充分的考虑和计算。

（5）福费廷的融资商不能对担保银行或进口商采取“加速还款”的方法。在分期还款的商业贷款中，若借款人对其中某期贷款不能按时归还本息，银行可以要求借款人的当期和随后各期的贷款本息立即归还，否则可申请法院强制执行。这种安排被称为“加速还款”。但在福费廷业务中，如果出现担保银行或进口商对某到期票据不能按时偿还，融资商不能对还未到期的票据采取“加速还款”的措施，这就可能加大融资商的风险。

（四）对担保银行的作用

由于福费廷业务的手续比银行贷款等都简便，银行在决定是否为进口商提供担保，只要审查进口商的资信即可。而福费廷业务一般时间较长，担保金额较大，担保银行向进口商收取的担保费也可以比较多。在进口商能如约履行其最终付款责任的情况下，这些担保费就成为担保银行的收入。但是，由于担保银行承担着对所担保票据的无条件付款的责任，为了规避风险，担保银行应密切关注被担保人的经营动向。

特别提示

福费廷业务的具体运作是非常复杂的，按照福费廷业务项下结算方式的不同，可以分为两种运作模式：一种是信用证项下的福费廷业务，另一种是普通票据项下的福费廷业务。

第三节　福费廷业务与其他融资方式的比较

一、福费廷业务与国际保理业务的比较

保理业务与福费廷业务都属于贸易融资和结算业务，即出口商都可以在贸易合同规定收款期之前获得部分或全部货款。而且出口商获得这些融资都可以是无追索权的，只要出口商提供的债权（无论是应收账款还是应收票据），是由正当交易引起的、不受争议的，而且符合保理商和包买商的其他规定，那么即使进口商违约或破产倒闭而产生信用风险，都由保理商和包买商承担。在融资担保和支付条件融为一体的今天，这两种新型的结算方式正越来越被广泛地应用，由于其各自特点不同，这两种融资方式有着贸易领域和融资期限的互补性，风险承担方式也各不一样，如表 9–1 所示。

表 9-1　国际保理业务与福费廷业务的比较

	国际保理（RS）	福费廷（CBW）
交易金额	小	大
有无剥离报表功能	部分有	有
有无融资功能	部分有	有
应收账款的结算方式	赊销（O/A）或承兑交单（D/A）方式的托收	信用证（LC）、经银行保付或担保的票据
贸易背景	金额较小、非资本性商品为主的贸易	主要针对金额大、资本性商品为主的贸易
应收款的周期	6 个月以内	6 个月以上
业务范围	信用风险管理、账款的催收、坏账担保和融资	无追索权票据贴现
有无票据	无	有
有无追索权	部分有	无
对于进口商资信的评估	有	无
财务管理、催收	有	无
最高融资额度	80%以内	一般为 100%

（一）业务本质不同

保理业务中，应收账款是通过发票贴现的形式由出口商转让给保理商的，遵循的是一般民法中债权转让的做法，在国际保理业务中，主要依据的是国际保理业务方面的公约和惯例。福费廷业务中，应收账款是通过票据贴现的形式由出口商转让给包买商的，沿循的是票据业务的程序，适用的是票据法的相关规定。

（二）信用基础不同

保理业务只适用于商业信用销售背景，实务中仅在 O/A 或 D/A 中运用，并不适用于付款交单（D/P）或信用证结算的交易。保理商收款是基于进口商的商业信用，购买应收账款时，进口商的付款责任并未确认，日后存在较大的拒付风险。而福费廷业务中，包买商购买的是经进口商承兑的汇票或进口商出具的本票，进口商的付款责任在应收账款购买时已经确定。此外，包买商通常只购买经进口地银行或其他担保机构担保的票据，因而福费廷包买商的票款兑现基于的并不仅仅是进口商的信用。

（三）融资期限与金额大小不同

保理融资属于短期零售性融资业务，贸易背景一般为消费品小批量、多批次、多客户的进出口交易。融资期限通常在半年以内，融资金额较小。而福费廷融资属于中长期批发性融资业务，通常适用于为中长期的资本性货物出口提供具有几年期限的资金融通，融资金额较大。此外，保理融资通常是部分融资，融资额一般为核定应收账款的最高 80%，而福费廷融资则是全额融资，一次性贴现全部票面金额。

（四）追索权有无的规定不同

福费廷的本意就是权利的放弃，因而无追索权是福费廷融资的本质和特色；而保理业务分为有追索权和无追索权两种融资方式。

（五）风险承担不同

保理与福费廷在提供无追索权融资时，都承担了出口商转嫁过来的交易风险。但保理商承接的仅仅是买方信用风险，即对由于买方资信方面的原因导致的坏账承担赔付责任。而包买商买断票据后，承接了与交易有关的所有风险，不仅有买方信用风险，还有买方国家风险、政策风险、市场风险等。从承担风险的种类上讲，福费廷业务中的风险转嫁也是较为彻底的。

二、与一般贴现业务的比较

福费廷业务与一般贴现业务都是以票据为业务的基础，以提供票据者承担贴息为条件，由融资商或者贴现人（商业银行或贴现公司）向提供票据者支付票据的余额。但在具体办理中，两者还是有以下主要区别：①在福费廷业务中包买商放弃了追索权，这是它不同于一般贴现业务的典型特征。在一般的贴现业务中，银行或贴现公司在有关票据遭到拒付的情况下，可向出口商或有关当事人进行追索。②贴现业务中的票据可以是国内贸易或国际贸易往来中的任何票据。而福费廷业务中的票据通常是与大型设备出口有关的票据，由于它涉及多次分期付款，福费廷业务中的票据通常是成套的。③在贴现业务中票据只需要经过银行或特别著名的大公司承兑，一般不需要其他银行担保。在福费廷业务中包买商不仅要求进口方银行担保，而且可能邀请一流银行的风险参与。④贴现业务的手续比较简单，贴现公司承担的风险较小，贴现率也较低。福费廷业务则比较复杂，包买商承担的风险较大，出口商付出的代价也较高。

三、与商业银行的贷款比较

两者的主要不同有：①由于中长期贷款期限较长，为此承担的风险也相应加大，因此，商业银行对提供贸易中的中长期贷款都十分谨慎；而融资商为出口商提供中长期融资则是其本分业务，只要事先的各项工作做好了，融资商都乐于开展业务。②商业银行在提供贸易的中长期贷款时，一般都要求借款人提供第三方的担保或者财产抵押，手续较多；福费廷业务中，融资商通常只要求进口商承兑汇票或出具本票，以及提供银行相应的保证（在有关的票据上保证，或者提供银行保函），手续相对简单。③在商业银行提供中长期贷款中，贷款银行通常要求使用浮动利率，以利于其规避利率风险，而这一要求则可能增加借款人的利率风险，使其难以事先较为准确地核算成本；在福费廷业务中融资商使用的是固定利率，这有利于出口商较好地把握其成本和向进口商报价，也就使得进口商能相应地把握自己的进口成本。

四、与出口信贷的比较

出口信贷和福费廷业务都能对本国资本密集型商品的出口贸易起一定的促进作用，但两者还是有一定不同的：①许多国家为了鼓励本国的出口贸易发展，都设立了专门的政策性银行，以国家财政支持为依托，提供出口信贷服务；福费廷业务则不一定都由政策性银行办理，也不要求国家提供财政支持。②出口信贷所支持的出口商品要根据国家的产业政策来确定；而福费廷业务所支持的出口商品则未必都是国家产业政策所规定的。③由于出口卖方信贷有国家财政的支持，其贷款利率低于一般商业贷款利率，出口商在这一点上负担较轻；而福费廷方式没有国家财政支持，融资商还要将其承担的风险因素，以多种费用等方式转嫁给出口商，因此，福费廷方式下，出口商的费用成本较出口卖方信贷高。④在出口卖方信贷条件下，出口商要承担进口商到期不付款的风险以及进口国的国家风险等，因此，银行通常都要求出口商要投保出口信贷保险，而增加出口商的费用；在福费廷方式下，融资商向出口商购买的票据是没有追索权的，因此，也就不要求出口商投保出口信贷保险。⑤出口信贷需要的文件材料较多，业务受理时间一般较长；而福费廷业务需要的文件材料少，办理时间通常较短。⑥出口卖方信贷往往需要出口商提供担保或抵押，出口买方信贷则需进口方银行为进口商提供担保；而福费廷方式中，以进口国银行为进口商提供担保。

第四节　福费廷业务的成本

福费廷业务的成本较高，主要由贴现率、选择费与承诺费组成，有时还会收取一定的罚金。

一、贴现率

福费廷融资的贴现率按照事先确定的固定利率收取，贴现率的高低由进口国的综合风险数、融资期限长短、融资金额、担保银行信用评级和融资货币的筹资成本等决定。包买商的报价是通过贴现率来表现。贴现率由两部分组成：一是基本利率，一般为报价时（或签约时）相关货币的伦敦同业拆借利率，反映包买商的筹资成本；另一个是利差，反映包买商承担的风险及期望的收益，一般为0.5%~1%。贴现率一般分成直接贴现率和半年复利贴现率两种贴现率。

（一）按直接贴现率计算的直接贴现净值

直接贴现净值的计算公式为：$NV = FV * [1 - (R*D/360)]$

其中，NV为贴现净额；FV为票据面值；R为年直接贴现率；D为贴现天数。

（二）按半年复利贴现率计算的半年复利贴现净额

半年复利贴现净额的计算公式为：

$$NV = FV \div (1+R \times \frac{182}{360})^{N_1} \times (1 + R \times \frac{183}{360})^{N_2} \times (1 + R \times \frac{STUB}{360})$$

其中，NV为贴现净额；FV为票面面值；R为半年复利贴现率；N_1为182天为一期的期间个数；N_2为183天为一期的期间个数；STUB为剩余天数。

贴现天数除了从实际贴现日到票据到期日计算的实际贴现天数外，通常还要加收几天的宽限期。宽限期又称多收期，是包买商预估的到期日至实际收款日的天数。实务操作中，债权的到期日与实际付款日通常并不一致。付款的延迟会给包买商带来一定的损失，包买商必须考虑宽限期这一因素，而宽限期的长短取决于实际情况。宽限期所适用的利率有两种：一是采用应收账款买断时的贴现率；二是采用迟付发生日的市场利率并加一定幅度的罚金。

二、选择费

选择费又称选期费，是针对选择期收取的费用。选择期是指从包买商提出报价到与出口商签订包买协议之间的天数。在此期间，出口商可以根据包买商的报价确定货物远期销售价格，并与进口商进行洽商。如果进口商接受出口商的报价，出口商也会接受包买商的报价，并与之签订包买协议。在这段时间，包买商可能要承担利率或汇率变动的风险，因此要收取一定的费用作为风险补偿，该费用就是选择费。选择期最长不超过1个月，一般只有几天，若在两天之内则免收选择费。当利率、汇率波动剧烈时，包买商通常不提供选择期。

选择费的高低与选择期的长短没有关系，包买商根据包买业务交易的金额按一定比例收取，该比例一般为0.125%。

三、承诺费

承诺费又称承担费，是包买商针对承诺期所收取的补偿费用。承诺期也称为承担期，是指包买协议签订日到实际贴现日的一段时间，通常是 1 个月至 6 个月，最长可达 18 个月。在包买协议中，包买商通常会确定一个最后贴现日，过了这一阶段，包买商不再承担贴现义务。包买商一旦承诺贴现票据，可以在承诺期内的任何一天进行实际贴现付款。在承诺期，包买业务除了面临利率风险外，还会发生汇率风险、国家风险，作为对成本或风险的补偿，包买商要收取承诺费。承诺费率依每笔包买业务不同而有所差异，通常按年率 0.5%~2%收取。承诺费一般每月收取一次，如果承诺期少于一个月，也可同贴现率一并收取。

计算承诺费的公式为：

承诺费 = 票面金额 * 年承诺费率 * 承诺期天数 ÷ 360

四、罚款

如果出口商未能按期向包买商交出汇票，按规定需要支付给包买商一定金额的罚金，以弥补包买商为准备包买而发生的各项费用。

特别提示

福费廷业务所涉及的成本及费用表面上都是由出口商承担的，但出口商早已将这些费用加入成本，记入货价从而转嫁给进口商。因此，实际上是进口商承担了福费廷业务中的全部成本与费用，因此相对于其他的支付方式，包买票据业务的费用是相当昂贵的，所以一般多运用于资本品商品的出口，小额商品的出口采用这种支付方式很不合算。

第五节　我国开展福费廷业务的风险及防范

一、我国开展福费廷业务的风险分析

当前我国在开展福费廷业务上已具备了基本条件，但由于起步较晚，在一定程度上制约了其在我国出口贸易领域的应用和发展。对银行等融资商来说，福费

廷业务可谓是风险与收益并存的融资业务，以下风险是不容忽视的：

（一）利率风险

福费廷业务提供中长期融资，使用固定利率，因此对于经营福费廷业务的银行来说风险较高。在选择期和承担期中，由于利率上升会导致包买商的融资成本上升。对于这种高风险的金融产品如何定价，既可以保证融资的利润与承担的风险相匹配，同时又能够使出口商接受，是福费廷业务的核心问题。

（二）承诺风险

出口商与进口商签订贸易合同之前，按照一般惯例，出口商将向福费廷融资商支付一笔承诺费。但在合同执行期间，如果进口国家的政治、经济情况恶化，融资风险将增加，外资银行若不愿意再以原价格成交，中资金融机构却已向客户做出融资承诺，这必将使其陷入进退两难的境地，无论是终止合同还是提高价格，都将对出口商造成损失。

（三）流动性风险

我国票据贴现市场不成熟，使得国内银行在买入出口商远期票据后，无法在二级市场上转让票据、分散风险。由于福费廷业务通常融资时间长、金额大，一旦在各家银行推开，形成一定规模，势必将产生银行资产的流动性问题。

（四）贸易欺诈风险

福费廷业务服务于出口贸易，中资金融机构对出口商做票据贴现后，放弃追索权，这是福费廷业务的魅力所在，但也容易为不法商人利用，使用贸易欺诈的手段骗取银行的贴现资金。因而，一些外资银行为防止贸易欺诈情况的出现，往往会对其前手保留追索权。还有些外资银行言明不承担国外法院止付的风险，也会对中资金融机构保留追索权。所以中资金融机构一定要与客户签订福费廷业务合同，清晰地界定双方的权利和义务及特殊情形下的例外条款，适当地规避有关的业务经营风险。

（五）客户流失到合作方的风险

在目前市场情况下，中资银行目前主要是将承接的客户业务转给外资运作，以自身的客户优势与外资银行的雄厚资金及管理优势相结合，借助外资银行的福费廷专业机构开展福费廷委托代理业务。值得引起注意的是，在福费廷业务中，真正的融资商是外资银行，国内出口客户的资料将很容易被外资银行获取。如果外资银行不甘心只做福费廷的二级市场业务，而借合作交易之机，跨过中资金融机构直接参与一级市场竞争，与中资金融机构争夺客户资源，这将会使中资金融机构失去一部分优质客户。

二、我国控制福费廷业务风险的对策

一国开展福费廷业务需要有一整套的金融和贸易条件，对专业技术和软、硬件设备要求较高，因此在推广福费廷业务的过程中，我们应努力做好以下几方面的工作，以控制业务风险：

（一）加强营销宣传，培养专业人才

目前许多进出口企业对福费廷业务缺乏全面和深入的了解，而且福费廷相对于别的融资产品如抵押、贴现等费用较高，这在一定程度上影响福费廷业务的推广。因此，银行一方面要做好加强营销的工作，让出口商充分意识到福费廷业务的物有所值，另一方面应结合考虑出口企业的承受力、费用、风险溢价、盈利等因素，参考国外同业数据的同时，从扶持外贸企业推广福费廷业务出发，制定合理的贴现率与费率，根据福费廷业务的期限长短灵活掌握管理费和承诺费的尺度，使得银行和企业都能接受。

福费廷业务实质是一种综合性国际金融业务，它要求从业人员既精通外语、国际银行业务，又熟知国际商业法律、法规和惯例。因此要拓展福费廷业务，把业务的经营风险控制在最低点，专业人才的培养是首要的。

（二）健全银行内部经营机制，提高风险评定能力

银行在开办福费廷业务时无追索权地买断票据，虽然有进口地银行的担保，但也承担了一定的收汇风险，特别是在票据期限较长的情况下。因此中资银行的信息调研和风险评定工作还有待进一步改进和加强，以满足从事福费廷业务的包买商必须消息灵通、随时掌握各类信息的要求。目前我国的中资银行有必要设立专业的市场信息调研部门，对其他国家和地区的政治经济状况、各主要银行的经营情况与资信变化、具体业务的风险程度等进行调查，对每一笔业务的风险做出及时准确的评估，从而对客户的询价做出快速的反应。同时充分利用外资银行提供的咨询调查服务，了解当地的情况，进行必要的风险控制。

（三）谨慎选择合作伙伴，防止欺诈风险

随着福费廷业务在各银行的推广，必然会形成规模。在我国资本市场还不发达的情况下，对金额大的福费廷匹配资金只能通过国际市场来筹措，相对来说筹资成本较高，在这种情况下可考虑寻求与一些信誉高、实力强、贸易融资业务做得比较好的外资银行合作，签订福费廷融资协议，为中资银行的福费廷业务提供二级包买，使中资银行可根据各自的情况及时转嫁风险收回资金。不同银行对同一国家、地区的风险认识与银行对这一地区的风险识别、交易经历、投资规模和渗透能力，有直接或间接的关系，同样开办福费廷融资业务的银行，在不同地区具有不同的相对优势。因此，国内商业银行应根据我国出口商的出口国家和地区，有针对性地选择不同的外资银行，发挥不同银行的比较优势，发现合理的价格底线，提高开办此项业务的效益性。

（四）建立严谨的法规体系，以规范业务运作

福费廷业务在欧美等国家已有40多年的发展历史，我们应借鉴其立法，制定出适合我国国情的并与国际惯例接轨的完备的贸易和金融法规体系，使我国的福费廷业务依法开展，规范运作。福费廷业务中主要使用的债权凭证是汇票和本票，但我国1996年开始实施的《票据法》中存在着许多具体问题需要进一步解决，特别是有关外币票据方面的规定甚少。

为保证福费廷业务的健康开展，国内商业银行必须制定详尽、规范、严谨的业务管理规范和基本操作流程，才能真正有效地满足客户的需要，赢得客户的信赖。由于国内商业银行往往要与外资银行合作，这就涉及不但要与国内客户、还要与外资银行签署合作协议，明确三方的法律关系和责任义务，防止在业务操作中出现纠纷和风险。

（五）建立完备的国际化票据市场，增强票据的流动性

福费廷业务由于其独特的融资功能而获得持续的增长，并且逐步由欧洲向亚洲及全世界发展，形成了一个全球范围内的福费廷交易市场。完备的国际化票据市场可使福费廷业务中买进的贴现票据能够及时流通转让，银行贴入票据后能再次转手，从而鼓励银行开展此项业务。就国内的外汇资金市场来看，目前国内还没有形成一个像人民币那样统一的资金市场，需做福费廷业务的匹配资金必须通过国际市场来筹措，由于存在地理位置及时间上的差异，在交易时间、资金风险控制等技术方面都将可能存在一定的不便。因此外汇资金市场需尽快建立并有待于进一步完善，以此增强票据的流动性，改善业务的流动风险。

（六）积极采用灵活的结构贸易融资方式以分散风险

由于有些福费廷业务需要融资的金额大、期限长，因此银行在融资规模较大时可以采用与银行贷款相结合，既可以分散风险、加强同业合作，又能为大型成套设备筹集到巨额的资金，从而鼓励我国资本性货物的出口。根据出口项目的具体情况，分阶段灵活使用不同的融资方式，可采用出口卖方信贷与福费廷业务相结合，能较好地解决企业成套设备出口的融资需要，加大对出口商的支持力度。

另外，我国对外优惠贷款能带动我国机电产品、成套设备出口的生产性项目，采用福费廷业务与政府援外贷款相结合，可扩大我国的对外贸易。对有些大型设备的出口，可以考虑采用福费廷业务与建设—经营—移交（BOT）项目相结合的复合投、融资方式。这样既带动了出口，又鼓励了对外直接投资，对出口企业占领海外市场，增加海外投资起到一定的促进作用。

福费廷业务作为专门支持出口贸易中延期收汇方式项下的融资产品，在今后我国外贸出口融资方面有着广阔的发展前景，我们应积极拓展福费廷业务，使其成为我国普遍使用的贸易融资工具，推动我国进出口贸易更进一步的发展。

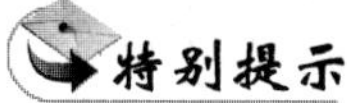

在福费廷业务中，有关当事人存在不同程度的风险，其中有些风险是可以采取有效措施进行防范的，而另一些风险则是无法预防与回避的。

案例分析 1

我国机械设备制造企业 A 公司拟向中东某国 B 公司出口机械设备。该种设备的市场为买方市场，市场竞争激烈，A 公司面临以下情况：

第一，B 公司资金紧张，但在其国内融资成本很高，希望 A 公司给予远期付款便利，期限 1 年。A 公司正处于业务快速发展期，对资金需求较大，在各银行的授信额度已基本用满。

第二，B 公司规模不大，信用状况一般。虽然 B 公司同意采用信用证方式结算，但开证银行 C 银行规模较小，A 公司对该银行了解甚少。

第三，A 公司预计人民币在一年内升值，如等一年后再收回货款，有可能面临较大汇率风险。

A 公司与中国银行联系，希望提供解决方案。为满足 A 公司融资、规避风险、减少应收账款等多方面需求，中国银行设计了福费廷融资方案，A 公司最终采用了中国银行方案，并在商业谈判中成功将融资成本计入商品价格。业务过程如下：

（1）C 银行开来见票 360 天远期承兑信用证。

（2）A 公司备货发运后，缮制单据交往中国银行。

（3）中国银行审单无误后寄单至 C 银行。

（4）C 银行发来承兑电，确认到期付款责任。

（5）中国银行占用 C 银行授信额度，为 A 公司进行无追索权贴现融资，并结汇入账。

（6）中国银行为 A 公司出具出口收汇核销专用联，A 公司办理出口收汇核销和退税手续。

通过福费廷业务，A公司不但用远期付款的条件赢得了客户，而且在无须占用其授信额度的情况下，获得无追索权融资，解决了资金紧张的难题，有效规避了买方信用风险、国家风险、汇率风险等各项远期收汇项下风险，同时获得提前退税，成功将应收账款转化为现金，优化了公司财务报表。

案例分析2　与赊销付款方式相结合的贸易结算融资方式案例

经营日用纺织品的英国TEX UK公司主要从我国进口有关商品。几年前，当该公司首次从我国进口商品时，采用的是信用证结算方式。随着进口量的增长，TEX UK公司开始谋求至少60天的赊销付款方式。虽然他们与我国出口商已建立了良好的合作关系，但是我国供货商考虑到这种方式的收汇风险过大，感到十分棘手。我国供货商希望寻求一种合适的国际贸易结算融资方式，他们目前正在考虑的方式有包买票据和国际保理。请比较包买票据和国际保理的区别。在本案例中，你会建议我国供货商采用哪种方式？为什么？

启示：在本案例中，由于融资期限较短（6个月），金额较小，建议采用国际保理的方式。

案例分析3　福费廷业务的风险

瑞士某汽轮机制造公司向拉脱维亚某能源公司出售汽轮机，价值3000000美元。因当时汽轮机市场很不景气，而拉脱维亚公司坚持延期付款，因而瑞士公司找到其往来银行ABC银行寻求福费廷融资。该银行表示只要拉脱维亚公司能提供拉脱维亚XYZ银行出具的票据担保即可。在获悉拉脱维亚XYZ银行同意出保之后，ABC银行与瑞士公司签署包买票据合约，贴现条件是：6张500000美元的汇票，每隔6个月一个到期日，第一张汇票在装货后的6个月到期，贴现率为9.75%，宽限期为25天。瑞士公司于某年12月30日装货，签发全套6张汇票寄往拉脱维亚公司。汇票于次年1月8日经拉脱维亚公司承兑并交拉脱维亚XYZ银行出具保函担保后，连同保函一同寄给 ABC 银行。该银行于 1 月 15 日贴现全套汇票。由于汽轮机的质量有问题，拉脱维亚公司拒绝支付到期的第一张汇票，拉脱维亚 XYZ 银行因保函签发人越权签发保函并且出保前未得到中央银行用汇许可，而声明保函无效，并根据拉脱维亚法律，保函未注明“不可撤销”，即为可撤销保函。而此时，瑞士公司因另一场官司败诉，资不抵债而倒闭。

分析：此案例中的包买商 ABC 银行受损基本成为定局。按照福费廷业务程序，ABC 银行在票据到期首先向担保行拉脱维亚 XYZ 银行提示要求付款。但由于该银行签发的保函因不符合本国保函出具的政策规定及银行保函签发人的权限规定而无效，并根据该国法律的规定，即便有效，因未注明“不可撤销”，该行如不愿付款，也可随时撤销保函下的付款责任。因此，ABC 银行通过第一收款途径已不可能收回款项。如果转向进口商要求付款，进口商作为汇票的承兑人，应该履行其对正当持票人——包买商的付款责任，该责任不应受到基础合同履行情况的影响。但由于拉脱维亚属于外汇管制国家，没有用汇许可，进口商也无法对外付款，因而，虽然包买商在法理上占据优势地位，但事实上从进口商处收款同样受阻。福费廷属于无追索贴现融资，即便为了防范风险，ABC 银行已与出口商瑞士公司事先就贸易纠纷的免责问题达成协议，但由于瑞士公司已经倒闭，从而，即使 ABC 银行重新获得追索权，也难以通过追索弥补损失。

启示：福费廷公司在签订福费廷协议、办理福费廷业务之前，一定要重视对出口商、进口商以及担保人本身资信情况和进口商所在国情况的调查。这些情况对于福费廷公司判断一笔业务的风险、确定报价，甚至决定是否接受这笔业务都具有非常重要的意义。首先，担保人的资信尤为关键，因而在实务中，担保人通常由包买商来指定。此案例中，ABC 银行也是自己指定了一家担保行，但实际上对这家担保行的资信并非特别重视。首先，至本案发生时间，该行成立也才两年多时间，办理业务的时间非常短，业务经验包括业务办理程序方面都不是很成熟，对于福费廷这样的复杂业务，接触更少。也正是因为此种原因，办理过程中出现了许多违反政策及业务规定的问题。其次，本案例中的包买商对进口国的相关政策法律也不十分清楚，对基础交易情况、货物情况不具足够的了解，对客户资信也未作必要的审查和把握。另外，还有一点很重要，在包买时，包买商对一些重要的单据文件如用以了解交易背景的合同副本、用以防范进口国政策管制风险的进口及用汇许可证等也未做出提交的规定和要求。此案例中包买商的教训告诉我们，风险的发生就源自对风险的疏于防范。

小　结

福费廷是指银行从出口商那里无追索权地买断由开证行/保兑行承兑的远期汇票或由进口商所在地银行担保的远期汇票或本票。

福费廷业务主要有四个当事人：出口商、进口商、包买商、担保人。

福费廷业务的成本较高，主要由贴现率、选择费与承诺费组成，有时还会收取一定的罚金。

实训练习

【核心概念】

福费廷

【问答题】

1. 简述福费廷业务的特点。
2. 福费廷业务的主要成本有哪些?
3. 比较福费廷业务与国际保理业务。

第十章　国际结算中的单据及其审核

本章目标

◆ 了解国际结算单据种类及其作用

◆ 准确理解信用证有关单据条款

◆ 掌握各种单据缮制及审核要求，能依信用证或合同规定缮制结汇单据

◆ 了解议付单据中常见不符点及其处理办法，能熟练运用《UCP600》以及《URC522》等惯例处理单证

◆ 具备在银行或外贸企业进行国际结算的初步上岗能力

案例导入

I 银行开立了一张不可撤销信用证，经由通知行 A 通知给了受益人。该信用证对单据方面的要求如下：商业发票、装箱单、由 SSS 检验机构出具的检验证明书、海运提单表明货物从 PPP 港运至 DDD 港，提单作成开证行抬头。

受益人在货物出运后将全套单据送至 A 行议付，A 行审单后指出下列不符点：

(1) 检验证书的出单日期迟于货物装运日，并且未能指明具体货物的检验日期。

(2) 装箱单上端未印有受益人公司、地址等文字，且装箱单未经受益人签署。

(3) 提示了运输收据而不是信用证上所要求的提单。

A 行将上述不符点通知受益人，受益人要求其电传 I 行请求其授权付款。

I 行与申请人联系后，申请人不愿取消此不符点。因为他不能确定该批

货物是否确已适当检验过，货物是否已出运？除非授权其在货到后检验货物，检验结果表明货物完好无损，否则他将拒绝付款。I 行告诉 A 行其决定拒绝付款的决定，并保留单据听候指示。

分析：A 行提出的不符点中，除了装箱单以外，其他均是正确的。

根据《UCP600》第三十四条：银行对任何单据的形式、充分性、准确性、内容真实性、虚假性或法律效力或对单据中规定或添加的一般或特殊条件，概不负责。如果信用证中没有特别规定，只要提交的单据上内容与任何其他提交的所规定单据内容无矛盾，则银行将接受这类单据。

由于信用证根本未指明装箱单由哪方开立，只要装箱单上内容与其他单据不矛盾，理当接受。此外，除非信用证明确规定装箱单要签署，否则未经签署的装箱单也是可以接受的。

以《UCP600》第三十四条的标准来判断，似乎检验证书也符合规定。但是常识告诉我们商品检验应先于货物装运前，就像保险应先于货物装运前一样，所以检验证书的出单日应先于或等于货物装运日。

由运输行承运人签发的单据，如运输行收据（Forwarder's Certificate of Receipt，FCR）不是运输单据，因此它不属于《UCP600》所划定的运输单据的范畴。若信用证要求提供海运提单，运输行收据当然不会为银行所接受。

——摘自《商务培训网》，2011 年 10 月 28 日

第一节　单据概述

一、单据的含义

“单据”英文表达为“Documents”，是指与商品交易相关的一切凭证和证明文件。狭义的单据是指商业单据，是国际贸易和国际结算中直接说明货物有关情况的商业凭证和公务证明文据，包括运输单据、物权单据或其他相似单据等。广义的单据还包括资金支付凭证（金融单据），包括汇票、本票、支票，或其他用于获得货币付款的相似票据。

二、单据的作用

（1）单据是国际贸易结算的基本工具。在国际结算中，单据是基础和依据。单据代表物权，单据的转移就代表物权的转移。

（2）单据是履行合同的证明。卖方用单据来证明他是否履行了合约的义务，单据就是他提供的履行证明。

三、单据的种类

（一）主要单据

包括商业发票、保险单据和运输单据，主要单据是必不可少的。

（二）附属单据

如产地证、检验证明书、海关发票、装箱单或重量单等。

附属单据是进口商为符合进口国政府的法令、规定或其他需要而要求出口方提供的特殊单据，一般信用证中都明确规定这些单据由谁出具、具备哪些内容、如何措辞等。

根据《UCP600》，信用证对附属单据应该有相应规定，如没有规定，只要内容与其他单据相一致，银行可以接受。

四、单据的缮制

（一）单据缮制的基本要求

1. 准确

这是单据的第一要求。单据应与合同规定完全相符。若以信用证方式结算，要求做到“单证一致”，即所有的单据都与信用证一致，“单单一致”，即单据与单据之间的相同内容都要一致。

2. 完整

包括内容完整、份数完整、种类完整。

3. 及时

在信用证项下交单必须掌握装运期、交单期和信用证有效期。

4. 简明

单据文字内容力求简单明了。

5. 整洁

单据的缮打必须力求表面整洁。个别错误可以更正，但必须在更正处加以签署或加盖更正章，不能遗漏。

(二) 制单方法

单据一般经过打字、复写、影印、自动处理或电脑处理而成。

正本单据通常标明“ORIGINAL”字样，出口方在单据上加盖法人章，副本单据注明“COPY”或“NON-NEGOTIABLE”，也可不标明“COPY”字样。

1. 正本单据

信用证业务要求正本单据。如果单据上注明“正本”，或印在出单人的信笺纸上，或手签（不管单据内容部分或全部其他内容是事先印制的、复写的、复印的、自动印制或计算机打印的），或看上去是由出单人用手填写的、打字机打印的、穿孔签名或印章，都被视为正本单据。签样印制的单据等于手签的单据。

2. 非正本单据

传真机上打印出来的单据；其他单据的复印件，并且没有用手签，或不是在信笺纸上制作的单据；注明为“副本”的单据。如果信用证使用诸如“一式两份”(in Duplicate)、“两份”(in Two Fold)、“两套”(in Two Copies) 等用语要求提交多份单据，则提交至少一份正本，其余使用副本即可满足要求，除非单据本身另有说明。银行将接受标明“副本”字样或没有标明“正本”字样的单据作为副本单据。

(三) 制单顺序

各种单据缮制的流程顺序如图 10-1 表示。

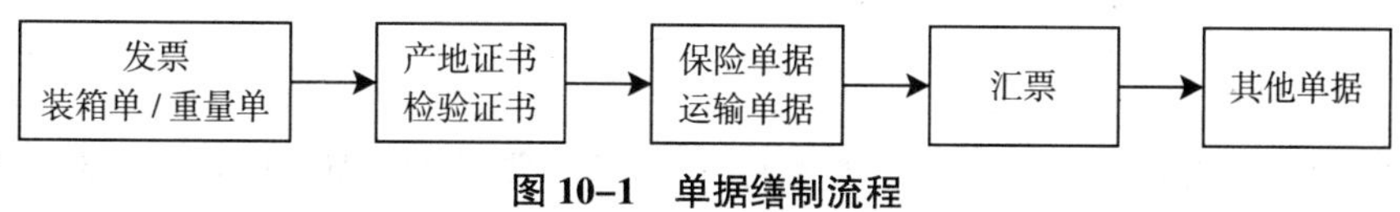

图 10-1 单据缮制流程

(1) 先制发票、装箱单或重量单。在所有单据中，发票是中心单据，其他单据都参照发票制作，以期达到“单单一致”。

(2) 根据发票上的数量、单价和金额要求贸促会或商检局签发产地证书、检验证书，保险公司签发保险单证。

(3) 根据发票和装箱单上金额和件数托运，运输公司签发海运提单、空运运单、承运货物收据、国际铁路运单和多式联运单据等。

(4) 根据发票金额制作汇票。

(5) 根据合同或信用证要求制作其他单据。

(四) 单据更改

所有单据原则上应避免更改。除许可证、产地证、汇票、发票单价金额、提单包装件数，其他单据允许三处以内的更改，但须盖更正章 (Correction

Approved，或称校正章）。

五、国际贸易单证的改革和发展

（一）单据的规范化和标准化

国际贸易发展到今天，许多单据都已规范化和标准化了。典型的如在世界范围内许多单证（包括信用证、提单、保险单、产地证等）都是相同或相似的；以往在某些单据中出现的一些规定现已不复存在，像发票中的 E&OE（有错当查）的规定；许多单据有统一的填写规范：报关单 47 个项目每个都有具体的操作规则。

（二）单据的电子化和现代化

前者主要指 EDI 单据，现在报关、报检都已联网，产地证和配额许可证的申领可登录商务部有关官方网站进行操作，外汇核销和退税也要先进行网上备案登记，这就可以在单证工作中充分利用现代通信手段和设施。为适应贸易电子化的要求，国际商会也适时出台了 E-UCP，并准备对 1993 年修订的《UCP500》做进一步的修订以满足日益发展的现代国际贸易的需要。

（三）单据制作由繁到简

这个趋势主要体现为要求单据的种类减少、单据的内容也日益简单化，只要双方信誉良好，出口方直接发货给进口方，后者直接付款，这样某些单据存在的必要性就大大降低了。

（四）新单据不断出现

典型的如 2001 年“9·11”事件后美国海关要求的 AMS（电子舱单申报）；20 世纪 60 年代随着集装箱运输的出现和发展而产生的集装箱运输单据；我国与东盟达成双边贸易优惠协定后确定我产品产地的 FORME 证书；在纺织品回归世界贸易组织后根据中欧、中美达成的协议重新核发的配额许可；2006 年一般产地证将由质检局统一对外签发等，这就要求我们必须紧跟时代步伐，对新单证、新做法和新规定进行不断地研究和学习。

（五）一次制单

许多公司都有单据制作软件，只要认真填写发票这种基本单据，其他单据都可以自动生成，这样对制单人员的要求会更高，因为所制作的单据应该是正确的，而一旦出错，则会招致业务满盘皆输。

（六）单证的统一

国际贸易各环节所涉及的大部分单据都有统一的规定和要求。像 SWIFTMT 700格式的信用证、提单、保险单、产地证、我国各种政府管制单据等，当然目前我国进出口公司的发票、箱单尚待统一。

单据是出口方履行国际货物买卖合同的证明，是直接反映货物特征及说明交易情况的一系列证明文件或商业凭证。

第二节　商业单据

一、商业发票

（一）商业发票的概念

商业发票（Commercial Invoice）简称发票，是出口公司对国外买方开立的载有货物名称、规格、数量、单价、总金额等方面内容的清单，供国外买方凭以收货、支付货款和报关完税使用，是所装运货物的总说明，虽然发票不是物权凭证，但如果出口单据中缺少了发票，就不能了解该笔业务的全部情况。

（二）商业发票的作用

（1）可供进口商了解和掌握装运货物的全面情况。发票是一笔交易的全面叙述，它详细列明了该装运货物的名称、商品规格、装运数量、价格条款、商品单价、商品总值等全面情况，为进口商提供识别该批货物属于哪一批订单项下的。进口商可以依据出口商提供的发票，核对签订合同的项目，了解和掌握合同的履约情况，进行验收。

（2）作为进口商记账、进口报关、海关统计和报关纳税的依据。发票是销售货物的凭证，对进口商来说，需要根据发票逐笔登记记账，按时结算货款。同时进口商在清关时需要向当地海关当局递交出口商发票，海关凭以核算税金，验关放行和统计的凭证之一。

（3）出口商凭以发票的内容，逐笔登记入账。在货物装运前，出口商需要向海关递交商业发票，作为报关发票，海关凭以核算税金，并作为验关放行和统计的凭证之一。

（4）在不用汇票的情况下，发票可以代替汇票作为付款依据。在即期付款不出具汇票的情况下，发票可作为买方支付货款的根据，替代汇票进行核算。光票付款的方式下，因为没有货运单据跟随，也经常跟随发票，商业发票起着证实装运货物和交易情况的作用。

另外，一旦发生保险索赔，发票可以作为货物价值的证明等。

（三）商业发票的主要内容

一般来说，商业发票应该具备以下主要内容。

（1）首文部分。首文部分应该列明发票的名称、发票号码、合同号码、发票的出票日期和地点，以及船名、装运港、卸货港、发货人、收货人等。这部分一般都是印刷的项目，后面留有的空格须填写。

（2）文本部分。发票的文本主要包括唛头、商品名称、货物数量、规格、单价、总价毛重/净重等内容。

（3）结文部分。发票的结文一般包括信用证中加注的特别条款或文句。发票的结文还包括发票的出票人签字。发票的出票人签字一般在发票的右下角，一般包括两部分内容：一是出口商的名称（信用证的受益人），二是出口公司经理或其他授权人手签，有时也用手签图章或代替手签。

（四）商业发票的缮制

商业发票由出口企业自行拟制，无统一格式，但基本内容和缮制方法大致相同。

（1）出票人的名称与地址（Exporter's Name and Address）。出票人的名称、地址应与合同的卖方或信用证的受益人的名称、地址相同。制单时，应标出出票人的中英文名称和地址，一般出口企业印刷的空白发票都事先将该公司的名称、地址、电话和传真印在发票的正上方。

（2）发票名称（Name of Document）。发票名称应用英文粗体标出"Commercial Invoice"或"Invoice"字样。发票的名称应与信用证规定的一致。如果信用证要求是"Certified Invoice"或"Detailed Invoice"，则发票的名称也应这样显示。另外在发票的名称中不能有"临时发票"（Provisional Invoice）或"形式发票"（Proforma Invoice）等字样出现。

（3）发票编号（No.）。发票编号由出口公司根据本公司的实际情况自行编制，是全套结汇单据的中心编号。发票作为中心票据，其他票据的号码均可与此号码相一致，如汇票号码、出口报关单号码及附属单据号码等。

（4）地点及日期（Place & Date）。出票地址和日期通常在发票右上角连在一起。①出票地址应为信用证规定的受益人所在地，通常是议付所在地。②在全套单据中，发票是签发日最早的单据。它只要不早于合同的签订日期，不迟于提单的签发日期即可。

(5) 信用证编号 (L/C No.)。当采用信用证支付货款时，填写信用证号码。若信用证没有要求在发票上标明信用证号码，此项可以不填。当采用其他支付方式时，此项不填。

(6) 合同编号 (Contract No.)。合同编号应与信用证列明的一致，信用证未规定合同编号，可不填。其他支付方式下，必须填入。

(7) 收货人/抬头人 (Messrs)。此栏前通常印有"To"，"Sold to Messrs"，"For Account and Risk of Messrs"等。抬头人即买方名称，应与信用证中所规定的严格一致。如果信用证中没有特别的规定，即将信用证的申请人或收货人的名称、地址填入此栏。如果信用证中没有申请人名字则用汇票付款人。总之，按信用证缮制。例如：信用证申请人为 ABC Co.Ltd.，New York，但又规定"Invoice to be made out in the name of XYZ Co.Ltd.，New York"，则发票的抬头为后者。

(8) 航线 (from ... to ...)。填写货物实际的起运港（地）、目的港（地），如货物需经转运，应把转运港（地）的名称表示出来。例如："From Shanghai to London W/T Rotterdam. From Guangzhou to Piraeus W/T Hongkong by Steamer."如货物运至目的港后再转运内陆城市，可在目的港下方打 In transit to ... to ...或 In transit 字样。

(9) 唛头及件号 (Marks and Number)。一般由三部分组成：①客户名称缩写（如不用客户名称，可以由发票号码/合同号码/订单号码代替）；②目的港；③件数。

注意事项：①如果无唛头，可以打上 N/M (No Mark)；②发票中的唛头应与提单上的唛头相一致；③如果来证规定唛头，可按照来证缮制。

(10) 货物描述 (Description of Goods)。货物描述一般包括品名、品质、数量、包装等内容。信用证方式下必须与信用证的描述一致，省略或增加货名的任何字或句，都会造成单证不符。如为其他支付方式，应与合同规定的内容相符。

常见的信用证引导货物内容的词或词组主要有：①Description of Goods；②Description of Merchandise；③Covering Shipment of；④Covering the Following Goods by；⑤Covering Value of；⑥Shipment of Goods。

填写数量及货物描述时应该注意：①缮制发票时，数量必须反映货物的实际装运数量，做到单证一致。尤其当信用证只给定界限时，例如："Not Exceed 20000M/T，Minus 5% Quantity Allowance."在这样的条件下需要注明实际装运数量。②如果信用证规定或者实际业务需要，一批货物要分制几套单据，则每套单据应缮制一份发票，各发票的货物数量之和应等于该批货物的总货物数量。③如果信用证允许分批装运，又规定了一定的增减幅度，则每批货物应该按照相同的增减幅度掌握。④按《跟单信用证 No.500》规定："about"、"circa"、"approximate"等字样，允许增减 10%；散装货，即使数字前没有"约"字样，也允许增减 5%；但以包装单位或个体计数则不适用。⑤对成交商品规格较多的，信用证常规定："AS PER S/C NO. ..."，制单时须分别详列各种规格和单价。⑥当使用其他支付方式（如托收）时，货物内容应与合同内容一致。

(11) 单价及价格术语（Unit Price and Trade Terms）。单价包括计价货币、计价单位、单位价格金额和贸易术语四部分，如信用证有具体规定，则应与信用证一致。发票金额应与汇票金额相同，且不能超过信用证总金额。

在商业发票正中下方，通常印有"有错当查"（E&O.E.），即"Errors and Omissions Excepted"（错误和遗漏除外），表示发票的制作者在发票一旦出现差错时，可以纠正的意思。

例如：USD60 PER SET FOB DALIAN

注意事项：①发票的单价必须与信用证上的单价完全一致；②一定要写明货币名称、计量单位；③贸易术语是关系到买卖双方的风险划分、费用负担问题，同时也是海关征税的依据，应正确缮制。

(12) 总值（Total Amount）。发票总额不能超过信用证金额，对于佣金和折扣应按信用证规定的处理。如果来证要求分别列出运费、保险费和 FOB 价格，必须照办；如果来证要求分别扣除佣金和折扣列出净价格，必须照办。

【例 1】CIF Tokyo　USD 30000
Less F　USD 250
Less I　USD 150
FOB　USD 29600

【例 2】CIF Tokyo　USD 30000
Less C　USD 250
Less D　USD 150
NET　USD 29600

(13) 声明文句及其他内容（Declaration and Other Contents）。根据信用证的规定或特别需要在发票上注明的内容。如某些参考号：Import License No.（进口许可证号码）；证明文句："We hereby declare that the goods are of pure national origin of the exporting country（兹声明该商品保证产于出口国），We hereby certify that the contents of invoice herein are true and correct（兹证明发票中的内容是真实正确的）。"

(14) 出票人签章 (Signature)。通常出票人签章，是在发票的右下角打上出口公司的名称，并由经办人签名或盖章。如信用证规定手签 (Manual Signed)，则必须按规定照办。对墨西哥、阿根廷的出口，无论信用证是否规定，都必须手签。

表 10-1　商业发票

<table>
<tr><td colspan="2">ISSUER</td><td colspan="4">COMMERCIAL INVOICE</td></tr>
<tr><td colspan="2">TO</td><td colspan="2">NO.</td><td colspan="2">DATE</td></tr>
<tr><td colspan="2" rowspan="2">TRANSPORT DETAILS</td><td colspan="2">S/C NO.</td><td colspan="2">L/C NO.</td></tr>
<tr><td colspan="4">TERMS OF PAYMENT</td></tr>
<tr><td rowspan="2">Marks and Numbers</td><td rowspan="2">Number and kind of package
Description of goods</td><td rowspan="2">Quantity</td><td colspan="2">Unit Price</td><td>Amount</td></tr>
<tr><td colspan="2"></td><td></td></tr>
<tr><td></td><td></td><td></td><td colspan="2"></td><td></td></tr>
<tr><td colspan="6">Total:</td></tr>
<tr><td colspan="6">SAY TOTAL:</td></tr>
</table>

二、其他发票

(一) 海关发票

1. 海关发票的概念

海关发票 (Customs Invoice) 是出口商应进口国海关要求出具的一种单据，基本内容同普通的商业发票类似，其格式一般由进口国海关统一制定并提供，主要是用于进口国海关统计、核实原产地、查核进口商品价格的构成等。

海关发票由出口商填写，其格式由进口国具体规定。主要项目有货物的生产国别、货物名称、数量、唛头、出口地市价及出口售价等。

2. 海关发票的作用

供进口国海关核定货物的原产地国，以采取不同的国别政策；供进口商向海关办理进口报关、纳税等手续；供进口国海关掌握进口商品在出口国市场的价格情况，以确定是否低价倾销，以便征收反倾销税；供进口国海关作为统计的依据。

3. 海关发票的主要内容

海关发票是由有关国家政府规定的，其内容比一般的商业发票复杂。尽管各国制定的海关发票格式不同，但一般包括三大部分，即价值部分 (Certificate of Value)、产地部分 (Certificate of Origin) 和证明部分 (Declaration)，所以海关发票通常被称为“Combined Certificate of Value and of Origin”。

海关发票的内容主要包括：①填写海关发票日期、地点；②供货方名称及地点；③收货方名称及地点；④运输工具；⑤订单（合同）号码、发票号码；⑥货物简称；⑦货物原产国家；⑧货物的唛头、数量、件数；⑨单价以及总值；⑩各项费用详表。

4. 海关发票的缮制

①与商业发票的相应项目必须完全一致；②须列明国内市场价或成本价时，应注意其低于销售的离岸价；③经准确核算的运费、保险费及包装费；④海关发票应以收货人或提单的被通知人为抬头人；⑤签具海关发票的人可由出口单位负责办事人员签字，证明人须另由其他人员签字，不能是同一人。

（二）形式发票

1. 概念

形式发票（Proforma Invoice）是一种非正式发票，是在没有正式合同之前，经双方签字或盖章之后产生法律效力的充当合同的文件，它包括产品描述、单价、数量、总金额、付款方式、包装、交货期等。形式发票本来只是在客户确认了价格并下了订单之后卖方所做的使对方再次确认的发票，但在没有正式合同之前形式发票即是合同。

“Proforma”是拉丁文，它的意思是“纯为形式的”，所以单从字面来理解，Proforma Invoice 是指纯为形式的，无实际意义的发票。这种发票本来是卖方在推销货物时，为了供买方估计进口成本，假定交易已经成立所签发的一种发票。实际上，并没有发出货物的事实，正因为如此，这种发票也被称为“试算发票”。

2. 作用

①作为数量化的报价；②作为销售确认；③让买方凭它可以申请办理输入许可、外汇许可和开立信用证。

出口商有时应进口商的要求，发出一份列有出售货物的名称、规格、单价等非正式参考性发票，供进口商向其本国贸易管理当局或外汇管理当局申请进口许可证或批准给予外汇等之用，这种发票叫做形式发票。形式发票不是一种正式发票，不能用于托收和议付，它所列的单价等也仅仅是进口商根据当时情况所作的估计，对双方都无最终的约束力，所以说形式发票只是一种估价单，正式成交还要另外重新缮制商业发票。

3. 形式发票最主要的内容

①货物品名；②数量；③成交价格方式，是 FOB、CFR 还是 CIF 等，关系到费用及风险分担的问题；④装运期；⑤运输方式；⑥付款方式；⑦公司详细的

表 10–2　海关发票

<table>
<tr><td colspan="3" rowspan="2">1. SELLER</td><td colspan="2">2. DOCUMENT NR. *</td><td colspan="3">3. INCOICE NR. AND DATE *</td></tr>
<tr><td colspan="5">4. REFERENCES *</td></tr>
<tr><td colspan="3" rowspan="2">5.CONSIGNER</td><td colspan="5">6. BUYER (if other than consignee)</td></tr>
<tr><td colspan="5">7. ORIGIN OF GOODS</td></tr>
<tr><td colspan="3">8. NOTIFY PARTY *
10.ADDITIONAL TRANSPORTATION INFORMATION *</td><td colspan="5">9. TERMS OF SALE, PAYMENT, AND DISCOUNT</td></tr>
<tr><td colspan="3"></td><td colspan="2">11.CURRENCY USED</td><td rowspan="2">12. EXCH RATE (If fixed or agreed)</td><td colspan="2" rowspan="2">13.DATE ORDER ACCEPTED</td></tr>
<tr><td colspan="3"></td><td colspan="2">USD</td></tr>
<tr><td rowspan="2">14. MARKS ANDNUMBERS ON SHIPPING PACKAGES</td><td rowspan="2">15. NUMBER OF PACKAGES</td><td rowspan="2">16. FULL DESCRITION OF GOODS</td><td rowspan="2">17. QUANTITY</td><td colspan="2">UNIT PRICE</td><td colspan="2" rowspan="2">20. INVOICE TOTALS</td></tr>
<tr><td>18.HOME MARKET</td><td>19. INVOICE</td></tr>
<tr><td></td><td></td><td></td><td></td><td></td><td></td><td colspan="2"></td></tr>
<tr><td colspan="6">If the production of these goods involved furnishing goods or services to the seller
21. (e.g., assisted such as dies, molds, tools, engineering work) and the value is not included in the invoice price, check box (21) and explain below.</td><td>22. PACKING COSTS</td><td></td></tr>
<tr><td colspan="6">27. DECLARATION OF SELLER/SHIPPER (OR AGENT)</td><td>23. OCEAN OR INTERNATIONALFREIGHT</td><td></td></tr>
<tr><td colspan="3">I declare: If there are any rebates, Drawbacks or bounties allowed (A) upon the exportation of goods, I have checked box (A) and itemized separately below. I further declare that there is no other Invoice differing from this one (unless otherwise described below) and that all statements contained in this invoice and declaration are true and correct.</td><td colspan="3">If the goods were not sold or agreed to be sold, I have checked (B) box (B) and have indicated in column 19 the price I would be Willing to receive.
(C) SIGNATURE OF SELLER/SHIPPER (OR AGENT):</td><td>24.DOMESTIC FREIGHT CHARGES
25.INSURANCE COSTS
26. OTHER COSTS (Specify Below)</td><td></td></tr>
<tr><td colspan="7">28. THIS SPACE FOR CONTINUING ANSWERS</td><td></td></tr>
<tr><td colspan="8">THIS FORM OF INVOICE REQUIRED GENERALLY IF RATE OF DUTY BASED UPON OR REGULATED BY VALUE OF GOODS AND PURCHASE PRICE OR VALUE OF SHIPMENT EXCEEDS $500. OTHERWISE USE COMMERCIAL INVOICE.</td></tr>
</table>

银行资料。

以上所列的几点只是一些基本内容，一般小额贸易国外客户是很少签正式出口合同的，形式发票往往就起着约定合同基本内容以实现交易的作用，所以有必要的话要将可能产生分歧的条款一一详列清楚，要买方签回确认条款，以后真正执行合同时便可有所依据。如果是形式发票被利用来作信用证，信用证上的条款便应与形式发票上的一致。

4. 形式发票的使用

在实务上，倘若 Proforma Invoice 具备报价单的内容而构成法律上的要约 (Offer)，则可以用来替代报价单，甚至可以作销售确认书（Sales Confirmation）。

形式发票还可以用于其他需要结算的场合。①用于预付货款，即在装货前要求现金支付；②在寄售方式中，出口的货物没有确定的销售合约，而是放在代理商手中，对代理商来说，形式发票可以作为向潜在的买方报价的指南；③如果是投标，形式发票可以使买方在许多相互竞争的供货商中按合理的价格和销售条件签订销售合同。

在具体操作中，一份完整的形式发票必须包括支付方式（T/T、L/C、T/T 加 L/C、托收付款等，其中还要写明定金和剩余款项的金额）、目的港、货物的相关信息。

5. 形式发票与商业发票的区别

形式发票与商业发票不同的是在发票上有“形式”字样。这种发票可以用作邀请买方发出确定的订单。发票上一般注明价格和销售条件，所以一旦买方接受此条件，就能按形式发票内容签订确定合约。

由于形式发票上详细载明了进口货价及有关费用，所以有些国家规定可以凭形式发票申请进口许可证，或作为向海关申报货物价格之用。

（三）领事发票

1. 概念

领事发票（Consular Invoice）是由进口国驻出口国的领事出具的一种特别印就的发票，是出口商根据进口国驻在出口地领事所提供的特定格式填制，并经领事签证的发票。这种发票证明出口货物的详细情况，为进口国用于防止外国商品的低价倾销，同时也可用作进口税计算的依据，有助于货物顺利通过进口国海关。对于领事发票各国有不同的规定，如允许出口商在商业发票上由进口国驻出口地的领事签证（Consular Visa），即“领事签证发票”。

出具领事发票时，领事馆一般要根据进口货物价值收取一定费用。这种发票主要为拉美国家所采用。

2. 领事发票的主要作用

①作为课税的依据；②审核有无低价倾销情况；③证明出口商所填写的货物名称与数量价格等是否确实；④增加领事馆的收入（因为签证时领事馆要收取签证费）。

表 10-3 形式发票

<table>
<tr><td colspan="2">ISSUER</td><td colspan="3" rowspan="3">形式发票
PROFORMA INVOICE</td></tr>
<tr><td colspan="2"></td></tr>
<tr><td colspan="2">TO</td></tr>
<tr><td colspan="2" rowspan="2"></td><td>NO.</td><td colspan="2">DATE</td></tr>
<tr><td></td><td colspan="2"></td></tr>
<tr><td colspan="2" rowspan="4">TRANSPORT DETAILS</td><td>S/C NO.</td><td colspan="2">L/C NO.</td></tr>
<tr><td></td><td colspan="2"></td></tr>
<tr><td colspan="3">TERMS OF PAYMENT</td></tr>
<tr><td colspan="3"></td></tr>
<tr><td>Marls and Numbers</td><td>Number and kind of package</td><td>Quantity</td><td>Unit Price</td><td>Amount</td></tr>
<tr><td></td><td>Description of goods</td><td></td><td></td><td></td></tr>
<tr><td></td><td colspan="4"></td></tr>
<tr><td colspan="5"></td></tr>
<tr><td colspan="5"></td></tr>
<tr><td colspan="2"></td><td>Total:</td><td></td><td></td></tr>
<tr><td>SAY TOTAL:</td><td colspan="4"></td></tr>
<tr><td colspan="5"></td></tr>
<tr><td>PORT TO LOADING:</td><td colspan="4"></td></tr>
<tr><td>PORT OF DESTINATION:</td><td colspan="4"></td></tr>
<tr><td>TIME OF DELIVERY:</td><td colspan="4"></td></tr>
<tr><td>INSURANCE:</td><td colspan="4"></td></tr>
<tr><td>VALIDITY:</td><td colspan="4"></td></tr>
<tr><td>BENEFICIARY</td><td colspan="4"></td></tr>
<tr><td>ADVISING BANK:</td><td colspan="4"></td></tr>
<tr><td>NEGOTIATING BANK:</td><td colspan="4"></td></tr>
</table>

如果进口国在出口地没有设立领事馆，出口商则无法提供此项单据，这样只能要求开证人取消信用证所规定的领事发票或领事签证发票的条款，或者要求开证人同意接受由出口地商会签证的发票。

3. 领事发票的主要内容

领事发票格式不一，内容一般包括以下几项：①出口商与进口商的名称、地址；②出口地（港）；③目的地（港）；④运输方式；⑤品名、唛头与包号；⑥包装的数量、种类；⑦货物的毛重、净重；⑧货物的品质规格；⑨货物价值与产地。

4. 填制领事发票应注意的问题

①当来证规定要提供这种发票时，受益人要考虑是否能做到，签证费用由何方负担，然后再决定是否接受；②填制领事发票时，注意有关内容应与商业发票、提单等单据相符；③发票内必须注明所装运货物的制造地（或者出产地）；④注意核发的领事馆是否与来证规定相符；⑤领事发票的日期不应迟于汇票和提单的日期。

表 10–4 领事发票

<table>
<tr><td colspan="4">THE GOVERNMENT of BRAZLT</td></tr>
<tr><td colspan="2">Date:
Invoice No. :
Issued At:</td><td colspan="2">Port of Loading:
Port of Discharge:
Date of Departure:</td></tr>
<tr><td colspan="2">EXPORTER</td><td colspan="2">CONSIGNEE</td></tr>
<tr><td>Marks and Numbers</td><td>Quantity</td><td colspan="2">Description of Goods Value of Shipment</td></tr>
<tr><td colspan="2"></td><td colspan="2">Total (FOB, CFR, or CIF)</td></tr>
<tr><td colspan="2">Other Charges

Certified Correct By:
Witnessed By:
Fee Paid: US. $</td><td colspan="2">Amount of Charges

Total US. $</td></tr>
</table>

（四）厂商发票

1. 概念

厂商发票（Manufacturer's Invoice）是出口货物的制造厂商所出具的以本国货币计算，用来证明出口国国内市场的出厂价格的发票。要求提供厂商发票的目的是检查出口国出口商品是否有削价倾销行为，供进口国海关估价、核税以及征收反倾销税之用。

2. 厂商发票的作用

①发票是交易的合法证明文件，是货运单据的中心，也是装运货物的总说明；②发票是买卖双方收付货款和记账的依据；③发票是买卖双方办理报关、纳税的计算依据；④在信用证不要求提供汇票的情况下，发票代替了汇票作为付款依据；⑤发票是出口人缮制其他出口单据的依据。

3. 厂商发票的缮制

①在单据上部要印有醒目粗体字“厂商发票”（MANUFACTURER INVOICE）字样；②抬头人打出口商；③出票日期应早于商业发票日期；④货物名称、规格、数量、件数必须与商业发票一致；⑤货币应打出口国币制，价格的填制可按

发票价适当打个折扣，例如按 FOB 价打九折或八五折；⑥货物出厂时，一般无出口装运标记，厂商发票不必缮打唛头，如来证有明确规定，则厂商发票也应打上唛头；⑦厂方作为出单人，由厂方负责人签字盖章。

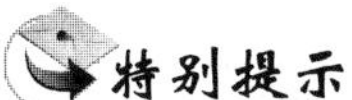

特别提示

商业单据是国际贸易和国际结算中直接说明货物有关情况的商业凭证，通常是由出口商制作或取得后通过银行转交给进口商。

第三节　运输单据

运输单据的种类很多，包括海运提单（Ocean Bill of Lading）、海运单（Sea Waybill）、航空运单（Air Waybill）、铁路运单（Rail Waybill）、公路运单、邮包收据（Parcel Post Receipt）和多式联运单据（MTD）等。

一、海运提单

（一）海运提单的概念

海运提单简称提单（B/L），是承运人收到货物后出具的货物收据，也是承运人所签署的运输契约的证明，提单还代表所载货物的所有权，是一种具有物权特性的凭证。

（二）海运提单的作用

1. 货物收据

提单是承运人签发给托运人的收据，确认承运人已收到提单所列货物并已装船，或者承运人已接管了货物，已代装船。

2. 运输契约证明

是托运人与承运人的运输契约证明。承运人之所以为托运人承运有关货物，是因为承运人和托运人之间存在一定的权利义务关系，双方权利义务关系以提单作为运输契约的凭证。

3. 货权凭证

提单是货物所有权的凭证。谁持有提单，谁就有权要求承运人交付货物，并且享有占有和处理货物的权利，提单代表了其所载明的货物。

（三）海运提单的种类

1. 根据货物是否已装船，分为已装船提单和备运提单

（1）已装船提单（On Board B/L，Shipped B/L）。是指货物装船后由承运人或其授权代理人根据大副收据签发给托运人的提单。如果承运人签发了已装船提单，就是确认他已将货物装在船上。这种提单除载明一般事项外，通常还必须注明装载货物的船舶名称和装船日期，即提单项下货物的装船日期。

由于已装船提单对于收货人及时收到货物有保障，所以在国际货物买卖合同中一般都要求卖方提供已装船提单。根据国际商会 1990 年修订的《国际贸易术语解释通则》的规定，凡以 CIF 或 CFR 条件成立的货物买卖合同，卖方应提供已装船提单。在以跟单信用证为付款方式的国际贸易中，更是要求卖方必须提供已装船提单。国际商会 1993 年重新修订的《跟单信用证统一惯例》规定，如信用证要求海运提单作为运输单据时，银行将接受注明货物已装船或已装指定船只的提单。

（2）备运提单（Received for Shipment B/L）。又称收货待运提单，是指承运人在收到托运人交来的货物但还没有装船时，应托运人的要求而签发的提单。签发这种提单时，说明承运人确认货物已交由承运人保管并存在其所控制的仓库或场地，但还未装船。所以，这种提单未载明所装船名和装船时间，在跟单信用证支付方式下，银行一般都不肯接受这种提单。

这种备运提单于 19 世纪晚期首先出现于美国，其优点在于：对托运人来说，他可以在货物交承运人保管之后至装船前的期间，尽快地从承运人手中取得可转让提单，以便融通资金，加速交易进程。而对于承运人来说，则有利于招揽生意，拓宽货源。但这种提单同时也存在一定的缺陷：第一，因备运提单没有装船日期，很可能因到货不及时而使货主遭受损失；第二，备运提单上没有肯定的装货船名，致使提单持有人在承运人违约时难以向法院申请扣押船；第三，备运提单签发后和货物装船前发生的货损、货差由谁承担也是提单所适用的法律和提单条款本身通常不能明确规定的问题，实践中引起的责任纠纷也难以解决。基于上述原因，在贸易实践中，买方一般不愿意接受这种提单。

2. 根据提单上对货物外表状况有无不良批注，可分为清洁提单和不清洁提单

（1）清洁提单（Clean B/L）。是指在装船时，货物外表状况良好，承运人在签发提单时，未在提单上加注任何有关货物残损、包装不良、件数、重量和体积，或其他妨碍结汇的批注的提单称为清洁提单。

使用清洁提单在国际贸易实践中非常重要，买方要想收到完好无损的货物，首先必须要求卖方在装船时保持货物外观良好，并要求卖方提供清洁提单。中国

《海商法》第七十六条规定："承运人或者代其签发提单的人未在提单上批注货物表面状况的，视为货物的表面状况良好。"由此可见，承运人一旦签发了清洁提单，货物在卸货港卸下后，如发现有残损，除非是由于承运人可以免责的原因所致，承运人必须负责赔偿。

（2）不清洁提单（Unclean B/L）。是指在货物装船时，承运人若发现货物包装不牢、破残、渗漏、玷污、标志不清等现象时，大副将在收货单上对此加以批注，并将此批注转移到提单上，这种提单称为不清洁提单，中国《海商法》第七十五条规定："承运人或者代其签发提单的人，知道或者有合理的根据怀疑提单记载的货物品名、标志、包数或者件数、重量或者体积与实际接收的货物不符，在签发已装船提单的情况下怀疑与已装船的货物不符，或者没有适当的方法核对提单记载的，可以在提单上批注，说明不符之处、怀疑的根据或者说明无法核对。"

3. 根据运输方式分类，可分为直达提单、转船提单和联运提单

（1）直达提单（Direct B/L）。又称直运提单，是指货物从装货港装船后，中途不经转船，直接运至目的港卸船交与收货人的提单。直达提单上不得有"转船"或"在某港转船"的批注。凡信用证规定不准转船者，必须使用这种直达提单。如果提单背面条款印有承运人有权转船的"自由转船"条款者，则不影响该提单成为直达提单的性质。

使用直达提单，货物由同一船舶直运目的港，对买方来说比中途转船有利得多，它既可以节省费用、减少风险，又可以节省时间，及早到货。因此，通常买方只有在无直达船时才同意转船。在贸易实务中，如信用证规定不准转船，则买方必须取得直达提单才能结汇。

（2）转船提单（Transhipment B/L）。是指货物从起运港装载的船舶不直接驶往目的港，需要在中途港口换装其他船舶转运至目的港卸货，承运人签发这种提单称为转船提单。在提单上注明"转运"或在"某某港转船"字样，转船提单往往由第一程船的承运人签发。由于货物中途转船，增加了转船费用和风险，并影响到货时间，故一般信用证内均规定不允许转船，但直达船少或没有直达船的港口，买方也只好同意可以转船。

（3）联运提单（Through B/L）。是指货物运输需经两段或两段以上的运输方式来完成，如海陆、海空或海海等联合运输所使用的提单。船船（海海）联运在航运界也称为转运，包括海船将货物送到一个港口后再由驳船从港口经内河运往内河目的港。

联运的范围超过了海上运输界限，货物由船舶运送经水域运到一个港口，再

经其他运输工具将货物送至目的港，先海运后陆运或空运，或者先空运、陆运后海运。当船舶承运由陆路或飞机运来的货物继续运至目的港时，货方一般选择使用船方所签发的联运提单。

4. 根据提单收货人抬头的不同，可分为记名提单、不记名提单和指示提单

（1）记名提单（Straight B/L）。又称收货人抬头提单，是指提单上的收货人栏中已具体填写收货人名称的提单。提单所记载的货物只能由提单上特定的收货人提取，或者说承运人在卸货港只能把货物交给提单上所指定的收货人。如果承运人将货物交给提单指定的以外的人，即使该人占有提单，承运人也应负责。这种提单失去了代表货物可转让流通的便利，但同时也可以避免在转让过程中可能带来的风险。一般只适用于运输展览品或贵重物品，特别是短途运输中使用较有优势，而在国际贸易中较少使用。

（2）不记名提单（Bearer B/L）。提单上收货人一栏内没有指明任何收货人，而注明"提单持有人"（Bearer）字样或将这一栏保留空白，不填写任何人名称的提单。这种提单不需要任何背书手续即可转让，或提取货物，极为简便。承运人应将货物交给提单持有人，谁持有提单，谁就可以提货，承运人交付货物只凭单，不凭人。这种提单易丢失或被窃，风险极大，若转入善意的第三者手中时，极易引起纠纷，故国际上较少使用这种提单。

（3）指示提单（Order B/L）。在提单正面"收货人"一栏内填上"凭指示"（To Order）或"凭某人指示"(Order of...）字样的提单。这种提单按照表示指示人的方法不同，指示提单又分为托运人指示提单、记名指示人提单和选择指示人提单。如果在收货人栏内只填记"指示"字样，则称为托运人指示提单。这种提单在托运人未指定收货人或受让人之前，货物所有权仍属于卖方。如果收货人栏内填记"某某指示"，则称为记名指示人提单，如果在收货人栏内填记"某某或指示"，则称为选择指示人提单。记名指示人提单或选择指示人提单中指名的"某某"既可以是银行的名称，也可以是托运人。

指示提单是一种可转让提单。提单的持有人可以通过背书的方式把它转让给第三者，而不须经过承运人认可，所以这种提单为买方所欢迎。而不记名指示（托运人指示）提单与记名指示人提单不同，它没有经提单指定的人背书才能转让的限制，所以其流通性更大。指示提单在国际海运业务中使用较广泛。

5. 根据提单内容的繁简划分，可分为全式提单和简式提单

（1）全式提单（Long Form B/L）。全式提单是指提单除正面印就的提单格式所记载的事项，背面列有关于承运人与托运人及收货人之间权利、义务等详细条款的提单。由于条款繁多，所以又称繁式提单。在海运的实际业务中使用的大都

是这种全式提单。

（2）简式提单（Short Form B/L，or Simple B/L）。简式提单，又称短式提单、略式提单，是相对于全式提单而言的，是指提单背面没有关于承运人与托运人及收货人之间的权利义务等详细条款的提单。这种提单一般在正面印有“简式”（Short Form）字样，以示区别。简式提单中通常列有如下条款：“本提单货物的收受、保管、运输和运费等事项，均按本提单全式提单的正面、背面的铅印、手写、印章和打字等书面条款和例外条款办理，该全式提单存在该公司及其分支机构或代理处，可供托运人随时查阅。”

6. 根据船公司经营方式，可分为班轮提单和租船合约提单

（1）班轮提单（Liner B/L）。是指采取班轮运输方式、有经营班轮运输的承运人或其代理人签发的提单。班轮运输的承运人与货物托运人、收货人之间的权利与义务以船公司签发的班轮提单为依据，不再另行签订租船合同。

（2）租船合约提单（Charter Party B/L）。指承运人根据租船合同签发的提单。租船合约提单不列出详细条款，因而不成为一个完整的独立文件，要受到租船合同的约定。从提单上，银行无法看出它受租船合同约束的情况，银行一般不愿意承担由此带来的额外责任和风险。

7. 根据签发提单的时间，划分为倒签提单、顺签提单、预借提单和过期提单

（1）倒签提单（Anti-dated B/L）。倒签提单是指承运人或其代理人应托运人的要求，在货物装船完毕后，以早于货物实际装船日期为签发日期的提单。当货物实际装船日期晚于信用证规定的装船日期，若仍按实际装船日期签发提单，托运人就无法结汇。为了使签发提单的日期与信用证规定的装运日期相符，以利结汇，承运人应托运人的要求，在提单上仍以信用证的装运日期填写签发日期，以免违约。

签发这种提单，尤其当倒签时间过长时，有可能推断承运人没有使船舶尽快速遣，因而承担货物运输延误的责任。特别是市场上货价下跌时，收货人可以以“伪造提单”为借口拒绝收货，并向法院起诉要求赔偿。承运人签发这种提单是要承担一定风险的。

（2）顺签提单（Post-date B/L）。指在货物装船完毕后，应托运人的要求，由承运人或其代理人签发的提单。但是该提单上记载的签发日期晚于货物实际装船完毕的日期。即托运人从承运人处得到的以晚于货物实际装船完毕的日期作为提单签发日期的提单。由于顺填日期签发提单，所以称为“顺签提单”。

（3）预借提单（Advanced B/L）。指在货物尚未装船或尚未装船完毕的情况下，信用证规定的结汇期（即信用证的有效期）即将届满，托运人为了能及时结

汇，而要求承运人或其代理人提前签发的已装船清洁提单，即托运人为了能及时结汇而从承运人那里借用的已装船清洁提单。

这种提单往往是当托运人未能及时备妥货物或船期延误，船舶不能按时到港接受货载，估计货物装船完毕的时间可能超过信用证规定的结汇期时，托运人采用从承运人那里借出提单用以结汇，当然必须出具保函。签发这种提单承运人要承担更大的风险，可能构成承、托双方合谋对善意的第三者收货人进行欺诈。

（4）过期提单（Stale B/L）。过期提单有两种含义：一是指出口商在装船后延滞过久才交到银行议付的提单。按国际商会 500 号出版物《跟单信用证统一惯例》1993 年修订本第四十二条规定："如信用证无特殊规定，银行将拒受在运输单据签发日期后超过 21 天才提交的单据。在任何情况下，交单不得晚于信用证到期日。"二是指提单晚于货物到达目的港，这种提单也称为过期提单。因此，近洋国家的贸易合同一般都规定有"过期提单也可接受"的条款（Stale B/L is Acceptance）。

8. 根据收费方式，可划分为运费预付提单、运费到付提单和最低运费提单

（1）运费预付提单（Freight Prepaid B/L）。成交 CIF、CFR 价格条件为运费预付，按规定货物托运时，必须预付运费。在运费预付情况下出具的提单称为运费预付提单。这种提单正面载明"运费预付"字样，运费付后才能取得提单；付费后，若货物灭失，运费不退。

（2）运费到付提单（Freihgt to Collect B/L）。以 FOB 条件成交的货物，不论是买方订舱还是买方委托卖方订舱，运费均为到付（Freight Payable at Destinaiion），并在提单上载明"运费到付"字样，这种提单称为运费到付提单。货物运到目的港后，只有付清运费，收货人才能提货。

（3）最低运费提单（Minimum B/L）。最低运费提单是指对每一提单上的货物按起码收费标准收取运费所签发的提单。如果托运人托运的货物批量过少，按其数量计算的运费额低于运价表规定的起码收费标准时，承运人均按起码收费标准收取运费，为这批货物所签发的提单就是最低运费提单，也可称为起码收费提单。

（四）海运提单的主要内容

各国船运公司签发的提单在形式上不尽相同，但主要内容基本一样，包括以下几方面。

（1）托运人的名称及地址。此栏主要填写出口商的名称及地址。

（2）承运人的名称与主要营业所。根据国际商会银行委员会的意见，提单上必须表明承运人的名称，除非信用证有相反的规定。提单上的承运人必须是以运

输公司身份注册的。

(3) 收货人名称及地址。收货人一栏主要根据出口商或信用证的要求填写不同的内容。

(4) 被通知人。被通知人一栏主要根据收货人一栏的内容填写。如收货人一栏填写有具体的收货人名称，则被通知人栏可不必填写，也可以填上"The Same as Above"等内容；如收货人一栏写明"To the Order"或"To the Order of A Specified Person or Bank"，则被通知人一栏应写有详细的被通知人名称及地址，以便于运输公司在货物到港后通知此人代为通关及保管货物。

(5) 装货港口、卸货港口、目的地及船只。这主要根据合同或信用证条款的规定填写。

(6) 提单签发时所表明的货物的处置方式。说明货物是已装船了或是仅仅收妥（Shipped on Board...or Received...）。

(7) 提单的唛头及号码。应与发票的唛头及号码一致。

(8) 包装件数及货物描述。提单内的包装件数应与发票内的件数一致。如采用集装箱运输时，包装件数除标明集装箱数量外，还应标明集装箱内具体的包装件数或箱数。海运提单内的货物描述可以使用统称。

(9) 货物的体积及重量。提单内货物重量应按要求列明毛重和净重。

(10) 运费和其他费用及付款的地点和方式。提单上一般会说明"运费预付"或"运费到付"，但不一定打出运费具体金额。《汉堡规则》中规定，在运费到付时，提单上须打出运费金额。

(11) 提单份数。

(12) 提单签发日期及地点。

(13) 承运人或其代理人的签字。

(14) 提单背面载有的关于承运人权利与义务的印定条款。

(五) 海运提单主要项目的缮制

(1) 托运人（Shipper）。即与承运人签订运输契约，委托运输的货主，即发货人。在信用证支付方式下，一般以受益人为托运人；托收方式以托收的委托人为托运人。另外，根据《UCP600》规定：除非信用证另有规定，银行将接受表明以信用证受益人以外的第三者为发货人的运输单据。

(2) 收货人（Consignee）。收货人要按合同和信用证的规定来填写。一般的填法有下列几种：①记名式：在收货人一栏直接填写指定的公司或企业名称。该种提单不能背书转让，必须由收货人栏内指定的人提货或收货人转让。②不记名式：即在收货人栏留空不填，或填"To Bearer"（交来人/持票人）。这种方式承运人交货凭提单的持有人，只要持有提单就能提货。③指示式：指示式的收货人又分为不记名指示和记名指示两种。不记名指示，是在收货人一栏填“To Bearer”，又称空白抬头。该种提单，发货人必须在提单背面背书，才能转让。背书又分为记名背书和不记名背书（空白背书）两种。前者是指在提单背面填上“Deliver to ×××”，“Endorsed to ×××”，然后由发货人签章；后者是发货人在背面不做任何说明只签章即可。记名背书后，其货权归该记名人所有，而且该记名人不可以再将背书转让给另外的人。不记名背书，货权即归提单的持有人。记名指示，是在收货人一栏填“To Order of Shipper”，此时，发货人必须在寄单前在提单后背书；另外还有凭开证申请人指示，即 L/C 中规定“To Order of Applicant”，在收货人栏就填“To Order of ××× Co”；凭开证行指示，即 L/C 中规定“To Order of Issuing Bank”，则填“To Order of ×××Bank”。

（3）被通知人（Notify Party）。原则上该栏一定要按信用证的规定填写。被通知人即收货人的代理人或提货人，货到目的港后承运人凭该栏提供的内容通知其办理提货，因此，提单的被通知人一定要有详细的名称和地址，供承运人或目的港及时通知其提货。若 L/C 中未规定明确地址，为保持单证一致，可在正本提单中不列明，但要在副本提单上写明被通知人的详细地址。托收方式下的被通知人一般填托收的付款人。

（4）船名（Ocean Vessel）。即由承运人配载的装货的船名，班轮运输多加注航次（Voy. No.）。

（5）装运港（Port of Loading）。填实际装运货物的港名。L/C 项下一定要符合 L/C 的规定和要求。如果 L/C 规定为“中国港口”（Chinese Port），此时不能照抄，而要按装运的我国某一港口实际名称填。

（6）卸货港（Port of Discharge）。原则上，L/C 项下提单卸货港一定要按 L/C 规定办理。但若 L/C 规定两个以上港口者，或笼统写“××主要港口”如“European Main Ports”（“欧洲主要港口”）时，只能选择其中之一或填明具体卸货港名称。

如果 L/C 规定卸货港名后有“In Tiansit to ××”只能在提单上托运人声明栏或唛头下方空白处加列。尤其我国只负责到卸货港而不负责转运者，不能在卸货港后加填，以说明卖方只负责到卸货港，以后再转运到何地由买方负责。

另外，对美国和加拿大 O.C.P（Overland Common Points）地区出口时，卸货港名后常加注“O. C. P ××”。例如 L/C 规定“Los Angeles O. C. P Chicago”，可在提单目的港填制：Los Angeles O. C. P；如果要求注明装运最后城市名称时，可在提单的空白处和唛头下加注“O. C. P. Chicago”，以便转运公司办理转运至

"Chicago"。

（7）唛头（Shipping Marks /Marks & Nos.）。如果信用证有明确规定，则按信用证缮制；信用证没有规定，则按买卖双方的约定，或由卖方决定缮制，并注意做到单单一致。

（8）包装与件数（No. & kind of Packages）。一般散装货物该栏只填"In Bulk"，大写件数栏可留空不填。单位件数与包装都要与实际货物相符，并在大写合计数内填写英文大写文字数目。如总件数为 320 CARTONS 填写在该栏项下，然后在总件数大写栏（Total numbers of Packages in Words）填写：Three Hundred and Twenty Cartons only。如果货物包括两种以上不同包装单位（如纸箱、铁桶），应分别填列不同包装单位的数量，然后再表示件数：

300	Cartons
400	Iron Drums
700	Packages

（9）商品名称（描述）（Description of Goods）。原则上提单上的商品描述应按信用证规定填写并与发票等其他单据相一致。但若信用证上货物的品名较多，提单上允许使用类别总称来表示商品名称。如出口货物有餐刀、水果刀、餐叉、餐匙等，信用证上分别列明了各种商品名称、规格和数量，但包装都用纸箱，提单上就可以笼统写：餐具××× Cartons。

（10）毛重和体积（Gross Weight & Measurement）。除非信用证有特别规定，提单上一般只填货物的总毛重和总体积，而不表明净重和单位体积。一般重量均以公斤表示，体积用立方米表示。

（11）运费支付（Freight & Charges）。信用证项下提单的运费支付情况，按其规定填写。一般根据成交的价格条件分为两种：若在 CIF 和 CFR 条件下，则注明"Freight Prepaid"或"Freight Paid"；FOB 条件下则填"Freight Collect"或"Freight Payable at Destination"。若租船契约提单有时要求填："Freight Payable as Per Charter Party"。有时信用证还要求注明运费的金额，按实际运费支付额填写即可。

（12）签发地点与日期（Place and Date of Issue）。提单的签发地点一般在货物运港所在地，日期则按信用证的装运期要求，一般要早于或与装运期为同一天。有时由于船期不准，迟航或发货人造成迟延，使实际船期晚于规定的装期，发货人为了适应信用证规定，做到单证相符，要求船方同意以担保函换取较早或符合装运期的提单，这就是倒签提单（Ante-dated B/L）；另外，有时货未装船或未开航，发货人为及早获得全套单据进行议付，要求船方签发已装船提单，即预借提单（Advanccd B/L）。这两种情况是应该避免的，如果发生问题，或被买方察觉，足以造成巨大经济损失和不良影响。

（13）承运人签章（Signed for the Carrier）。提单必须由承运人或其代理人签字才能生效。若信用证要求手签的也要照办。对于海运提单由哪些人签署才有效的问题，《UCP500》作了新的补充规定，即第二十三条 a（1）款中规定签署人可以是承运人或作为承运人的具名代理人或代表，或船长或作为船长的具名代理人或代表。

（14）提单签发的份数（No. of Originals B/L）。信用证支付方法下提单正本的签发份数一般都有明确规定，因此，一定要按信用证的规定出具要求的份数。例如信用证规定："Full Set 3/3 Original Clean on Board Ocean Bill of Lading..."这就表明提单签发的正本三份，在提交给银行议付时必须是三份正本。若在提单条款上未规定份数，而是在其他地方指明："...Available by Beneficiary's Draft at Sight Drawn on Us and Accompanied by the Following Documents in Duplicate"，表明信用证所要求提交的单据，当然包括提单，全都是一式两份。又如信用证规定："Full Set of Clean on Board Bill of Lading Ivssued..."此种规定没有具体表明份数，而是指"全套"，根据《UCP600》规定：包括一套单独一份的正本提单，或如果签发正本超过一份，则包括出立的全套正本。因此，对此类规定，就要看实际船方签发正本的份数而定。

（15）提单号码（B/L NO.）。一般位于提单的右上角，是为便于工作联系和核查，承运人对发货人所发货物承运的编号。其他单据中，如保险单、装运通知的内容往往也要求注明提单号。

海运提单如表 10-5 所示，除上述正面的内容外，一般背面是托运人与承运人的运输条款（Terms and Conditions of Shipment mutually Agreed），理论上应是托运人与承运人双方约定的事项，但实际上是承运人单方面印定的，托运人很少有修改的机会。这也就是为什么说提单是双方运输契约的证明，而不能说是运输契约或合同的原因。由于各国航运公司提单的格式不同，其条款的规定内容也互不一样，内容较多，如托运人与承运人的定义、承运人责任条款、运费和其他费用条款、责任限额、共同海损等，其内容虽多也大同小异，可以归类，一般首要条款中要规定所适用的国际公约（如海牙规则、维斯比规则和汉堡规则），以便在发生争议时作为依据。

表 10-5　海运提单

<table>
<tr><td colspan="3">1. SHIPPER（托运人），一般为出口商</td><td colspan="3" rowspan="5">B/L NO.

COSCO
中国远洋运输（集团）总公司
CHINA OCEAN SHIPPING （GROUP） CO.

ORIGINAL
Combined Transport Bill of Lading</td></tr>
<tr><td colspan="3">2. CONSIGNEE（收货人），“order” 或 “order of shipper” 或 “order of ××× Bank”</td></tr>
<tr><td colspan="3">3. NOTIFY PARTY（通知人），通常为进口方或其代理人</td></tr>
<tr><td colspan="2">4. PR-CARRIAGE BY
（前程运输），
填 feeder ship 名即驳船名</td><td>5.PLACE OF RECEIPT
（收货地），
填 Huangpu</td></tr>
<tr><td colspan="2">6. OCEAN VESSEL VOY. NO.
（船名及航次），
填大船名</td><td>7.PORT OF LOADING
（装货港），
填 HKG</td></tr>
<tr><td colspan="2">8. PORT OF DISCHARGE
（卸货港）</td><td>9.PLACE OF DELIVERY
（交货地）</td><td colspan="3">10.FINAL DESTINATION FOR THE MERCHANT'S REFERENCE （目的地）</td></tr>
<tr><td>11. MARKS
（唛头）</td><td>12.NOS. & KINDS OF PKGS
（包装种类和数量）</td><td>13.DESCRIPTION OF GOODS
（货物名称）</td><td colspan="2">14.G.W （KG）
（毛重）</td><td>15. MEAS （M³）
（体积）</td></tr>
<tr><td colspan="6">16. TOTAL NUMBER OF CONTAINERS OR PACKAGES （IN WORDS）　（总件数）</td></tr>
<tr><td>17.FREIGHT & CHARGES（运费）
PREPAID（运费预付）
或 COLLECT
（运费到付）</td><td>REVENUE TONS
（运费吨）</td><td>RATE
（运费率）</td><td>PER
（计费单位）</td><td>PREPAID
（运费预付）</td><td>COLLECT
（运费到付）</td></tr>
<tr><td>PREPAID AT
（预付地点）</td><td>PAYABLE AT
（到付地点）</td><td colspan="4">18.PLACE AND DATE OF ISSUE
（出单地点和时间），一般与装船日一致</td></tr>
<tr><td>TOTAL PREPAID
（预付总金额）</td><td>19. NUMBER OF ORIGINAL B （S） L
（正本提单的份数），
一般为 3 份</td><td colspan="4" rowspan="2">22.SIGNED FOR THE CARRIER
（承运人签章）

中国远洋运输（集团）总公司
CHINA OCEAN SHIPPING （GROUP） CO.×××</td></tr>
<tr><td>20.DATE
（装船日期）</td><td>21.LOADING ON BOARD THE VESSEL BY（船名）</td></tr>
</table>

二、海运单

（一）海运单的含义和作用

（1）含义：海运单是证明货物由承运人接管或装运并且承运人保证将货物交给收货人的一种不可转让的海上运输单证，又称为“不可转让海运单”。海运单的正面内容与提单基本一致，但是印有“不可转让”的字样。

（2）作用：①承运人收到由其照管货物的单据；②运输契约的证明；③解决经济纠纷时，作为货物担保的基础。

（二）海运单的使用

（1）跨国公司的总分公司或相关的子公司间的业务往来。

（2）在赊销或双方买方付款作为转移货物所有权的前提条件，提单已失去其使用意义。

（3）往来已久、充分信任、关系密切的伙伴贸易间的业务。

（4）无资金风险的家用的私人物品、商业价值的样品。

（5）在短途海运的情况下，往往是货物先到而提单未到，宜采用海运单。

（三）海运单的签发

海运单是承运人在接管货物或将货物装船后，应托运人的要求，由承运人或其代理人或船长签发的。通常只签发一份正本海运单。但如经请求，也可签发两份或两份以上的正本海运单。

三、航空运单

（一）航空运单的含义

航空运单是承运人与托运人之间签订的运输契约，也是承运人或其代理人签发的货物收据。航空运单还可作为核收运费的依据和海关查验放行的基本单据。但航空运单不是代表航空公司的提货通知单。在航空运单的收货人栏内，必须详细填写收货人的全称和地址，而不能作成指示性抬头。

（二）航空运单的性质作用

（1）航空运单。与海运提单有很大不同，却与国际铁路运单相似。它是由承运人或其代理人签发的重要的货物运输单据，是承托双方的运输合同，其内容对双方均具有约束力。航空运单不可转让，持有航空运单也并不能说明可以对货物要求所有权。

（2）航空运单是发货人与航空承运人之间的运输合同。与海运提单不同，航空运单不仅证明航空运输合同的存在，而且航空运单本身就是发货人与航空运输承运人之间缔结的货物运输合同，在双方共同签署后产生效力，并在货物到达目的地交付给运单上所记载的收货人后失效。

（3）航空运单是承运人签发的已接收货物的证明。航空运单也是货物收据，在发货人将货物发运后，承运人或其代理人就会将其中一份交给发货人（即发货人联），作为已经接收货物的证明。除非另外注明，它是承运人收到货物并在良好条件下装运的证明。

（4）航空运单是承运人据以核收运费的账单。航空运单分别记载着属于收货人负担的费用，属于应支付给承运人的费用和应支付给代理人的费用，并详细列明费用的种类、金额，因此可作为运费账单和发票。承运人往往也将其中的承运人联作为记账凭证。

(5) 航空运单是报关单证之一。出口时航空运单是报关单证之一。在货物到达目的地机场进行进口报关时，航空运单也通常是海关查验放行的基本单证。

(6) 航空运单同时可作为保险证书。如果承运人承办保险或发货人要求承运人代办保险，则航空运单也可用来作为保险证书。

(7) 航空运单是承运人内部业务的依据。航空运单随货同行，证明了货物的身份。运单上载有有关该票货物发送、转运、交付的事项，承运人会据此对货物的运输做出相应安排。

航空运单的正本一式三份，每份都印有背面条款，其中一份交发货人，是承运人或其代理人接收货物的依据；第二份由承运人留存，作为记账凭证；最后一份随货同行，在货物到达目的地，交付给收货人时作为核收货物的依据。

(三) 航空运单的分类

航空运单主要分为两大类：

1. 航空主运单（Master Air Waybill，MAWB）

凡由航空运输公司签发的航空运单就称为主运单。它是航空运输公司据以办理货物运输和交付的依据，是航空公司和托运人订立的运输合同，每一批航空运输的货物都有自己相对应的航空主运单。

2. 航空分运单（House Air Waybill，HAWB）

集中托运人在办理集中托运业务时签发的航空运单被称作航空分运单。在集中托运的情况下，除了航空运输公司签发主运单外，集中托运人还要签发航空分运单。

四、铁路运单

(一) 铁路运单的含义和作用

铁路运单是由铁路运输承运人签发的货运单据，是收、发货人同铁路之间的运输契约。当通过国际铁路办理货物运输时，在发运站由承运人加盖日戳签发的运单叫“铁路运单”。

铁路运单的作用：铁路运单一律以目的地收货人作记名抬头，一式两份。正本随货物同行，到目的地交收货人作为提货通知；副本交托运人作为收到托运货物的收据。在货物尚未到达目的地之前，托运人可凭运单副本指示承运人停运，或将货物运给另一个收货人。

铁路运单只是运输合约和货物收据，不是物权凭证，但在托收或信用证支付方式下，托运人可凭运单副本办理托收或议付。

（二）铁路运单的类型

铁路运单可分为国际铁路联运和国内铁路运输两种方式，前者使用国际铁路联运运单，后者使用国内铁路运单。通过铁路对港、澳出口货物时，由于国内铁路运单不能作为对外结汇的凭证，故使用“承运货物收据”这种特定性质和格式的单据。

（1）国际铁路货物联运运单。国际铁路货物联运所使用的运单是铁路与货主间缔结的运输契约的证明。此运单正本从始发站随同货物附送至终点站并交给收货人是铁路同货主之间交接货物，核收运杂费用和处理索赔与理赔的依据。运单副本是卖方凭以向银行结算货款的主要证件。

（2）承运货物收据。承运货物收据既是承运人出具的货物收据，也是承运人与托运人签订的运输契约的证明。中国内地通过铁路运往港、澳地区的出口货物，一般委托中国对外贸易运输公司承办。当出口货物装车发运后，对外贸易运输公司即签发承运货物收据交给托运人，作为对外办理结汇的凭证。承运货物收据只有第一联为正本，反面印有“承运简章”，载明承运人的责任范围。

（三）铁路运单样本及其填写说明

1. 铁路运单样本（见表 10–6）

表 10–6　铁路运单

货物指定于　月　日搬入　　　　××铁路局　　　　承运人 / 托运人 装车

货　　位：　　　　　　　　　　货 物 运 单　　　　承运人 / 托运人 施封

计划号码或运输号码：

运到期限：　　　日　　　　　托运人→发运人→到站→收货人　货票第　　号

<table>
<tr><td colspan="5">托运人</td><td colspan="7">承运人</td></tr>
<tr><td>发站</td><td colspan="2"></td><td>到站（局）</td><td></td><td colspan="2">车种车号</td><td colspan="2"></td><td>货车标重</td><td colspan="2"></td></tr>
<tr><td colspan="3">到站所属省（市）、自治区</td><td colspan="2"></td><td colspan="2">施封号码</td><td colspan="5"></td></tr>
<tr><td rowspan="2">托运人</td><td>名　称</td><td colspan="3"></td><td colspan="2" rowspan="2">经由</td><td colspan="2" rowspan="2"></td><td rowspan="2">铁路货车棚车号码</td><td colspan="2" rowspan="2"></td></tr>
<tr><td>住　址</td><td></td><td>电话</td><td></td></tr>
<tr><td rowspan="2">收货人</td><td>名　称</td><td colspan="3"></td><td colspan="2" rowspan="2">运价里程</td><td colspan="2" rowspan="2"></td><td rowspan="2">集装箱号码</td><td colspan="2" rowspan="2"></td></tr>
<tr><td>住　址</td><td></td><td>电话</td><td></td></tr>
<tr><td rowspan="2">货物名称</td><td rowspan="2">件　数</td><td rowspan="2">包装</td><td rowspan="2">货物价格</td><td rowspan="2">托运人确定重量</td><td rowspan="2">承运人确定重量</td><td rowspan="2">计费重量</td><td rowspan="2">运价号</td><td rowspan="2">运价率</td><td rowspan="2">运费</td><td colspan="2">现付</td></tr>
<tr><td>费别</td><td>金额</td></tr>
<tr><td></td><td></td><td></td><td></td><td></td><td></td><td></td><td></td><td></td><td></td><td></td><td></td></tr>
<tr><td></td><td></td><td></td><td></td><td></td><td></td><td></td><td></td><td></td><td></td><td></td><td></td></tr>
<tr><td></td><td></td><td></td><td></td><td></td><td></td><td></td><td></td><td></td><td></td><td></td><td></td></tr>
</table>

续表

合计											
托运人记载事项			保险		承运人记载事项						
注：本单不作为收款凭证。托运人签约须知见背面			托运人盖章或签字 年　月　日		到站交付日期			发站承运日期			

领货凭证

车种及车号

票第　号

到期限 日

发站		
托运人		
收货人		
货物名称	规格	重量
托运人盖章或签字		
发站承运日期戳		

领货凭证、货物运单（背面）

领货凭证（背面）	货物运单（背面）
收货人领货须知： 1.收货人接到托运人寄交的领货凭证后，应及时向到站联系领取货物。 2.收货人领取货物已超过免费暂存期限时，应按规定支付货物暂存费。 3.收货人在到站领取货物，如遇货物未到时，应要求到站在本证背面加盖车站戳证明货物未到。	托运人须知： 1.托运人持本货物运单向铁路托运货物，证明并确认和愿意遵守铁路货物运输的有关规定。 2.货物运单所记载的货物名称、重量与货物的实际完全相符，托运人对其真实性负责。 3.货物的内容、品质和价值是托运人提供的，承运人在接收和承运货物时并未全部核对。 4.托运人应及时将领货凭证寄交收货人，凭以联系到站领取货物。

2. 铁路运单填写说明

（1）“发站”栏和“到站（局）”栏，应分别按《铁路货物运价里程表》规定的站名完整填写，不得填写简称。“到站（局）”填写到达主管铁路局名的第一个字，例如（哈）、（上）、（广）等，但到达北京铁路局的，则填写（京）字。

（2）“到站所属省（市）、自治区”栏，填写到站所在地的省（市）、自治区名称。托运人填写的到站、到达（局）和到站所属省（市）、自治区名称，三者必须相符。

（3）“托运人”栏应该详细填写发货人姓名或发货单位的名称、所在地地址以及联系电话。

（4）“收货人”栏应该详细填写收货人姓名或收货单位的名称、所在地地址以及联系电话。

（5）“件数”栏，应按货物名称及包装种类，分别记明件数。若是集装箱运输，则以集装箱的个数为准，而不是按货物的件数计算。

（6）“包装”栏按货物的外包装为准，若是集装箱货物应在包装栏填写“集装箱”，并注明是几吨箱。

（7）“货物价格”栏按货物的实际价格算。

（8）“托运人确定重量”栏，集装箱货物以集装箱的最大载重量算。

运单内各栏有更改时，在更改处，属于托运人填记事项，应由托运人盖章证明；属于承运人记载事项，应由车站加盖站名戳记。承运人对托运人填记事项除按《货物运单和货票填制办法》第十七条规定内容可以更改外，其他内容不得更改。

五、公路运单

（一）公路运单的含义

公路运单是公路货物运输及运输代理的合同凭证，是运输经营者接受货物并在运输期间负责保管和据以交付的凭据，也是记录车辆运行和行业统计的原始凭证（见表 10-7）。

（二）公路运单的性质

公路运单是由承运人签发的，证明货物运输合同和货物由承运人接管或装船、车及空运，以及承运人保证将货物交给指定的收货人的一种不可流通的单证。公路运单具有合同证明和货物收据的作用。但是，运单不具有物权凭证的作用，是一种不可转让的债权凭证。

（三）公路货物运单的种类

公路货物运单分为甲、乙、丙三种。甲种运单适用于普通货物、大件货物、危险货物等货物运输和运输代理业务；乙种运单适用于集装箱汽车运输；丙种运单适用于零担货物运输。

承、托运人要按道路货物运单内容逐项如实填写，不得简化、涂改。承运人或运输代理人接收货物后应签发道路货物运单，道路货物运单经承、托双方签章后有效。

甲、乙种道路货物运单，第一联是存根，作为领购新运单和行业统计的凭据；第二联是托运人存查联，交托运人存查并作为运输合同当事人一方保存；第三联是承运人存查联，交承运人存查并作为运输合同当事人另一方保存；第四联是随货同行联，作为载货通行和核算运杂费的凭证，货物运达、经收货人签收后，作为交付货物的依据。

丙种道路货物运单，第一联是存根，作为领购新运单和行业统计的凭证；第二联是托运人存查联，交托运人存查并作为运输合同当事人一方保存；第三联是提货联，由托运人邮寄给收货人，凭此联提货，也可由托运人委托运输代理人通知收货人或直接送货上门，收货人在提货联收货人签章处签字盖章，收、提货后由到达站收回；第四联是运输代理人存查联，交运输代理人存查并作为运输合同当事人另一方保存；第五联是随货同行联，作为载货通行和核算运杂费的凭证，货物运达、经货运站签收后，作为交付货物的依据。丙种道路货物运单与汽车零担货物交接清单配套使用。承运人接收零担货物后，按零担货物到站次序，分别向运输代理人签发道路货物运单（丙种）。已签订年、季、月度或批量运输合同的，必须在运单“托运人签章或运输合同编号”栏目注明合同编号，托运人委托发货人签章。批次运输任务完成或运输合同履行后，凭运单核算运杂费，或将随货同行联（第五联）汇总后转填到合同中，由托运人审核签字后核算运杂费。道路货物运输和运输代理经营者凭运单开具运杂费收据。运输危险货物必须使用在运单左上角套印“道路危险货物运输专用章”的道路货物运单（甲种），方准运行。

表 10–7　公路运单

公路运输货运单

起运日期：　年　月　日　　　　编号：

承运人：　地址邮编：　传真电话：　车牌号：　车型：

托运人：　地址：　电话：　转货地点：

收货人：　地址：　电话：　转货地点：

货物名称及规格	包装形式	体积	件数	实际重量	计费重量	计费里程	货运周转量	货物等级	运价率	运费金额	报价保险	其他费用
合计												

续表

货物运单签订地		结算方式		币种		运杂费合计	万 千 百 拾 元 角 分
特约事项	1. 承运单位不开拆检验，如运到时包装完好，货物出现短缺，承运方不负全部责任。 2. 承运单位必须按委托单位要求，按时运抵目的地（途中堵车、车出故障等因素外），并交接好手续，如收货人拒收，其责任由委托方负责。 3. 委托方对货物重量（体积）如有隐瞒或夹带易燃易爆等违禁物品所造成的经济损失由委托方负责。 4. 委托方对货物应主动参加运输保险，如货物未投保或客观原因所造成的损耗由委托方自理。 5. 在货物运输过程中，如出现货物破损、受潮、残缺等人为造成的损失均由承运方负责。 6. 托运人办理货物运输，应当向承运人准确表明收货人的名称或姓名或凭指示的收货人，以及货物的名称、规格、型号、性质、重量、数量、收货地点等有关货物运输的必要情况。 7. 承运人运输货物实行接单交接，对包装内部承担保证之责，在提货时包装完好的货物，视为承运人已经按照承运单的记载完成运输任务。 8. 托运人对贵重物品应参加保险（每件价值在 300 元以上），凡无保险、无保价运输的货物发生灭失最高按 300 元以内赔偿，发生货损每件最高按运费 3 倍理赔，承运人不承担任何间接理赔责任。 9. 货物到站后承运人应及时通知收货，收货人在接到通知之日起三日内凭有效证件提货，超过限定时间每天加收运费的 10%做保管费，超过 30 天按无主论处，代收货款或提货时付运费的，提货人不履行义务，承运人有权将该批货物留置。 10. 本单视为合同，双方签字生效，具有经济合同之效力，望双方共同遵守。						
托运人签章或运输合同编号：							年 月 日
承运人签章：							年 月 日
收货人签章：							年 月 日

六、邮包收据

（一）邮包收据的含义及特点

邮包收据是邮包运输的主要单据，它既是邮局收到寄件人的邮包后所签发的凭证，也是收件人凭以提取邮件的凭证，当邮包发生损坏或丢失时，它还可以作为索赔和理赔的依据。但邮包收据不是物权凭证。

邮包收据因为不是物权凭证，不能凭以提货、背书转让，只能作成记名抬头，由经办邮局加盖日戳后成为有效凭证。邮包内装货物数量有限，一件邮包货物重量不得超过 20 千克，长不超过一米。因此，邮政运输通常适用于小件货物或样品等运输。

（二）邮包收据的种类

邮包按照运送方式分为三种：普通邮包、航空邮包和保价邮包。普通邮包用于海运或陆运，时间长，但收费低廉。航空邮包用于空运，速度快，但收费高。

贵重物品还可通过付保价费而成为保价邮包。此外，这些年来，还出现了“邮政特快专递服务”，诸如DHL、EMS、FE等方式，使邮寄货物更快、更安全。

七、多式联运单据

（一）多式联运的含义及优点

国际多式联运（International Multimodal Transport）简称多式联运，是在集装箱运输的基础上产生和发展起来的，是指按照多式联运合同，以至少两种不同的运输方式，由多式联运经营人将货物从一国境内的接管地点运至另一国境内指定交付地点的货物运输。

国际多式联运适用于水路、公路、铁路和航空多种运输方式。在国际贸易中，由于85%~90%的货物是通过海运完成的，故海运在国际多式联运中占据主导地位。

多式联运的优点主要表现为：

①责任统一，手续简便；②节省费用，降低运输成本；③减少中间环节，时间缩短，运输质量提高；④运输组织水平提高，运输更加合理化；⑤实现门对门运输；⑥其他（从政府角度来看，发展国际多式联运具有以下重要意义：利于加强政府对整个货物运输链的监督与管理；保证本国在整个货物运输过程中获得较大的运费收入比例；有助于引进新的先进运输技术；减少外汇支出；改善本国基础设施的利用状态；通过国家的宏观调控与指导职能保证使用对环境破坏最小的运输方式，达到保护本国生态环境的目的）。

（二）多式联运单据

1. 多式联运单据的含义

多式联运单据（Combined Transport Documents，CTD）是指证明国际多式联运合同成立及证明多式联运经营人接管货物，并负责按照多式联运合同条款支付货物的单据。

多式联运单据是由承运人或其代理人签发，其作用与海运提单相似，既是货物收据也是运输契约的证明，在单据作成指示抬头或不记名抬头时，可作为物权凭证，经背书可以转让。

2. 多式联运单据分类

多式联运单据分为可转让的和不可转让的。根据《联合国国际货物多式联运公约》的要求，多式联运单据的转让性在其记载事项中应有规定。

多式联运公约规定，多式联运单据以可转让方式签发时，应列明按指示或向持票人交付：如列明按指示交付，须经背书后转让；如列明向持票人交付，无须背书即可转让，此外，如签发一套一份以上的正本，应注明正本份数；如签发任何副本，每份副本均应注明“不可转让副本”字样。对于签发一套一份以上的可转让多式联运单据正本的情况，如多式联运经营人或其代表已正当按照其中一份正本交货，该多式联运经营人便已履行其交货责任。

作为不可转让的多式联运单据，则没有流通性。多式联运经营人凭单据上记载的收货人而向其交货。按照多式联运公约的规定，多式联运单据以不可转让的方式签发时，应指明记名的收货人。同时规定，多式联运经营人将货物交给此种不可转让的多式联运单据所指明的记名收货人或经收货人通常以书面正式指定的其他人后，该多式联运经营人即已履行其交货责任。

对于多式联运单据的可转让性，我国的《国际多式联运管理规则》也有规定。根据该规则，多式联运单据的转让依照下列规定执行：①记名单据：不得转让；②指示单据：经过记名背书或者空白背书转让；③不记名单据：无须背书，即可转让。

3. 多式联运单据的内容

①货物品类、识别货物所必需的主要标志，如属危险货物，其危险特性的明确声明、包数或件数、货物的毛重或其他方式表示的数量等，所有这些事项均由发货人提供。②货物外表状况。③多式联运经营人的名称、主要营业所及发货人名称。④如经发货人指定收货人，收货人的名称。⑤多式联运经营人接管货物的地点、日期和交货地点。⑥如经双方明确协议，在交付地点交货的日期或期间。⑦表示该多式联运单据为可转让或不可转让的声明。⑧多式联运单据的签发地点、日期和多式联运经营人。⑨如经双方明确协议，每种运输方式的运费；或者应由收货人支付的运费，包括用以支付的货币；或者关于运费由收货人支付的其他说明。⑩如在签发多式联运单据时已经确知，预期经过的路线、运输方式和转运地点。但是以上一项或者多项内容的缺乏，不影响单据作为多式联运单据的性质。

4. 多式联运单据的签发和保留

多式联运单据的签发：①多式联运经营人接管货物时，应签发一项多式联运单据，该单据应依发货人的选择，或为可转让单据，或为不可转让单据。②多式联运单据应由多式联运经营人或经他授权的人签字。③多式联运单据上的签字，如不违背签发多式联运单据所在国的法律，可以是手签、手签笔迹的复印、打透花字、盖章、符号，或用任何其他机械或电子仪器打出。④经发货人同意，可以用任何机械或其他保存公约第八条所规定的多式联运单据应列明的事项的方式，签发不可转让的多式联运单据。在这种情况下，多式联运经营人在接管货物后，应交给发货人一份可以阅读的单据，载有用此种方式记录的所有事项，就《联合国国际货物多式联运公约》而言，这份单据应视为多式联运单据。

多式联运单据的保留：①如果多式联运经营人或其代表知道，或有合理的根据怀疑多式联运单据所列货物的品类、主要标志、包数或件数、重量或数量等事项没有准确地表明实际接管货物的状况，或无适当方法进行核对，则该多式联运经营人或其代表应在多式联运单据上做出保留，注明不符之处、怀疑的根据，或无适当核对方法。②如果多式联运经营人或其代表未在多式联运单据上对货物的外表状况加以批注，则应视为他已在多式联运单据上注明货物的外表状况良好。

特别提示

运输单据是指出口商将货物交给承运人办理装运时，由承运人签发给出口商的证明文件。

第四节　保险单据

一、保险单据的含义

保险单据（Insurance Documents）既是保险公司对被保险人的承保证明，也是双方权利和义务的契约。在被保货物遭受损失时，保险单是被保险人索赔的主要依据，也是保险公司理赔的主要根据。

二、保险单据的作用

（一）保险合同的证明

保险单据是保险人与被保险人之间签订的保险合同的证明。按保险业惯例，保险人只要在被保险人填写的保险单据上签字，保险合同就告成立，它具体规定了双方之间的权利和义务。

（二）赔偿证明

保险合同是一种赔偿性合同，而非买卖性合同。被保险人支付保费后，保险人即对货物遭受合同责任范围内的损失负赔偿责任。因此，保险单据也是赔偿权的证明文件。作为一种权利凭证，货运保险单像提单一样可背书转让，但赔偿不是必然发生，只是偶然发生的，故保险单据只是潜在的利益凭证。在国际贸易中，如以 CIF 和 CIP 方式成交，卖方发货后，买方承担风险，卖方应在保险单背面背书，并按规定结算方式向买方移交保险单。买方取得保险单即成为被保险人，在货物出险后，有权向保险公司或其指定代理人索赔。

三、海运货物承保险别及承保条款

（一）可保障的风险

货物在海洋运输过程中可能遇到多种风险，但保障的风险仅限于保险单据上订明的风险，大致可分为海上风险和外来风险。

（1）海上风险。载货船只在海上航行过程中所遇到的自然灾害的侵袭所构成的破坏及由于载货船只发生搁浅、触礁、沉没、失火、碰撞等意外事故。

（2）外来风险。由于外界原因所致的损害，是相对于货物的内在缺陷和自然损耗的后果，如偷窃提货不着、淡水雨淋、短量、破损、玷污等。

（二）海上损失

简称海损（Average），是指被保险货物在海洋运输途中，因遭受海上风险所引起的损失。海上损失按损失程度的不同分全部损失与部分损失。

1. 全部损失（Total Loss）

全部损失主要是指运输货物的全部灭损或等同于全部灭损。全损又分为实际全损和推定全损。

实际全损（Actual Total Loss）又称绝对全损，指保险标的物完全灭失或已丧失原有用途或价值，或被保险人对保险标的物的所有权已无可挽回地完全被剥夺，或载货船只已失踪一定时期。

推定全损（Constructive Total Loss）指货物虽未全部灭失，但货物遭受损失的程度，使得对这些货物的施救、整理、修复原状并运往目的地的费用超过了这类货物在完好状态下到达目的地的价值。

2. 部分损失（Partial Loss）

部分损失指被保险货物损失未达到全部损失的程度。部分损失分为单独海损和共同海损。

单独海损（Particular Average）主要是指运输途中所造成的不涉及其他货主及船方，而仅仅涉及某一特定货物的损失，这种损失是偶然的、意外的损失。

共同海损（General Average）主要是指为了保证同一运输途中遇险财产的共同安全或免除风险所做出的有意的、合理的支出。

共同海损通常是由利害关系方的船方、货方和运费收入方按比例共同分担。

（三）承保险别

在海洋货物运输保险中，承保险别主要划分为两类，即基本险与附加险。

1. 基本险

基本险是可以单独投保的险别，是保险公司对保险标的物承担的最基本的险别，可分为以下三类：

（1）平安险（Free From Particular Average，F.P.A），又称单独海损不赔险，即保险人的保险责任仅仅包括全部损失和共同海损两部分。

（2）水渍险（With Particular Average，W.P.A），又称单独海损赔偿险，是指保险人的责任不仅包括平安险的范围，而且还包括单独海损在内的险别。

（3）一切险（All Risks），是指保险人的责任不仅包括水渍险的范围，而且还包括一般附加险范围内的险别，但不包括特别附加险。

2. 附加险（Additional Risks）

附加险是指保险人对货物运输途中因外来因素所造成的风险损失予以赔偿的一种险别。它分为一般附加险和特殊附加险两类。

（1）一般附加险。一般附加险是对由一般外来因素所造成的风险损失进行赔偿的险别。它包括以下 11 种：

①偷窃提货不着险。指对货物在运输途中因被盗而致使承运人在目的地无法交付货物或少交货物的风险而由保险人予以赔偿的险别。②淡水雨淋险。指保险人对货物运输途中因下雨、船舱内的淡水仓或水管漏水等原因造成的损失负责的险别。③短量险。指保险人对货物运输途中因数量短少、重量短缺而造成的损失负责的险别。④混杂玷污险。指保险人承保的运输途中货物被其他物质沾污造成损失的一种险别。⑤渗漏险。指保险人承保的运输途中因容器破损引起渗漏而造成货物损失的一种险别。⑥碰损破碎险。承保运输途中的货物碰损、破碎造成的损失。⑦包装破碎险。承保包装破损造成的货物损失。⑧受潮受热险。承保货物在运输过程中因气温突变或船上通风设施失灵导致船舱内受热受潮而造成的货物损失。⑨钩损险。承保货物装卸过程中因吊钩原因造成的货物损失。⑩串味险。承保因其他物品串味而造成的货物损失。⑪锈损险。承保金属物品由于受到淡水雨淋或海水侵蚀而生锈所致的损失。

（2）特殊附加险。指保险人承保由于外来的特殊原因而造成货物损失的险别。它包括：

①战争险。保险人承保的由于战争、武装冲突等原因造成货物损失的险别。②罢工、暴动、民变险。承保由于罢工、暴动、民变人员的行动而造成的保险标

的物的损失。③进口关税险。承保某些进口国对进口货物受损部分仍征收进口关税而造成的损失。④交货不到险。承保货物装运日起 6 个月而未到达目的地的损失。⑤舱面险。承保货物装载船只舱面造成的损失。⑥拒收险。承保被保险人对所保货物虽具备了有效的进口许可证，但货物仍被进口国有关当局拒绝进口或没收所发生的损失。⑦黄曲霉菌险。承保运输中的货物被发现黄曲霉菌而被拒绝进口的损失。⑧存仓火险扩展条款。我国内地对港澳地区出口的货物，如需直接存入保单所载明的过户银行的仓库时，存仓期间的火险责任可延长 30 天。保险公司不另收保费。

（四）承保条款

在实际业务中，保险人与被保险人之间是按照一定的保险条款来签署保险合同的。各国保险公司都根据本国实际情况，订有自己的保险条款。

按照中国保险条款，海洋运输货物保险的被保险人可以在分别投保平安险、水渍险以及一切险等基本险种的基础上，还可以投保特殊附加险种。特殊附加险必须依附于基本险项下投保，不可以单独投保。

于 1993 年 4 月 1 日新颁发的伦敦协会货物条款分别以协会货物条款 A、协会货物条款 B、协会货物条款 C 代替了原条款中的平安险、水渍险、一切险。此外，协会战争险条款、协会罢工险条款、恶意损害险条款都属于特殊附加险别，这些特殊附加险可以独立于上述的 A 条款、B 条款、C 条款而单独投保。协会货物险条款的保险责任起讫时间是“仓至仓”。

四、保险单据的种类

（一）保险单（Insurance Policy）

俗称大保单，是一种正规的保险合同，除载明被保险人（投保人）的名称、被保险货物（标的物）的名称、数量或重量、唛头、运输工具、保险的起讫地点、承保险别、保险金额、出单日期等项目外，还在保险单的背面列有保险人的责任范围，以及保险人与被保险人各自的权利、义务等方面的详细条款，它是最完整的保险单据。保险单可由被保险人背书，随物权的转移而转让，它是一份独立的保险单据，如表 10-8 所示。

（二）保险凭证（Insurance Certificate）

俗称小保单，它有保险单正面的基本内容，但它没有保险单反面的保险条款，是一种简化的保险合同，如表 10-9 所示。

（三）联合保险凭证（Combined Insurance Certificate）

俗称承保证明（Risk Note），它是我国保险公司特别使用的一种更为简化的

表 10-8　保险单

中国人民保险公司
THE PEOPLE'S INSURANCE COMPANY OF CHINA
总公司设于北京　　　　一九四九年创立
Head Office: BEIJING　　　　Established in 1949

发票号码　　　　保险单　　　　保险单号次
Invoice No. BP2000/05-010　　INSURANCE POLICY　　No. PC010-037650

中国人民保险公司（以下简称本公司）
This Police of Insurance Witnesses that The People's Insurance
Company of China （hereinafter called "The Company"）
根据
at the request of LIAONING TEXTILES IMPORT & EXPORT CORP
（以下简称被保险人）的要求，由被保险人
（hereinafter called the "Insured"） and in consideration of the agreed premium
向本公司缴付约定的保险费，按照本保险单
paying to the Company by the Insured, Undertakes to insure the undermentioned
承保险别和背面所载条款与下列特款承保
coods in transportation subject to the conditions of this Policy as per Clauses
下述货物运输保险，特立本保险单。
printed overleaf and other special clauses attached hereon.

标　记 Marks & Nos	包装及数量 Quantity	保险货物项目 Description of Goods	保险金额 Amount Insured
AS PER INVOICE NO.	180DOZ	WOOLEN SWEATER	USD27600.00

总保险金额：SAY UNITED STATES DOLLARS TWENTY-SEVEN THOUSAND SIX-HUNDRED ONLY
Total Amount Insured
保费　　　　费率　　　　装载运输工具
Premium as arranged Rate as arranged Per conveyance S.S CHANGQING
开航日期　　　　自　　　　至
Sig on or abt AS PER B/L From DALIAN.CHINA To HONGKONG
承保险别　投保一切险和战争险，以中国人民保险公司 1981 年 1 月 1 日生效的有关海洋货物运输条款为准。
Conditions ALL RISKS AND WAR RISKS AS PER AND SUBJECT TO THE RELEVANT OCEAN MARINE CARGO CLOUSES OF THE PEOPLE'S INSURANCE COMPANY OF CHINA DATED 1/1, 1981.
所保货物，如遇出险，本公司凭本保险单及其他有关证件给付赔款。
Claims, if any, Payable On, surrender of this Policy together with other relevant documents.
所保货物，如发生本保险单项下负责赔偿的损失或事故，应立即通知本公司下述代理人查勘。
In the event of accident whereby loss or damage may result in a claim under this policy immediate notice applying for survey must be given to the company's Agent as mentioned hereunder.

中国人民保险公司
THE PEOPLE'S INSURANCE CO. OF CHINA

赔款偿付地点
Claim payable at HONGKONG
日期
DATE 9/12, 2008

表 10-9 国内水路、铁路货物运输保险凭证

运简 NO.（ ）

本公司依照国内水路、铁路货物运输保险条款，对下列货物名称、金额等承保运输险：

被保险人： 投保人：

货票号码	货物名称	数量	保险金额	费率（‰）	保险费	目的地
本保险凭证承保基本险、综合险				运输方式		
备注				火车 船舶		
				联运（火车、汽车、船舶、飞机）		

如遇出险，请凭本凭证及有关单证向当地保险公司联系。

注意：收到保险单后请核对。
如有错误应通知更正。

×××保险公司
年 月 日

保险单据，由保险公司在出口公司提交的发票上加上保险编号、承保险别、保险金额、装载船只、开船日期等，并加盖保险公司印章即可，这种单据不能转让。

（四）预约保险单（Open Policy/Open Coner）

预约保险单上载明保险货物的范围、险别、保险费率、每批运输货物的最高保险金额以及保险费的结付、赔款处理等项目，凡属于此保险单范围内的进出口货物，一经起运，即自动按保险单所例条件承保。但被保险人在获悉每批保险货物起运时，应立即将货物装船详细情况包括货物名称、数量、保险金额、运输工具种类和名称、航程起讫地点、开船日期等情况通知保险公司和进口商。

这种保险单据目前在我国一般适用于以 FOB 或 CIF 价格条件成交的进口货物以及出口展览品和小卖品。

五、保险单据的内容及缮制

（1）保险公司名称（Name of Insurance Company）。此栏应根据信用证和合同要求到相应的保险公司去办理保险单据，尤其在信用证支付方式下，如来证规定“Insurance Policy in Duplicate by PICC”，PICC 即中国人民保险公司，信用证要求出具由中国人民保险公司出具的保险单。

（2）保险单据名称（Name）。此栏按照信用证和合同填制，如来证规定“Insurance Policy in Duplicate”，即要求出具保险单而非保险凭证（Insurance Certificate）等。

（3）发票号码（Invoice NO.）。此栏填写投保货物商业发票的号码。

（4）保险单号（NO.）。此栏填写保险单号码。

(5) 被保险人 (Insured)。如信用证和合同无特别规定，此栏一般填信用证的受益人，即出口公司名称。

(6) 标记 (Marks and NOS.)。此栏填制装船唛头，与提单上同一栏目内容相同或填上“As per Invoice NO. ×××”。

(7) 包装及数量 (Quantity)。此栏填制了大包装件数，与提单上同一栏目内容相同。

(8) 保险货物项目 (Description of Goods)。此栏填制货物的名称，一般使用统称即可与提单上名称相同。

(9) 保险金额 (Amount Insured)。保险金额应严格按照信用证和合同上的要求填制，如信用证和合同无明确规定，一般都以发票金额加一成（即 110%的发票金额）填写。

(10) 总保险金额 (Amount Insured in Capital)。这一栏目只需将第 9 栏中的保险金额以大写的形式填入，计价货币也应以全称形式填入。注意：保险金额使用的货币单位应与信用证中的一致，如应填 Say United States Dollars（U.S. DOLLARS）One Thousand Two Hundred and Fifty-five Only。

(11) 保费 (Premium)。此栏一般由保险公司填制或已印好 As Arranged，除非信用证另有规定，如“Inourance Policy Eedorsed in Blank Full Invoice Value Plus10% Marked Premium Paid”时，此栏就填入“Paid”或把已印好的“As Arranged”删去加盖校对章后打上“Paid”字样。

(12) 费率 (Rate)。此栏由保险公司填制或已印上“As Arranged”字样。

(13) 装载运输工具 (Per Conveyance S.S)。此栏应按照实际情况填写，当运输由两段或两段以上运程完成时，应把各种运输的船只名填在上面，例如：提单上的一程船名是“East Wind”，二程船名为“Red Star”，本栏应这样填：East Wind/Red Star，依次类推。

(14) 开船日期 (Sailing on or About)。此栏填制提单的签发日期或签发日期前 5 天内的任何一天，或可简单填上 As per B/L。

(15) 起讫地点 (From...to...)。此栏填制货物实际装运的起运港口和目的港口名称，货物如转船，也应把转船地点填上如 From Ningbo，China to New York，USA Via Hongkong（Or W/T Hongkong）。

注：有时信用证中未明确列明具体的起运港口和目的的港口，例如：Any Chinese Port 或 Any Japanese Port，填制时应根据货物实际装运选定一个具体的港口，如 Shanghai 或 Osaka 等。

(16) 承保险别 (Conditions)。此栏应根据信用证或合同中的保险条款要求填制。

如来证要求“Insurance Policy Covering the Following Risks: All Risks and War Risk as per China Insurance Clause（C.I.C）”，制单时应打上“All Risks and War Risk as per China Insurance Clause（C.I.C）”。

(17) 赔款偿付地点（Claim Payable at...）。此栏应按照信用证或合同规定而填制，如无具体规定，一般将目的地作为赔付地点，将目的地名称填入这一栏目，赔款货币为投保险金额相同的货币。

如来证要求“Insurance Claims Payable at A Third Country Germany”。此时，应把第三国“Germany”填入此栏。

(18) 日期（Date）。此栏填制保险单的签发日期。由于保险公司提供仓至仓服务，所以保险手续应在货物离开出口方仓库前办理，保险单的签发日期应为货物离开仓库的日期或至少填写早于提单签发的日期。

(19) 投保地点（Place）。此栏一般填制装运港口名称。

(20) 盖章和签字（Stmp & Signature）。此栏盖与第一栏相同的保险公司印章及其负责人的签字。

(21) 特殊条款（Special Conditions）。如信用证和合同中对保险单据有特殊要求就填在此栏中。如来证要求“L/C No. Must be Indicated in All Documents”，即在此栏中填上 L/C No×××。

(22)“Original”字样。《跟单信用证统一惯例》条款中规定，正本保险单上必须有“Original”字样。

六、保险单的份数

如信用证无明确规定保险单的份数时，保险公司一般出具一式五联的保险单，由一份正本（Original）、一份复联（Duplicate）和三份副本（Copy）构成，出口公司一般提交给银行一套完整的保险单（即包括一份 Original，一份 Duplicate）。如来证要求“Insurance Policy in Dupoicate”时，出口公司提交给议付行一份 Original，一份 Duplicate。

七、保险单的背书

海运保险单可以经背书而转让，保险单据被保险人背书后即随着保险货物所有权的转移自动转到受让人手中。一般背书的方法有以下几种：

(1) 空白背书（Blank Indorsed）。空白背书只需在保险单的背面注明被保险人名称（包括出口公司名称和经办人的名字）即可。如信用证无明确规定哪种背书时，即使用空白背书。

（2）记名背书。当来证要求 Endorsed in the Name of×××或 Edlivery to（the Order of）×××CO.时，即使用记名方式背书。记名背书需在保险单背面注明被保险人名称和经办人的名字后打上 Edlivery to×××CO.或 the Name of×××字样（此种保险单不便于转让，较少使用）。

（3）记名指示背书。当来证要求“Insurance Policy Issued to the Order of×××”，此时在提单背面注明被保险人名称和经办人的名字后，再打上“To Order of×××”。

特别提示

保险合同是一种赔偿性合同，而非买卖性合同。被保险人支付保费后，保险人即对货物遭受合同责任范围内的损失负赔偿责任。

第五节　其他单据

一、原产地证明书

（一）原产地证明书的含义

原产地证明书（Certificate of Origin）是出口商应进口商要求而提供的、由公证机构或政府或出口商出具的证明货物原产地或制造地的一种证明文件。原产地证书是贸易关系人交接货物、结算货款、索赔理赔、进口国通关验收、征收关税的有效凭证，它还是出口国享受配额待遇、进口国对不同出口国实行不同贸易政策的凭证。

（二）原产地证明书的作用

（1）实施差别关税。

（2）实行进口限制。对某商品实行进口配额或进口关税配额。

（3）保障进口商品合乎卫生条件。

（4）确定商品的品质。

（三）主要分类

根据签发者不同，原产地证书一般可分为以下三类：

（1）商检机构出具的原产地证书，例如：中华人民共和国检验检疫局（CIQ）出具的普惠制产地证格式 A（GSP Form A）。

（2）商会出具的产地证书，例如：中国国际贸易促进委员会（CCPIT）出具的一般原产地证书，简称贸促会产地证书（CCPIT Certificate of Origin）。

（3）制造商或出口商出具的产地证书。在国际贸易实务中，应该提供哪种产地证明书，主要依据合同或信用证的要求。一般对于实行普惠制国家出口货物，都要求出具普惠制产地证明书。如果信用证并未明确规定产地证书的出具者，那么银行应该接受任何一种产地证明书。

（四）原产地证明书的内容和缮制方法

原产地证明书共有 12 项内容，除按检验检疫总局指定的号码入证书编号（Certificate No.）以外，就其各栏目内容和缮制要点逐项介绍如下：

（1）出口商（Exporter）。此栏包括出口商的全称和地址。信用证项下的证书，一般为信用证受益人，托收项下的是卖方。

（2）收货人（Consignee）。填本批货物最终目的地的收货人全称和地址。信用证项下的证书一般为开证申请人，如信用证有具体规定，应按要求填写。

（3）运输方式和路线（Means of Transport and Route）。应填装运港和目的港的名称，并说明运输方式。例如，From Shanghai to London by sea。如要转运，须注明转运地。例如，By s.s. from Shanghai to London W/T Hongkong。

（4）目的港（Destination Port）。按信用证或合同规定的目的港的名称填制，也可同时列出国家或地区名称。例如，New York Port U. S. A.。

（5）供签证机构使用（For Certifying Authority Use Only）。本栏供检验检疫局根据需要加注说明，如补发、后发证书等事项。

（6）唛头及包装件数（Marks and Numbers of Packages）。按信用证中规定的内容进行缮制，且与发票和提单的同项内容一致，不得留空。

（7）商品名称、包装件数及种类（Description of Goods，Number and Kind of Packages）。填写具体的商品名称、包装件数和种类，如散装货物用“In bulk”表示。

（8）H. S. 编码（H. S. Code）。H. S.是海关合作理事会《商品名称及编码协调制度》的英文缩写。商务部和海关总署根据 H. S.分类编制了《中华人民共和国进出口商品目录对照表》，规定了商品名称和编码。本栏应按该规定填入，不同商品应分别标明不同的 H. S. 编码。

（9）数量及重量（Quantity or Weight）。依据发票和装箱单有关内容填写。重量应注明毛重和净重。例如，G. W. 40000 kg，N. W. 38000 kg。

(10) 发票号码及日期（Number and Date of Invoices）。按发票实际号码和日期填写，月份应用英文缩写表示。例如，DEC. 3，2003。一般原产地证书如表 10–10 所示。

表 10–10 一般原产地证书

<table>
<tr><td colspan="2">1. Exporter（出口方）
ZHEJIANG LAMP FOREIGN TRADE I/E CORP.
18 TIANMUSHAN ROAD HANGZHOU，CHINA</td><td colspan="3" rowspan="2">Certificate No. 09235855
CERTIFICATE OF ORIGIN
OF THE PEOPLE'S
REPUBLIC OF CHINA</td></tr>
<tr><td colspan="2">2. Consignee（收货方）
S.N INTERNATIONAL TRADE CO.
500044 N W 21 STREET
SANFRANSCIO FL.33142，U.S.A</td></tr>
<tr><td colspan="2">3. Means of transport and route
（出运日期、运输方式和路线）
FROM NINGBO TO SANFRANSCIO PORT
BY SEA</td><td colspan="3" rowspan="2">5. For certifying authority use only
（签证机构用栏）</td></tr>
<tr><td colspan="2">4. Country/region of destination（目的国/地区）
SANFRANSCIO，USA</td></tr>
<tr><td>6. Marks and numbers of packages
（运输标志）
S.N
MADE IN CHINA</td><td>7. Number and kind of packages; description of goods
（商品名称、包装数量及种类或总件数）
DESK LAMP
Art.No.JB702
THREE HUNDRED AND FOUR (304) CARTONS ONLY/THIRTY EIGHT (38) WOODEN CASES ONLY
***************************</td><td>8.H.S Code
（商品编码）
9405.2000</td><td>9.Quantiy or weight
（数量及重量）
G.W.:
608KGS</td><td>10. Number and date of invoices
（发票号码及日期）
9394029
MAY 10，2008</td></tr>
<tr><td colspan="4">11.Declaration by the exporter（出口商声明、签字、盖章栏）
The undersigned hereby declares that the above details and statements are correct; that all the goods were produced in China and that they comply with the Rules of Origin of the People's Republic of China.
浙江灯具外贸进出口公司
HANGZHOU MAY 20，2008 王杰

Place and date，signature and stamp of authorized signatory</td><td>12. Certification（签证机构证明、签字、盖章栏）
It is hereby certified that the declaration by the exporter is correct.

Place and date，signature and stamp of certifying authority</td></tr>
</table>

二、普惠制产地证（Form A 或 GSP Form A）

（一）普惠制产地证的含义

普惠制（G.S.P.）全称为普遍优惠制（Generalized System of Preferences），是发达国家给予发展中国家出口制成品和半制成品（包括某些初级产品）一种普遍的、非歧视的和非互惠的关税优惠制度。普惠制产地证（Form A 或 GSP Form A）是根据发达国家给予发展中国家的一种关税优惠制度——普遍优惠制，签发的一种优惠性原产地证。采用的是格式 A，证书颜色为绿色。在对外贸易中，可简称为 Form A 或 GSP Form A。

（二）普惠制产地证的作用

由于给惠国实行减免关税产生的差额，使受惠国出口商品的价格具有更大的竞争能力，吸引进口商购买更多的受惠产品，从而扩大了受惠国制成品和半成品的出口，增加外汇收入，促进工业化（就像中国的有些产品比如丝绸，以普惠制就吸引了国外的一些进出口商到中国来进口中国的丝绸，有了普惠制证明，进口商就可以减免关税降低成本）。

三、检验证书

（一）检验证书的含义

检验证书（Inspection Certificate）是证明商品品质、数量、价值及是否对人或公共环境有害的各种检验证书的统称，也称商检证书。

在国际贸易中，由国家设置的检验机构或由经政府注册的、独立的、第三者身份的鉴定机构，对进出口商品的质量、规格、卫生、安全、检疫、包装、数量、重量、残损以及装运条件、装运技术等所进行的检验、鉴定和监督管理工作。进出口商品检验是货物交接过程中不可缺少的一个环节。经检验合格的，发给检验证书，出口方即可报关出运；检验不合格的，可申请一次复验，复验仍不合格的，不得出口。

（二）检验证书的作用

其作用主要表现为：

（1）作为卖方所交付货物的品质、重量、数量、包装及卫生条件等是否符合合同规定的依据。

（2）作为买方对品质、数量、重量、包装等提出异议、拒收货物、要求赔偿的凭证。

（3）作为卖方向银行议付货款的单据之一。

（4）作为出口国和进口国海关验放的有效证件。

（5）作为证明货物在装卸、运输中实际状况、明确责任归属的依据。

商品检验证书起着公正证明的作用，是买卖双方交接货物、结算货款和处理索赔、理赔的主要依据，也是通关纳税、结算运费的有效凭证。

（三）检验证书的种类

（1）品质检验证书（Inspection Certificate of Quality），是出口商品交货结汇和进口商品结算索赔的有效凭证；法定检验商品的证书，是进出口商品报关、输出输入的合法凭证。商检机构签发的放行单和在报关单上加盖的放行章有与商检证书同等通关效力；签发的检验情况通知单同为商检证书性质。

（2）重量检验证书（Inspection Certificate of Weight），是证明进出口商品重量的证明文件。

（3）数量检验证书（Inspection Certificate of Quantity），是证明进出口商品数量的证明文件。

（4）兽医检验证书（Veterinary Inspection Certificate），是证明出口动物产品或食品经过检疫合格的证件。适用于冻畜肉、冻禽、禽畜罐头、冻兔、肠衣等出口商品。是对外交货、银行结汇和进口国通关输入的重要证件。

（5）卫生检验证书（Sanitary Inspection Certificate），是证明可供人类食用的出口动物产品、食品等经过卫生检验或检疫合格的证件。适用于肠衣、罐头、冻鱼、蛋品、乳制品、蜂蜜等，是对外交货、银行结汇和通关验放的有效证件。

（6）消毒检验证书（Disinfection Inspection Certificate），是证明出口动物产品经过消毒处理，保证安全卫生的证件。适用于猪鬃、马尾、羽毛、人发等商品，是对外交货、银行结汇和国外通关验放的有效凭证。

（7）熏蒸证书（Inspection Certificate of Fumigation），是用于证明出口粮谷、油籽、皮张等商品，以及包装用木材与植物性填充物等，已经过熏蒸灭虫的证书。

（8）残损检验证书（Inspection Certificate on Damaged Cargo），是证明进口商品残损情况的证件。适用于进口商品发生残、短、毁等情况；可作为受货人向发货人或承运人或保险人等有关责任方索赔的有效证件。

（9）产地检验证书（Inspection Certificate of Origin），如果合同规定出具原产地证明，按给惠国的要求，出口方开具原产地证明，商检机构签发原产地证书。

（10）价值检验证书（Inspection Certificate of Value），证明产品的价值或发票所载商品价值正确的文件。

（11）积载鉴定证书（Inspection Certificate on Hatch and or Cargo），是证明船方和集装箱装货部门正确配载积载货物，作为证明履行运输契约义务的证件。可供货物交接或发生货损时处理争议之用。

(12) 验残检验证书 (Inspection Certificate on Damaged Cargo)，证明商品残损情况、残损程度、残损原因，供索赔、理赔之用的文件。

(13) 财产价值鉴定证书 (Inspection Certificate of Value Appraisal)，是作为对外贸易关系人和司法、仲裁、验资等有关部门索赔、理赔、评估或裁判的重要依据。

(14) 船舱检验证书 (Inspection Certificate on Tank/Hold)，证明承运出口商品的船舱清洁、冷藏效能及其他技术条件是否符合保护承载商品的质量和数量完整与安全的要求。可作为承运人履行租船契约适载义务，对外贸易关系方进行货物交接和处理货损事故的依据。

(15) 生丝品级及公量检验证书 (Inspection Certificate for Classification and Conditioned Weight of Raw Silk)，是出口生丝的专用证书。其作用相当于品质检验证书和重量/数量检验证书。

(16) 产地证明书 (Certificate of Origin)，是出口商品在进口国通关输入和享受减免关税优惠待遇和证明商品产地的凭证。

(17) 舱口检视证书、监视装/卸载证书、舱口封识证书、油温空距证书、集装箱监装/拆证书，作为证明承运人履行契约义务，明确责任界限，便于处理货损货差责任事故的证明。

(18) 价值证明书 (Certificate of Value)，作为进口国管理外汇和征收关税的凭证。在发票上签盖商检机构的价值证明章与价值证明书具有同等效力。

(19) 货载衡量检验证书 (Inspection Certificate on Cargo Weight or Measurement)，是证明进出口商品的重量、体积吨位的证件。可作为计算运费和制订配载计划的依据。

(20) 集装箱租箱交货检验证书、租船交船剩水/油重量鉴定证书，可作为契约双方明确履约责任和处理费用清算的凭证。

此外，根据具体业务需要，商检机构还可以签发检温证书、验舱证书等。

(四) 缮制时的注意事项

(1) 出证机关、地点及证书名称。如来证未规定出具证书的机关，则由出口人决定，如 L/C 上规定由“有关当局”出证，则应根据情况由有关的商检机构出具。出证地点除 L/C 有特别规定外，原则上应在装船口岸。证书名称应与 L/C 的规定相符。

(2) 证书日期。原则上应与提单日期相同，如证书日期与提单日期相差超过 3 天，就容易遭到开证行或开证人拒付，议付时也会发生困难。

（3）证书内容。证书所表示的检验结果要与L/C上的要求和发票等各项单据所列明的规格、形状、质量等项目一致。

四、装箱单、重量单和尺码单

装箱单、重量单和尺码单是用来补充商业发票内容的不足，便于国外买方在货物到达目的港时供海关检查和核对货物。

（一）装箱单（Packing List）

（1）装箱单的含义与作用。装箱单又称包装单，是表明出口货物的包装形式、包装内容、数量、质量、体积或件数的单据。其主要用途是作为海关、进出口商等验货的凭据以及商业发票的补充。装箱单除了需要按装箱情况详细列明商品包装的具体情况（如货号、色号、尺寸搭配、毛净重以及包装的尺码）以外，其他项目内容的填写与发票相同。

（2）装箱单的主要内容。装箱单并无固定的格式和内容，由出口商根据货物的种类和进口商的要求仿照商业发票的大体格式来制作，出口商制作的包装单格式不尽相同，但是基本栏目内容相似，主要包括单据的名称、编号、出单日期、货物名称、唛头、规格、件数、毛重和净重、签章等，有时还涉及包装材料、包装方式、包装规格等。

（3）装箱单缮制中的注意事项。①有的出口公司将两种单据的名称印在一起，当来证仅要求出具其中一种时，应将另外一种单据的名称删去。单据的名称，必须与来证要求相符。如信用证规定为“Weight Memo”，则单据名称不能用“Weight List”。②两种单据的各项内容，应与发票和其他单据的内容一致。如装箱单上的总件数和重量单上的总重量，应与发票、提单上的总件数或总数量相一致。③包装单所列的情况，应与货物的包装内容完全相符。例如，货物用纸箱装，每箱200盒，每盒4打。④如来证要求这两种单据分别开列时，应按来证办理，提供两套单据。⑤如来证要求在这两种单据（或其中一种）上要求注明总尺码时，应照办，此单据上的尺码应与提单上注明的尺码一致。⑥如来证要求提供“中性包装清单”（Neutral Packing List）时，应由第三方填制，不要注明受益人的名称。这是由于进口商在转让单据时，不愿将原始出口暴露给其买主，故才要求出口商出具中性单据。如来证要求用“空白纸张”（Plain Paper）填制这两种单据时，在单据内一般不要表现出受益人及开证行名称，也不要加盖任何签章。

表 10-11　装箱单

EXPORTER			PACKING LIST			
IMPORTER						
			P/L DATE:			
			INVOICE NO.:			
			INVOICE DATE:			
			CONTRACT NO.:			
Letter of Credit No.:		Date of Shipment:				
FROM:		TO:				
Marks	Description of Goods; Commodity No.	Quantity	Package	G.W	N.W	Meas.
Total Amount:						
			Exporter Stamp an Signature			

(二) 重量单 (Weight List/Weight Note)

重量单是按照装货重量 (Shipping Weight) 成交的货物，是在装运时出口商必须向进口商提供的一种证明文件，它证明所装货物的重量与合同规定相符，货到目的港有缺重量时出口商不负责任。若按照卸货重量 (Delivered Weight) 成交的货物，如果货物缺重量时，进口商必须提供重量证明书，才可向出口商、轮船公司或保险公司提出索赔。

重量单上所反映的内容除了装箱单上的内容以外，需要尽量清楚地表明商品每箱毛、净重以及总重量的情况，供买方安排运输、存仓时参考。

(三) 尺码单 (Measurement List)

尺码单是一种偏重于说明货物每件的尺码和总尺码的包装单据，它是在装箱单的基础上再重点说明每件、每种规格项目的尺码和总尺码，如果包装内不是统一尺码的货物则应逐一加以说明。

装箱单、重量单和尺码单的号码应与发票相同，日期应与发票日期相同或略迟于发票日期，皆不能早于发票日期，它们也不表示收货人、价格、货物装运等情况。在货物的描述上使用统称。

五、其他附属单证

其他附属单证是根据信用证的规定而提供的。常见的有以下几种：

（一）受益人声明

在信用证结算方式下，出口商按信用证的要求出具的说明其已履行了合同义务的声明。

（二）电报抄本

用电文证明出口商已向进口商做出符合要求的电报通知。

（三）中性单据

不出现出口商名称的单据，其目的是转让单据出售货物时不暴露原始供货人。中性单据并不特指某一单据，提单、保单、装箱单等都可作成中性单据。

（四）船公司证明

船公司出立的单据，以便进口商了解运输情况。

（五）借记通知

出口商应收的佣金、费用，以借记通知办法结算，实收金额为发票金额加借记通知金额。

（六）贷记通知

出口商应付的佣金、费用，以贷记通知办法结算，实收金额为发票金额减贷记通知金额。

特别提示

商业单据是决定出口商能否安全收汇的主要依据，必须保证质量，做到与信用证规定的条款“严格相符”。

第六节　单据审核

一、单据审核的原则与方法

（一）信用证下单据审核的基本原则

1. 遵循单证表面相符原则

《UCP500》中，“单证相符”包括两方面的内容：一个是单据和信用证相符，另一个是单据之间相符，即“单证相符、单单相符”。确定单据表面上与信用证相符的依据是《UCP500》中所规定的“国际标准银行惯例”。“国际标准银行惯例”（International Standard Banking Practice）即指《UCP500》中所有与单据有关的条款，银行应依据这些条款来审单。具体审单时，对信用证中没有特别规定的条款，可以依据《UCP600》中有关条款进行核对，以确定单据的合格性；对于信用证中有明确规定的条款，应依据信用证条款进行核对；对于信用证和统一惯例中都没有规定的条款，应按行业习惯去处理。

一般认为，对于单证表面相符，可以分为“严格相符”和“实质相符”两种情况。所谓“严格相符”，就是在单据和信用证条款之间，必须严格地做到逐字逐句，甚至一个字母一个字母的相符，连一些轻微的非实质性的问题（如打字笔误）也构成单证不一致。单据就像是信用证条款的“镜子影像”。在实务中，这种审单标准过于严格，甚至有点偏激。因此，这种过于挑剔单据，甚至在出现其他非单据问题时，硬要在单据中找“毛病”的做法，不应该是一家信誉良好、作风正派的银行的做法，也不符合国际标准银行惯例，是不可取的。

案例 10-1

某日，受益人向议付行交来全套单据，经审核，议付行认为单单、单证一致，于是一面向受益人办理结汇，一面单寄开证行取得索偿。开证行经审核后，认为议付行交来的全套单据不能接受，因为提单上申请人的通信地址的街名少了一个 g（正确的地址为：Sun Chiang Road，现写成：Sun China Road）。

获此信息后，受益人即与申请人取得联系，要求取消此不符点，而申请人执意不肯。事实上，开证申请人已通过借单看过货物后才决定拒绝接受货物，并由此寻找单据中的不符点，以此为借口拒绝付款。目前此案在进一步磋商之中。

分析：这是一起由于单证不符招致拒付的案例，按《UCP600》的规定，应行审单遵循“严格相符”的原则，也即受益人提交的单据必须做到“单据与信用证规定一致”和“单据与单据一致”，银行才会接受单据并付款，这是一条刚性原则。虽然曾有不少人提出应软化这一刚性原则，即银行应接受只有轻微瑕疵的单据并付款，但这一主张并未得到大多数国家的接受，也未得到国际商会的认可。实际上，对“轻微瑕疵”的认定，即何种程度的不符才能构成银行拒付的理由，《UCP600》没有作明确的规定，法院或仲裁庭有很大的自由裁量权。

古特里奇及梅格拉在《银行商业信用证法》中写道：“什姆纳勋爵在纽约衡平信托公司诉道生合伙公司案中提请大家注意的‘严格一致’，并不扩展到字母 i 遗漏一点或字母 t 遗漏一横，或信用证或单据中明显的打字错误。因为信用证与单据所使用语言的巨大差异，以教条的甚至是一般化的方式对待这个问题都是行不通的。”

与上述相反的意见是在拜伦诉欧文信托公司案的裁决中，地区法院引用了玛里诺工业公司诉大通银行一案，并做出结论说：“仅一处不符，包括对当事人姓氏的误拼，都足以成为保兑行拒付信用证款项的借口。”

可见，重要的不是某个人对不符点重要性的看法，而是法院采取的态度。

启示：议付行一定要本着认真、负责的态度审好每笔单子，以把各个不符合要求的尽可能扼杀在萌芽状态。如本案例，若我们及早发现、及早更改的话是完全可以做到单单、单证一致的。我们绝不能存有侥幸心理。当然在具体处理时，我们作为议付行也可据理力争，多找一些有利于我方的判例，争取此事得以圆满解决。

另一种单证相符是所谓“实质相符”，即允许单据之间有差异，只要差异不损害申请人，或不违反法庭自身对于“合理、公平、善意”的原则即可。也就是说，只有单据有了实质的不符点，才能构成单证不一致，单据没有实质不符点，就达到了单证一致。这种审单标准，易于被实务工作者接受。

案例 10-2

我某外贸公司以 CIF 术语 L/C 支付方式向韩国 B 公司出口一批货物，我方按合同规定按时、按质、按量交货。随后我方将商业发票、提单、保险单和品质、数量证明书等单据通过中国银行提交韩国开证行要求付款。此时，正值货价下跌，开证行又发现我方提交的单据上货物名称使用了货物简称，因而拒绝支付货款。我方认为货物已按合同规定装运，检验证书所证明交货品质、数量与 L/C 规定一致，坚持要求付款。

试问：开证行是否有权拒付货款？为什么？

结论：开证行无权拒付货款。

理由：根据《UCP600》规定，商业发票中对货物的描述必须符合信用证中的描述，而在所有其他单据中，货物的描述可使用统称，但不得与信用证中的货物描述有抵触。我方在提交的提单上货物的名称使用的是货物简称，与信用证中对货物的描述不会有抵触。因此，开证行不应拒付货款。

2. 合理小心地审单原则

在审单过程中，要求银行合理小心地审核信用证下单据是否表面上符合信用证条款的要求。所谓"合理小心地审单"，可以理解为一个具有国际结算方面专业知识的普通审单人员在审单时，人们能够期望他应做到的注意和谨慎。

3. 银行审核单据化条件原则

银行只接受单据化的指示，因此，银行只审核明确的单据，对"非单据性条件"视为未提及并对此不予理会。"非单据性条件"是指信用证含有某些条件而未列明需提交与之相符的单据。

4. 坚持银行独立审单原则

根据《UCP600》的规定，开证行、指定银行、保兑行必须对单据进行独立审核，确定交单不符时，可以拒绝承付或议付。根据不坚持银行"独立审单"的原则，可能会给银行带来风险。这里有三种可能的情况：①客户资信不好，拿了单据就去提货；②单据在银行与客户的传递过程中全部或部分丢失；③市场行情发生了不利于进口商的变化，进口商会对开证行交来的单据"鸡蛋里挑骨头"。

5. 坚持在合理时间审单原则

银行应在合理的时间内，即从其收到单据的次日算起 5 个银行工作日内审核单据，以决定接受或拒受单据并且相应地通知寄送单据的一方。

（二）单据审核的方法

针对单套单据有两种审单方法。

1. 纵横审单法

审单的方法是先"纵"后"横"。"纵"是指以信用证为核心，所有单据都与信用证相核对，做法是先阅读信用证的各项内容，再阅读单据的各项内容，从中发现单证之间各项目的内在联系，以及哪些单据未交来，哪些内容不符合规定等。"横"是指以单据中的发票为中心，其他单据与之核对。

在"纵"、"横"审查的同时，将不符点一一列出，填入记录表中的"不符点与处理意见"，并做出相应的处理。

为提高效率，对一些简易的信用证可视情况进行快审，即根据审单的要点，选出若干的"快审项目"，仅审查这些"快审项目"即可。

2. 先数字后文字审单法

在单据的数量比较集中时，可以先将各种单据的所有数字，如单价、总价、数量、毛净重、尺码、包装件数等数据进行全面的复核，然后再采用纵横审单法对其他内容进行审核。

针对多套单据有两种审单方法：

（1）按装运日期审单法。按照货物装运日期的先后依次进行审单，争取在提单签发之前完成预审工作，以便在取得正本提单后可以立即向银行交单。

（2）分地区客户审单的工作方法。不同的国别地区、不同的进口商对出口单证的要求各异，但同一国别地区或同一客户对出口单据的要求基本相同，为了提高效率和质量，业务量较大的单位可以采用分地区客户审单的工作方法。

（三）单据审核顺序

审单员在审单前，应将各种单据按一定顺序排列整齐（可按汇票、商业发票、提单、保险单、其他排列），以便于审核。

（四）银行对不符点的处理

有关银行收到单据后应该立即审单，从收到单据翌日起的 5 天内通知有关当事人是否接受单据。如果信用证业务中的银行发现单据中有不符点，通常会采取以下处理方式：

（1）受益人一方的指定银行或保兑行一般会指出不符点，并将单据返还受益人。

如果不符点是由于受益人在制单过程中明显粗心造成的，如打印、拼写错误等，受益人可修改或替换单据。

（2）指定银行继续邮寄带有不符点的单据给开证行，提醒对方有关的不符点，并通知开证行其已经有保留地作了付款或议付，即对这些不符点的付款已经获得了卖方的赔偿保证。

如果开证行决定拒收这些单据，必须以电信的方式通知寄单方，时间不得迟于从收到单据翌日起的第 5 个工作日的下班时间。

（3）指定银行在受益人的请求下要求开证行授权付款，或承兑，或议付。

（4）如果不符点不是致命性的，指定行会令受益人开具保证书，保证在向开证行提交单据遭拒时偿还已付款项，然后履行自己的义务，即付款、承兑或议付，并将单据继续邮寄给开证行，但不明确指出不符点。

（5）指定银行继续邮寄带有不符点的单据给开证行，但自己不履行付款、承兑或议付的义务。

实际上这种做法是将跟单信用证下的付款变成了托收项下的付款，因此应以

《托收统一规则》(《URC522》) 为行动的准则。

(6) 如果开证行认为不符点对交易不是致命性的，一般会要求买方放弃不符点，但是这一切必须在 5 个银行工作日内完成。

(7) 银行收到单据发现不符点，拒绝接受单据。

如果指定银行、保兑行或开证行拒绝带有不符点的单据，也就是说拒绝履行其在信用证下的义务，必须做到：①以电信方式或其他快捷方式将拒绝的决定通知从其处收到单据的一方当事人，并不得迟于从收到单据翌日起的第 5 个银行工作日，否则，它没有权利拒绝履行自己的义务。②一次指出所有的引起拒付的不符点。③声明保留单据等候交单者的指示，或者径直将单据返还交单者。④开证行留存单据直到其从申请人处接到放弃不符点的通知并同意接受该放弃。⑤银行将按之前从交单人处获得的指示处理。

案例 10–3

某年我某出口公司向日本某公司出口一批玉米，来证规定装运期不得超过 4 月 30 日，交单议付期不得超过 5 月 10 日。我出口公司接到信用证后即备货待装船，按原计划该船应于 4 月 26 日到港，预计 29 日可装完，但因天气原因，船舶延至 5 月 1 日才到港，又因下雨无法装船，直到 5 月 5 日天气才转晴，如即日开始装船，需到 8 日才可装运完成。这样，全部玉米装运完，其提单日远远晚于 4 月 30 日的最迟装运期。为此，需等到与进口方洽改信用证后才可装船。轮船公司则认为如要求改证，等待时间太长，不利于船舶周转。后经商议，出口公司出具担保书，愿承担后果与责任，轮船公司遂采用“倒签提单”办法处理。于是，货物在 5 月 8 日装完而提单日则签发为 4 月 30 日，5 月 9 日办理交单议付。

等到了开证行后，进口方发现装运日为 4 月 30 日，到货日为 5 月 13 日，按常规运输时间有失实可能，遂请律师查验航海日志与装货日期，当即发现提单日期是伪造的。于是，开证人与开证行对出口方拒付，并附来航海日志等影印件。

银行有理由拒收单据吗?

分析：按《UCP600》规定，银行确实没有义务去鉴定单据的真伪，但如事前已发现单据是伪造的，而且持有可靠的证据，则有权拒绝接受伪造的单据。

案例 10-4

信用证包括 37000lbs 规格为 1/5.5mm 的 Mohair Yarn，单价为 HKD 23.98/lb。交货条件为 20000lbs 最迟于 1994 年 8 月 22 日交付，17000lbs 最迟于 1994 年 8 月 27 日交付，信用证同时规定金额和数量都有 5%的增减幅度。受益人最终于 8 月 19 日交付了 20000lbs，第一次支取金额为 HKD 479600.00，第二次于 8 月 24 日交付 18000lbs，支取金额为 HKD431640.00。开证行拒绝了第二次交单，理由是超装。受益人认为 5%的伸缩幅度是针对整批数量，而开证行则认为伸缩幅度是针对每批次交付。

分析： 如果跟单信用证规定了具体的数量、颜色、尺寸或规格，并且信用证表明金额、个数或类似的条件不受某一特定金额的限制，那么金额或数量既适用于货物描述中的部分货物（分量）也适用于总量。

二、主要单据的审核

银行对单据的审核主要是针对信用证结算方式。

（一）汇票的审核

汇票作为以支付金钱为目的的特种证券之一，在国际结算中附带全套单据进行结算，故称为跟单汇票。

汇票也可能出现单证不符的情况。

1. 汇票的审核要点

（1）查看有无表明其为汇票的字样；

（2）出票人或签字人应与信用证受益人完全相符；

（3）信用证项下汇票付款人应符合信用证的规定，为付款银行，而不能以申请人作为付款人；

（4）如信用证上有利息条款的规定，汇票上也应表明，并与信用证上的利息条款记载相符；

（5）汇票金额应不超过信用证金额或信用证项下允许的金额，一般应与发票金额相等，汇票金额大小写必须一致，货币币别应与信用证所规定的相符；

（6）汇票出票条款中的开证行名称、信用证号码及开证日期等均应与信用证规定相符；

（7）汇票期限应与信用证中规定的相符；

(8) 汇票出票日在发票日之后和信用证有效期之前;

(9) 如果汇票要背书，它应能被正确地背书，一般不能作限制性背书;

(10) 汇票上没有“无追索权”批注，除非信用证授权。

2. 汇票常见不符点

(1) 出票人不是信用证的受益人;

(2) 汇票金额超过信用证金额;

(3) 汇票的出票人未签字;

(4) 付款人写错;

(5) 汇票的大小写不一致;

(6) 汇票上的货币币别与信用证上的不符;

(7) 信用证上的出票条款和利息条款未列入汇票;

(8) 汇票上未注明出票日期或日期过于提前;

(9) 汇票金额与发票或信用证金额不同。

(二) 商业发票的审核

商业发票是中心单据，其他单据如运输单据、保险单据、包装单等都要与之进行核对。因此，商业发票的审核是非常重要的一环。

1. 商业发票的审核

(1) 商业发票上应有“发票”字样，商业发票的制作日期，一般应早于汇票日期，但要适中，不能相差过远。

(2) 商业发票金额不得超过信用证金额，并与汇票金额相符；商业发票合同号要与信用证中的一致。

(3) 关于商品的描述，如名称、品质、单价、数量、重量及包装等须与信用证中的完全一致。

(4) 商业发票上的抬头人（付款人）必须作成信用证申请人抬头，除非信用证另有规定。这是国际惯例规定。商业发票应由信用证指定的受益人开立，通常发票签发人与汇票出票人为同一人。商业发票份数必须与信用证要求一致。

(5) 商业发票上表示货物数量、重量、尺码、装运、包装、运费或其他有关的运输费用等的资料应与其他单据上所载明的相符。

(6) 信用证如无特殊规定，商业发票上不许列入仓租、佣金、电报费等额外费用。

(7) 如果信用证和合同中规定的单价含有“佣金”(Commission)，商业发票上应照样填写，不应以“折扣”(Discount) 字样代替。如果信用证和合同规定“现金折扣”(Cash Discount) 字样，在商业发票上也应全名列出，不能只写“折扣”或“营业折扣”等字样。

（8）如果信用证要求商业发票上须加贸促会或其他单位的认证时，则此项认证不能遗漏。

（9）信用证的金额、单价及商品的数量单位前面如加有“About”、“Approximately”、“Circa”即“约”、“近似”、“大约”，或类似词语时，商业发票金额、单价、数量可有不超过10%的增减幅度或伸缩性。

（10）如果信用证无具体规定，则商业发票上不应有对货物是“旧的”、“修补过的”等批注。

2. 商业发票常见不符点

（1）提交份数与规定不符。如果没有规定，一般应为两份。

（2）货物的唛头、编号、毛重、净重、件数与其他单据不符。

（3）发票的出票人不是信用证的受益人。

（4）货物描述与信用证不一致。

（5）在不能分批装运的情况下，商业发票上的货物数量与信用证上规定的数量不一致。

（6）商业发票上未列出价格条件或价格条件有误。

（7）商业发票总额超过信用证允许的金额。

（8）在没有特别规定的情况下，商业发票金额与汇票金额不相符。

（9）不按信用证规定，错误填写发票的抬头人。

（三）海运提单的审核

海运提单是主要的物权凭证，借助其流通，可以实现货物由出口商向进口商的转移，这对海运提单的审核构成了很重要的一部分内容。

1. 海运提单的审核要点

（1）提单的号码是承运人对货物的编号，不能漏填。在我国，提单号与装货号往往是相同的。此外，须与其他单据中出现的一致。

（2）收货人填写应符合信用证要求。如来证无明确规定，可填写“To Order”或“Order”字样，并注意正确背书。

（3）托运人通常是出口商。如无特殊规定，对于受益人以外第三者作为托运人的提单，银行一般也可接受。

（4）被通知人。如信用证无明确规定被通知人，则不注明被通知人，此时被通知人就是进口商。

（5）海运提单上的价格条件为CIF或CFR时，应注“运费已付”（Freight Paid）或“运费预付”（Freight Prepaid）字样。

(6) 海运提单对货物的描述，应符合信用证所规定的货物描述，并与其他单据上的描述相同。确保海运提单上没有“瑕疵”或“不清洁”的条款或批注。

(7) 除非信用证另有规定，应提交全套正本提单。

(8) 除非信用证另有规定，银行不接受租船合约提单。

(9) 除非信用证另有规定，提单必须载明船名。若提单载有“预期船只”字样，即使实际载货船与预期船名一样，也需加注船名以证实。

(10) 提单内如有修改之处，须由承运人签章修正。

2. 海运提单常见不符点

(1) 被通知人名称与信用证不符。

(2) 收货人名称与信用证不符。

(3) 没有已装船批注。

(4) 提交不清洁提单。

(5) 没有按信用证规定注明“运费预付”或“运费已付”。

(6) 提单正本份数与信用证要求不符，提单中对货物的描述与来证规定不符。

(7) 提单签发日期超过来证规定的最迟装运期。

(8) 向银行的交单日期虽在信用证的有效期限内，但已超过提单签发日期21天。

(9) 正本提单未经承运人或其代理人签署。

(10) 提单的部分内容更动，但未经承运人或其代理人在变更处加注小签。

(四) 保险单的审核

保险单是保险人与被保险人之间签订保险合同的证明及保险公司赔付的依据，银行应严格审核保险单据。

1. 保险单的审核要点

(1) 保险人名称为承保的保险公司的名称，而不能是保险经纪人或代理人名称。保险公司的名称应与信用证的内容相符。

(2) 保险单据的类别应符合信用证的要求。若信用证规定出具保险单，则不能以保险凭证代替，但若信用证规定出具保险凭证，则可以保险单代替。银行不接受保险经纪人签发的暂保单，除非经信用证特别授权。

(3) 除非保险的受益人是国外的进口商或其指定人，出口商应在保险单上作成空白背书，以使保单的权益属于真正的需要者。

(4) 确保提交开立的全套保险单。保险单如出具一份以上正本，则全部正本均应交银行。

(5) 保险单的签发日期或保险责任生效日期不应迟于装船日或发运之日。保险单上所记载的唛头、号码、船名、航程、装运港、卸货港、起运日期等，必须与运输单据所记载的一致。

（6）保险单上承保的险别应与信用证要求相一致。若信用证的规定不明确，或未作特别规定时，银行可按所提交的保险单据填写的险别予以接受，而不负险别漏保之责。

（7）保单上填写的发票号码应与承保货物的商业发票号码一致。正式的保单或保险凭证一般均印有连续的保单号码。

（8）确保货物投保金额要符合信用证要求或符合《UCP500》第三十四条第 f 分条的解释。除非信用证另有规定，保险单的币别应与信用证的币别相同。保险单中的其他资料，应与信用证规定的其他单据一致。

（9）按信用证规定填写保险单上的赔付地点。如信用证未规定，应以货物进口地或其邻地为赔付地点，赔付地点要明确，另外还要加注检验理赔代理人的名称和地址。

（10）保险范围从指定的装船港或监管地点到卸货港或交货地点。有特殊规定的，按信用证办理。

2. 保险单常见不符点

（1）未按信用证规定的保险条款投保。

（2）保险单并非由规定的保险公司出具。

（3）受益人未在保单上背书或未正确背书。

（4）保险单的出单日期迟于提单日期。

（5）未提交全套保险单。

（6）投保使用的货币与信用证规定不符，保险单对货物的说明与信用证的规定不符。

（7）保险单的装运港、目的港与信用证规定不符。

（8）来证规定要提交保单，实际以保险凭证代替之。

（9）投保金额大小写不符。

（10）没有按信用证规定的加成数投保。

（五）产地证书的审核

产地证书是证明商品原产地的文件，简称产地证。

产地证的审核要点如下：

（1）确保产地证上记载的产地国符合信用证的要求。

（2）产地证的签发日应在提单日期之前，但是可以迟于发票日期。

（3）确保产地证上的进口商名称、唛头、货名、件数等内容与信用证条款相符，并与发票和其他单据一致。

（4）产地证可由信用证指定的机构或受益人签署。

（5）除非信用证规定，否则应提供独立的产地证明，不要与其他单据联合使用。信用证要求提供产地证明书时，要出具单独的产地证，并签字、加注日期及其名称。

（6）按照信用证要求，确保它已被签字、盖章或证实。

（六）装箱单、重量单的审核

装箱单、重量单是用来补充商业发票内容的不足，并供进口国海关检查和核对货物之用。

银行审核的要点如下：

（1）它们应是独立的单据，不要与其他单据联合使用，除非信用证准许。

（2）数量、重量及尺码的小计与合计须加以核对，并须与信用证、提单及发票所记载的内容相符。

（3）确保该单据上记载的货物名称、规格、数量及唛头等信息与其他单据所记载的一致。

（4）单据名称和份数应与信用证的要求一致。

（5）两种单据的日期与发票日期相同或略晚于发票日期。

（6）抬头人应与发票上的抬头人相同。如信用证有特殊规定，应按证内要求办理。

（七）其他附属单据的审核

《UCP500》第二十一条规定：当要求提供运输单据、保险单据和商业发票以外的单据时，信用证中应规定该单据的出单人及其措辞或内容。如果信用证无此规定，只要所提交单据的内容能说明单据中述及的货物和（或）服务与提交的商业发票上所述有关联，或当信用证不要求商业发票时，与信用证中所述的货物和（或）服务有关联，则银行将予接受。

以上是对于附属单据的审核原则。处理这类单据时，除看其对货物的说明情况外，还要保证单单相符。而名称是否相符，是判断单证是否相符的主要标准。

特别提示

在信用证业务全过程中，出口地的指定行，进口地的开证行、保兑行都要审核单据。

案例分析

国内A公司与外商签订了一笔进口钢材的合同，货物价值为504万美元，合同规定以信用证方式结算。

A公司依约对外开出信用证后，在信用证装期内，外商发来传真称货物已如期装运。不久开证行即收到议付行转来的全套单据，提单表明货物于某东欧港口装运，在西欧某港口转运至国内港口。单据经审核无不符点，开证行对外承兑。

A公司坐等一个多月，货物依然未到，深感蹊跷，遂向伦敦海事局进行查询，反馈回来的消息是：在所述的装船日未有属名船只在装运港装运钢材。此时信用证项下单据已经开证行承兑，且据议付行反馈回的信息，该行已买断票据，将融资款支付给了受益人。开证行被迫在承兑到期日对外付款，A公司损失惨重。

分析：这是一起典型的以伪造单据进行的信用证诈骗。

(1) 核实提单的真实性，尤其是进口一些大宗商品。

首先无论是在签订合同还是开立信用证时，均要求客户在装船之后一定时间（如24小时）内发送装船通知，列明提单号码、装卸港、装船日期、货名、装运数量等内容，以便通过相应机构查询船踪，确定提单内容的真实性。一旦查得提单有诈，即可认真审单以合理拒付。即使单据不存在不符点，也可寻求司法救济。

(2) 规范好商品检验条款。

开证申请人在信用证项下付款赎单的特点要求，在合同签订和申请出具信用证时要规范好进口货物的检验条款，如在信用证中要求客户提交独立机构出具的检验证书。如此可避免货物未装船或装船货物的质量问题。

小　结

国际间债权债务关系的清偿是借助于单据来完成的。

单据是贯穿国际结算业务的主线。本章介绍了国际结算中常见的几种主要单据，包括商业发票、运输单据、保险单据以及其他一些单据各自的作用。审单是银行的一项重要工作，关系到出口商能否实现最终的安全收汇。本章也介绍了信用证项下单据审核的基本原则，列举了银行对单据审核的要点及实务中常见的不符点。

通过本章的学习，可以熟悉国际结算中常见的几种主要单据的式样，了解单据的使用场合，掌握审单的实务操作技术。

实训练习

【核心概念】

国际结算单据

【问答题】

1. 国际结算单据的种类有哪些？
2. 海运提单的主要作用有哪些？
3. 汇票的主要种类有哪些？
4. 保险单据的主要内容是什么？

第十一章　非贸易结算

本章目标

◆ 理解非贸易结算的含义

◆ 了解非贸易外汇收支的含义及具体的分类项目

◆ 掌握侨汇的解汇程序及外币兑换业务的主要内容

◆ 重点掌握旅行支票的含义、特点及业务处理的程序

◆ 重点掌握信用卡的特点，一般掌握信用卡的业务运作

◆ 了解旅行信用证、光票托收的基本内容

案例导入

1996年10月29日，台商杨某拿着面额为1000美元的美国运通公司国际旅行支票69张计6.9万美元到中国大陆A商业银行办理旅行支票兑付业务，A商业银行收到杨某的国际旅行支票后，要求杨某对全部旅行支票当面进行了复签。A商业银行经与初签核对无误后，当场兑付9000美元。因审查该国际旅行支票及证件需要一定时间，A商业银行对另外6万美元办理了托收手续。杨某事后将国际旅行支票托收回单存放于案外人文某处。同年11月15日，文某又将杨某在其处保管的且已由杨某初签、复签一致的1万美元旅行支票在A商业银行办理了第二笔托收业务，并取得托收回单。1996年11月21日和12月5日，文某持托收回单和本人身份证件先后将6万美元和1万美元旅行支票兑付美元现钞取走。

后杨某以“A商业银行违法兑付国际旅行支票，将其钱款支付给他人”为由诉至法院，请求A商业银行赔偿7万美元及利息损失。一、二审法院均判决A商业银行败诉，要求A商业银行给付杨某7万美元及利息。

法院认为，本案属于票据纠纷，A商业银行在该国际旅行支票的兑换过

程中违反票面记载事项，并错误将其解付给非支票持有人，给支票合法持有人杨某造成经济损失，其行为存有过错，应负赔偿责任。

——引自张晓芬:《国际结算》，北京：北京大学出版社，2011 年

非贸易结算（Non-trade Settlement）是指由无形贸易（Invisible Trade）引起的国际货币收支和国际债权债务的结算。无形贸易与有形贸易（Visible Trade）的结算方式不同。有形贸易结算是指一国对外进出口商品所发生的国际贸易结算。无形贸易结算是指由国际运输、金融、保险等劳务或服务引起的跨国收支。非贸易结算是国际结算的重要组成部分。

第一节　非贸易外汇收支项目

非贸易外汇是贸易外汇以外所收支的一切外汇，主要包括服务贸易和单方面转移两类，具体的收支项目涵盖的范围非常广。根据我国的业务惯例可以分为以下具体的收支项目。

一、海外私人汇款

海外私人汇入款是指华侨、港澳同胞、中国血统外籍人、外国人汇入、携带或邮寄（以电汇、信汇或票汇方式）入境的外币票据，用以给中国公民或外国侨民的赡家汇款。海外私人汇出款包括我国公民和外国侨民的赡家费、退休金、海外留学费用、旅杂费、移居出境汇款、外商或侨商企业纯利及资产汇出，华侨投资及各国使领馆在我国收入签证费、认证费的汇出以及其他一切私人外汇的支出。

二、邮政及运输行业的外汇收支项目

（一）铁路运输收支

铁路运输收支是指我国铁路客货运输的国际营业收入以及广九铁路的铁路运输收入和我国列车在境外的开支。

（二）海运收支

海运收入是指我国自有船只，包括远洋轮船公司经营对外运输业务所收入的客货运费、出售物料等的外汇收入，以及交通部救助打捞局的救助打捞和拖航收

入等。海运支出包括我国自有和租赁船只（不包括外运公司租轮）的租金、修理费，在外国港口的使用费和在港澳地区所支出的外汇费用，以及在国外向外轮供应公司和船舶燃料供应公司购买食物、物料、燃料等支出的外汇。

（三）航空运输收支

航空运输收入是指我国航空运输的国际营业收入，包括运杂费、外国飞机在我国机场的使用费等。航空运输支出包括我国航空公司在国外机场的各项外汇支出。

（四）邮电服务收支

邮电服务收支是指我国邮电部门和外国邮电部门之间结算彼此邮电费用的应收应付费用，包括国际和国内邮政、电信业务的外汇收支，国际通信卫星组织的红利收入等。

三、金融行业的外汇收支

（一）保险服务收支

保险服务收入是指我国保险公司经营国际业务的外汇收入，包括保费、分保费、佣金以及驻外保险分支机构上缴的利润和经费等外汇收入。保险服务支出是指我国保险公司进行国际业务的外汇支出，包括分保费、佣金和保险赔款等。

（二）银行业务收支

银行业务收入指我国银行经营外汇业务的收入，包括手续费、邮电费、利息以及海外和港澳地区分支机构上缴的利润和经费等。银行业务支出指我国银行经营外汇业务的各项支出，包括我国银行委托国外业务应支付的手续费、邮电费以及向外借款应付利息等。

（三）外币收兑

外币收兑是指我国边境和内地银行收兑入境旅客（外宾、华侨、港澳同胞、外籍华人、在华外国人）的外币、现钞、旅行支票、旅行信用证及汇票等的汇兑收入。

兑换国内居民外汇包括归侨、侨眷、港澳同胞家属委托银行在海外收取遗产、出售房地产、股票、收取股息、红利、调回国内存款、利息等外汇收入。

四、旅游行业外汇收支

旅游行业外汇收支是指我国各类旅行社和其他旅游经营部门服务业务的外汇收支。

五、其他外汇收支

（一）图书、影片、邮票收支

图书、影片、邮票收支是指中国图书进出口公司、影片公司和集邮公司进出口图书、影片和邮票的外汇收支。

（二）外轮代理与服务收入

外轮代理与服务收入是指外国轮船在我国港口所支付的一切外汇费用收入，包括外轮停泊、分水、港监、装卸和海事处理，我国外轮供应公司对远洋货轮、外国轮船及其海员供应物资和提供服务的外汇收入，以及国外海员在我国港口银行兑换的外币外钞收入。

（三）其他外汇收支

其他外汇收支主要包括机关、企业、事业团体经费外汇支出；驻外企业汇回款项收入；外资企业汇入经费收入；外国使领馆团体费用收入；等等。

由上可见，非贸易国际结算包括的范围非常广，内容也很多，而且通常涉及的单笔金额都比较小。但是，非贸易结算在整个国际结算中的重要性不可低估。所以，针对于多样化的非贸易外汇收支项目有必要采用多样、灵活的结算方式来适应各种行为主体的不同需要。常用的非贸易国际结算方式有侨汇、外币兑换、旅行支票、旅行信用证和光票信用证、信用卡以及光票托收等。

特别提示

随着我国经济改革开放的深入，科学技术的进步，交通运输、金融保险业的发展，对外文化体育交流和其他国际经济交往的扩大，与此相适应，非贸易结算在整个国际贸易结算业务中的地位逐渐上升，越来越引起人们的重视。

第二节　侨汇和外币兑换业务

一、侨汇

（一）侨汇的含义

侨汇（Overseas Chinese Remittance）是华侨汇款的简称，是指海外侨胞、外籍华人和港澳台同胞汇入国内的款项。侨汇按其用途，可分为赡家侨汇、建筑侨汇、捐赠侨汇、投资侨汇。

侨汇是我国非贸易外汇的主要来源之一。银行在解付侨汇业务中坚持“谁款谁收，存款自愿，取款自由”的原则，任何人不得侵犯侨汇所有者的所有权和使用权，不得擅自没收、扣压、延付和冻结侨汇。解付时应仔细审核各类证件，以防假冒，保证安全、便利、迅速，杜绝侨汇工作中的错、乱、压、慢等现象。

（二）侨汇的解付程序

1. 侨汇的解付

侨汇的主要方式有信汇、电汇、票汇和约期汇款等。

（1）信汇。信汇指港澳或国外联行制妥一整套包括信汇委托书、正收条、副收条、汇款证明书及信汇通知书等的规范格式，邮寄给通汇行的侨汇。由于侨汇笔数繁多、业务量较大，因此大部分港澳和国外联行在办理侨汇业务时，采用每日按国内通汇行、分币别在营业终了时缮制“经收侨汇总清单”并附信汇委托书等，直接寄通汇行。通汇行收到汇出行寄来的侨汇总清单后，经仔细审核汇出行签章无误，总清单所列笔数、金额与附件相符后，按所附的信汇委托书逐笔缮制汇款通知书，通知收款人取款。

通汇行解付信汇后，应在收款人签章的正副收条上加盖有行名和日期的付讫戳记，副收条可代“汇入汇款”科目借方传票或作为传票附件，并将正收条及时寄回汇出行。

（2）电汇。电汇指港澳或国外联行以电报方式汇入的侨汇。这种汇款多数是急需款，应从速解付。通汇行接到电汇后，经核对电报、密押无误，即缮制汇款通知书通知收款人前来取款。如汇款头寸报单电抄未到，先以“港澳及国外联行往来未达户”科目列账，转入“汇入汇款”科目并抽出电抄，加盖付讫戳记，以防重复解付。

如电报尚未到、电抄先到，经核实印押相符后，可办理解付，以后收到电报时，应避免重复解付。

（3）票汇。票汇指海外华侨、港澳台同胞向国外或港澳联行购买汇票，自带或邮寄给他们国内的亲属，凭以向国内指定的解付行兑付的汇款。解付行经核对汇票上的出票人签字、汇票通知书上的签字与签字样本相符合，办理解付。汇票上若有收款人姓名，应由收款人背书，并认真核对收款人提供的身份证件后，方可解付。解付时，可以汇票代“汇入汇款”借方传票或作为传票附件。解付汇票的侨汇证明书由解付行填写，解付汇票时如汇出行的总清单尚未收到，可通过“港澳及国外联行往来未达户”科目处理。

（4）约期汇款。约期汇款是指华侨和港澳台同胞与汇出行约定，在一定时期（如每月一次或每两月一次）汇给国内侨眷一定金额的汇款，由汇出行通知解付行按约定日期通知收款人取款。

2. 侨汇收条的处理

信汇、电汇全套汇款收条一般都有正、副收条，汇款证明书和汇款通知书一式四联。

正收条（Original Receipt）应在解讫侨汇后，及时寄还汇出行，等候汇款人领取，以清手续。正收条上要有收款人签章、现金付讫章和解付日期章。

副收条（Duplicate Receipt）是解付侨汇后银行留存的主要凭证。副收条上同样要有收款人签章、现金付讫章和解付日期章，并对收款人身份证件号码作详细的记录。如果个别汇款须加盖公章，应盖在副收条上，以备日后查考。

汇款证明书是解付侨汇时交给收款人持有的一联，凭以查对收款金额。

汇款通知书有收款人的详细地址，以便通知收款人收款，它是解付侨汇的依据。

3. 侨汇的转汇及解付的处理手续

（1）侨汇的转汇。侨汇的转汇是指当汇入行收到侨汇后，收款人在外地需要办理转汇，可委托收款人所在地银行办理解付。侨汇的转汇均应以外币进行，解付后也应以外币划账。转汇行在转汇时，应将汇款详细内容及时、准确地转到解付行。以电汇方式汇款的侨汇，如需用电报转汇的，电报内容应包括侨转（编号）、地址、收款人姓名、汇款人姓名、货币金额、附言、密押、转汇行行号等。

侨汇的汇款人一般需要见到收款人签章的收据，因而转汇行在转汇侨汇时，不主动将头寸划给解付行，而是由解付行解讫后，将报单随副收条划付转汇行。

（2）解付时的处理手续。解付行收到转汇行寄来的侨汇转汇委托书及附件，应先核对印鉴、密押，再根据转汇委托书逐笔与附件核对，按照规定手续办理解付。

解付行在每日营业终了时，将已解讫的转汇侨汇核销转汇行"转汇委托书"，并汇总一笔划付转汇行，解讫的正收条和通知书上应加盖解付行付讫日期，随附报单寄转汇行，副收条由解付行留作传票附件或另外保管。

（3）转汇行收到解付行报单的处理手续。转汇行收到解付行的联行报单及所附的解讫侨汇正收条及通知书，经核对无误后，逐笔抽销信汇委托书办理转账。

4. 侨汇的查询

解付行在收到汇出行或转汇行寄来的侨汇总清单、侨汇转汇委托书及附件后，发现收款人姓名有误、地址不详、密押或报单签章不符时，应及时向汇出行或转汇行查询，查复后才能解付。

若总清单与附件的汇款笔数、金额不符，但总清单及附件上签章无误，应速向汇出行查询。为避免积压侨汇，仍可按正常手续解付。解讫后暂时记入“暂付款项”科目，等汇出行查复后再转入“汇入汇款”科目，并转销“暂付款项”科目。

应寄送其他通汇行而误寄本行的总清单及附件，应迅速转寄有关行。

5. 侨汇的退汇

汇入的侨汇，一般不应随便退回，但在下列情况发生时，可以办理退汇：

（1）收款人姓名有误、地址不详。

（2）收款人死亡且无合法继承人，经联系汇出行，在收到其“退汇通知书”时，可以退汇。

（3）收款人拒收侨汇，要求退汇，解付行应与汇出行联系，在征得汇款人的同意后，再办理退汇。票汇业务的国内持票人申请退汇，须经外汇管理部门审核批准，发给“邮寄外币票据出国证明书”后，才能向邮局办理汇票邮寄国外手续，以便由汇款人持汇票向汇出行办理退汇。

（4）汇款人主动要求退汇，汇出行应来电或寄来“退汇通知书”，通知解付行办理退汇。解付行查明该笔汇款确未解付，可予以退汇。解付行需填制特种转账传票一式两联，一联连同加盖“退汇”戳记的正式收条侨汇证明书、通知书及汇出行的退汇申请书，与联行划收报单一起寄清算行。一联代传票或与汇出行寄来的“退汇查复书”一起作为传票附件。

二、外币兑换业务

外币兑换业务（Exchange of Foreign Currency，Exchange of Foreign Bank of Notes）从狭义的概念上讲专指外币现钞的兑换业务；从广义的概念上讲还包括旅行支票、旅行信用证、信用卡及外币票据买入的收兑等项业务。

根据我国外汇管理条例规定，中国境内的一切中外机构或个人所持有外国货币不得在我国境内自由流通使用，除另有规定均须结售或存入经营外汇业务的银行。国家因公或因私对个人或单位批准供给的外汇，都应按外汇牌价持等值的人民币，交指定的外汇银行兑换成外汇。外国人、华侨入境后凭护照或身份证将其外币兑成人民币在境内使用，离境时，未用完的人民币，凭护照或身份证及原外币兑换水单，交指定的外汇银行兑成外币携出国境。非法换取外汇，攫取国家应收的外汇，都属非法的套汇行为。外币兑换业务是经营外汇业务银行的一项经常性业务，也是国家非贸易外汇收支项目之一。

（一）兑入外币

凡属国家外汇管理局“外钞收兑牌价表”上所列的各种外币，银行通过查验顾客的护照或身份证件后可以办理收兑业务。银行应在鉴别真伪并清点数目确定合格后按当天外钞买入价折算成人民币，收点外钞和支付人民币并填写“外币兑换水单”(Exchange Memo)，外币兑换水单一式四联，第一联为兑入外币水单，由兑入银行盖戳后交给持兑人收执；第二、三联分别为外汇买卖科目外币贷方、借方的传票；第四联为外汇买卖统计卡作留存备查之用。

（二）兑出外币

境外人员离境前，如要将入境时兑换的剩余人民币换回原币携带出境，可凭本人护照和未超过有效期的原外币兑换水单，在外汇指定银行的兑换机构办理。兑换余额不能超过原兑换水单金额的50%。兑换人要再填制一式四联的兑出外币水单，由兑出行根据人民币的金额按当日挂牌的现钞卖出价折算外币金额，将外汇连同第一联水单交给顾客，第二、三联为外汇买卖科目外币贷方、借方的传票，第四联为外汇买卖统计卡。

特别提示

新中国成立以来，我国侨汇一直是非贸易外汇收入的最大项目，它为我国社会主义建设和侨乡建设做出了积极的贡献。

第三节 旅行支票

许多人出国旅游前都习惯到银行把国家批售的外汇全部取出，以现金的形式带走，却不知道还有一种更安全、便于携带外汇出游的方式——购买旅行支票(Traveler's Cheque)。

旅行支票是其发行机构委托世界各国银行或其他机构代为发行，以发行机构作为最后付款人、以可自由兑换货币为计价货币的有固定面额的票据。它是一种专为旅游人士提供的非现金支付工具。

一、旅行支票概述

（一）旅行支票的特点

（1）面额固定，方便使用。旅行支票有多类币种和面额，既可以直接用于消费，也可兑换成所到国当地货币。

（2）携带安全。旅行者购买旅行支票时，需在签发银行柜台当面初签（Signature），作为预留签字，取款时，需在兑付行的柜台前当面复签（Couter Signature），核对后才能兑付。持票人如丢失旅行支票，可以及时办理挂失和补偿手续，比携带现金安全。

（3）流通期限长。旅行支票多数不规定流通期限，可以长期使用，并具有支票“见票即付”的特点。但它实际上类似于票据业务中的银行即期汇票，只是汇款人同时也是放款人，收款的先决条件是旅行支票上初签与复签的一致。因而票据法对于支票规定多不能适用于旅行支票，只有划线、出票与背书可以比照有关支票的规定办理。

（4）发行机构的获利性。通常旅行者从购票到国外旅游兑付票款需要较长时间，而发行机构不仅可以无息占用这笔资金，还可以收取大量的手续费，获得较优厚的利润。故银行、旅行社都乐于发行旅行支票吸揽资金。

（二）旅行支票与信用卡、现钞的比较

（1）现钞虽然没有年费支出，没有使用期限，没有地域限制，但是假钞较多，携带不方便，也不能办理挂失及得到补偿。

（2）信用卡取现时需要支付处理费及汇率差价费；消费时没有费用；申请信用卡时需要支付年费，挂失后不能立即补领信用卡。使用期限一般为2年，有地域限制。

（3）旅行支票购买时需支付1%的手续费；使用时需支付0.75‰的汇差费，没有年费，可以挂失，也可以迅速地得到补偿。没有使用期限限制，没有地域限制。

相比现钞和信用卡，旅行支票有其特有的优越性。所以，也越来越多地受到去国外旅行人士的青睐。

（三）旅行支票的业务处理

1. 旅行支票的出售

（1）代售旅行支票。旅游支票公司为了扩大其旅行支票的发售量，往往委托它在世界各地的代理行代售。代售行售出旅行支票后，即将款项拨给出票行。目前中国银行代售的旅行支票就有美元、日元、港元、英镑等八种货币。中国银行

与美国运通银行、通济隆旅行支票公司等十几家银行及机构签有代售协议。

(2) 签收与保管。出票行委托代售行代为出售旅行支票，首先要寄送空白的旅行支票，作为代售行的库存储备。代售行收到旅行支票后，应视为重要有价凭证，及时核对发送清单，经清点无误后，入库保管。在确认收到的回单上，由有权签字人双签后，寄回出票行。旅行支票入库时需使用“信托资产”和“信托负债”科目核算。

(3) 出售。在我国旅行支票的购买对象有：外国驻华机构、境外居民、在本行存有外币现汇的境内居民、经外汇管理局同意可用外币或现汇购买的境内居民等。代售行按购买人要求的票面配售支票，同时根据所售出支票的种类，填制相应的购买协议书。内容包括支票号码、面额、总金额、日期等，请购买人在协议书上写清地址并签字，将购买协议书的最后一联（挂失单）交给客户。出售旅行支票时向客户收取票面金额款并加收票面金额 1%的手续费。代售行应要求购票人在旅行支票的初签栏内当面逐张签字，以后购票人用旅行支票进行消费或兑换现金时，客户可持本人身份证件及旅行支票在承兑受理点当面复签后进行小金额的付款或取现。凭有关部门的批汇证明，以人民币购买外汇旅行支票的，须办理购汇手续。

(4) 头寸偿付。旅行支票售出后，代售行应核销“信托资产”和“信托负债”科目。每日营业终了，应按不同的货币、不同的出票行，分别填制总计单。总计单后附各笔购买协议书正本，附在代售行划拨头寸凭证之后，采取相应的办法寄出票行。

(5) 挂失与补偿。按出票行的规定，旅行支票丢失后，持票人可在当地的任何一家代办行办理挂失、退款手续。

客户要求挂失补偿时，代办行首先要求客户填写挂失申请书，按申请书的内容如实、详细地填写清楚，向代办行提供本人护照或其他证件及原始购买单（挂失单）。银行审核后，在一定的限额内可向申请人办理紧急退款。

若申请补偿的金额超过限额，则立即以电传方式通知出票行，得到出票行的授权后，方可给予补偿。办理补偿不向申请人收取任何费用。补偿办法是一般情况下补给申请人新的旅行支票。在新的购买协议书注明“Refund”字样，将最后一联交客户，同时收回原始购买单。若客户要求补偿现金，代办行须要求出票行授权，得到许可方可补偿。

2. 旅行支票的兑付

兑付旅行支票业务实际上属于买入外币票据业务范畴。兑付银行兑付时，扣收贴息并垫款买入外币票据，同时保留追索权。对于流通性质不同的旅行支票，兑付银行的处理方法也有所区别。对可转让的支票（Negotiable Traveler's Cheque），原购票人在转让时是对受让人当面复签，并填上受让人姓名，由受让人到银行在支票背面背书领取票款。不可转让的支票（Non-negotiable Traveler's Cheque）只能由原购票人在兑付时当面复签，确认复签真实后给予兑付。旅行支票的兑付需要注意以下几个问题：

（1）旅行支票的识别。兑付行的经办人员兑付旅行支票时要认真审视旅行支票上所记载的支付范围、有效期、发行机构名称、面额、币别、版面、纸质及记载的文字等，必要时应查看原票样。对没有票样的旅行支票，原则上不买入。此外对于挂失和伪造的支票要注意分辨，一旦发现不仅要立即没收，还应及时向国外出票机构和有关部门报告。

（2）持票人身份的查验。对认为可以兑付的旅行支票，还要请持票人出示购买协议和护照，以验明持票人身份。

（3）初签、复签的比对。旅行支票上持票人的复签是否与初签一致是进行兑付的重要条件，也是发行机构检验兑付行是否正确履行付款手续的唯一依据。因此兑付时，应请持票人在兑付工作人员面前复签，若事先已复签，可要求持票人在旅行支票背面当场再复签一次。核对签字时，要注意原签名是否有被涂改过的痕迹：复签的斜向、复签姓名的拼写等，相符后方可办理兑付。如果票上没有初签，因无法比对，兑付一般不予办理。

（4）旅行支票的兑付。兑付行填制兑换水单抬头人姓名时，要按护照上全名写清楚，留底一联要注明支票号码、护照号码，以便发生疑问时查验。另外要请持票人填写《购买外钞申请书》一式两份，注明旅行支票的行号、号码和面额。兑付时，兑付行在扣收旅行支票票面金额 7.5%的贴息后按客户要求给付不同的币种。

（5）索偿。兑付后的旅行支票可以由兑付行通过在票面上加盖特别划线章及在背面作兑付行背书，寄往国外的发行机构要求进行垫款的偿付。

（四）我国目前关于旅行外汇支票的规定

根据国家外汇管理局发布并于 2004 年 4 月 1 日实施的《关于外币旅行支票代售管理等有关问题的通知》，银行代售的外币旅行支票原则上应限于境外旅游、朝觐、探亲会亲、境外就医、留学等非贸易项下的对外支付，不得用于贸易项下或资本项下的对外支付。

该通知规定，境内机构、驻华机构申请购买外币旅行支票，应以其经常项目外汇账户、外汇资本金账户以及其他明确可用于经常项目支出的外汇账户内资金购买，或用人民币账户内资金购汇后购买，不得以外币现钞或人民币现钞购买外币旅行支票。境内居民个人可以用外汇存款账户内资金或外币现钞购买外币旅行支票，也可以用人民币账户内资金或人民币现钞购汇购买外币旅行支票。非居民个人可以用外汇存款账户内资金或外币现钞购买外币旅行支票，非居民个人在境内的合法人民币收入可按有关规定兑换成外汇后购买外币旅行支票。

二、旅行信用证

（一）旅行信用证的概念

旅行信用证是银行为了方便旅行者在国外各地旅游支取用款而开出的一种信用证，它准许持证人（受益人）在一定金额和有效期内，在该证开证行指定的分支机构或代理行支取款项。

（二）旅行信用证的特点

（1）用于非贸易活动。旅行信用证只供旅游者使用，不附带任何单据，不能用于贸易结算，只能用于旅游业等非贸易活动。

（2）申请人即是受益人。在旅行信用证的关系人中，申请人为旅游者，其申请旅行信用证的目的是，在国外旅行时能从当地银行支取所需款项，故又为受益人。

（3）属于银行信用。与其他信用证一样，旅行信用证也是基于银行信用。旅游者申请开证，开证行受托开证，但开证行一经开出此种信用证，就确切地承担了付款责任。

（4）不可转让性。旅行信用证不能转让，只能由受益人本人使用。

（5）有期限和总额限制。旅行信用证应在其有效期内使用。受益人在不超过旅行信用证总金额的限额内，可一次或多次支款，并在信用证上做记录。

（三）旅行信用证的兑付手续

旅行信用证的受益人持证到该证指定的兑付行进行兑付时，兑付行应按如下程序操作：

（1）审核。应审查旅行信用证的各项内容，如指定的兑付行是否为本行、有无涂改、信用证上的签字与签字样本相符与否、信用证是否过期、取款金额是否超过限额。

（2）填单。经审核确认可以兑付时，由受益人在柜台当面填写取款收据一式两联。第一联是正收条，随报单寄开证行；第二联是副收条，由兑付行作借方传票附件备查。

（3）兑付。兑付行将支款日期、金额及本次支付后的金额、行名在信用证上背书并加盖兑付行行章，收取贴息7.5‰后，将信用证及应付外汇折成等值人民币一并交还持证人。同时将收据或汇票寄开证行索偿，由开证行偿还垫款。旅行信用证的支取金额一般不得超过信用证金额。如超过，作为透支加收罚息。

(4) 注销。如果信用证金额已全部用完，在最后一次付款后，在信用证上加盖"用完"或"注销"戳记，不再退回持证人，而是将其连同取款收据或汇票一并寄开证行注销原证。

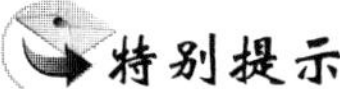
特别提示

对于旅行支票的发行机关来说，顾客从购票到去国外兑付票款需要较长的时间，而发行机构可以无息占用这笔资金，同时还可收取大量的手续费。故发行旅行支票是吸揽资金的一种方法。

第四节　信用卡

一、信用卡的概念

信用卡是银行或专业机构向消费者提供短期消费信贷而发放的一种信用凭证。

信用卡根据不同性质可以划分为多种形式。境外五大集团（万事达卡组织、维萨国际组织、美国运通公司、JCB信用卡公司、大莱信用卡公司）分别发行的万事达卡、维萨卡、运通卡、JCB卡和大莱卡多数属于贷记卡、国际卡。而我国国内商业银行所发行的各类信用卡多属于借记卡（或准贷记卡）、地区卡。

二、信用卡的特点

信用卡是当今发展最快的一项金融业务之一，其特点有：

(1) 通用性。我国各商业银行发售的各类信用卡，其持卡人均可在全国各地的银行分支机构存取款。此外，我国也发行可以在国际间流通使用的国际信用卡，同时兑付知名境外集团发行的信用卡。

(2) 便利性。信用卡既可以凭以提现，又可以用于储蓄、特约商户的直接消费和办理转账结算。另外，其携带方便，申领和挂失也并不复杂。

(3) 安全性。信用卡作为一种可在一定范围内替代传统现金流通的电子货币，本身被设计了多数防伪标志，还可以通过密码设置和每日提现最高金额设定，以及身份证件确认等手段保证其安全性。即便信用卡被遗失，也可以向发卡银行申请挂失补办，防止不必要的损失。

（4）快捷性。信用卡的使用简便，清算及时，可以通过 ATM、POS 机进行直接消费或存取款，免去了银行柜台排队办业务的时间浪费，提高了结算服务的效率。信用卡是集金融业务与电脑技术于一体的高科技产物。

（5）增值优势。许多发卡机构都通过给予回扣、现金返还、慈善捐赠等特殊增值功能吸引客户使用信用卡，这一点是现金支付无法比拟的。

三、信用卡的业务运作

（一）发卡银行或机构的操作程序

（1）资信调查。狭义的信用卡特指具有先消费，后付款特征的贷记卡。由于申领人一般不需在银行开立存款账户或预交保证金、提供抵押品，所以发卡机构非常重视对申领人的资信调查，确保申领人具备“三个稳定”，即稳定的职业、稳定的收入、稳定的住所。

（2）发卡。申领人需要认真详尽地填写申请书，载明个人基本情况，并经过发卡银行或机构的情况核查，才能由发卡机构决定是否发卡、发何种卡、有效期及消费额度等。

（3）授权。为了减少发卡行的风险，信用卡一般都确定一个限额。通常规定在限额以下的交易一般由代办行和特约商户直接办理；超过限额的，必须经发卡行对持卡人的审批同意才可办理，这就是信用卡的授权。各发卡行均设立授权中心，授权中心必须提供 24 小时服务。

（4）发展特约商户与代办行。这是一项可以创造多赢局面的业务，它既可以拓展信用卡业务，吸引更多客户办卡；又可以便利消费者的购物和消费活动；同时也可以刺激持卡人的消费，扩大特约商户的销售额。发卡行需要与愿意受理其信用卡业务的单位（商店或服务单位）进行协商，签订有关协议，使之成为特约商户。为了便利结算，发卡行还须在特约商户地区找一家银行作为其代办行，通过签订协议明确双方的权利和义务。

（5）清算。信用卡的清算十分烦琐。但是随着电脑的普及和通信条件的改善，信用卡的清算已形成格式化、程序化，操作比较简单。国际上著名的信用卡组织都有自己的清算中心，可以通过为各特约商户安装电子清算系统和消费划卡行为完成清算，既提高了效率，也降低了风险。

（二）代办行的业务处理

（1）现金兑付。持卡人如在代办行办理取现业务，代办行应要求持卡人提交信用卡及身份证件，核对签字、审查该人、确定有效期和账户状况等程序决定是否付现。

（2）购物及消费的结算。持卡人在特约商户购物或消费时，特约商户依上述程序进行处理后缮制总计单，并根据总计单上的余额缮制银行送款单或转账进账单附上总计单及签购单送交银行，根据购物金额扣除手续费后进行给付。

（3）信用卡资金的偿付。代办行在每日营业结束后，要缮制一式两份的总计单，核准总金额和代办手续费，将其中一份总计单连同借记报单、取现单及签购单寄给委托行信用卡中心要求进行垫付资金的偿付。

我国信用卡业务自 1986 年 6 月 1 日中国银行发行第一张人民币长城卡起，迄今仅 20 年的历史，而且受种种因素制约，目前仍处于起步水平。但是信用卡会随着人们认知的深入，科技水平的提高，网络的不断完善，发挥出它巨大的潜力。

特别提示

信用卡是一种小额消费信贷工具，它具有安全便利的优点。随着技术的进步和通信成本的不断降低，国际信用卡成为国际非贸易结算的重要工具。

小　结

从狭义上看，外币的兑换业务就是指外币现钞的兑换；从广义上看，外币的兑换业务还包括收兑旅行支票、旅行信用证、信用卡及买入外币票据等项业务。

侨汇汇款主要有电汇、信汇、票汇和约期汇款四种形式。

旅行支票是银行或旅游公司为了方便旅游者安全携带和使用货币而发行的一种定额票据。旅行支票上有三个基本关系人：出票人、售票人和购票人。

旅行信用证是银行为了方便旅游者出国旅行而开立的允许其在一定金额和有效期内，在该证指定的分支行或代理行支取款项的一种信用证。

信用卡是发卡银行对消费者提供的短期信贷而发放的一种信用凭证，它是消费信用的一种形式。

实训练习

【核心概念】

非贸易结算

【问答题】

1. 国际非贸易结算包括哪些主要内容?

2. 简要说明旅行信用证的兑付程序。

附录一

中华人民共和国票据法

第一章　总则

第一条　为了规范票据行为，保障票据活动中当事人的合法权益，维护社会经济秩序，促进社会主义市场经济的发展，制定本法。

第二条　在中华人民共和国境内的票据活动，适用本法。本法所称票据，是指汇票、本票和支票。

第三条　票据活动应当遵守法律、行政法规，不得损害社会公共利益。

第四条　票据出票人制作票据，应当按照法定条件在票据上签章，并按照所记载的事项承担票据责任。

持票人行使票据权利，应当按照法定程序在票据上签章，并出示票据。其他票据债务人在票据上签章的，按照票据所记载的事项承担票据责任。

本法所称票据权利，是指持票人向票据债务人请求支付票据金额的权利，包括付款请求权和追索权。

本法所称票据责任，是指票据债务人向持票人支付票据金额的义务。

第五条　票据当事人可以委托其代理人在票据上签章，并应当在票据上表明其代理关系。

没有代理权而以代理人名义在票据上签章的，应当由签章人承担票据责任；代理人超越代理权限的，应当就其超越权限的部分承担票据责任。

第六条　无民事行为能力人或者限制民事行为能力人在票据上签章的，其签章无效，但是不影响其他签章的效力。

第七条　票据上的签章，为签名、盖章或者签名加盖章。

法人和其他使用票据的单位在票据上的签章，为该法人或者该单位的盖章加其法定代表人或者其授权的代理人的签章。在票据上的签名，应当为该当事人的本名。

第八条 票据金额以中文大写和数码同时记载，二者必须一致，二者不一致的，票据无效。

第九条 票据上的记载事项必须符合本法的规定。

票据金额、日期、收款人名称不得更改，更改的票据无效。对票据上的其他记载事项，原记载人可以更改，更改时应当由原记载人签章证明。

第十条 票据的签发、取得和转让，应当遵循诚实信用的原则，具有真实的交易关系和债权债务关系。票据的取得，必须给付对价，即应当给付票据双方当事人认可的相对应的代价。

第十一条 因税收、继承、赠与可以依法无偿取得票据的，不受给付对价的限制。但是，所享有的票据权利不得优于其前手的权利。前手是指在票据签章人或者持票人之前签章的其他票据债务人。

第十二条 以欺诈、偷盗或者胁迫等手段取得票据的，或者明知有前列情形，出于恶意取得票据的，不得享有票据权利。持票人因重大过失取得不符合本法规定的票据的，也不得享有票据权利。

第十三条 票据债务人不得以自己与出票人或者与持票人的前手之间的抗辩事由，对抗持票人。但是，持票人明知存在抗辩事由而取得票据的除外。

票据债务人可以对不履行约定义务的与自己有直接债权债务关系的持票人，进行抗辩。本法所称抗辩，是指票据债务人根据本法规定对票据债权人拒绝履行义务的行为。

第十四条 票据上的记载事项应当真实，不得伪造、变造。伪造、变造票据上的签章和其他记载事项的，应当承担法律责任。票据上有伪造、变造的签章的，不影响票据上其他真实签章的效力。票据上其他记载事项被变造的，在变造之前签章的人，对原记载事项负责；在变造之后签章的人，对变造之后的记载事项负责；不能辨别是在票据被变造之前或者之后签章的，视同在变造之前签章。

第十五条 票据丧失，失票人可以及时通知票据的付款人挂失止付，但是，未记载付款人或者无法确定付款人及其代理付款人的票据除外。收到挂失止付通知的付款人，应当暂停支付。失票人应当在通知挂失止付后三日内，也可以在票据丧失后，依法向人民法院申请公示催告，或者向人民法院提起诉讼。

第十六条 持票人对票据债务人行使票据权利，或者保全票据权利，应当在票据当事人的营业场所和营业时间内进行，票据当事人无营业场所的，应当在其住所进行。

第十七条 票据权利在下列期限内不行使而消灭：

（一）持票人对票据的出票人和承兑人的权利，自票据到期日起二年。见票即付的汇票、本票，自出票日起二年。

（二）持票人对支票出票人的权利，自出票日起六个月。

（三）持票人对前手的追索权，自被拒绝承兑或者被拒绝付款之日起六个月。

（四）持票人对前手的再追索权，自清偿日或者被提起诉讼之日起三个月。

票据的出票日、到期日由票据当事人依法确定。

第十八条 持票人因超过票据权利时效或者因票据记载事项欠缺而丧失票据权利的，仍享有民事权利，可以请求出票人或者承兑人返还其与未支付的票据金额相当的利益。

第二章 汇票

第一节 出票

第十九条 汇票是出票人签发的，委托付款人在见票时或者在指定日期无条件支付确定的金额给收款人或者持票人的票据。汇票分为银行汇票和商业汇票。

第二十条 出票是指出票人签发票据并将其交付给收款人的票据行为。

第二十一条 汇票的出票人必须与付款人具有真实的委托付款关系，并且具有支付汇票金额的可靠资金来源。不得签发无对价的汇票用以骗取银行或者其他票据当事人的资金。

第二十二条 汇票必须记载下列事项：

（一）表明“汇票”的字样；

（二）无条件支付的委托；

（三）确定的金额；

（四）付款人名称；

（五）收款人名称；

（六）出票日期；

（七）出票人签章。

汇票上未记载前款规定事项之一的，汇票无效。

第二十三条 汇票上记载付款日期、付款地、出票地等事项的，应当清楚、明确。汇票上未记载付款日期的，为见票即付。汇票上未记载付款地的，付款人的营业场所、住所或者经常居住地为付款地。汇票上未记载出票地的，出票人的营业场所、住所或者经常居住地为出票地。

第二十四条 汇票上可以记载本法规定事项以外的其他出票事项，但是该记载事项不具有汇票上的效力。

第二十五条 付款日期可以按照下列形式之一记载：

（一）见票即付；

（二）定日付款；

（三）出票后定期付款；

（四）见票后定期付款。

前款规定的付款日期为汇票到期日。

第二十六条 出票人签发汇票后，即承担保证该汇票承兑和付款的责任。出票人在汇票得不到承兑或者付款时，应当向持票人清偿本法第七十条、第七十一条规定的金额和费用。

第二节 背书

第二十七条 持票人可以将汇票权利转让给他人或者将一定的汇票权利授予他人行使。出票人在汇票上记载“不得转让”字样的，汇票不得转让。持票人行使第一款规定的权利时，应当背书并交付汇票。背书是指在票据背面或者粘单上记载有关事项并签章的票据行为。

第二十八条 票据凭证不能满足背书人记载事项的需要，可以加附粘单，粘附于票据凭证上。粘单上的第一记载人，应当在汇票和粘单的粘接处签章。

第二十九条 背书由背书人签章并记载背书日期。背书未记载日期的，视为在汇票到期日前背书。

第三十条 汇票以背书转让或者以背书将一定的汇票权利授予他人行使时，必须记载被背书人名称。

第三十一条 以背书转让的汇票，背书应当连续。持票人以背书的连续，证明其汇票权利；非经背书转让，而以其他合法方式取得汇票的，依法举证，证明其汇票权利。前款所称背书连续，是指在票据转让中，转让汇票的背书人与受让汇票的被背书人在汇票上的签章依次前后衔接。

第三十二条 以背书转让的汇票，后手应当对其直接前手背书的真实性负责。后手是指在票据签章人之后签章的其他票据债务人。

第三十三条 背书不得附有条件。背书时附有条件的，所附条件不具有汇票上的效力。将汇票金额的一部分转让的背书或者将汇票金额分别转让给二人以上的背书无效。

第三十四条 背书人在汇票上记载“不得转让”字样，其后手再背书转让的，原背书人对后手的被背书人不承担保证责任。

第三十五条 背书记载“委托收款”字样的，被背书人有权代背书人行使被委托的汇票权利。但是，被背书人不得再以背书转让汇票权利。汇票可以设定质押；质押时应当以背书记载“质押”字样。被背书人依法实现其质权时，可以行使汇票权利。

第三十六条 汇票被拒绝承兑、被拒绝付款或者超过付款提示期限的，不得背书转让；背书转让的，背书人应当承担汇票责任。

第三十七条 背书人以背书转让汇票后，即承担保证其后手所持汇票承兑和付款的责任。背书人在汇票得不到承兑或者付款时，应当向持票人清偿本法第七十条、第七十一条规定的金额和费用。

第三节 承兑

第三十八条 承兑是指汇票付款人承诺在汇票到期日支付汇票金额的票据行为。

第三十九条 定日付款或者出票后定期付款的汇票，持票人应当在汇票到期日前向付款人提示承兑。提示承兑是指持票人向付款人出示汇票，并要求付款人承诺付款的行为。

第四十条 见票后定期付款的汇票，持票人应当自出票日起一个月内向付款人提示承兑。汇票未按照规定期限提示承兑的，持票人丧失对其前手的追索权。见票即付的汇票无须提示承兑。

第四十一条 付款人对向其提示承兑的汇票，应当自收到提示承兑的汇票之日起三日内承兑或者拒绝承兑。付款人收到持票人提示承兑的汇票时，应当向持票人签发收到汇票的回单。回单上应当记明汇票提示承兑日期并签章。

第四十二条 付款人承兑汇票的，应当在汇票正面记载“承兑”字样和承兑日期并签章；见票后定期付款的汇票，应当在承兑时记载付款日期。汇票上未记载承兑日期的，以前条第一款规定期限的最后一日为承兑日期。

第四十三条 付款人承兑汇票，不得附有条件；承兑附有条件的，视为拒绝承兑。

第四十四条 付款人承兑汇票后，应当承担到期付款的责任。

第四节 保证

第四十五条 汇票的债务可以由保证人承担保证责任。保证人由汇票债务人以外的他人担当。

第四十六条　保证人必须在汇票或者粘单上记载下列事项：

（一）表明“保证”的字样；

（二）保证人名称和住所；

（三）被保证人的名称；

（四）保证日期；

（五）保证人签章。

第四十七条　保证人在汇票或者粘单上未记载前条第（三）项的，已承兑的汇票，承兑人为被保证人；未承兑的汇票，出票人为被保证人。保证人在汇票或者粘单上未记载前条第（四）项的，出票日期为保证日期。

第四十八条　保证不得附有条件；附有条件的，不影响对汇票的保证责任。

第四十九条　保证人对合法取得汇票的持票人所享有的汇票权利，承担保证责任。但是，被保证人的债务因汇票记载事项欠缺而无效的除外。

第五十条　被保证的汇票，保证人应当与被保证人对持票人承担连带责任。汇票到期后得不到付款的，持票人有权向保证人请求付款，保证人应当足额付款。

第五十一条　保证人为二人以上的，保证人之间承担连带责任。

第五十二条　保证人清偿汇票债务后，可以行使持票人对被保证人及其前手的追索权。

第五节　付款

第五十三条　持票人应当按照下列期限提示付款：

（一）见票即付的汇票，自出票日起一个月内向付款人提示付款；

（二）定日付款、出票后定期付款或者见票后定期付款的汇票，自到期日起十日内向承兑人提示付款。

持票人未按照前款规定期限提示付款的，在作出说明后，承兑人或者付款人仍应当继续对持票人承担付款责任。通过委托收款银行或者通过票据交换系统向付款人提示付款的，视同持票人提示付款。

第五十四条　持票人依照前条规定提示付款的，付款人必须在当日足额付款。

第五十五条　持票人获得付款的，应当在汇票上签收，并将汇票交给付款人。持票人委托银行收款的，受委托的银行将代收的汇票金额转账收入持票人账户，视同签收。

第五十六条　持票人委托的收款银行的责任，限于按照汇票上记载事项将汇票金额转入持票人账户。付款人委托的付款银行的责任，限于按照汇票上记载事项从付款人账户支付汇票金额。

第五十七条 付款人及其代理付款人付款时，应当审查汇票背书的连续，并审查提示付款人的合法身份证明或者有效证件。付款人及其代理付款人以恶意或者有重大过失付款的，应当自行承担责任。

第五十八条 对定日付款、出票后定期付款或者见票后定期付款的汇票，付款人在到期日前付款的，由付款人自行承担所产生的责任。

第五十九条 汇票金额为外币的，按照付款日的市场汇价，以人民币支付。汇票当事人对汇票支付的货币种类另有约定的，从其约定。

第六十条 付款人依法足额付款后，全体汇票债务人的责任解除。

第六节 追索权

第六十一条 汇票到期被拒绝付款的，持票人可以对背书人、出票人以及汇票的其他债务人行使追索权。汇票到期日前，有下列情形之一的，持票人也可以行使追索权：

（一）汇票被拒绝承兑的；

（二）承兑人或者付款人死亡、逃匿的；

（三）承兑人或者付款人被依法宣告破产的或者因违法被责令终止业务活动的。

第六十二条 持票人行使追索权时，应当提供被拒绝承兑或者被拒绝付款的有关证明。持票人提示承兑或者提示付款被拒绝的，承兑人或者付款人必须出具拒绝证明，或者出具退票理由书。未出具拒绝证明或者退票理由书的，应当承担由此产生的民事责任。

第六十三条 持票人因承兑人或者付款人死亡、逃匿或者其他原因，不能取得拒绝证明的，可以依法取得其他有关证明。

第六十四条 承兑人或者付款人被人民法院依法宣告破产的，人民法院的有关司法文书具有拒绝证明的效力。承兑人或者付款人因违法被责令终止业务活动的，有关行政主管部门的处罚决定具有拒绝证明的效力。

第六十五条 持票人不能出示拒绝证明、退票理由书或者未按照规定期限提供其他合法证明的，丧失对其前手的追索权。但是，承兑人或者付款人仍应当对持票人承担责任。

第六十六条 持票人应当自收到被拒绝承兑或者被拒绝付款的有关证明之日起三日内，将被拒绝事由书面通知其前手；其前手应当自收到通知之日起三日内书面通知其再前手。持票人也可以同时向各汇票债务人发出书面通知。未按照前款规定期限通知的，持票人仍可以行使追索权。因延期通知给其前手或者出票人造成损失的，由没有按照规定期限通知的汇票当事人，承担对该损失的赔偿责任，但是所赔偿的金额以汇票金额为限。在规定期限内将通知按照法定地址或者约定的地址邮寄的，视为已经发出通知。

第六十七条 依照前条第一款所作的书面通知，应当记明汇票的主要记载事项，并说明该汇票已被退票。

第六十八条 汇票的出票人、背书人、承兑人和保证人对持票人承担连带责任。持票人可以不按照汇票债务人的先后顺序，对其中任何一人、数人或者全体行使追索权。持票人对汇票债务人中的一人或者数人已经进行追索的，对其他汇票债务人仍可以行使追索权。被追索人清偿债务后，与持票人享有同一权利。

第六十九条 持票人为出票人的，对其前手无追索权。持票人为背书人的，对其后手无追索权。

第七十条 持票人行使追索权，可以请求被追索人支付下列金额和费用：

（一）被拒绝付款的汇票金额；

（二）汇票金额自到期日或者提示付款日起至清偿日止，按照中国人民银行规定的利率计算的利息；

（三）取得有关拒绝证明和发出通知书的费用。

被追索人清偿债务时，持票人应当交出汇票和有关拒绝证明，并出具所收到利息和费用的收据。

第七十一条 被追索人依照前条规定清偿后，可以向其他汇票债务人行使再追索权，请求其他汇票债务人支付下列金额和费用：

（一）已清偿的全部金额；

（二）前项金额自清偿日起至再追索清偿日止，按照中国人民银行规定的利率计算的利息；

（三）发出通知书的费用。

行使再追索权的被追索人获得清偿时，应当交出汇票和有关拒绝证明，并出具所收到利息和费用的收据。

第七十二条 被追索人依照前两条规定清偿债务后，其责任解除。

第三章 本票

第七十三条 本票是出票人签发的，承诺自己在见票时无条件支付确定的金额给收款人或者持票人的票据。本法所称本票，是指银行本票。

第七十四条 本票的出票人必须具有支付本票金额的可靠资金来源，并保证支付。

第七十五条 本票必须记载下列事项：

（一）表明“本票”的字样；

（二）无条件支付的承诺；

（三）确定的金额；

（四）收款人名称；

（五）出票日期；

（六）出票人签章。

本票上未记载前款规定事项之一的，本票无效。

第七十六条 本票上记载付款地、出票地等事项的，应当清楚、明确。本票上未记载付款地的，出票人的营业场所为付款地。本票上未记载出票地的，出票人的营业场所为出票地。

第七十七条 本票的出票人在持票人提示见票时，必须承担付款的责任。

第七十八条 本票自出票日起，付款期限最长不得超过二个月。

第七十九条 本票的持票人未按照规定期限提示见票的，丧失对出票人以外的前手的追索权。

第八十条 本票的背书、保证、付款行为和追索权的行使，除本章规定外，适用本法第二章有关汇票的规定。本票的出票行为，除本章规定外，适用本法第二十四条关于汇票的规定。

第四章 支票

第八十一条 支票是出票人签发的，委托办理支票存款业务的银行或者其他金融机构在见票时无条件支付确定的金额给收款人或者持票人的票据。

第八十二条 开立支票存款账户，申请人必须使用其本名，并提交证明其身份的合法证件。开立支票存款账户和领用支票，应当有可靠的资信，并存入一定的资金。开立支票存款账户，申请人应当预留其本名的签名式样和印鉴。

第八十三条 支票可以支取现金，也可以转账，用于转账时，应当在支票正面注明。支票中专门用于支取现金的，可以另行制作现金支票，现金支票只能用于支取现金。支票中专门用于转账的，可以另行制作转账支票，转账支票只能用于转账，不得支取现金。

第八十四条 支票必须记载下列事项：

（一）表明“支票”的字样；

（二）无条件支付的委托；

（三）确定的金额；

（四）付款人名称；

（五）出票日期；

（六）出票人签章。

支票上未记载前款规定事项之一的，支票无效。

第八十五条 支票上的金额可以由出票人授权补记，未补记前的支票，不得使用。

第八十六条 支票上未记载收款人名称的，经出票人授权，可以补记。支票上未记载付款地的，付款人的营业场所为付款地。支票上未记载出票地的，出票人的营业场所、住所或者经常居住地为出票地。出票人可以在支票上记载自己为收款人。

第八十七条 支票的出票人所签发的支票金额不得超过其付款时在付款人处实有的存款金额。出票人签发的支票金额超过其付款时在付款人处实有的存款金额的，为空头支票。禁止签发空头支票。

第八十八条 支票的出票人不得签发与其预留本名的签名式样或者印鉴不符的支票。

第八十九条 出票人必须按照签发的支票金额承担保证向该持票人付款的责任。

出票人在付款人处的存款足以支付支票金额时，付款人应当在当日足额付款。

第九十条 支票限于见票即付，不得另行记载付款日期。另行记载付款日期的，该记载无效。

第九十一条 支票的持票人应当自出票日起十日内提示付款；异地使用的支票，其提示付款的期限由中国人民银行另行规定。超过提示付款期限的，付款人可以不予付款；付款人不予付款的，出票人仍应当对持票人承担票据责任。

第九十二条 付款人依法支付支票金额的，对出票人不再承担受委托付款的责任，对持票人不再承担付款的责任。但是，付款人以恶意或者有重大过失付款的除外。

第九十三条 支票的背书、付款行为和追索权的行使，除本章规定外，适用本法第二章有关汇票的规定。支票的出票行为，除本章规定外，适用本法第二十四条、第二十六条关于汇票的规定。

第五章　涉外票据的法律适用

第九十四条　涉外票据的法律适用，依照本章的规定确定。前款所称涉外票据，是指出票、背书、承兑、保证、付款等行为中，既有发生在中华人民共和国境内又有发生在中华人民共和国境外的票据。

第九十五条　中华人民共和国缔结或者参加的国际条约同本法有不同规定的，适用国际条约的规定。但是，中华人民共和国声明保留的条款除外。本法和中华人民共和国缔结或者参加的国际条约没有规定的，可以适用国际惯例。

第九十六条　票据债务人的民事行为能力，适用其本国法律。票据债务人的民事行为能力，依照其本国法律为无民事行为能力或者为限制民事行为能力而依照行为地法律为完全民事行为能力的，适用行为地法律。

第九十七条　汇票、本票出票时的记载事项，适用出票地法律。支票出票时的记载事项，适用出票地法律，经当事人协议，也可以适用付款地法律。

第九十八条　票据的背书、承兑、付款和保证行为，适用行为地法律。

第九十九条　票据追索权的行使期限，适用出票地法律。

第一百条　票据的提示期限、有关拒绝证明的方式、出具拒绝证明的期限，适用付款地法律。

第一百零一条　票据丧失时，失票人请求保全票据权利的程序，适用付款地法律。

第六章　法律责任

第一百零二条　有下列票据欺诈行为之一的，依法追究刑事责任：

（一）伪造、变造票据的；

（二）故意使用伪造、变造的票据的；

（三）签发空头支票或者故意签发与其预留的本名签名式样或者印鉴不符的支票，骗取财物的；

（四）签发无可靠资金来源的汇票、本票，骗取资金的；

（五）汇票、本票的出票人在出票时作虚假记载，骗取财物的；

（六）冒用他人的票据，或者故意使用过期或者作废的票据，骗取财物的；

（七）付款人同出票人、持票人恶意串通，实施前六项所列行为之一的。

第一百零三条　有前条所列行为之一，情节轻微，不构成犯罪的，依照国家有关规定给予行政处罚。

第一百零四条　金融机构工作人员在票据业务中玩忽职守，对违反本法规定的票据予以承兑、付款或者保证的，给予处分；造成重大损失，构成犯罪的，依法追究刑事责任。由于金融机构工作人员因前款行为给当事人造成损失的，由该金融机构和直接责任人员依法承担赔偿责任。

第一百零五条　票据的付款人对见票即付或者到期的票据，故意压票，拖延支付的，由金融行政管理部门处以罚款，对直接责任人员给予处分。票据的付款人故意压票，拖延支付，给持票人造成损失的，依法承担赔偿责任。

第一百零六条　依照本法规定承担赔偿责任以外的其他违反本法规定的行为，给他人造成损失的，应当依法承担民事责任。

第七章　附则

第一百零七条　本法规定的各项期限的计算，适用民法通则关于计算期间的规定。按月计算期限的，按到期月的对日计算；无对日的，月末日为到期日。

第一百零八条　汇票、本票、支票的格式应当统一。票据凭证的格式和印制管理办法，由中国人民银行规定。

第一百零九条　票据管理的具体实施办法，由中国人民银行依照本法制定，报国务院批准后施行。

第一百一十条　本法自 1996 年 1 月 1 日起施行。

附录二

国际保理业务通用规则

（2010年6月出台）

第一节　总则

第一条　保理协议与应收账款

保理协议意指供应商与保理商间存在的一种契约关系，根据该契约，供应商可能或将要将应收账款（本规则中亦称为“账款”，该词视上下文不同，有时亦指应收账款的部分）转让给保理商，其目的可能为获取融资，或为获得保理商提供的下述服务中的至少一种：

——分户账管理

——账款催收

——坏账担保

第二条　参与国际双保理业务的当事方

参与国际双保理业务的当事方为：

(i) 供应商（通常亦称客户或卖方）：对所供应的货物或所提供的服务出具发票的一方；

(ii) 债务人（通常亦称买方或顾客）：对由所供应的货物或所提供的服务而产生的账款负有付款责任的一方；

(iii) 出口保理商：根据保理协议接受供应商转让账款的一方；

(iv) 进口保理商：根据本规则接受出口保理商转让账款的一方。

第三条　所涵盖的应收账款

本规则所涵盖的账款应限于与出口保理商签有协议的供应商以信用方式向债

务人销售货物或提供服务所产生的应收账款。该债务人所在国应有进口保理商提供保理服务。以信用证（不包括备用信用证）、凭单付现或任何种类的现金交易为基础的销售除外。

第四条 通用语言

进口保理商与出口保理商间联络的通用语言为英语。如以其他语言提供信息，则必须附加英语翻译。

第五条 期限

除非另有说明，本规则所表述的期限应理解为公历日。当期限于出口保理商或进口保理商的非工作日或任何公布的公共假日到期时，该期限应顺延至有关保理商的下一个工作日。

第六条 书面信息

“书面信息”意味着任何可永久记录一次信息交流的方式，该信息交流在出现后可被复制，并在任何时间被引述。如书面信息需要签字，则只要按照此书面信息相关方的约定，书面信息验证了信息发出者的身份，并表明了信息发出者对其中内容的认可，就可认定已满足了签字要求。

第七条 与本规则有所抵触的协议

当出口保理商与进口保理商之间的书面协议（并已由双方签署）在某方面与本规则的条款发生抵触、不符合或超出本规则条款的范围时，该协议将在该方面优先于并取代本规则中相关的任何不同或相反的条件、条款或规定，但在其他所有方面，该协议仍应从属于本规则并视为本规则的组成部分。

第八条 代码系统

为准确识别所有的供应商、债务人、进口保理商及出口保理商，在出口保理商与进口保理商之间必须建立一套适当的代码系统。

第九条 佣金/酬金

(i) 以 FCI 会员大会随时公布的费率结构及收费条件为基础，进口保理商有权就其服务收取佣金和/或费用。

(ii) 这些佣金和/或费用必须根据付款条件以事先商定的货币支付。根据第二十六条的规定，迟付一方必须负担因迟付而产生的利息及汇价损失。

(iii) 即使账款被反转让，进口保理商仍有权收取佣金或费用。

第十条 出口保理商与进口保理商间纠纷的解决

(i) 出口保理商与进口保理商之间产生的与国际保理业务有关的一切争议均应按照《国际保理商联合会仲裁规则》进行解决，只要在相关交易开始时双方均为国际保理商联合会的成员。

(ii) 如果在提出仲裁申请时仅有一方为国际保理商联合会成员，但另一方同意时，双方之间的争议也可如此解决。

(iii) 该仲裁结果应是终局性的并具有约束力。

第十一条 善意与互助的原则

本规则中所有的权利和义务均应本着善意的原则得以行使及履行。出口保理商及进口保理商将采取一切方式保障对方的权益，并尽各自所能在任何时间协助对方获取任何有助于其履行义务及/或保护自身利益的文件。出口保理商及进口保理商承诺将立即通知对方自己所注意到的可能对账款催收及债务人资信产生负面影响的任何事实或情况。

第二节 应收账款的转让

第十二条 转让

(i) 账款的转让意味着并构成通过各种方式的对与账款相关的所有权利、权益及所有权的让渡。根据本定义，以账款作为质押亦被视作账款的转让。

(ii) 由于每笔账款的全部所有权已转让给进口保理商，因此进口保理商有权以自己的名义或与出口保理商和/或供应商联名采取诉讼和其他强行收款措施，并有权以出口保理商或供应商的名义对债务人的汇款背书托收，进口保理商还享有留置权、停运权和未收到货款的供应商对债务人可能拒收或退回的货物所拥有的所有其他权益。

(iii) 所有的账款转让必须通过书面形式。

第十三条 转让的有效性

(i) 进口保理商有义务根据债务人所在国法律的要求向出口保理商说明：

(a) 转让通知的措辞及形式；及

(b) 任何在转让中为保护出口保理商免受第三方索偿而必有的因素。

进口保理商保证其说明的有效性。

(ii) 在根据本条 (i) 款依赖进口保理商有关债务人所在国法律规定的说明的同时，出口保理商将保证供应商对其转让及其对进口保理商的转让是有效的，该转让不受第三方索偿的影响，在供应商破产时依然有效。

(iii) 如果出口保理商要求一特殊转让可针对第三方实施，进口保理商有责任在适用法律许可的范围内遵照执行，费用由出口保理商负担。

(iv) 如转让需特殊文件或书面确认方能生效和实施，则出口保理商应进口保理商请求，必须提供有关文件及/或以指定形式确认。

(v) 如出口保理商在收到进口保理商请求后 30 日内未向进口保理商提供有

关文件或进行确认，则进口保理商有权反转让有关账款。

第十四条　与应收账款相关的文件

（i）进口保理商应毫无延误地收到与转让给他的任何账款相关的发票及贷项清单细节，且上述发票细节的收到日最迟不得超过账款到期日。在本规则中，账款“到期日”指销售合同中特别约定的账款付款到期日；如合同约定分期付款，则除非合同另有约定，每笔分期付款应被视作有各自不同的到期日。

（ii）进口保理商可以要求由他转递包括可转让运输单据及/或保险单在内的证明所有权的正本单据。

（iii）在进口保理商的要求下，如确属账款催收所需，出口保理商必须立即（最迟不得超过下述规定期限）提供下述任何一种或全部单据：

（a）在收到请求后 10 天内，向债务人签发的发票副本；

（b）在收到请求后 30 天内：

（1）装船证明；

（2）履行销售合同及/或服务合同的证明（如有）；

（3）任何其他装船前要求提供的单据。

（iv）如出口保理商在规定的时间内未能

（a）提供本条（iii）所述的单据；或

（b）说明延迟提供单据的原因及提出延期提供的要求，且该说明和要求为进口保理商所接受；

则进口保理商有权反转让相关账款。

（v）进口保理商要求出口保理商提供上述单据的有效期限为账款到期日后 270 天内。

第十五条　应收账款的反转让

（i）进口保理商根据第十三条（v）或第十四条（iv）反转让账款必须在其首次要求提供相关单据后的 60 天内做出，或，如迟于 60 天，则在其同意延展的期限到期日后的 30 天内做出。

（ii）如进口保理商根据本条款或第二十七条（vii）反转让有关账款，进口保理商对反转让账款的所有义务［本条（iv）所述情形除外］被一并解除，并可从出口保理商处索回原先已就该账款支付的款项。

（iii）上述每一次反转让必须通过书面形式。

（iv）进口保理商在反转让账款后，如仍收到债务人在接到有关反转让通知前的付款，进口保理商应代出口保理商保管该笔付款并及时将款项付给出口保理商。

第三节　信用风险

第十六条　信用风险的定义

(i) 信用风险意指债务人出于争议以外的原因在账款到期日后 90 天内未能全额付款的风险。

(ii) 进口保理商对受让账款承担信用风险是以其书面核准该账款为前提条件的。

第十七条　核准与申请核准

(i) 出口保理商请求进口保理商承担信用风险的申请可以是要求核准单笔订单额度或核准信用额度，该申请必须是书面的，并包含所有进口保理商评估信用风险所需的必要信息以及正常的付款条件信息。

(ii) 如进口保理商对申请涉及的债务人的确切身份无法确认，他可以在回复中更改有关债务人细节。任何核准只对进口保理商核准时认定的债务人有效。

(iii) 进口保理商必须毫无延误且最迟不超过收到申请后 10 天内书面通知出口保理商其决定。如果在 10 天之内无法做出决定，则进口保理商必须尽早（最迟在 10 天结束前）通知出口保理商。

(iv) 核准对债务人所欠的下述账款有效（以不超过核准金额为限）：

(a) 在核准之日进口保理商已记录在案的账款；

(b) 自提出申请之日前 30 天内的发货或提供的服务而产生的账款；

并以进口保理商根据第十四条规定收到所需的发票细节及单据为前提条件。

(v)(a) 进口保理商全部或部分核准单笔订单额度，意味着其必须承担受核准的信用风险，前提是，如果在申请核准时说明了最迟发货日期或进口保理商规定了其他更早的到期日，则实际发货不能晚于这一日期。

(b) 进口保理商核准信用额度，意味着其必须承担额度取消或失效前供应商发货所产生账款的受核准金额部分的信用风险。

(c) “货物”包含有“服务”的意思，“发货”包含有“提供服务”的意思。

(d) 发货指货物由专业承运人或债务人或供应商自己的运输工具运往债务人或其指定人。

(vi) 信用额度意味着对某一供应商对某一债务人的账款的循环核准（以不超过额度最高金额为限）。循环意味着，在信用额度保持有效期间，超出限额的应收账款（或其部分）将补足限额内已被债务人或进口保理商偿还的或贷记债务人账的金额。这些账款（或其部分）的替补将按它们付款到期日的顺序进行，并始终仅限于当时已偿还或已贷记的金额。当两单或多单发票在同一日期到期时，替补的顺序将按它们各自的发票号的先后顺序进行。

(vii) 所有的核准都以应收账款的付款条件与凭以核准应收账款的相关信息中所述的付款条件一致为基础（允许不超过 100%或 45 天的偶尔变更，以期限短者为准）。但是，如果进口保理商在核准信用额度时规定了其所能接受的最长付款期限，则任何变更都不能超过这一期限。

(viii) 核准币种应与申请币种一致。然而，信用额度不仅对以核准币种记价的发票有效，同样也对以其他币种记价的发票有效；但无论如何，进口保理商承担的风险将不超过最初核准时的金额。

(ix) 同一供应商对任何一个债务人只有一个信用额度。任何新的信用额度，无论以何币种表示，将撤销及替代同一供应商对同一债务人以前的所有信用额度。

(x) 如进口保理商得知债务人对自己所欠的账款惯常禁止转让，则其在核准时应将此告知出口保理商。如进口保理商后来得知该情况，亦应立即告知出口保理商。

第十八条 缩减或撤销

(i) 进口保理商有权视情况缩减或撤销单笔订单额度或信用额度。撤销或减额必须通过书面形式或通过电话（随后以书面确认）。在收到撤销或减额通知后，出口保理商应立即通知供应商，此撤销或减额对供应商收到通知后的发货及/或提供的服务有效。在向出口保理商发送撤销或减额通知的同时或之后，进口保理商亦有权向供应商直接发送此通知，但其必须将自己此行动告知出口保理商。

出口保理商应配合及确保供应商配合进口保理商停运任何在途货物，以最大程度地减小进口保理商的损失。出口保理商承诺在此情况下给予进口保理商一切必要的援助。

(ii) 出口保理商与供应商间的保理协议终止之日，所有订单额度及信用额度即告撤销，无须通知，但对终止之日前的发货及提供的服务所产生的账款依然有效，只要有关账款在保理协议中止之日起 30 天内转让给进口保理商。

(iii) 当信用额度被撤销或当信用额度效期已过时，则

(a) 账款的替补权终止。除本款 (b)、(c) 所述情况外，此后的任何付款或贷记可由进口保理商优先于未核准账款用来偿还已核准账款（第三条中所排除的交易项下的付款或贷记除外）。

(b) 如果贷记涉及未核准账款并且出口保理商令进口保理商满意地证实该贷记的产生纯粹源于未能装运或源于中途停运，该贷记应用来冲销这一未核准账款。

(c) 此后进口保理商从对债务人财产的一般分配中获得的与出口保理商或相关卖方所转让的账款有关的款项，应根据分配之日债务人所欠款项中进出口保理

商各自所占的利益份额进行分配。

第十九条 出口保理商转让的义务

(i) 在不违反本条 (ii) 和 (iii) 款的前提下，出口保理商可以，但并非必须，将已转让给自己的某一国家的所有债务人针对同一个供应商所欠的所有账款提供给进口保理商。

(ii) 出口保理商应通知进口保理商在出口保理协议中是否包含供应商对债务人所在国全部的信用销售额。

(iii) 一旦进口保理商已为某一债务人核准了信用额度，且该债务人所欠发票款项已转让给进口保理商，则供应商对该债务人的所有后续账款必须转让给进口保理商，即使账款只获部分核准或根本未获核准也应如此。

(iv) 如进口保理商决定撤销信用额度，出口保理商仍有义务继续转让账款，直至所有已核准账款已全部付款或以其他方式全部结清为止，换言之，直至进口保理商"脱离风险"为止。然而，一旦出口保理商与供应商的协议终止，则进口保理商不应期望账款的继续转让。

第四节 账款的催收

第二十条 进口保理商的权利

(i) 如果出口保理商或他的任何供应商收到了用于清偿已转让给进口保理商的任何账款的任何现金、支票、汇票、本票或其他支付工具，出口保理商必须将收到款项的情况立即通知进口保理商。所收到的款项应由出口保理商或该供应商以信托方式为进口保理商代管，或应进口保理商的要求立即正确背书并交付给进口保理商。

(ii) 如果销售合同中含有禁止转让条款，进口保理商作为出口保理商和/或供应商的代理人，仍享有本条 (i) 款所规定的同样的权利。

(iii) 如果进口保理商

(a) 仅仅由于以下原因，无法就已受让的某笔账款获得债务人所在国法院、仲裁庭或其他有管辖权的裁判机构（统称"裁判机构"）的裁决：

(1) 产生账款的供应商与债务人之间的销售合同中，对司法管辖权或纠纷解决机制没有明确的约定；或

(2) 债务人所在国的裁判机构拒绝做出裁决；且

(b) 在代表该账款的发票到期日后的 365 天内通知出口保理商上述事项；

则进口保理商可以立即反转让该账款并向出口保理商索回根据第二十四条 (ii) 款所付的任何款项。

(iv) 若在本条 (iii) 款所涉及的反转让日后 3 年内，出口保理商或供应商就已反转让的某笔账款在债务人所在国获得了裁判机构对债务人可执行的判决或裁定，则在已核准账款额度内，进口保理商应：

(a) 接受裁决项下对债务人所有权益的转让并再次视该笔账款为已核准的应收账款；且

(b) 若出口保理商在规定的时间内已有效完成本条 (iv) 款 (a) 中涉及的转让，则进口保理商应于裁决中要求债务人付款日后的 14 天内做担保付款。

获得本条款中涉及裁决的一切费用应由出口保理商承担。

第二十一条　催收

(i) 进口保理商对转让给他的所有账款负有催收的责任。无论账款是否得到核准，都应尽其所能及时催收。

(ii) 除第二十七条规定以外，当某一债务人所欠账款总额中仅有部分得到核准：

(a) 进口保理商有权不经出口保理商事先许可即采取法律行动催收此类账款，但进口保理商应将该情况通报出口保理商。

(b) 如出口保理商告知进口保理商其不同意采取法律行动，且进口保理商因此而中止法律行动，则进口保理商有权反转让债务人所欠全部账款，并从出口保理商处索回在采取法律行动过程中产生的费用和支出。第十五条 (ii) 及 (iii) 款规定适用于本款所述的反转让。

(c) 除本条 (ii)(b) 款中涉及的费用和支出外，采取此类法律行动的费用和支出将由进口保理商与出口保理商根据账款余额中核准与未核准部分的比例分担。

第二十二条　未核准应收账款

当某一债务人所欠账款在某一时点全部未受核准时：

(a) 进口保理商在采取法律行动催收可能产生的费用与支出前，应征得出口保理商的同意 (进口保理商自身的管理费用和支出除外)；

(b) 以上法律行动催收产生的费用与支出应由出口保理商承担，进口保理商对由于出口保理商迟表同意所造成的损失及/或费用不承担责任；

(c) 如出口保理商在收到进口保理商关于费用承担要求的 30 天内不予回复，则进口保理商有权在第 30 天或之后的任何时间反转让有关账款；

(d) 进口保理商有权要求出口保理商预付一笔保证金，以全部或部分抵补其催收此类账款时预计将要发生的费用。

第五节 资金的划拨

第二十三条 付款的划拨

(i) 当债务人就已转让给进口保理商的账款向进口保理商付款时，进口保理商应于起息日或其收到银行款项入账通知之日（两者以晚者为限）后立即向出口保理商支付相当于其银行所收到付款净额的以发票币种表示的金额，先前已做担保付款的除外。

(ii) 所有付款，不论金额大小，必须通过 SWIFT 进行日常划拨。

(iii) 进口保理商应不迟于划拨之日向出口保理商提供所划拨款项的分配说明。

(iv) 应进口保理商的要求，出口保理商应向其退还：

(a) 任何收到的进口保理商的付款，如果进口保理商原先收到的债务人的付款工具（支票或类似票据）遭到拒付，只要：

(1) 进口保理商在付款通知（有保留的付款）中已告知出口保理商这种拒付的可能性；及

(2) 进口保理商的要求是在其向出口保理商划拨款项之日起的 10 个本国银行工作日内提出的；或

(3) 该拒付是因为在签发付款工具后发生争议导致债务人中止付款指令的结果，在此情况下，有关程序和时限应遵循本规则第二十七条之规定，此时进口保理商对出口保理商的付款应被视为担保付款；

(4) 进口保理商对退款的要求不会影响他的其他责任。

(b) 任何收到的进口保理商针对未受核准账款或账款中未受核准部分的付款，如果根据付款人所在国法律，进口保理商被要求退还先前收到的债务人或账款的任何担保人的付款，且进口保理商已退还了有关款项，只要这种退还是善意的。此类退还没有任何时间限制。

第二十四条 担保付款

除非第二十五条及第二十七条另有规定：

(i) 进口保理商应承担因债务人未能于到期日按照有关销售或服务合同条款全部支付任何已核准账款所引起的损失的风险。

(ii) 任何此类账款于上述到期日后 90 天内仍未由债务人或其代理人偿付时，进口保理商应于第 90 天对出口保理商付款（担保付款）。

(iii) 本条 (i) 和 (ii) 所述的债务人的付款应指对进口保理商、出口保理商、供应商或供应商的破产管理人任何一方的付款。

（iv）如付款是针对供应商或供应商的破产管理人而进行的，则进口保理商应在债务人所在国配合并帮助出口保理商降低任何潜在的或实际的损失风险。

（v）如一笔受核准账款与相应的信用额度的币种不同，为确定核准金额，该笔账款将在担保付款到期日，根据当日在 XE.com 上发布的汇率（取中间价，即在 edifactoring.com 上使用的汇率）折算成以信用额度币种表示的金额。在任何情况下，进口保理商的风险均不超过其原先核准的金额。

第二十五条　应收账款的禁止转让

（i）对产生自含有禁止转让条款的销售或服务合同的任何受核准账款，进口保理商只有在债务人正式破产或做出破产的一般声明或承认破产时才履行担保付款的责任，但进口保理商此担保付款在任何情况下不应早于第二十四条（i）款所述的到期日后第 90 天。

（ii）在根据本条（i）款进行担保付款后，进口保理商将成为唯一能以供应商名义对债务人的破产财产主张权利的人。

（iii）出口保理商将向供应商索取并向进口保理商提供任何进口保理商在本条（ii）款所述情形下主张权利时可能需要的文件。

（iv）本规则中如有任何条款与本条规定相悖，应以本条规定为准。

第二十六条　迟付

（i）如进口保理商或出口保理商未能及时向对方支付任何应付款项，则应向对方支付利息。

（ii）除本条（iii）款规定外，如进口保理商未能按照第二十三条或第二十四条的规定向出口保理商付款，进口保理商应

（a）负责向出口保理商支付从应该付款日到实际付款日整个期间、按照应付日当天相应货币 90 天期伦敦同业拆放利率两倍计算的利息，只要利息累计金额超过 50 欧元；和

（b）等值向出口保理商补偿由于迟付款而使其遭受的任何汇价损失。

如果没有相应货币的伦敦同业拆放利率报价，赔付利率应按应该付款日出口保理商能够获得的该货币最低拆借利率的两倍计算。

（iii）如果由于进口保理商不能控制的情况导致他无法按期付款时，进口保理商应

（a）将这一事实立即通知出口保理商；

（b）向出口保理商支付从应该付款日到实际付款日整个期间的、按照相当于出口保理商所能获得的相应货币最低拆借利率计算的利息，只要利息累计金额超过 50 欧元。

(iv) 任何出口保理商对进口保理商的迟付也应遵循本条第 (ii) 款和第 (iii) 款的规定。

第六节 争议

第二十七条 争议

(i) 一旦债务人拒绝接受货物或发票或提出抗辩 (包括但不限于由于第三方对与账款有关的款项主张权利而引起的抗辩)、反索或抵销，则视为争议发生。然而，如本条规定与第二十五条规定有冲突之处，则以第二十五条规定为准。

(ii) 一旦得知争议的发生，进口保理商或出口保理商应立即向对方发送争议通知，该通知中应包含其所了解的有关账款及争议性质的一切细节与信息。出口保理商应在收到或发出争议通知后 60 天内向进口保理商提供有关争议的进一步信息。

(iii) 在收到争议通知后，已核准账款将被暂时视为未受核准。

如争议由债务人提出，且在争议涉及的发票到期日后 90 天内收到争议通知，则进口保理商不应被要求对债务人由于这种争议而拒付的款项进行付款。

如争议由债务人提出，且在担保付款后但在发票到期日后 180 天内收到争议通知，进口保理商应有权索回由于争议而被债务人拒付的金额。

(iv)(a) 出口保理商将负责解决争议，并持续努力，确保争议尽快得到解决。在出口保理商请求下，进口保理商应配合并帮助出口保理商解决争议 (包括采取法律行动)。

(b) 如进口保理商拒绝采取法律行动，或如出口保理商要求将争议涉及的账款反转让以便其以自身或供应商的名义采取法律行动，则在上述两种情况下，出口保理商均有权要求对争议涉及的账款进行反转让。

(c) 无论是否进行了反转让，一旦在本条 (v) 款规定的期限内，争议得到了有利于供应商的解决结果 (包括负责对债务人破产财产进行代管的人的认可)，进口保理商应视争议涉及的账款为受核准账款 (不超过有利结果的范畴)，只要：

(1) 出口保理商已履行了本条 (iv) (a) 款项下的义务；

(2) 进口保理商被定期告知协商或诉讼的进展情况；

(3) 解决的结果要求债务人在协商解决或诉诸法律情况下判决生效之日起 30 天内 (已被债务人破产财产代管人认可的债务不受该 30 天期限限制) 付款。

(d) 就本条而言，“诉诸法律解决争议”意味着通过有司法管辖权的法庭或其他裁判机构的裁决 (为避免疑义，应包括仲裁) 来解决争议，前提是在协商解决争议的期限届满之前已通过正当送达传票或提出仲裁申请正式开始了上述法律程序。“协商解决争议”意指任何非诉诸法律解决争议的方式。

（v）上述（iv）(c）所述及的进口保理商将争议账款重新视为核准账款的期限为：

（a）在协商解决的情况下，为 180 天；和

（b）在诉诸法律的情况下，为 3 年。

以上期限从按照本条（ii）款的规定收到争议通知书后开始起算。然而，如在上述期限内，债务人正式破产或做出破产的一般声明或承认破产，进口保理商将一直承担风险，直至争议得到解决。

（vi）在进口保理商根据本条（iv）款规定将争议账款重新视为受核准账款的情况下：

（a）如账款已反转让给出口保理商，则进口保理商有权要求立即受让解决结果赋予出口保理商或供应商的所有权利。

（b）在前述情形下，任何根据第二十四条所作的担保付款，应在解决结果所规定的付款日后的 14 天内做出，前提条件是：

（1）进口保理商根据本条（a）款要求的转让已由出口保理商在该期限内有效完成；

（2）14 天期限的最后一天要迟于原先担保付款的付款日。

（vii）如出口保理商未履行本条项下的义务且对进口保理商的风险敞口产生了实质性影响，则进口保理商有权将争议账款反转让给出口保理商，出口保理商应立即退还进口保理商已收到的担保付款款项，并支付根据第二十六条（iii）（b）计算的从担保付款日到退款日期间的利息。

（viii）如争议的解决完全有利于供应商，所有相关费用均由进口保理商承担。在任何其他情况下，费用均由出口保理商承担。

第七节　陈述、保证与承诺

第二十八条　陈述、保证与承诺

（i）出口保理商代表自己及其供应商保证并陈述：

（a）每笔应收账款均代表一笔在正常业务过程中产生的真实善意的销售和发货或服务的提供，且这种销售、发货或服务的提供符合凭以核准该应收账款的相关信息中所述及的卖方的经营范围和付款条件；

（b）根据付款条件债务人有责任支付每笔发票所列金额，并且不得提出抗辩或反索；

（c）正本发票带有说明，表示与该发票有关的账款已经转让并应仅付给作为

该账款所有人的进口保理商或者这种说明已于发票到期日前以书面形式另行通知，任何类似转让说明必须采取进口保理商规定的格式；

(d) 出口保理商和供应商在转让时均无条件拥有向进口保理商转让和过户每笔应收账款的全部权利（包括与该账款有关并可向债务人收取利息和其他费用的权利）、权益及所有权的权利，且该等权利不受第三方索偿的影响；

(e) 出口保理商将保理任何一个卖方对任何一个获得进口保理商核准的债务人由符合本规则第三条规定的销售行为而产生的全部账款；和

(f) 销售或服务合同项下规定由供应商承担的所有税款、运输行费用、仓储及货运费用、保险费及其他费用均已得到支付。

(ii) 出口保理商代表自己及其供应商保证：

(a) 他将通知进口保理商由供应商或他自己收到的任何与已转让账款有关的付款；和

(b) 只要进口保理商仍有风险，他将简要通知或应要求详细通知进口保理商规则第三条所规定的有关除外交易的存在情况。

(iii) 除第三十二条规定外，如出口保理商违反了根据本条（i）(e) 或（ii）(b) 所作的保证，进口保理商应有权向其追讨：

(a) 对所隐瞒账款应收取的佣金和/或费用；

(b) 对其他损失（如有）的补偿。

第八节　杂项

第二十九条　通信与电子数据交换

(i) 任何书面信息及本规则中涉及的其他任何文件，如在现行的电子数据交换标准中有相应的报文，可由此报文替代；或必须由此报文替代，倘若章程或成员间的惯例如此要求的话。

(ii) 保理电子数据交换的使用受“保理商之间电子数据交换规则”的制约。

(iii) 通信的发起方应对由通信中的错误及/或遗漏而给接收方造成的损害与损失负责。

第三十条　账务与报告

(i) 进口保理商有责任细致、准确地记录债务人分户账，并定期通知出口保理商有关分户账的变动情况。

(ii) 出口保理商有权依赖进口保理商提供的一切信息与报告，只要这种依赖是合理与善意的。

(iii) 如果出于任何合理的原因，进口保理商或出口保理商不能使用电子数据交换，则进口保理商应至少每月向出口保理商发送一次所有有关交易的账务及其他报告。如出口保理商在收到报告的 14 天内未以书面形式提出任何疑义，则视为其已接受并认可该报告。

第三十一条　补偿

（i）在提供服务时，进口保理商将不对出口保理商的供应商承担任何责任。

（ii）出口保理商应补偿进口保理商并使其免予所有诉讼、索赔、损失或下述（a）、（b）可能对进口保理商进行或提出的其他要求所造成的伤害：

（a）任何供应商出于进口保理商可能采取的或未能采取的任何行动的原因；和

（b）与该供应商的货物和/或服务、发票或基础合同有关的任何债务人。

倘若在上述任何情况下，进口保理商行事或未能行事的行为是合理的和善意的。

（iii）如进口保理商未能按照本规则履行义务或违反了其根据本规则所做出的保证，则其应补偿出口保理商因此而遭受或产生的一切损失、成本、费用、利息或开支。此类损失、成本、费用、利息或开支的举证义务在于出口保理商。

（iv）出口保理商与进口保理商应补偿对方由于本条（ii）及（iii）款所列补偿范围内的任何情况使对方所遭受的或产生的所有损失、成本、费用、利息和开支（包括诉讼费用）。

第三十二条　对规则的违反

（i）对本规则的实质性违反必须于相关发票到期日后 365 天之内提出。

（ii）如果出口保理商实质性违反了本规则的任何条款，结果严重影响了进口保理商对信用风险的评估及/或其收取账款的能力，进口保理商不应被要求进行担保付款。本款提供证明的义务在于进口保理商。如进口保理商已经进行了担保付款，则其应有权索回已付的金额，只要进口保理商在自声明出口保理商违反规则后的 3 年内，向出口保理商满意地证实了其所享有的索回权利。

（iii）仅由于争议引起的对第二十八条（i）(a）及（b）的严重违反不适用本条规定，而应适用第二十七条（i）至（vii）款。

（iv）出口保理商应及时补偿进口保理商；该补偿应包括从担保付款日到实际补偿付款日根据第二十六条（ii）款计算的利息。

（v）本条规定是对本规则其他规定的补充而非替代。

附录三

中国建设银行关于印发《中国建设银行福费廷业务管理暂行办法》及《中国建设银行福费廷业务操作规程》的通知

各省、自治区、直辖市分行，总行直属分行，苏州、三峡分行，总行营业部：

为控制福费廷业务的风险，规范业务操作，总行制定了《中国建设银行福费廷业务管理暂行办法》（简称《办法》）及《中国建设银行福费廷业务操作规程》（简称《规程》），现印发给你分行，并就有关事项通知如下：

一、本《办法》及《规程》对我行福费廷业务操作进行了统一规定，是防范风险的重要措施。各分行有关部门要认真组织学习，严格遵照执行。

二、福费廷业务是我行的一项新的贸易融资产品，需逐步、审慎地推开，目前仅批准我行的 60 个中心城市行办理此项业务。如其他分行有业务需求，应报总行批准后，才可办理。

三、根据我行国际结算业务的发展状况及客户的需求，目前本《办法》中的自营业务仅限于银行承兑汇票的买断。

四、依据《中国建设银行贸易融资额度管理暂行规定》（建总发［2002］121 号），贴现及买入业务占用代理行额度，不占用客户的贸易融资额度。福费廷业务是一种无追索的票据贴现业务，同样适用此规定。

五、福费廷业务与贴现/买入业务相比较，前者的风险大于后者。由于贴现/买入行保有对受益人的追索权，当承兑行无力支付款项时，还可以向受益人追索。而在买断业务中，买断行对受益人没有追索权，当承兑行无力支付款项时，只能由买断行自己承担全部风险。

六、各分行可通过结算部的网页检查承兑行在我行是否有金融机构额度，凡符合我行规定，可以办理自营业务的，不得按转买业务办理。

七、为加强票据转卖业务的风险管理，在福费廷业务开办之初，凡涉及票据转卖业务，由总行结算部统一报价集中处理。

八、转买业务由总行集中办理，各分行可提供相关的信息。

九、由于客户要求出具承诺函的业务较少，且我行因此而承担的风险较大，所以在《办法》中取消了承诺函的相关规定。如客户有此需求，分行需逐笔上报总行审批。

十、为保障我行办理福费廷业务的收益，同时也为降低福费廷业务风险，若客户申请的融资期限低于20天，则其利率及费率按照20天计算。

十一、福费廷业务中所涉及的会计科目，由会计部另行发文规定。

十二、福费廷业务中所涉及的利率及费率，由资产负债管理委员会办公室另行发文规定。

各行在执行本规定过程中遇到问题，请及时向总行反映。

附：

一、中国建设银行福费廷业务管理暂行办法

二、中国建设银行福费廷业务操作规程（略）

一、中国建设银行福费廷业务管理暂行办法

第一章　总则

第一条　为控制福费廷业务的风险，规范业务管理，根据《中华人民共和国商业银行法》、《中华人民共和国票据法》等有关法律、法规及人民银行和建设银行的有关规章制度，特制定本办法。

第二条　本办法所指福费廷（Forfaiting）业务，又称买断，是建设银行根据客户（信用证受益人）或其他金融机构的要求，在开证行或保兑行或其他指定银行对远期信用证项下的汇票承兑后，对该汇票进行无追索权的贴现。

第三条　本办法所指福费廷业务包括自营业务、转卖业务及转买业务。

（一）自营业务是指自贴现日至汇票到期日在180天（含）以下，且承兑行在建设银行有金融机构额度，建设银行根据客户的要求对该汇票进行无追索权的贴现。

（二）转卖业务是指自贴现日至汇票到期日在180天（含）以下但承兑行在建设银行无金融机构额度，或自贴现日至汇票到期日在180天以上，由建设银行将汇票卖给其他金融机构。

（三）转买业务是指自贴现日至汇票到期日在180天（含）以下，且承兑行在建设银行有金融机构额度，建设银行根据其他金融机构的要求对该汇票进行无追索权的贴现。

第四条 本办法所指福费廷业务币种限于美元、欧元、瑞士法郎、日元、港元等自由兑换货币。

第二章 职责分工

第五条 建设银行总行负责金融机构额度的审核及扣减。

（一）自营业务占用金融机构额度，不占用客户的贸易融资额度。

分行在办理每笔自营业务前必须向总行结算部申请使用金融机构额度，经办行应通过一级分行向总行结算部申请金融机构额度。

如承兑行为建设银行分支机构（包括海外分支机构），不用向总行申请金融机构额度，但需向总行结算部备案。

（二）转卖业务不占用金融机构额度及客户的贸易融资额度。

（三）转买业务占用金融机构额度。

第六条 建设银行总行负责与金融机构签订福费廷业务合作的相关协议。

（一）办理转卖业务，经办行需逐笔上报一级分行，一级分行审查合格后，上报总行，总行结算部负责与合作行联系，并确定买入行。

（二）转买业务由总行集中办理。

第七条 福费廷业务的归口管理部门为总行结算部。

第八条 经办行的信贷经营部门对客户的资信状况、调查材料的真实性负责，国际结算部门对信用证的有效性及票据承兑的真实性负责。

第九条 各一级分行负责所属分支机构福费廷业务的日常管理工作。

第三章 审查

第十条 客户申请办理福费廷业务需满足以下条件：

（一）具有进出口业务经营权；

（二）在我行开立结算账户；

（三）已与建设银行签订《中国建设银行福费廷业务协议》；

（四）贸易背景真实；

（五）无不良交易记录。

第十一条 客户提交的单据需满足以下条件。

（一）已提交《福费廷业务申请书》及《转让书》。

（二）信用证及修改通知必须为正本。

（三）信用证为远期议付或承兑信用证。

（四）远期信用证项下汇票的承兑应由承兑行以 SWIFT 电文、加押电传或者建设银行认可的其他方式直接发送建设银行，或根据建设银行要求将已承兑汇票寄回建设银行。

（五）如承兑行为发生在我国境内（承兑行为我行分支机构除外），应严格依照我国的《票据法》执行，应符合以下要求：

1. 只接受纸质汇票，不得接受承兑电文，且汇票票面必须记载：表明“汇票”的字样、无条件支付的委托、确定的币别金额、付款人名称、收款人名称、出票日期、出票人签章。

2. 承兑人必须在汇票票面记载“承兑”字样，其签章必须符合该金融机构的签字样本要求，签章核符，且将汇票寄回建设银行。

第四章　费用

第十二条　自营业务的收费种类、水平及方式。

（一）自营业务费用包括福费廷利息、承兑行费用、审单费、邮电费、迟付利息和违约金。

（二）福费廷利息：

1. 福费廷利息=福费廷利率×计息天数×汇票金额

2. 计息天数=实际融资天数+多收期

3. 多收期指从汇票到期日至我行实际收款日的估计延期天数。

（1）对中国、日本、欧洲、北美洲以及大洋洲，多收期为 0~3 天；

（2）对韩国以及东南亚，多收期为 3~5 天；

（3）对西亚、中南美洲、非洲以及其他国家和地区，多收期为 5~7 天。

4. 按日计息。币种为港元和英镑的，日利率按一年 365 天计算，除港元和英镑以外的币种，日利率按一年 360 天计算。每个利息期的天数包括利息期的第一天，不包括最后一天。

（三）承兑行费用指承兑行在付款时要求扣收的费用；迟付利息指金融机构迟于汇票到期日付款应支付的利息；违约金指客户在该笔业务中如有欺诈或不当行为致使我行或合作行到期不能得到付款而应支付的赔偿金。

（四）收取方式。福费廷利息、承兑行费用、审单费和邮电费在办理福费廷付款时扣除。

（五）福费廷利息、承兑行费用、审单费、邮电费、迟付利息和违约金的具体标准按总行有关规定执行。

第十三条 转卖业务的收费种类、水平及方式。

（一）转卖业务收费包括福费廷利息、承诺费、审单费、邮电费和搭桥费。

（二）福费廷利息和承诺费按合作行报价收取，由我行代收后转付给合作行。

（三）审单费、邮电费和搭桥费为我行收益。搭桥费指我行作为客户和合作行中介应收取的中介费用。

（四）转卖业务收费方式同自营业务。

（五）审单费、邮电费、搭桥费收费标准按总行有关规定执行。

第五章 其他规定

第十四条 在办理福费廷业务前，经办行应与客户签订《中国建设银行福费廷业务协议》，协议持续有效，直至经办行或客户以书面形式通知终止协议，在通知送达对方之日时，协议终止，经办行不再受理客户新的业务申请。如经办行尚有已受理但尚未办理完结的客户提交的单笔福费廷业务，应继续办理完结，协议自上述单笔福费廷业务办理完结之日起终止。

第十五条 建设银行在为客户办理福费廷业务的结汇或入账手续时：

（一）如承兑行为境内中资银行的福费廷业务，不得出具出口收汇核销专用联，待款项收妥后，应出具出口收汇核销专用联。

（二）如承兑行为境外银行或境内外资银行的福费廷业务，应出具出口收汇核销专用联。

第十六条 国际收支涉外申报。

在办理福费廷业务时，经办行应要求客户预留一份加盖出口单位印章的涉外收入申报单。经办行在收到相应出口货款后应当按规定填制并传送涉外收入统计表；同时，经办行应当负责代客户填制预留在该行的涉外收入申报单，收款人为客户名称，并在交易附言中注明“福费廷业务”，交易编码根据出口贸易方式填写，由经办人在涉外收入申报单上签字并加盖业务印章。

第十七条 若因客户在该笔业务中伪造或变造汇票和/或其他单据，或因欺诈或任何其他不当行为而导致承兑行基于任何适用的法律、法规或法院禁止令而拒绝、被限制或禁止向经办行支付汇票款项的，经办行应在得到承兑行或合作行的通知及有效证据后，立即采取保全措施，在两个工作日内向客户追索，要求其退还融资款项并支付违约金。

第六章　附则

第十八条　本办法由中国建设银行总行负责解释和修改。

第十九条　本办法自下发之日起施行。

实训练习答案

第一章　实训练习答案

【核心概念】

国际结算：处于两个国家的当事人通过银行办理跨国货币收付业务，目的是结清双方的债权债务关系或跨国转移资金。

【问答题】

1. 国际结算经历了哪几个历史发展过程？

答案要点：现金结算发展到非现金结算；从商人间的直接结算发展到以银行为中介的转账结算；从“凭货付款”到“凭单付款”；从人工结算到电子结算。

2. 国际结算的现代特征是什么？

答案要点：①国际结算的规模和范围越来越大。②国际结算与信贷融资密不可分。③国际担保融入国际结算。④政策性金融支持伴随着国际结算。⑤国际结算方式不断创新。⑥国际结算中商业信用的比重加大。

3. 世界范围内有哪些国际支付清算系统？

答案要点：目前，世界上被广为接受的主要国际支付清算系统有：环球银行金融电信协会 SWIFT 系统、美元支付清算系统 CHIPS 和 FEDWIRE、欧元跨国清算系统 TARGEF、伦敦自动清算支付系统 CHAPS、日本银行金融网络系统 BOJ-NEF。

第二章　实训练习答案

【核心概念】

票据：是指由出票人签发的，承诺自己或委托他人在见票时或指定日期向收款人或持票人无条件支付一定金额、可以流通转让的一种有价证券。

汇票：是指由出票人签发的，委托付款人在见票时或在指定日期无条件支付确定的金额给收款人或持票人的票据。

本票：是出票人签发的，承诺自己在见票时无条件支付确定金额给收款人或者持票人的票据。

支票：是出票人签发的，委托办理支票存款业务的银行或者其他金融机构在见票时无条件支付确定金额给收款人或持票人的票据。

票据权利：是指持票人依据票据上所记载的事项，以取得票据金额为目的，向票据债务人请求支付票据金额的权利，它包括付款请求权和追索权。

票据义务：是一种金钱给付的义务，它是票据权利的相对物。

票据抗辩：是指票据义务人对票据债权人的请求，提出一定的合法理由予以对抗，并依此而拒绝履行票据义务的行为。

【问答题】

1. 票据的功能有哪些？

答案要点：①支付功能（票据的基本功能）；②信用功能（票据的核心功能）；③流通功能；④融资功能（票据筹集资金的功能）；⑤汇兑功能（票据的传统功能）。

2. 票据有哪些特性？

答案要点：①设权性是指持票人的票据权利随票据的设立而产生，离开了票据，就不能证明其票据权利；②无因性是指债权人持票行使票据权利时，可以不明示其原因；③要式性是指票据的形式必须符合法律规定，票据上的记载事项必须齐全并符合规定；④文义性是指票据上的一切权利和义务都必须以票据上的文义记载为准；⑤提示性是指票据上的债权人请求债务人履行票据义务时，必须向付款人提示票据，才能请求给付票款；⑥可追索性是指票据的付款人或承兑人如果对合格票据拒付时，正当持票人可以向票据债务人追索，要求取得票据权利；⑦返还性是指票据的持票人在得到付款人支付的票款时，应将签收的票据交还付款人；⑧流通转让性是指持票人以正当手段取得票据后有权将其转让给其他人，且不必通知原债务人，原债务人不能以没有收到通知为由拒绝承担义务。

3. 汇票的绝对必要记载事项有哪些?

答案要点：我国《票据法》规定，汇票的绝对必要记载事项有："汇票"字样、无条件支付命令、确定金额、付款人名称、收款人名称、出票日期和出票人签字。

4. 简述汇票的票据行为。

答案要点：汇票的票据行为有广义和狭义之分，狭义的票据行为是以负担票据上的债务为目的所作的必要形式的法律行为，如出票、背书、承兑、保证等。其中，出票是主票据行为，其他行为则为附属票据行为。广义的票据行为除上述狭义票据行为外，还包括票据处理中有专门规定的行为，如提示、付款、拒付、追索等行为。

5. 比较汇票、本票和支票的异同。

答案要点：

相同点：①具有相同的性质；②具有相同的票据功能。

不同点：①本票是约定（约定本人付款）证券；汇票是委托（委托他人付款）证券；支票是委托支付证券，但受托人只限于银行或其他法定金融机构。②我国的票据在使用区域上有区别。本票只用于同城范围的商品交易和劳务供应以及其他款项的结算；支票可用于同城或票据交换地区；汇票在同城和异地都可以使用。③付款期限不同。本票付款期为1个月，逾期兑付银行不予受理；支票付款期为10天（从签发的次日算起，到期日遇惯例假日顺延）。④汇票和支票有三个基本当事人，即出票人、付款人、收款人；而本票只有出票人（付款人和出票人为同一个人）和收款人两个基本当事人。⑤支票的出票人与付款人之间必须先有资金关系，才能签发支票；汇票的出票人与付款人之间不必先有资金关系；本票的出票人与付款人为同一个人，不存在所谓的资金关系。⑥支票和本票的主债务人是出票人；而汇票的主债务人，在承兑前是出票人，在承兑后是承兑人。⑦远期汇票需要承兑，支票一般为即期无须承兑，本票也无须承兑。⑧汇票的出票人担保承兑付款，若另有承兑人，由承兑人担保付款；支票出票人担保支票付款；本票的出票人自负付款责任。⑨支票、本票持有人只对出票人有追索权，而汇票持有人在票据的有效期内，对出票人、背书人、承兑人都有追索权。⑩汇票可以有一式两份，而本票、支票则没有。

第三章 实训练习答案

【核心概念】

汇付：即汇款，是付款人通过银行将款项汇交收款人的结算方式。

【问答题】

1. 汇付方式的特点是什么？

答案要点：①汇付的优点在于手续简便、费用低廉。汇款支付方式的手续是最简便的，如同一笔单纯的汇款业务，银行只负责汇款，因此，银行的手续费也最少。②汇付的缺点是风险大，资金负担不平衡。在国际贸易支付中，无论是电汇、信汇还是票汇，银行都不经手货运单据，而由出口商自行寄交进口商，所以，这种支付方式又称为单纯支付。由于银行只提供服务而不提供信用，使用汇付完全决定于买卖双方中一方对另一方的信任，并在此基础上向对方提供信用和进行资金流通，因此，汇付属商业信用性质，风险较大。再者，以汇付方式支付时，可以是预付货款，也可以是货到付款。如果是预付货款，买方向卖方提供信用并融通资金；而如果是货到付款，则由卖方向买方提供信用并融通资金。不论采用哪一种方式，风险和资金负担都集中在其中一方。

2. 汇付方式的种类有哪些？

答案要点：①电汇是指汇出行应汇款人的委托和申请，以拍发加押电报或电传方式将付款委托通知其在收款人当地的分行或代理行（汇入行），委托它将一定金额的款项解付给指定的收款人。②信汇是指汇出行应汇款人的委托和申请，采用航寄付款委托书的方式。委托汇入行解付一定金额给指定的收款人。③票汇是指汇出行应汇款人的申请，开立以其海外分行或代理行为付款人，列明汇款人所指定的收款人名称的银行即期汇票，交由汇款人自行寄交给收款人，由收款人凭票向付款人（汇入行）取款的一种汇付方式。

3. 采用汇付方式结算存在哪些风险，应该如何防范？

答案要点：①存在的风险主要有国家信用风险、商业信用风险和结算风险。②防范措施主要有：风险回避、风险转嫁、风险控制、风险保险和风险承担策略。

第四章　实训练习答案

【核心概念】

托收：是指债权人（一般为出口商）开具汇票，委托当地银行通过它在进口地的分行或代理行向债务人（一般为进口商）收取货款的一种支付方式。

即期付款交单：是指出口商按合同规定发运货物后，开具即期汇票（或不开汇票），连同全套货运单据，委托银行向进口商提示，进口商见票（和单据）审核无误后立即付款，银行在其付清货款后交出货运单据。

远期付款交单：是指出口商按合同规定发货后，开具远期汇票，连同全套货运单据，委托银行向进口商提示，进口商审单无误后在汇票上承兑，于汇票到期日付清货款后，再从银行领取货运单据。

承兑交单：是指出口商在按照合同规定发运货物后开具远期汇票，连同货运单据委托银行办理托收，并明确指示银行，进口商在汇票上承兑后即可向银行领取全套货运单据，待汇票到期日再付清货款，即出口商的交单以进口商在汇票上承兑为条件。

【问答题】

1. 托收方式的特点是什么？

答案要点：托收具有以下几个特点：

（1）托收方式对出口商风险较大；

（2）出口商有一定的资金负担；

（3）托收是出口商给予进口商资金融通的一种支付方式。

2. 托收方式的种类有哪些？

答案要点：根据资金单据是否随附商业单据，托收可分为光票托收和跟单托收。

光票托收是指不附有商业单据的资金单据或仅附有发票等不包括货运单据的一般商业单据的托收。在国际贸易中，光票托收主要用于小额交易付款、部分预付货款、分期支付货款以及贸易从属费用的收取。

跟单托收是指附有包括货运单据在内的商业单据的托收。跟单托收可以是带有资金单据（汇票）的跟单托收，也可以是不带有资金单据的跟单托收，连同有关的货运单据交给银行托收，以避免印花税的负担。

3. 采用托收方式结算存在哪些风险，应该如何防范？

答案要点：

（1）存在的风险主要有：出口商未对进口商进行资信调查导致货物损失；托收方式下贸易术语把握不当导致出口商受损；对进口国银行托收的惯例不熟悉造成的收汇风险；对代收行的选择不当造成延期收汇；其他风险。出口商如果不能树立正确的风险防范意识，还会造成其他风险。例如出口企业不注重企业的规范化管理，导致在从事国际贸易时出现一些不规范操作。

（2）防范措施主要有：

对出口商来说：①加强对进口商资信的调查；②谨慎选择代收行；③完善出口商企业的管理体制。

对政府来说：①制定相关法律法规，明确本国的托收方式所适用规则；②提倡本国信用评级机构的发展；③培养更多的国际贸易和金融专业人才。

第五章　实训练习答案

【核心概念】

信用证：开证行根据申请人（一般是进口商）的要求，向受益人（一般是出口商）开立的一种有条件的书面付款保证。即开证行在收到受益人交付全部符合信用证规定的单据的条件下，向受益人或其指定人履行付款的责任。

【问答题】

1. 信用证的含义及特征是什么？

答案要点：信用证是银行根据进口商的申请和指示，向出口商开立的承诺在一定期限内凭规定的单据支付一定金额的书面文件。信用证的特点是：开证行是一项独立的自足文件、开证行承担第一性付款责任、信用证业务是一种纯粹的单据业务。

2. 简述信用证业务的基本当事人及其权利与义务。

答案要点：一般来说，一笔信用证业务包含四个基本的当事人，即开证申请人、开证行、通知行和受益人。但在有些类型的信用证业务中，还涉及议付行、偿付行、付款行、承兑行和保兑行等。各当事人的权利和义务略。

3. 比较可转让信用证与背对背信用证。

答案要点：可转让信用证与背对背信用证都适用于中间贸易，但二者在适用中存在一定的差异，具体表现在：①可转让信用证的权利转让要以原证申请人及开证行准许为前提，而背对背信用证的开立与原证申请人和开证行均无关。②可转让信用证在《UCP500》中有明确规定，而背对背信用证无统一约束，第二受益人往往并不知道信用证是否为背对背信用证，在信用证上没有，也不必注明背对背信用证。③可转让信用证的原证与新证是同一个信用证，由同一个开证行保证付款，而背对背信用证是两个独立的信用证，两者并存，由两个不同的银行保证付款。④可转让信用证只有一次交单议付，而背对背信用证有两次独立的交单议付。

4. 比较真远期信用证与假远期信用证。

答案要点：

（1）开证基础不同。假远期信用证是以即期付款的贸易合同为基础开证，真远期信用证是以远期付款的贸易合同为基础开证。

（2）利息的负担者不同。假远期信用证的贴现利息由进口商负担，真远期信用证的贴现利息由出口商负担。

（3）收汇时间不同。假远期信用证的受益人能即期收汇，真远期信用证要待汇票到期才能收汇。

国际贸易中之所以使用假远期信用证，其原因可能是进口国政府规定进口一律远期付款，不得开具即期信用证，而出口方又要求即期收款。进口商开立假远期信用证也可以达到利用付款行资金的目的。

第六章　实训练习答案

【核心概念】

打包放款：出口商接到信用证后，凭信用证所列条款向银行预支一定数量的金额用于购买合同货物和打包装运，转运后预支款项的本息在议付时扣除。这种做法是出口商所在地银行给出口商提供的装船前融资（Pre-shipment Financing）。融资银行须承担预支款项的风险。银行为了减少风险，有时要求出口商在预支款项时提供抵押品。

出口押汇：买单或买票（Bill Purchased），正规名称为议付（Negotiation）。银行在出口商发货后对其提供的短期融资。

【问答题】

1. 简述跟单信用证的业务程序。

答案要点：跟单信用证业务的基本流程大致包括以下环节：进出口商签订国际贸易合同；开证申请人申请开立信用证；开证行开出信用证；通知行向受益人通知信用证；受益人审证、发货、制单；受益人交单；出口地银行审单付款；付款或垫付银行寄单索汇；开证行审单付款；开证行通知开证申请人备款赎单；开证申请人付款赎单；开证行交单；开证申请人凭单提货。

2. 简述信用证项下的资金融通及风险防范。

答案要点：

(1) 融资：

进口类信用证的融资：①减免保证金开证；②开证额度；③进口押汇。

出口类信用证的贸易融资：①打包贷款 (Packing)；②红条款信用证；③押汇；④远期汇票的贴现 (Discount)；⑤假远期信用证 (Buyer's Usance Credit)。

(2) 风险及防范措施：

进口商面临的主要风险：①出口商交货严重违反贸易合同的要求。②出口商伪造单据骗取货款。③卖方勾结承运人出具预借提单或倒签提单，或勾结其他当事人如船长等将货物中途卖掉。

出口商面临的主要风险：①由于交货期、交货数量、规格等不符点而造成的风险。②因软条款而导致的风险。③进口商利用伪造、变造的信用证绕过通知行直接寄出口商，引诱出口商发货，骗取货物。④正本提单直接寄进口商。⑤进口商申请开立不合格信用证，并拒绝或拖延修改，或改用其他付款方式支付。此时卖方若贸然发货，将造成单证不符或单货不符的被动局面。⑥开证行倒闭或无力偿付信用证款项。

银行面临的风险：①进口商无理拒付合格单据或因破产给银行带来风险。②信用证打包贷款给银行带来风险。③进出口双方合谋欺诈给银行带来风险，如牟其中勾结海外不法商人利用远期信用证进行融资诈骗。

信用证风险的防范措施：①加强信用风险管理，重视资信调查。②努力提高业务人员素质，保持高度的警惕性。③信用证业务的特点决定了单据对整笔业务完成的重要性。④开证行应认真审查开证申请人的付款能力，严格控制授信额度，对资信不高的申请人要提高保证金比例，落实有效担保。

第七章 实训练习答案

【核心概念】

银行保函：又叫银行保证书，是指银行作为担保人，向受益人开立的保证文件，旨在保证被保证人一定要向受益人履行某种义务；否则，将由担保人负责支付由此给受益人造成的损失。

备用信用证：一种信用证或类似安排，构成开证行对受益人的下列担保义务：①偿还债务人的借款或预支给债务人的款项；②支付由债务人所承担的负债；③对债务人不履行契约而付款。

【问答题】

1. 简述银行保函的含义及性质。

答案要点：银行保函又称银行保证书，是指银行作为担保人，向受益人开立的保证文件，旨在保证被保证人一定要向受益人履行某种义务；否则，将由担保人负责支付由此给受益人造成的损失。

根据银行保函与基础业务合同的关系不同，银行保函有从属性保函和独立性保函两种。前者项下，担保行的付款责任为第二性；后者项下，担保行的付款责任为第一性。银行保函本质上是以促使申请人履行合同为目的的银行信用。

2. 简述银行保函与商业信用证的区别。

答案要点：

第一，开立目的不同。保函首要目的是担保而不是付款；而信用证是一种国际结算工具，其开立的首要目的是付款。

第二，银行责任不同。保函下，银行责任有时第一性，有时第二性；而在信用证下，银行责任为第一性。

第三，应用范围不同。银行保函应用范围大大超出信用证。

第四，所付款项性质不同。信用证下的款项为货款；保函下的款项可以是赔款和退款。

第五，对单据要求不同。

第六，银行承担风险不同。保函风险更大；信用证风险相对小。

第七，可转让性不同。保函不可转让；而信用证有时可转让。

3. 简述银行保函的业务流程。

答案要点：银行保函的开立有两种方法：一为直开法，即担保银行应申请人的要求直接将保函开给受益人，或仅通过通知行将保函通知给受益人，这也是保函开立中最简单最直接的方法。二为转开法，是申请人所在地的银行（指示行）以提供反担保的形式委托国外受益人所在地的银行（即转开行）所出具的保函，并由后者承担付款责任。具体流程参见本章中相关内容。

4. 简述银行保函的主要内容。

答案要点：银行保函内容包括如下几项：保函名称；各当事人名称及地址；基础合同的相关信息；保函的货币名称；有效日期；付款条件及其他。

5. 简述备用信用证的定义和性质。

答案要点：备用信用证是开证行对受益人承担一项义务的凭证。在此凭证中，开证行保证在开证申请人未能履行其义务时，受益人只要按照备用信用证的规定向开证行开具汇票，并随附开证申请人未履行义务的声明或证明文件即可得到开证银行的偿付，又称商业票据信用证或担保信用证。备用信用证既是一种具有信用证形式和内容的银行保函，又是一种具有保函性质和作用的信用证。备用信用证具有不可撤销性、独立性、跟单性和强制性的特点。

6. 简述备用信用证的用途及基本分类。

答案要点：备用信用证的用途和银行保函十分相似，既可用于成套设备、大型机械、运输工具的分期付款、延期付款和租金支付，又可用于一般进出口贸易、国际投标、国际融资、BOT 项目、加工装配、补偿贸易、技术贸易以及保险与再保险等经济活动的履约保证。常见的备用信用证种类有：预付款备用信用证、直接付款备用信用证、融资备用信用证、履约备用信用证、投标备用信用证、反担保备用信用证、保险备用信用证和商业备用信用证。

7. 比较备用信用证和跟单信用证的异同。

答案要点：备用信用证和跟单信用证都是自足性文件，开证行承担第一性的凭单付款责任和纯单据交易；但二者要求的单据、有效期限、适用范围、作用和适用的法律规则不同。

8. 比较备用信用证和银行保函的异同。

答案要点：备用信用证和银行保函的定义与法律当事人、性质和用途基本相同；但在是否有独立与备用之分、保兑方式、适用的法律规范及惯例、开立方式、生效条件、对付方式、融资作用以及单据要求几方面存在差异。

第八章 实训练习答案

【核心概念】

国际保理：由保理商向卖方提供的基于双方契约关系的一种集贸易融资、商业资信调查、应收账款管理及信用风险担保于一体的新兴综合性金融服务。

出口信用保险：国家为了推动本国的出口贸易，保障出口企业的收汇安全而制定的一项由国家财政提供保险准备金的非盈利性的政策性保险业务，包括短期/中长期出口信用保险、投资保险、担保业务、账款追收、资信评估和保单融资等。

【问答题】

1. 国际保理的主要服务项目有哪些？

答案要点：贸易融资、应收账款的催收、账户的管理、信用风险控制与坏账担保。

2. 比较国际保理与出口信用保险。

答案要点：国际保理与出口信用保险的共同之处：①二者都可以降低出口商O/A远期支付的风险。②二者都具有财务信用风险担保（减少因信用风险而形成的呆账坏账损失）和对进口商进行资信调查的功能。③二者都可以使出口商获得银行的贸易融资支持，解决资金周转问题。

区别：①性质不同；②风险范围不同；③风险保障程度不同；④服务内容不同；⑤出口商品范围不同；⑥结算方式不同；⑦费用不同。

3. 简述国际保理业务的运作程序。

答案要点：①出口保理商和进口保理商签订保理代理合约，就保理的内容和范围达成书面协议，建立代理关系；②出口商向出口保理商提交出口保理申请；③出口保理商联系进口保理商；④进口保理商对进口商进行信用评估；⑤进口保理商核定或批准进口商的信用额度，并通知出口保理商；⑥出口保理商把进口保理商已经核准进口商的信用额度通知给出口商；⑦出口商与出口保理商签订出口保理协议，并获得正式保理额度；⑧出口商与进口商签订贸易合同，支付方式为O/A或D/A；⑨发货、寄单，出口商按合同装运货物后，将提单发票等单据直接寄给进口商；⑩出口商将代表应收账款的单据提交给出口保理商，以转让应收账款债权；⑪出口保理商将该笔应收账款再转让给进口保理商；⑫进口保理商向进口商催收该笔应收账款；⑬进口商向进口保理商支付货款；⑭进口保理商向出口保理商转交货款，用 EDI 将汇款信息发至出口保理商；⑮出口保理商在收汇金额中扣除已融资的预付本息后，向出口商支付货款余额，为出口商结汇；⑯贸易纠纷与协议的终止。

第九章　实训练习答案

【核心概念】

福费廷：又称买断或包买票据业务，是指在大型成套设备的国际贸易中，银行从出口商那里无追索权地买断由开证行承兑的远期汇票或由进口商所在地银行担保的远期汇票或本票的一种贸易融资方式。

【问答题】

1. 简述福费廷业务的特点。

答案要点：福费廷业务中对合格票据的购买无追索权；福费廷业务融资金额较大；福费廷业务主要提供中长期资本物品贸易融资；福费廷业务的包买票据通常由进口方银行担保；福费廷业务一般以分期付款方式支付货款；福费廷业务的融资成本高；福费廷业务通常按固定利率融资。

2. 福费廷业务的主要成本有哪些？

答案要点：贴现率、承诺费、选择费和罚款。

3. 比较福费廷业务与国际保理业务。

答案要点：①业务本质不同；②信用基础不同；③融资期限与金额大小不同；④追索权有无的规定不同；⑤风险承担不同。

第十章　实训练习答案

【核心概念】

国际结算单据：是指与商品交易相关的一切凭证和证明文件。狭义的单据是指商业单据，是国际贸易和国际结算中直接说明货物有关情况的商业凭证和公务证明文据。广义的单据还包括资金支付凭证（金融单据）。

【问答题】

1. 国际结算单据的种类有哪些？

答案要点：

（1）按单据的性质分类：资金单据，商业单据，公务证书。

（2）按单据的作用分类：基本单据，附属单据。

基本单据主要有三种：商业发票、运输单据和保险单。跟单信用证、汇票也常被看作基本单据。

（3）按单据的签发人分类：出口商自制单据，协作单位签发的单据，由政府机关、社会团体签发的单据，由国外有关单位签发的证明。

2. 海运提单的主要作用有哪些？

答案要点：

（1）货物收据。提单是承运人签发给托运人的收据，确认承运人已收到提单所列货物并已装船，或者承运人已接管了货物，已代装船。

（2）运输契约证明。是托运人与承运人的运输契约证明。

承运人之所以为托运人承运有关货物，是因为承运人和托运人之间存在一定的权利义务关系，双方权利义务关系以提单作为运输契约的凭证。

（3）货权凭证。提单是货物所有权的凭证。谁持有提单，谁就有权要求承运人交付货物，并且享有占有和处理货物的权利，提单代表其所载明的货物。

3. 汇票的主要种类有哪些？

答案要点：

（1）银行汇票和商业汇票。根据汇票当事人身份的不同，分为银行汇票和商业汇票。

（2）即期汇票和远期汇票。根据汇票付款期限的不同，可以分为即期汇票和远期汇票。

（3）光单汇票和跟单汇票。根据汇票付款是否需要附随其他单据，汇票可以分为光单汇票和跟单汇票。

4. 保险单据的主要内容是什么？

答案要点：保险单（Insurance Policy）：俗称大保单，是一种正规的保险合同，除载明被保险人（投保人）的名称、被保险货物（标的物）的名称、数量或重量、唛头、运输工具、保险的起讫地点、承保险别、保险金额、出单日期等项目外，还在保险单的背面列有保险人的责任范围，以及保险人与被保险人各自的权利、义务等方面的详细条款，它是最完整的保险单据。保险单可由被保险人背书，随物权的转移而转让，它是一份独立的保险单据。

第十一章　实训练习答案

【核心概念】

非贸易结算：国际贸易以外的其他经济活动以及政治、文化等交流活动，例如服务供应、资金调拨和转移、国际借贷等引起的外汇收付，称为非贸易结算。它们都是建立在非商品交易基础上的，也称为无形贸易结算。常见的无形贸易结算如侨汇、旅游、运输、通信、建筑、保险、金融、咨询、广告等的非贸易结算。

【问答题】

1. 国际非贸易结算包括哪些主要内容?

答案要点：非贸易结算的范围包括以下各个项目：①海外私人汇款；②运输及邮政行业的收支，又包括航空运输收支、铁路收支、邮电结算收支、海运收支；③金融行业的外汇收支，包括银行收支、外汇收兑、保险收支；④旅游行业的外汇收支；⑤其他外汇收支，包括文化交流活动的外汇收支、外轮代理与服务收入、其他外汇收入与支出。

2. 简要说明旅行信用证的兑付程序。

答案要点：旅行信用证的受益人持证到该证指定的兑付行进行兑付时，兑付行应按如下程序操作：审核、填单、兑付、注销。

参考文献

[1] 陈岩，刘玲. 国际结算 [M]. 北京：高等教育出版社，2012.

[2] 蔡慧娟. 国际结算 [M]. 北京：清华大学出版社，2013.

[3] 刘卫红，尹晓波. 国际结算 [M]. 大连：东北财经大学出版社，2012.

[4] 刘震，庞红. 国际结算 [M]. 北京：首都经济贸易大学出版社，2010.

[5] 罗俊勤. 国际贸易结算 [M]. 北京：北京大学出版社，2012.

[6] 高洁，罗立彬. 国际结算 [M]. 北京：中国人民大学出版社，2012.

[7] 顾建清，姚海明，袁建新. 国际结算 [M]. 上海：复旦大学出版社，2006.

[8] 何康民，韩晶玉. 国际结算 [M]. 北京：电子工业出版社，2012.

[9] 贺瑛，漆腊应. 国际结算 [M]. 北京：中国金融出版社，2006.

[10] 华坚，侯方淼. 国际结算 [M]. 北京：电子工业出版社，2012.

[11] 姜学军. 国际结算 [M]. 大连：东北财经大学出版社，2012.

[12] 庞红，尹继红，沈瑞年. 国际结算 [M]. 第四版. 北京：中国人民大学出版社，2012.

[13] 苏宗祥，徐捷. 国际结算 [M]. 第五版. 北京：中国金融出版社，2010.

[14] 项义军，吕佳. 国际结算 [M]. 北京：中国物资出版社，2012.

[15] 徐进亮，李俊. 国际结算实务与案例 [M]. 北京：机械工业出版社，2011.

[16] 杨继玲. 国际金融与结算 [M]. 北京：对外经济贸易大学出版社，2008.

[17] 姚新超. 国际结算与贸易融资 [M]. 北京：北京大学出版社，2010.

[18] 汪卫芳. 国际结算操作 [M]. 杭州：浙江大学出版社，2010.

[19] 吴国新. 国际结算 [M]. 北京：清华大学出版社，2010.

[20] 张慧，翟士军. 国际结算 [M]. 北京：中国人民大学出版社，2012.

[21] 张晓芬. 国际结算 [M]. 第二版. 北京：北京大学出版社，2011.

[22] 卓乃坚. 国际贸易结算及其单证实务 [M]. 北京：中国农业大学出版社，2011.